INHALT

Dem Andenken
an Georges Lerminier
und Gilles Sandier

VORWORT
SAM

Im Jahre 1976 listete Raymond Federman, Mitautor einer monumentalen kommentierten Bibliographie zu Samuel Beckett, insgesamt sechzig Bücher und mehr als fünftausend Aufsätze auf, die sich ausschließlich mit diesem Schriftsteller befassen, der heute (1982) sechsundsiebzig Jahre alt und mehr denn je im Gespräch ist, obwohl er nur wenig publiziert, die Abstände zwischen seinen Veröffentlichungen immer größer, die Arbeiten selbst immer kürzer werden und sich überdies noch zunehmend auf das Wesentliche beschränken. Dem französischsprachigen Leser sind ein gutes Dutzend dieser Bücher und mehrere hundert dieser Aufsätze unmittelbar oder als Übersetzung in seiner eigenen Sprache zugänglich. Das erste Buch, das Beckett gewidmet war, erschien 1957, und zwar in Deutschland. Die ersten grundlegenden Aufsätze kamen aus Frankreich; sie stammen von Maurice Blanchot, Georges Bataille, Alain Robbe-Grillet, Roland Barthes – sämtlich ihrerseits »Schaffende«, wie man heute zu sagen beliebt –, ein einziger Kritiker war darunter: Maurice Nadeau. Die etablierte Kritik reagierte zunächst verärgert, begehrte dann auf und protestierte schließlich im Namen des guten Geschmacks und aller menschlichen Werte, als die Schwedische Akademie der Wissenschaften diesem zweisprachigen Iren, der seit fünfzig Jahren in Paris lebte, 1969 den Nobelpreis zuerkannte. So mancher Kulturbeflissene hat, wenn ich so sagen darf, den Hasen noch nicht verdaut, den ihm ein gewisser Godot aufgetischt hat, oder die Mülltonnen aus *Endspiel*, den abgeschnittenen Kopf der Madeleine Renaud und andere bizarre Theatereinfälle. Denn das Theater hat Beckett berühmt gemacht. Noch heute kennen drei Viertel seines weltweiten Publikums allenfalls das eine oder andere seiner drei großen Theaterstücke und nur selten alle drei zugleich. Ja, man wird wohl behaupten dürfen, daß Beckett zu jener sonderbaren Gruppe der berühmten Unbekannten, der Künstler des Essentiellen, gehört, deren Werk von der Elite ignoriert wird, ohne daß es darum beim Massenpublikum Anklang fände – es sei denn aufgrund eines Mißverständnisses oder einer Fehleinschätzung. Eines der Ziele dieses Buches ist es gerade, dieses Mißverständnis aufzuklären und zu einer angemesseneren Einschätzung des Schriftstellers durch sein Publikum beizutragen.

Mit zwanzig Jahren, als Student, dem eine glänzende Universitätslaufbahn offenstand, hatte Beckett noch keinerlei Berufung zum Schriftsteller in sich entdeckt. Mit dreißig Jahren, inzwischen Wahl-Pariser, auf vertrautem Fuße mit Joyce stehend und von einer allergischen Abneigung gegen die Lehrtätigkeit erfüllt, erkennt er schließlich, daß es für ihn nur eines gibt: Schreiben, und er akzeptiert die Literatur als »Strafarbeit«. Mit vierzig Jahren, er ist immer noch unbekannt und hat gerade mit knapper Not fünf Jahre Krieg und Exil überstanden, findet er eine unheilbar von Krankheit geschwächte Mutter vor und bekennt, daß er bislang ein völlig falsches Selbstbild gehegt hat. Der einzige Weg für ihn ist Armut, Unwissenheit, Unvermögen. Er beschließt, französisch zu schreiben. Samuel Beckett hat endlich zu sich gefunden. In den zehn Jahren, die nun folgen, bringt er ins Theater, in den Roman, in das moderne Denken etwas ebenso Neues und Fundamentales ein, wie es zu ihrer Zeit Rimbaud, Nietzsche, Proust, Joyce oder Kafka getan hatten, etwas, das über den Moden der Zeit steht, den Moden des *nouveau théâtre*, des *nouveau roman* oder der *nouvelle philosophie*. Und dennoch ist er stets aktuell.

Anfang der sechziger Jahre, inzwischen hat man ihn ohne sein Zutun dem *nouveau roman* und dem absurden Theater zugeschlagen, ist er gemeinsam mit Ionesco und Genet zum bevorzugten Objekt der einschlägigen Departments an den amerikanischen Universitäten geworden, jener Thelematischen Abteien, in deren Bibliotheken die Wände mit Büchern überzogen sind wie der Campus mit Rasen. Die Karriere der Professoren hängt zu einem guten Teil von der Zahl ihrer Veröffentlichungen ab. Also publiziert man. Oft sehr Gutes, niemals ganz Schlechtes, denn das System ist anspruchsvoll. Die Professoren haben den Platz der Schriftsteller eingenommen. Auf der ganzen Welt gibt es heute keinen wirklichen Schriftsteller, der nicht irgendwann einmal den Schock des Beckettschen Werkes erfahren hätte; doch sie alle schweigen, sind vom Monopol der Professoren zum Schweigen verurteilt. Schade! Bataille und

Blanchot haben von Anfang an – und später dann hat Aragon – über Beckett gesprochen, wie es nach ihnen niemand mehr getan hat.

Hier also nun, nach einer kurzen Pause, das dreizehnte Buch, das in französischer Sprache ganz unserem Autor gewidmet ist, dem ganzen Beckett, dem Romancier und Theaterschriftsteller, dem Denker und Dichter, dem Nachfolger der großen Klassiker und Pionier der neuen Literatur. Dieses Buch will keine jener Doktorarbeiten ersetzen, die zum Zweck der Veröffentlichung umgearbeitet werden, noch die popularisierenden Synthesen, von denen die Studenten so gerne Gebrauch machen, noch auch die gestanzten Essays mit garantiert wirksamem Schlüssel freudo-marxistischer, struktural-semiologischer oder sonstiger Art. Es will keinem dieser *gadgets* Konkurrenz machen, von denen die aktuelle Kulturindustrie lebt. Es wendet sich an kein anderes Publikum als an den einzelnen, der den Sinn seines Lebens in jenem Dialog zu bestimmen sucht, welchen er durch seine Kultur hindurch mit dem anderen aufnimmt.

Das Buch setzt sich aus zwei Teilen zusammen; da der zweite Teil, das Dossier, im wesentlichen aus einer werkorientierten Lebensbeschreibung und einem kommentierten Werkverzeichnis besteht, konnte ich den Essay »Die Wiege im Grab« von all dem dokumentarischen und anekdotischen Material freihalten, das für solche Arbeiten typisch ist. Wie ich glaube, ist es mir dank dieser Aufteilung vor allem gelungen, die wechselseitige Autonomie von Leben und Werk besser zu berücksichtigen – eines der großen Probleme der modernen Literaturkritik und zudem eines, dem bei Samuel Beckett besonderes Gewicht zukommt. Der Kenner, der sich hinreichend informiert glaubt, mag sich zunächst und vor allem von dem Essay angesprochen fühlen, in dem meine persönliche Annäherung an Becketts Werk am besten zum Ausdruck kommt. Dem Neuling oder aufrechten Menschen, dem Bescheidenheit eine Selbstverständlichkeit ist, mag es nützlicher oder vordringlich erscheinen, sich ein objektives Grundwissen über den Menschen und das Werk anzueignen, bevor er sich auf die Meinungen und Gefühlslagen des Verfassers einläßt. Es bleibt jedem überlassen, wie er sich dem Buch annähern möchte. Mehr als irgendeiner seiner Zeitgenossen hat Samuel Beckett das künstlerische Abenteuer zum eigentlichen Element seines Lebens gemacht. Einerseits nennt er »seine Erfahrung uninteressant und belanglos« und versichert, daß die Professoren besser darüber Bescheid wüßten als er. An anderer Stelle erklärt er: »Anders hätte ich nicht gekonnt. Weitermachen, meine ich. Ich hätte nicht durch diesen entsetzlichen, jämmerlichen Schlamassel, der das Leben ist, hindurchgehen können, ohne eine Spur im Schweigen zu hinterlassen.« Verschlossen, aber nicht unzugänglich, schwierig, aber nicht abweisend, hinterläßt Becketts Werk eine unauslöschliche Spur in jenem unergründlichen Schweigen, das Pascal erschreckte. Wie die seltenen Tragiker der *condition humaine*, die wenigen Denker des Essentiellen und die letzten großen Abenteurer des Geistes bringt Samuel Beckett die Worte zum Schweigen und zwingt das Schweigen, sein letztes Wort zu sagen.

6. Oktober 1982

Erster Teil
Die Wiege im Grab

»Eine Wiege bin ich,
Schwingend vom Druck einer Hand
In tiefem Höhlengrund.
Stille Stille.«

Paul Verlaine
(*Sagesse* III-5,
»Ein großer schwarzer Schlaf«)

»Schrecklich in uns ist nur das, was noch nicht gesagt worden ist. Wir werden erst Ruhe finden, wenn alles, ein für allemal, gesagt sein wird. Dann wird Stille herrschen, und man wird sich nicht mehr schämen, zu schweigen.«

Louis-Ferdinand Céline

ERSTES KAPITEL
WARTEN AUF BECKETT

I. Die Wahl

Der Mann am Ende jener Kolonne von Maquisards, die an diesem 24. August 1944 auf der Straße von Roussillon-en-Vaucluse defiliert, der Mann, von dem sein Biograph[1] sagt, er gehe unberührt vom allgemeinen Jubel daher, ohne Gewehr, mit gesenktem Kopf, düster und schweigsam, bereits fern von all dem, woran er teilgenommen und worauf er sich in weit gefahrvollerer Weise eingelassen hat, als er es später eingestehen will, dieser Mann hat gerade vier Jahre in vollkommener Isolation verbracht – trotz der Anwesenheit seiner Lebensgefährtin, eines Maler-Freundespaares und einer Gruppe exzentrischer Engländer, die sich wie er in diesen verlorenen Winkel geflüchtet hatten, als der noch bei keinem amerikanischen Soziologen auf Interesse gestoßen war.[2] Um seine Zeit auszufüllen und um nicht verrückt zu werden, hat er sich monatelang mit einem dicken Roman abgeplagt, der nun fertig ist. Er weiß noch nicht, daß *Watt* eine Art Abschiedshuldigung an die Sprache seiner Kindheit ist. Mit vierzig Jahren ist Beckett ein ganz und gar unbekannter irischer Schriftsteller. Er hat in englischer Sprache ein Dutzend Gedichte, zwei literaturkritische Arbeiten, eine Sammlung von Erzählungen und einen Roman veröffentlicht, die im kosmopolitischen Chaos des Paris der Vorkriegszeit unbeachtet geblieben sind. Eine gewisse Bekanntheit war ihm aus seiner Zugehörigkeit zu jenem Kreis junger irischer Schriftsteller erwachsen, der sich um James Joyce gebildet hatte, und aus der Tatsache, daß er darin, nach dem bösen Wort eines anderen Mitglieds, die Rolle des vom Meister bevorzugten »weißen Boys« gespielt hatte. In einem Jahr hatte er zwei Exemplare seiner Sammlung von Erzählungen *More Pricks Than Kicks* und zwanzig Exemplare seiner Arbeit über Proust verkauft, und bei dem mit fünfzehnhundert Exemplaren aufgelegten Roman *Murphy* übersteigt der Verkauf niemals die Zahl von fünfhundert. Vor allem diese Werke brachten ihrem Autor keine Befriedigung, der mißlungene Projekte, aufgegebene Versuche und zusammenhanglose Fragmente ansammelte. Angesichts der Karriere eines erfolglosen Schriftstellers, die sich vor ihm auftut, beschreibt er sich als einen »jungen Mann, der etwas tun will, aber nichts zu sagen hat«. Wie viele andere, die aus demselben Milieu kamen und sich in den zwanziger und dreißiger Jahren in Paris niederließen, hatte er sich schon vor dem Krieg entschlossen, das Leben eines Schriftstellers zu führen, ohne wirklich zu wissen, ob er etwas zu sagen hatte. 1945 hat er einen Koffer voller Manuskripte, die zu vernichten er sich nicht entschließen kann. Er fährt nach England, um einen Verleger für *Watt* zu finden – eine mühselige Suche, die zu nichts führt. Und dann, 1946, während einer Reise nach Dublin, auf einer dieser »Irrfahrten« zu Fuß und mit viel Alkohol, die zu seinen Gewohnheiten zählen, kommt ihm die Erleuchtung, was das »Beckettsche Schreiben« sein müsse. Dieser von seinen Biographen getreulich wiedergegebene Bericht hat etwas allzu Pascalsches oder Claudelsches.[3] Er birgt die Gefahr, Beckett allzusehr zu einem Erleuchteten oder Inspirierten zu stilisieren. Eher schon schlummert jene »nicht mitteilbare Nacht«, von der Aragon einmal spricht[4], wie eine Quelle im Herzen des Schriftstellers. Ihr bloßes Vorhandensein läßt das Kunstwerk erstehen, und sie bleibt dessen geheimnisvolles Zentrum, das der Schriftsteller auszudrücken sucht, um doch nur das Scheitern dieses Versuchs auszudrücken. Die ganze Anstrengung des Schriftstellers, sagt Aragon, richtet sich in der Tat darauf, mit der Sprache jenen Bewußtseinskreis zu umschreiben, aus dem die Sprache hervorgeht. Und weil diese Anstrengung zum Scheitern verurteilt ist, weil die Sprache dem Dunkel des Bewußtseins ihre eigene Dunkelheit hinzufügt, ist das Werk der Erfolg dieses Scheiterns.

Vielleicht ist Beckett dem Grundproblem noch am nächsten gekommen, wenn er von seinen Malerfreunden spricht – den Brüdern Geer und Bram van Velde, Tal Coat, André Masson, Henri Hayden –, von denen, die er »die Maler der Verhinderung« nennt, und zwar weil es sich um die einzigen theoretischen und kritischen Texte handelt, die er in der Zeit seines größten schöpferischen Fiebers geschrieben hat.[5] Dort sagt er, »Künstler sein heißt scheitern, wie niemand zu scheitern wagt«; das Scheitern sei konstitutiv für die Welt des Künstlers, und die

Weigerung zu scheitern sei eine Desertion, welche die Kunst auf »die Kunst, Großvater zu sein«, reduziere. Doch diese Treue zum Scheitern, die den künstlerischen Akt zu einem »unmöglichen und notwendigen« Akt macht, macht ihn zugleich zu einem *»Ausdrucksakt«*, zu einem Akt des Ausdrucks zumindest »seiner selbst, seiner Unmöglichkeit und seiner Notwendigkeit«. Er wird zu einer Darstellung der Nicht-Darstellung: »Eine endlose Enthüllung, Hülle nach Hülle, Schicht für Schicht an unvollkommenen Transparenzen, eine Enthüllung hin zum Unenthüllbaren, zum Nichts, zur Sache von neuem. Und das Vergraben ins Einzigartige... *eine Kunst der Einkerkerung.*« Das ganze Beckettsche Werk wird keine andere Rechtfertigung haben als den Versuch, die *Verhinderung* und *Einkerkerung* des Menschen darzustellen. Denn es ist unsinnig, den Menschen und den Künstler trennen zu wollen. Sein Leben lang wird Beckett im Scheitern sein natürliches Element erblikken – in der Erarbeitung seines Werkes wie in seinen Beziehungen zum Publikum: »Tatsächlich fühle ich mich im Scheitern am wohlsten, nachdem ich seinen erfrischenden Hauch während meines Lebens im Wartestand bis in die letzten Jahre hinein geatmet habe.«[6]

Beckett überläßt *Watt* also seinem Schicksal (der Roman wird erst 1953 erscheinen). Er läßt sich endgültig in jenem Paris nieder, das ihm als der Ort erscheint, wo er noch am glücklichsten sein kann. Es fällt ihm übrigens schwer, das Frankreich, das er vor dem Krieg gekannt und geliebt hat, in einem Paris wiederzufinden, das der Papierkrieg mit den Behörden und die politischen Streitigkeiten zu einem ermüdenden Aufenthaltsort gemacht haben. Wenn man sich dennoch eine Vorstellung davon machen möchte, was Paris für diese freiwilligen Exilanten bedeutete, brauchen wir nur einen anderen Iren aus Paris, Becketts engen Freund A. J. Leventhal, zu zitieren: »Die Proustsche Madeleine hat weit mehr für die Literatur getan, als die Heilige gleichen Namens selbst beim besten Willen jemals für mich tun könnte. Das Beste, was ich mir erhoffen kann, ist, daß der Geruch einer Gauloise in Dublin eine Pariser Wunde in mir aufreißt oder die Erinnerung an eine wilde Nacht weckt. Ein irischer Akzent in Paris hätte auf mich allenfalls die Wirkung, daß mir ein exhibitionistischer Dichter in den Sinn käme oder eine Schildwache im Green College.«[7] Beckett findet eine winzige Wohnung im sechsten Stock eines Mietshauses in der Rue des Favorites, nicht weit vom Montparnasse. Er lebt in miserablen materiellen Verhältnissen. Er macht Übersetzungen. Seine französische Lebensgefährtin hat ihre Karriere als Pianistin aufgegeben, um Näharbeiten zu übernehmen. Von ihr und einigen Freunden unterstützt, vertieft er sich in ein literarisches Unternehmen, dessen Radikalität wiederholt seine Gesundheit und sein Leben in Gefahr bringt. Er befindet sich buchstäblich in Trance; er schläft bei Tage und schreibt des Nachts. Wenn er zu schreiben aufhört, streift er durch die Straßen und sucht nach dem letzten Café, das noch geöffnet hat. Später wird er eingestehen, daß er an einen Ausweg gedacht habe, wie ihn Jacques Vaché, René Crevel, Nicolas de Staël und so viele andere im Selbstmord gewählt haben. Er nennt dies die Zeit seiner »Verschanzung im Zimmer«. Zwischen 1946 und 1948, in weniger als drei Jahren, hat dieser Schriftsteller, der sich seit Jahren von einem unabgeschlossenen Versuch zum nächsten tastete und der sich seit zwanzig Jahren vor unseren Augen in Schweigen hüllt, ein gewaltiges Werk geschaffen, für das die Literaturgeschichte nur wenige Beispiele bietet: drei Erzählungen, drei Romane und zwei Theaterstücke. Gelegentlich hat man mit Blick auf ihn an Pascals Ausspruch erinnert: »Wie ich schon oft gesagt habe, rührt das Unglück der Menschen allein daher, daß sie es nicht verstehen, ruhig in einem Zimmer zu bleiben.« Man hat an Descartes' Ofenstube und an Leibniz' Dachboden erinnert – sie alle Philosophen! Und man hat Philosophen im Blick auf Beckett zitiert: Zenon, Geulincx, Sartre, Heidegger. Beckett erwidert: »Ich bin kein Philosoph.« Das stimmt. Nur schlägt sein Werk solche Grundtöne an, daß sich unendlich viele Obertöne einstellen. In seiner Nacktheit und Einfachheit läßt es vom ersten Wort an durch seine Resonanzen die höchste kulturelle Tradition des Westens wiederaufleben, und hinfort hat jeder Vorfall in der Welt, in der wir leben, für uns eine Beckettsche Dimension.

In diesen Jahren 1946 bis 1948 wird ein wirklicher Schriftsteller geboren, der wahre Beckett, der sein Jahrhundert, den Größten gleich, auf unauslöschliche Weise zeichnen wird. Er ist nicht nur ein Schriftsteller, der sein Werk aus reiner Notwendigkeit hervorbringt; es ist auch ein Werk, das sein Publikum findet. Er erkennt sich selbst, und er wird erkannt. Das ist übrigens nicht so einfach. Das Werk ist niemals eins mit dem Leben oder dem Menschen. Aber man kann sie auch nicht so behandeln, als hätten sie nichts miteinander zu tun. Bei Beckett noch weniger als bei irgendeinem anderen. Soll das Werk entstehen, muß der Schriftsteller seine Welt erfinden, eine Welt, die nur ihm gehört; aber diese Selbstschöpfung muß auch – zumindest in einem gewissen Maße – von seiner Zeit erkannt werden. Samuel Beckett erkennt sich schließlich in dem, was er schreibt, und bald wird seine Zeit ihn erkennen, wird aus einem Autor, der zunächst als dunkel, dann als elitär gilt, einen »beinahe populären« Schriftsteller machen. Zwei Entscheidungen werden gemeinsam an diesem Ergebnis mitwirken: die Entscheidung für die französische Sprache und die Entscheidung für das Theater. Wir dürfen uns durch Becketts scheinbare Passivität nicht täuschen lassen. Er macht stets, was er will, alles, was er will, und nur, was er will. Nie wird er sein eigenes Werk propagieren; doch andere werden es, mit seinem Einverständnis, für ihn tun. Das ist seine Art, »sich selbst zu wählen«. Die Entscheidung, französisch zu schreiben, ermöglicht es ihm, nach dem Aufgalopp der *Erzählungen* und des Romans *Mercier et Camier* (*Mercier und Camier*) in einem Zuge *Molloy*, *Malone meurt* und *L'innommable* (*Molloy*, *Malone stirbt* und *Der Namenlose*) niederzuschreiben. Maurice Nadeau, Georges Bataille und Maurice Blanchot haben sich nicht getäuscht. Sie haben sogleich erkannt, daß *Molloy* den Endpunkt der Moderne und zugleich die Überschreitung jeglicher Avantgarde im Bereich des Romans bedeutete. Und was das Theater betrifft, machte *En attendant Godot* (*Warten auf Godot*) dank seines außergewöhnlichen Schicksals Beckett von einem schwierigen, nur dem Eingeweihten zugänglichen Autor zu einem Künstler, der beim Publikum geradeso bekannt ist wie Sartre und Picasso. Diese ohne jede Konzession gelebte Präsenz in der Öffentlichkeit verleiht schon für sich allein dem *gesamten* Beckettschen Werk eine andere Dimension.

Die beiden Umstände verdienen es, nacheinander betrachtet zu werden.

II. Die Zweisprachigkeit

Über Becketts Zweisprachigkeit ist viel geschrieben worden, und man kann diese Frage auch kaum umgehen. Ohne Zweifel ist es angebracht, die Bedeutung eines Phänomens abzuwägen, das sich jeglicher rein rationalen Erklärung entzieht. Man hat in diesem Zusammenhang an Kafka und Nabokov erinnert. Doch bei Kafka kommt der Zweisprachigkeit innerhalb des Werkes nicht dieselbe Bedeutung zu, und Nabokovs Werk nimmt in der modernen Literatur keinen Platz ein, der dem des Beckettschen Werkes vergleichbar wäre. Gerade die Spannweite des Beckettschen Werkes verleiht dem Problem der Zweisprachigkeit sein volles Gewicht. Sie macht seinen Fall einzigartig.
Beckett begann in den dreißiger Jahren mit Übersetzungen. Als Dichter übersetzte er in erster Linie Dichter: Baudelaire, Rimbaud, Apollinaire, Eluard. Von 1937 an schrieb er Gedichte in französischer Sprache. Um 1939 – in der Folge lebte er in einer rein französischen Umgebung – machte er sich mit seinem Freund Péron an die Übersetzung von *Murphy*. Seit dieser Zeit fühlt er sich in beiden Kulturen zu Hause; zugleich ahnt er, daß diese Aufteilung der Grund ist, weshalb es ihm hartnäckig mißlingt, ein Publikum zu finden und sich wirklich Ausdruck zu verschaffen. *Murphy*, ein brillantes, artifizielles Buch voll zweckfreier Willkür, hält ihn in einer Joyceschen Falle gefangen, der er um jeden Preis entkommen will. Mit *Watt*, dem Buch aus dem irrsinnsgefährdeten Exil, glaubt er die Mittel der englischen Sprache erschöpft zu haben, während das angelsächsische Publikum (Verleger, Kritiker, Leser) ihn durch die Weigerung, ihn wahrzunehmen, zu einer immer unfruchtbareren Unbekanntheit verdammt. Zwischen 1945 und 1956 schreibt Beckett ausschließlich in französischer Sprache – zunächst Werke des Übergangs, dann alle seine großen Werke, Romane wie Bühnenstücke – eine Ausnahme bildet hier lediglich *Happy Days* (*Glückliche Tage*). Nach 1950 befindet er sich angesichts des Mißerfolgs der *Textes pour rien* (*Texte um Nichts*) wieder in einer Sackgasse. Nach und nach kehrt er zum Englischen zurück. Fast gleichzeitig schreibt er ein Theaterstück in Englisch, *Glückliche Tage*, und einen Roman in Französisch, *Comment c'est* (*Wie es ist*), zwei Meisterwerke, die eine Grenze markie-

ren: seine beiden letzten langen Texte. In der Folgezeit erkundet er sämtliche Möglichkeiten der Zweisprachigkeit; er schreibt seine Texte teils in Englisch, teils in Französisch und übersetzt sie dann selbst in die jeweils andere Sprache. Mit Ausnahme von *Cascando* sind nach 1956 alle Bühnenstücke in Englisch geschrieben, und dies aus einem einfachen Grund: Es handelt sich um kurze Werke für Bühne, Radio, Fernsehen und Film, die er auf Bitten befreundeter Schauspieler, Regisseure und Produzenten schreibt – sie alle aus dem angelsächsischen Bereich.

Warum hat Beckett sich eines Tages entschlossen, französisch zu schreiben? Er selbst gibt denen, die sich um ein Verständnis dieses Sachverhaltes bemühen, kaum eine Hilfestellung und antwortet allenfalls mit Banalitäten: »Es war spannender für mich, in Französisch zu schreiben.« Und einem anderen Gesprächspartner sagt er: »Damit man von mir spricht, natürlich.« Und besonders ausgeschlachtet hat man die Antwort, die er einmal einem Studenten gegeben hat: »Im Englischen kann man nicht anders, man muß Poesie machen. Im Französischen ist es einfacher, ohne Stil zu schreiben.« Die Schriftsteller, mit denen er sich in Paris auseinandersetzte, Baudelaire, Rimbaud, Proust, Apollinaire, Eluard, Céline, waren für ihn von ebenso großer Bedeutung wie Joyce und Kafka und vielleicht sogar wie Dante. Doch die Entscheidung des erwachsenen Schriftstellers geht nicht allein auf diese Verführung aus der Jugendzeit zurück. Etwas Tieferes, Wesentlicheres und auch Tragischeres kommt hier ins Spiel. Kurz gesagt: Seine Wahl ist nur zu einem Teil ästhetisch begründet. Gewiß, sein Französisch ist bewundernswert. Es hat nichts von der Eleganz des *vieux style*, weder des klassischen noch des modernen. Er reduziert die Syntax der französischen Sprache auf ihren einfachsten Ausdruck, verleiht ihr etwas Gebrechliches, Verbogenes, Zauderndes.

Das Phänomen ist so geheimnisvoll, daß die Kommentatoren hier gerne von Notwendigkeit oder Schicksal sprechen. Damit es möglich wurde... Beckett konnte nicht anders... Beckett mußte... Man wähnt etwas Unerbittliches am Werk, vermutet irgendein Drama. Tatsächlich liegt das Drama der Sprache im

Zentrum der Beckettschen Struktur. So kommt es, daß die gewählte Sprache kein bloßes literarisches Ausdrucksmittel ist, mit dem eine Botschaft vermittelt werden soll, sondern ein chirurgisches Instrument zur Ausführung einer »Hirnoperation« (Erika Ostrovsky). Es gibt nur ein Abenteuer für den Geist und das Wort, ganz wie bei Rimbaud. Nur ein Desaster auch für beide, im Unterschied zu Rimbaud. Um seinen Abstieg zu den Tiefen des Seins, »zu jenem festen Punkt, in dem die wahre Schöpfung liegt« (Erika Ostrovsky)[8], zu unternehmen, gibt Beckett alles auf, selbst die eigene Sprache. Die Art und Weise, wie manche Kommentatoren – und vor allem französische – von diesem Wort Gebrauch gemacht haben, ist enthüllend. Da glaube nur ja niemand, daß Beckett etwa die französische Sprache liebe. Man spricht von Askese und Selbstbestrafung; man sagt, er schreibe *gegen* das Französische. Er unterwerfe sich einer Grammatik, die weitaus starrer sei als die englische, verzichte auf die außergewöhnliche Kraft sinnlicher Evokation, die noch dem geringsten englischen Wort eigen sei, und begebe sich eines Teils des Sprachwitzes, zu dem das Französische sich unendlich weniger gut eigne. Deirdre Bair analysiert einen frühen Text von 1932 (*Dream*)[9], der dieser »Abwesenheit von Stil« eine ganz andere Bedeutung verleiht. In diesem Text erklärt Belacqua-Beckett bei der Diskussion von d'Annuncio, Racine und Malherbe (den drei Schriftstellern, die Beckett damals bevorzugte): Die französischen Schriftsteller »haben keinerlei Stil, sie schreiben ohne Stil, sie geben dir die Formel, den Glanz, die kostbare ›margarita‹... Vielleicht kann nur die französische Sprache dir geben, wonach du verlangst.«[10] So opfert denn Beckett die Wirkung des Stils, die intellektuelle und poetische Verzierung, der Kristallisation essentiellen Schreibens, der Perle: *margarita*. In diesem und nur in diesem Sinne handelt es sich um Askese, und erst die Entscheidung für die französische Sprache hat ihn zu einem der größten Schriftsteller des zwanzigsten Jahrhunderts gemacht.

In Wirklichkeit hat sich der junge Beckett sehr wohl von der französischen Sprache bezaubern lassen. Dank seiner Studien und seiner Lektüre kannte er die französische Literatur besser als jede andere. Seine eigene Sprache? Was ist schon die englische Sprache für einen irischen Schriftsteller? So wie Mrs. Rooney sind sich die meisten der Beckettschen Gestalten sehr wohl bewußt, daß sie eine tote Sprache sprechen, daß sie ihren Tod in einer fremden Sprache sprechen. Das ist keine bloße Metapher. Diese Sprache wird in der Tat eines Tages tot sein, »wie unser armes geliebtes Gälisch« (*Alle, die da fallen*).

Der Namenlose weiß, daß er das ursprüngliche Ich, das er sucht, nicht finden, daß er an jene Tiefen des Geistes, in denen alles zur Unbeweglichkeit, zum Schweigen, zur Nacht, zur Leere strebt, niemals rühren wird, wenn er diese Sprache spricht, die aus den Worten der anderen gemacht ist und die ihn dazu verdammt, sich von den anderen erfinden zu lassen. »... ich bin in Worten, ich bin aus Worten gemacht, aus Worten der anderen«.[11] Im Grunde tut Beckett nichts anderes, als durch ein gelebtes Symbol zu demonstrieren, daß jede Sprache fremd ist, daß der, der in mir spricht, bereits ein Fremder, daß er getrennt ist von mir, von sich und von seinem eigenen Leben. Beckett unternimmt es eines Tages, dieses Drama Wirklichkeit werden zu lassen, es in seinem eigenen Leben zu inszenieren, und dies durch den Akt des Schreibens und durch den Verzicht auf die eigene Muttersprache, die aus den Worten der anderen gemacht ist. Er macht sich daran, sich selbst in anderen Worten zu erfinden, in den Worten einer anderen Sprache, die er zu seiner eigenen machen wird. Die Entscheidung für die französische Sprache wird zu jener Geburt im Tode, von der Malone spricht, zu jener Entbindung rittlings über dem Grabe, von der Wladimir spricht. Wir sind aus dem Stoff unserer Worte gemacht. Vielleicht handelt es sich um jene von J. J. Mayoux so bezeichnete Konsekration des Exil-Gedankens, der bei Joyce so stark ist – eines Exils, das selbst nichts anderes als die gelebte Analogie des menschlichen Lebens ist. In Becketts Sprache findet Ludovic Janvier »die Milde und außergewöhnliche Klangfülle des Gälischen«. Und in den allerletzten Schriften haben andere etwas vom ursprünglichen Latein ausgemacht. Was Becketts Englisch betrifft, so ist es, seit Beckett französisch geschrieben hat, nicht mehr sich selbst gleich, führt ebenfalls zum Wesentlichen. Wo beide Sprachen sich in zwei Versionen desselben Textes unmittelbar gegenübertreten, werfen sie einander das Bild ihrer zweifachen Entfremdung zu. Becketts Text ist für immer er selbst und ein anderer. Es sind doppelgesichtige Werke, ähnlich den Doppelmasken, ähnlich dem zweifachen Schatten Claudels, der nicht weiß, wessen Schatten er ist; es sind Werke, die in schwindelnder Höhe »über einem sprachlichen Abgrund« hängen. Erika Ostrovsky, die Autorin dieser schönen Formulierung, hat ganz recht, wenn sie vermutet, das Werk könne letztlich »ganz auf die Sprache verzichten, mit dem Namenlosen verschmelzen, sich auf nichts mehr stützen«. Käme das Wort an diese Grenze, träfe es sein wirkliches Gegenstück, das Schweigen. Dort, wo alles stets zu enden im Begriffe ist und dennoch niemals endet, hindert nur die Spiegelfläche eines Teiches das lärmende Sprachgewirr von Babel und das Schweigen von Babel, zusammenzufinden und sich im jeweils anderen aufzulösen. Eine Formulierung, die Hugo angemessen ist und sich gegen ihn wendet. Hugo sucht tastend nach einem Urlärm, Beckett nach einem Urschweigen. Der Tod ist zugleich lärmend und still, geschwätzig und stumm. Er spricht alle Sprachen. Dies war die Rolle des Französischen auf Becketts Weg: dies oder das Schweigen.

III. Die Geburt des Beckettschen Schreibens

Der Augenblick, als Beckett französisch zu schreiben beginnt, ist derselbe, da er zu den Grundlagen des Beckettschen Schreibens findet. Kehren wir zu jener berühmten Vision vom März 1946 zurück. Beckett hat sie in einer Passage von *Krapp's Last Tape* (*Das letzte Band*) festgehalten: »Spirituell ein Jahr tiefer Schwermut und Not bis zu jener denkwürdigen Nacht im März, am Ende der Mole, im heulenden Wind, ich werde es nie vergessen, als mir plötzlich alles klar wurde. Die Erleuchtung, endlich ... bis zu meinem letzten Atemzug unzerstörbare Verbindung von Sturm und Nacht mit dem Licht der Erkenntnis und Feuer.«[12] Hier zeigt sich eine merkwürdige Ähnlichkeit mit Pascals »Freude, Tränen der Freude«. Die Schwülstigkeit des alten Krapp wendet Becketts Emotion ins Lächerliche. Eine frühere, in der Folge dann aufgegebene Version war übrigens noch deutlicher. Vom Inhalt der Entdeckung, die er gemacht hat, sagt *Das letzte Band* nur eines: »daß das Dunkel, mit dem ich immer gekämpft hatte, um es zu bezwingen, in Wirklichkeit

mein bestes ...« Er akzeptiert also fortan das *Dunkel* des Werkes, er gründet es auf der dunklen Seite seiner selbst und verändert es mit diesem Graben, diesem Tauchen, diesem Abstieg in die Tiefen des Geistes, der ihm seit dem *Proust* von 1930 als die einzig fruchtbare Suche des Künstlers erscheint. Es reicht also alles sehr weit zurück. Die tastenden Versuche waren nicht vergeblich, und ganz besonders zu bewundern ist an Beckett diese langanhaltende Treue, die ihn viel später dahin führen wird, einem Gedanken, den er bereits früh gefaßt, einem Bild, das er lange im Zustand des Entwurfs belassen hatte, seine ganze Bedeutung zu geben und es voll zu entfalten. Das Erstaunlichste kommt freilich noch: die Erkenntnis dessen, was er seine *Dummheit* nennt. Bekannt ist die Antwort, die er einem Journalisten gab: »*Molloy* und das, was folgte, habe ich an dem Tage konzipiert, als ich mir meiner Dummheit bewußt wurde. Damals habe ich mich darangemacht, das zu schreiben, was ich fühle.«[13] Darin könnte man natürlich die Koketterie eines Schriftstellers erblicken, der von seiner Intelligenz so überzeugt ist, daß er den Esel markieren kann. Und es wäre auch keine andere Deutung möglich, wenn er wirklich von *seiner* Dummheit spräche. Ganz anders sieht die Sache aus, wenn er, wie mir scheint, die Einfachheit seines Geistes der ausgefeilten Perfektion der Großmeister im Streit um Wesen und Existenz, Sartre und Heidegger nämlich, entgegenstellt. »Ich bin kein Philosoph«, hat er immer wieder gesagt. Zudem handelt es sich weniger um *seine* Dummheit als um die fundamentale *Idiotie* der menschlichen Natur, die nur einige wenige Künstler, die größten in Becketts Augen, ernst zu nehmen vermochten, weil sie den Mut hatten, sich bis in die Form ihres Schreibens hinein mit ihr auseinanderzusetzen. Noch niemand freilich hatte dies so radikal getan wie Beckett.
Die Dummheit ist indessen nicht von dem zu trennen, was Beckett das *Durcheinander* nennt, also vom Wirrwarr der Existenz: Die Dummheit seines Geistes ist untrennbar verbunden mit dem Chaos der Welt. Ein Jahr nach *Wie es ist* (erschienen 1961) hat Beckett sich in einem Gespräch mit Tom Driver eindeutig dazu geäußert[14]: »Wir leben in einer Zeit, da das Durcheinander ohne Unterlaß unsere gesamte Erfahrung durchdringt. Es ist da, man kommt nicht darum herum.« Was die frühen

Kommentatoren Becketts das Absurde genannt haben, bezeichnet er selbst als das Durcheinander. Ein altes Mißverständnis ist ein Streit um Worte, mit denen, nicht ohne eine gewisse Unaufrichtigkeit, die *nouvelle vague* der Beckett-Kritik spielt. Die Kunst kann nicht länger so tun, als wäre ihr das Durcheinander, das Chaos, fremd; das ist der entscheidende Punkt. Nun hat die Kunst sich bislang in der Spannung zwischen Chaos und Form bewegt, wobei die Form sich dem Chaos entgegenstellen und sich ihm aufprägen sollte. Wenn es nun heißt, die Kunst müsse das Durcheinander akzeptieren, so bedeutet dies nicht, daß die Form zum Verschwinden verurteilt sei; vielmehr gilt es, »eine Form zu finden, die das Durcheinander ausdrückt«, wobei die Form als eigenständiges Problem neben dem, was sie ausdrückt, existiert. Gleichfalls ein Gedanke, der so alt ist wie Becketts *Proust*.

Nach der Dunkelheit ist dies das zweite Prinzip des Beckettschen Schreibens: die Beschäftigung mit der Dummheit und dem Durcheinander. Damit weiß Beckett sich fern von Joyce, in dessen Nähe man ihn allzugern rückt. Im Unterschied zu Joyce, der »zu Allwissenheit und Allmacht als Künstler neigt«[15], erklärt er, seine Arbeit sei von »Unvermögen und Unwissenheit« geprägt. Seine Erfahrung ist die eines Menschen, »der nicht weiß und nicht kann«. Nichts ist ihm fremder als das apollinische Modell. Er weiß nicht, woher das Werk ihm zufließt. Er ist nicht Herr seines Stoffes. Daraus ergibt sich das dritte Prinzip des Beckettschen Schreibens. Seit *Watt* weiß Beckett, daß er nur von sich selbst sprechen kann und von den Menschen oder Orten, die er kennt. Wenn er bislang gescheitert ist, so weil er die Autobiographie, selbst in verkleideter Form, als Grundlage seines Werkes weder zu akzeptieren noch gänzlich auszuschalten vermochte. Dies ist die wirkliche Erleuchtung seiner pascalschen Nacht mit ihrer simenonschen Atmosphäre. Zunächst ist da sein Schreiben, das aus der Tiefe seines Ich hervorsprudelt, ein Gemisch aus Erinnerungen und Träumen. Dann spricht der Erzähler, in der ersten Person und ohne die Konturen einer festumrissenen Romanfigur anzunehmen. Ein Monolog, der sich aller äußeren Elemente der Handlung, der Zeit, des Ortes, der Intrige entschlägt. Das Leben reduziert sich auf eine Folge von Geschichten, die von einer, dann von einer anderen und vielleicht auch immer nur von derselben Stimme erzählt werden. Das Anekdotische wird unterdrückt – durch die Unterdrückung der Person, durch die Entwertung des Ich; das Nichts des Ich läßt sich vernehmen in der Gestalt einer Stimme – einer Stimme, die mit den Worten eines anderen spricht. Denken heißt den Worten eines anderen zuhören.

Nun hat Beckett es nicht mehr nötig, jede Anspielung auf Autobiographisches durch Ironie zu entschärfen. Lange Passagen aus seinem Leben, sehr viel ausführlicher und zahlreicher, als man glaubt, sind in sein Werk eingebaut; aber sie sind unpersönlich geworden und vermögen so mit der *condition humaine* zu verschmelzen, mit der sein ganzes Werk sich nahezu obsessiv beschäftigt. Möglich geworden ist der Einbau autobiographischen Materials durch die Entwicklung eines Stils, der so unpersönlich ist, daß man ihm den Vorwurf einer nahezu klinischen Abstraktheit gemacht hat. Um dorthin zu gelangen, mußte Beckett anfangen, in französischer Sprache zu schreiben.

In dieser totalen Entpersönlichung von Elementen, die aus seinem allerpersönlichsten Sein stammen, in diesem anonymen *ich*, das im Zentrum seines Berichts spricht, liegt ohne Zweifel das tiefste Geheimnis der Beckettschen Schöpfung. Das ist auch der Grund, weshalb er jeden Versuch, sein Werk aus der Erforschung seines Lebens zu erklären, zurückweist und weshalb er es stets abgelehnt hat, über seine französischen Arbeiten zu diskutieren, birgt doch jede solche Diskussion die Gefahr einer ungebührlichen Schaustellung, die von keinerlei Interesse für das Werk als solches wäre. Beckett hat einmal jemandem gegenüber bekannt, daß er, wenn er französisch schreibe, einen gewissen Teil seiner selbst fliehe, den das Französische mildere. Ein anderer Gesprächspartner hat einmal, wenn auch vergeblich, versucht, ihn zu dem Eingeständnis zu bewegen, wenn er auf französisch schreibe, sei dies nicht so sehr eine Flucht als vielmehr der Versuch, seine tiefsten Gedanken auszudrücken, ohne dabei wirklich jene innerste Sphäre zu berühren, in der diese Gedanken wurzeln.[16] Indessen ist eines gewiß: Das Beckettsche Selbstgespräch ist ebenso weit vom narzißtischen Bekenntnis eines Genet oder Leiris entfernt wie vom inneren Monolog bei Joyce.

Bei Beckett handelt es sich nie um öffentliche Vertraulichkeiten oder skandalöse Bekenntnisse noch um geheime Gedanken, die dem Leser geradeheraus mitgeteilt würden. Er baut in die Fabel lediglich ojektive Daten, Bruchstücke unbearbeiteter Existenz, ein, die insgesamt zwar recht banal sind, durch ihr bloßes Vorhandensein aber und ohne daß der Leser den Schlüssel dazu besäße, die Abstraktheit und Anonymität des Beckettschen Diskurses durch konkrete und manchmal gänzlich triviale Bezüge zu kompensieren vermögen. Schon am Anfang seines ersten Romans erfahren wir, daß *Murphy* viele Stunden in seinem Teakholz-Schaukelstuhl verbringt, dort in der Gasse Zum Jesuskind im Londoner Stadtteil West Brompton. Ganz im Sinne des entstehenden Beckettschen Humors spielt hier der erste Held der Beckettschen Misere das »Jesuskind«, in embryonaler Lage, in Belacqua-Stellung, an einem Ort, dessen Name der Situation bestens entspricht – zu schön, um wahr zu sein. Und dennoch gibt es die Gasse Zum Jesuskind tatsächlich, allerdings in Paris, kaum zwei Schritt entfernt von der Rue des Favorites Nr. 6 im Quartier Vaugirard, wo Beckett mehr als zwanzig Jahre gewohnt hat. Der Name dieser frommen Gasse war nicht ohne Belang für Becketts Entscheidung, die Wohnung dort zu mieten.

Ebenso steht es mit dem *Namenlosen*, der in seinem Krug hockt, als lebendes Aushängeschild für ein Eßlokal gegenüber dem Schlachthof von Vaugirard. Beckett hat noch Tag für Tag die Herden zum Schlachthof ziehen sehen; er konnte das dumpfe Getrappel ihrer Hufe hören und die Todesschreie, die die Morgendämmerung zerrissen. Eine danteske Vision des unbußfertigen Nachtschwärmers, dem eines Nachts das Messer eines Schurken auflauerte. Was Wunder, daß der Schlachthaustod ihm von nun an in seinem Werk nachging.

Wladimir sagt zu Estragon: »Wir haben in Roussillon gearbeitet – bei einem gewissen Bonelly.« Beckett kennt Roussillon-en-Vaucluse sehr gut, diesen Ort, wo alles rot ist und den ein Buch von Laurence Wylie weitaus berühmter machen sollte als Becketts heimlicher Aufenthalt dort, bevor dieses Dorf zum modischen Wallfahrtsort wurde. Er kam dort eines Tages im November 1942 mit seiner Frau an, nachdem er mit knapper Not der Gestapo entkommen war. Er hat dort die zwei härtesten

Jahre der Besatzungszeit verbracht; er schloß sich dem Maquis an und beteiligte sich an Sabotageaktionen. Er hat sich dort zu Tode gelangweilt, streifte viel durchs Land und spielte unzählige Schachpartien mit dem holländischen Maler Henri Hayden. Er hat für einen Freund, Aude, Holz gehackt, und jener Bonelly war eher ein mieser Typ. Die Gestapo, der Maquis, die Résistance – sie alle sind verschwunden. Die Geschichte hat sich selbst aufgelöst, das Zufällige und Nebensächliche hat die Hauptrollen übernommen: Das Rot von Roussillon, die Weinlese und Bonelly verleihen dem berühmtesten Theaterstück der zweiten Hälfte des Jahrhunderts einen paradoxen Charme. Das Vagabundentum des Paares Didi-Gogo vermengt sich mit dem des Paares Sam-Suzanne, ohne daß der große Beckett sich bemüßigt gefühlt hätte, uns seine »Erinnerungen an die Besatzungszeit« aufzudrängen.

Zu Beginn von *Watt* sieht ein gewisser Mr. Hackett, wie ein gewisser Goff einer sonderbaren Gestalt, halb Clochard, halb Clown, nachläuft, die gerade aus der Straßenbahn gestiegen ist. Von diesem Mr. Hackett, der Goff sieht, der Watt sieht, wird nie mehr die Rede sein. Durch den Namen Hackett scheint der von Beckett hindurch, als wollte der Autor sich verkleiden, indem er gleich zu Beginn seines Werkes und ohne Rückgriff auf die erste Person einen verkleideten Erzähler einführt. Sehr viel später entdeckt man dann, daß Watts Abenteuer in Wirklichkeit von Watt selbst erzählt werden, und zwar einem Leidensgenossen in der Irrenanstalt, dessen Name Sam ist. Beständig spielt Beckett in diesem Übergangswerk, diesem letzten englischen Roman, der in der dritten Person gehalten ist, ein teuflisches Spiel mit der ersten Person, ohne sie jemals sprechen zu lassen, weil sie noch gänzlich in der literarischen Konvention befangen bleibt. Ohne dies zu bestreiten, hat Beckett einmal in vollem Ernst von seinem Buch gesagt: »Es ist kein befriedigendes Buch; ich habe es zusammengeschrieben, erst, wie es sich ergab, dann, während der Besetzung, abends nach dem Spaziergang in den Feldern.«[17] Da tut der Autor seinem Buch nun wirklich unrecht, überrascht es uns heute doch mit seinem Reichtum, und einige Momente zählen zu den schönsten in der modernen Literatur. Freilich trifft es zu, daß ihm die eigentümlich Beckettsche Art des Schreibens noch fremd ist, daß der

Beckettsche Monolog darin noch nicht Gestalt zu gewinnen vermag, daß die erste Person in ihrer spezifisch Beckettschen Ausprägung noch fehlt. Sie wird ihren ersten kurzen Auftritt in dem ersten auf französisch geschriebenen Werk, *Mercier und Camier*, haben, wo gleich zu Anfang ein geheimnisvolles *Ich* dem Leser mitteilt, daß es die beiden Kumpane auf ihren Wanderungen begleitet habe, und dies auch bei dem abschließenden Zusammentreffen mit jenem Watt, der als ihrer aller Doppelgänger auftaucht, als Doppelgänger des Erzählers, von Mercier und Camier und auch von Beckett selbst.

Der entscheidende Übergang vom alten zum neuen *Ich*, der den modernen Roman revolutionieren wird, erfolgt in den *Drei Erzählungen*; er wird irreversibel (zumindest bis zu den jüngsten Texten) im Verlaufe der Trilogie, die mit *Molloy* beginnt, mit *Malone* an Tiefe gewinnt und mit *Der Namenlose* schließlich in einer Sackgasse endet. Beckett hat die Einheitlichkeit seines Vorgehens stets betont: »*Malone* ist aus *Molloy* hervorgegangen, *Der Namenlose* aus *Malone*.« Von *Molloy* bis zu *Der Namenlose* erfährt das Beckettsche *Ich* eine beständige Vertiefung, und stets zeigen die spezifisch Beckettschen Figuren ihre fundamentale Gleichförmigkeit bei scheinbarer Vielfalt, ihre schwindelerregende Vielfalt bei scheinbarer Monotonie. Am Ende findet die Beckettsche Figur zu sich selbst, doch nur, um sich besser zu verlieren; sie entwickelt sich nur, um sich zu reduzieren, vervielfacht ihre Masken, um sie in einem Spiel von Spiegelungen abzustreifen, das schließlich in einem Hallraum endet, in dem, verstärkt oder sterbend, die einzige und vielfache Stimme des unmöglichen *Ich* ertönt und widerhallt.

Denn Becketts Werk, das Romanwerk wie das Bühnenwerk, ist ein erstaunliches Reservoir an Figuren mit konfuser und unvergeßlicher Identität, mit unscharfen und unverwechselbaren Umrissen, ein Repertoire von Namen, die für immer durch die formlosen, darin Giacomettis Tonklumpen ähnlichen Köpfe geprägt sind, für die sie stehen. Die Beckettsche Namengebung hält für den Liebhaber so manche kleinen unschuldigen Freuden bereit mit ihren M (Molloy, Moran, Mahood), die sich in W verkehren (Watt, Winnie, Willie und andere). Und bei alledem sollte es unmöglich sein, zu einem *Ich* zu gelangen? Es ist unmöglich. »Gautama«, so schreibt Beckett 1946 mit Blick auf seinen Freund Bram van Velde, »sagte, bevor die Worte ihm ausgingen, es sei falsch, wenn man behaupte, das Ich existiere, aber es sei gleichfalls falsch, wenn man behaupte, es existiere nicht.«[18] Behalten wir diesen Hinweis im Gedächtnis. Und vermeiden wir den zweifachen Irrtum, zu behaupten, das ICH existiere (Beckett als Endpunkt des erschöpften westlichen Humanismus) oder es existiere nicht (Beckett als Prophet der großen triumphalen Revolution der Sprache). Die Stimme, die wie eine Ausdünstung aus den Tonkrügen, Mülltonnen und all den anderen Höhlen und Nischen der Beckettschen Larven aufsteigt, die wie ein Schwarm Fliegen um die Rumpf-Frauen, die Kopf-Männer und melonenbehüteten Clowns schwirrt, sie singt unablässig dasselbe Lied mit seinem zweifachen Refrain. Der erste Refrain: »es wird eine Geschichte geben, jemand wird versuchen, eine Geschichte zu erzählen« (*Texte um Nichts*). Zweiter Refrain, wie bereits zitiert: » . . . ich bin in Worten, ich bin aus Worten gemacht, aus Worten der anderen« (*Der Namenlose*). Ist das ein Grund, sich zu solch armseligen Aussagen zu versteigen wie: »Auch diesmal wieder findet Beckett Hilfe bei der Linguistik«?[19] Selbst wenn man dabei Benveniste zitiert? Die Zeit des linguistischen Terrors ist glücklicherweise vorbei. Wenn der Namenlose ausruft: »Schluß mit der verfluchten ersten Person!«, so weil er in der zweifachen Unmöglichkeit gefangen ist, das Ich zu behaupten und zu leugnen, das Ich (irgendwo jenseits von Raum und Zeit) zu erreichen und der Existenz zu entfliehen. Als lächerliches Schicksal erlebt und wie eine clowneske Verwünschung ertragen, zerreißt der Dualismus die Beckettsche Figur zwischen Ich und Nicht-Ich, zwischen Zeit und Ewigkeit, zwischen Wesen und Existenz. »Vielleicht haben sie recht«, knurrt starrsinnig der alte Sam, »wenn sie an die Philosophen denken, aber ich bin kein Philosoph.« Ausweglos eingezwängt zwischen Descartes und dessen Gegenstück; dem alten Geulincx verfallen, diesem belgischen Cartesianer, der die Cartesische Idee ins Extrem trieb, wonach das denkende Subjekt darauf verzichten muß, die äußere Welt und den eigenen Körper zu beherrschen, um sich ganz der einzigen Herrschaft zu widmen, die ihm gestattet ist, der Herrschaft über den Geist; überzeugt von seiner Dummheit und seiner Unfähigkeit, all das zu begreifen, wird Beckett seine Figuren ihrerseits zu eingezwängten Gestalten machen. Er wird sie in immer ausweglöseren Situationen erfassen, in einem extremen Endspiel, das nicht aufhört zu beginnen, an ihrem eigenen Leben mit einem Faden aufgehängt, der, ohne deshalb zu reißen, immer länger und dünner wird und der sie immer weiter von jenem essentiellen ICH entfernt, das zu erreichen sie gerade im Begriffe schienen; an der Grenze angelangt und dennoch nicht in der Lage, sie zu überschreiten; gleichermaßen unfähig, wegzugehen und zu bleiben; zum Warten verurteilt. Ebendieses Warten ist das Wesen der Beckettschen Figur und der Grund des Beckettschen Schreibens.

ZWEITES KAPITEL
UND HIER NUN SETZT DAS THEATER EIN
(Antonin Artaud)

I. Godot ist endlich gekommen

Dieser kurze Satz von Antonin Artaud kennzeichnet die Analogie zwischen der Pest und dem Theater in *Le théâtre et son double* (*Das Theater und sein Double*).[1] Erst als das Theater in sein Werk Einzug hielt, als *Godot* ganz unerwartet gekommen war, erlangte Beckett den Status eines berühmten Schriftstellers: ein Triumph, den er nicht gesucht hat und der ihm beständiges Unbehagen bereitet. Warum hat er sein Stück durch seine Frau Suzanne zu Roger Blin bringen lassen? Blin hatte Artaud gut gekannt, und Beckett dachte, sein Stück sei dem Theater der Grausamkeit nicht fremd; vor allem aber gab Blin damals Strindbergs *Gespenstersonate* im Théâtre de la Gaîté Montparnasse. Dabei war er Buchstaben und Geist des Werkes absolut treu geblieben, und dennoch spielte man Abend für Abend vor nahezu leerem Haus: Genau dieses Schicksal wünschte Beckett sich für sein eigenes Stück. Das *Ich*, das in *Molloy* das Wort nahm, sein ungewöhnliches Selbstgespräch, hatte die Aufmerksamkeit der wachen Geister geweckt und die Intelligenzija mobilisiert. Georges Bataille, Maurice Blanchot und Maurice Nadeau hatten Beckett unter die Herolde der Moderne, unter die Anführer der Avantgarde aufgenommen. In Wirklichkeit ergab das nur eine ganz kleine Zahl von Menschen. Wollte er nicht wie viele andere, darunter auch die Stars des *nouveau roman*, auf der Bühne der neuesten Pariser Moden paradieren, war er noch für lange Zeit zu Isolation, Not und Unverständnis verdammt. Erst kürzlich bezifferte sein französischer Verleger die Zahl der wirklichen Beckett-Leser auf weltweit ein paar Hundert. Und wie viele haben denn alle seine Romane gelesen?… Und wie viele seine neuesten Prosatexte? Mit Ausnahme von *Warten auf Godot* (120 000 verkaufte Exemplare vor der Zuerkennung des Nobelpreises, aber nur 125 im Jahr des Erscheinens) und *Fin de partie* (*Endspiel*, 75 000 Exemplare) können die Auflagen seiner Werke sich nicht mit denen des geringsten

Goncourt-Preisträgers messen. Als er zum erstenmal für den Nobelpreis ins Gespräch kam (das war schon 1957), meinte der bedeutendste schwedische Kritiker, er verdiene ihn weniger als Ionesco, da er »nur ein erstrangiges Werk« geschrieben habe: *Warten auf Godot*.

Beckett verdankt alles dem *Godot*. Er verdankt ihm zuviel. Er mag dieses Stück nicht, weil er sich nur im Scheitern wohl fühlt. Der Erfolg von *Warten auf Godot* geht in seinen Augen auf ein Mißverständnis zurück und hat die Aufmerksamkeit des Publikums ein wenig von dem Teil seines Werkes abgelenkt, der ihm als der wichtigere gilt: von den Romanen. Er hat einmal gesagt, er habe *Warten auf Godot* in nur vier Monaten geschrieben, und zwar, um »der schrecklichen Prosa zu entkommen«, die er damals schrieb. Er hat seine Meinung nicht geändert.

Ganz offensichtlich hat das Theater in Samuel Becketts Leben eine zentrale Rolle gespielt. Es hat ihn zu einem Mann der Öffentlichkeit gemacht. Vielleicht verdunkelte es damit einen geheimeren Beckett, aber es hat ihm, wenn schon keinen Reichtum, der ihm gleichgültig ist, so doch zumindest den Wohlstand gebracht, ohne den er sich nicht vollständig seiner Arbeit widmen könnte. Durch das Theater hat er seine inneren Sperren überwunden und zu einem Gleichgewicht gefunden, das ihm ausreicht, um »weiterzumachen«. Und der soziale Charakter des Theaters, diese Arbeit im Team, an der er sich immer häufiger und immer intensiver beteiligte, diente ihm als Zuflucht in schwierigen Phasen ... Doch wenn er auch in den letzten zwanzig Jahren fast an sämtlichen Proben seiner Stücke in Frankreich und England teilgenommen hat, wenn er in Deutschland, wo ihm die Schauspieler besonders willig den Hinweisen des Regisseurs zu folgen scheinen, die Inszenierung seiner Stücke selbst in die Hand nimmt, so reist er doch regelmäßig am Vorabend der Premiere ab und verkündet, diese Aufführung sei seine »letzte« gewesen; und wenn er davon spricht, »zu den ernsthaften Dingen« zurückzukehren, so meint er damit stets den Roman.

Das Stück sei eine »wunderbare, befreiende Zerstreuung« gewesen, nicht mehr, und es habe ihm kein so tiefes und absolutes Engagement abverlangt wie seine großen Romane. Er hält es für amüsant und leicht zugänglich. Gelegentlich läßt er auch verlauten, es sei nicht sonderlich gut. Auch Giraudoux hat manchmal gesagt, er habe Theater gemacht, weil er das amüsant fand. Gehört Beckett zu jenen wenigen Autoren, für die das Theater der Königsweg, das Endresultat ihres Werkes ist, während Roman oder Poesie bald als Vorbereitung auf das Theater, bald als schöpferische Pause zwischen zwei Etappen erscheinen, in denen das Theater König ist? Oder ist Beckett, wie er selbst gelegentlich zu verstehen gegeben hat, ein Romancier, der *auch* Stücke schreibt? Die zweite Deutung wäre Giraudoux' Zuschauern in den dreißiger Jahren ebenso unsinnig erschienen wie heute Becketts Publikum. Doch für Giraudoux ist sie es schon lange nicht mehr, und für Beckett wird sie es vielleicht schon bald nicht mehr sein. Heute wenden sich die Theaterleute selbst mit wachsender Vorliebe den Texten zu, die Beckett nicht fürs Theater geschrieben hat – gelegentlich wohl zum Schaden der übrigen. Sobald man »aus allem Theater macht«, gerät die Identität des Bühnenwerkes in Gefahr. Becketts Theater ist, wie wir sehen werden, so präsent wie je, aber es ist nicht mehr in Mode, daran besteht kein Zweifel, denn in Mode ist zur Zeit jener Bilderzauber, auf den die Regisseure heute Shakespeares Kunst gerne reduzieren möchten. Für den Augenblick zumindest sind die bedingungslosen Anhänger des Theaters, von denen einige sehr gelehrt über Becketts Dramaturgie geschrieben haben, ohne daß sie jemals die Nase in seine Romane gesteckt hätten, geneigt, in John Fletchers triumphierenden Ausruf einzustimmen: »Beckett hat auf das Theater gewartet, wie das Theater auf Beckett gewartet hat...«[2] Endlich erschien *Godot* – in dieser sonderbaren Art, nicht da zu sein und dennoch den ganzen Raum einzunehmen.

Er kam arm und nackt, nachdem er vier Jahre gewartet, eine Armenunterstützung erbettelt und schließlich in einem Theater Zuflucht gefunden hatte, das am Rande des Ruins stand. Dutzende von Intendanten hatten das Stück abgelehnt, andere forderten exorbitante Realisierungsfristen; einer verlangte sogar, der Baum müsse weg, weil er zuviel Platz auf der Bühne einnähme. Man erzählt von unbekannten Schauspielern, die ihre Rolle nicht begriffen, von anderen, die drei Wochen vor der Generalprobe zurücktraten, von einem Estragon, der sich weigerte, die Hosen herunterzulassen, von Handscheinwerfern, die aus Benzinkanistern hergestellt waren, von einem Baum, den man aus einem Kleiderständer und Seidenpapier gefertigt hatte ... Man glaubte an fünfzehn Aufführungen, doch *Godot* blieb gleich im ersten Jahr zweihundert Tage auf dem Spielplan. Auf internationaler Ebene begann das Abenteuer ein wenig später, als die Übersetzungen vorlagen – mit großem Erfolg, außer in den Vereinigten Staaten, wo der Start katastrophal ausfiel. Sir Ralph Richardson, Sir Laurence Olivier und Sir Alec Guinness verweigerten sich, wie es Sir John Gielgud beim *Endspiel* tun sollte. *Warten auf Godot* wurde 1953 zum ersten Triumph dessen, was man bereits die *Avantgarde*, aber noch nicht das *absurde Theater* nannte.

II. Paris – Rive gauche

Man schrieb also das Jahr 1953; acht Jahre waren seit dem Abwurf der Atombombe über Hiroshima und der Entdeckung der Gaskammern vergangen. Der Eiserne Vorhang war niedergegangen. Die Konfrontation zwischen Ost und West hatte in Korea begonnen. Georges Bidault versuchte, sie in Diên-Biên-Phû fortzusetzen. Gandhi war einem Mordanschlag erlegen. Der Staat Israel war fünf Jahre alt. Man kümmerte sich kaum noch um Garry Davis, den Weltbürger, zu dessen Verteidigung Albert Camus, André Breton und Emmanuel Mounier im Vel-d'Hiv einen Wettstreit der Beredsamkeit entfacht hatten. Paris, Rive gauche, erlebte seine letzten Stunden. André Breton brachte die abgetragenen Kleider des Surrealismus noch einmal kräftig zum Rauschen. Isidore Isou mühte sich, die tollsten lettristischen Streiche zu verüben. Malerei war entweder abstrakt oder gar nicht, und Picasso machte sich einen Spaß daraus, den neuen proletarischen Realismus zu illustrieren. Aber mit Shdanow spaßten die Gelehrten nicht. Das intellektuelle Leben Frankreichs war durch den Bruch zwischen Sartre und Camus erschüttert. Die Mehrzahl der französischen Intellektuellen blickten mitleidig auf Camus und hatten nur Augen für Sartre, der nicht länger die lüsterne Schlange der Kommunisten war. Der konfliktgeladene Dialog zwischen Marxismus, Existentialismus und Personalismus nahm seinen Fortgang, und auch die Christen zeigten Interesse. Man sprach mit Inbrunst und Zerknirschung vom Drama des atheistischen Humanismus. Dostojewski und Kafka inspirierten Analysen und Synthesen, in denen die Leidenschaft des Absoluten und der Sinn für das Absurde einen Landvermesser dazu zwangen, zwischen Yogi und Kommissar zu wählen. Malraux konvertierte eilig zu Ästhetik und Gaullismus; Sartre predigte das Engagement des Intellektuellen an der Seite der PC und der UdSSR, aus Liebe zur Arbeiterklasse und zur Buße für die Fehler der Bourgeoisie: ein Hund, wer sich dem entzog. Antonin Artaud war in einer psychiatrischen Klinik gestorben, nachdem er seinen Doppelgänger in van Gogh erkannt und dazu aufgerufen hatte, Schluß mit dem göttlichen Gericht zu machen, während das Theater der Grausamkeit seine einzige Vorstellung im Vieux-Colombier erlebte. Paris, Rive gauche, erlebte seine letzten Stunden. Die großen Intellektuellen spielten noch den Gewissensführer, aber ihre Tage waren gezählt. Schon begann New York, Paris den Platz streitig zu machen. Die Debatten waren abgesprochen wie beim Falschspiel, doch sie hatten noch Stil. Zu dieser Zeit stand das Theater noch ganz unter dem Einfluß eines Dreigestirns, dessen Herrschaft freilich dem Ende zuging. Sartre, Camus und Anouilh kleideten neue Ideen in alte Formen, die in der großen Tradition von Dumas fils, Augier und Sardou standen, jenes anderen Dreigestirns, das in den achtziger Jahren des letzten Jahrhunderts, als dort noch schöpferisches Theater gemacht wurde, den Spielplan der Comédie Française ganz allein bestimmt hatten. Die großen Söhne des Kartells zogen sich lautlos hinter ihren Allvater Copeau zurück. Jean-Louis Barrault richtete im Rond-Point Marigny eine Luxusdependance der Comédie Française ein und stiftete dort mit meisterlichem Geschick eine Ehe zwischen Marivaux und Claudel, zwischen Kafka und Feydeau. Claude Roy geriet durch *Partage de midi* (*Mittagswende*) in Verzückung und tanzte durch ganz Paris: »Ich kann nur an ein Theater glauben, das uns tanzen macht.« Die tristen Musiker der schäbigen Brasserien begleiteten mit ihrer faden Musik die Auftritte von Caligula, Antigone, Orest und Jeanne d'Arc, die eine Redegewandtheit und ein dialektisches Geschick ungeahnten Ausmaßes an den Tag legten. Von den großen Couturiers eingekleidet, in Kardinalsrot, päpstlich weißem Satin, königlichem Brokat und kaiserlichem Samt, mit Hüten, gekrönt oder mit Tiara angetan, entfalteten große Schauspieler mit effektvoller Gestik und Sprache weitschweifige Streitgespräche, in denen sie Religion und Politik, Kirche und Staat, Handlung und Traum, den Teufel und den lieben Gott einander entgegenstellten. Es gehörte zum guten Ton, diesen Streitgesprächen einen groben Klotz, eine Hure und einen griechischen Hirten beizugeben, der so schön war wie der Engel Heurtebise.

Zu Beginn der fünfziger Jahre gaben drei Erscheinungen durch ihr Zusammentreffen dem Schicksal des französischen Theaters eine neue Wendung und machten Paris für einige Jahre zur Welthauptstadt des Theaterlebens.[3] Da war zunächst der unaufhaltsame Fortschritt der Dezentralisierung, als deren Gallionsfigur sich Jean Vilar zunächst in Avignon, dann in Chaillot hervortat; des weiteren der provozierende Aufstieg der Avantgarde in den Kleinsttheatern der Rive gauche und schließlich der weltweite Anklang, den das erste Pariser Festival fand, das, aus einer bescheidenen Initiative geboren, schon bald zum Theater der Nationen werden sollte. Innerhalb von weniger als drei Jahren konnten die Pariser sich staunend an *Der Prinz von Homburg*, *Warten auf Godot*, *Mutter Courage* und der Pekingoper erfreuen (um nur jeweils ein Symbol-Stück für jede dieser Veranstaltungen zu nennen). Jean Vilar erneuerte den Zusammenhang zwischen den drei Sphären des Theaters: Text, Bühnenraum, Bewußtsein des Publikums, und bereicherte die Darstellung um seinen Sinn für das profane Ritual und das bürgerliche Zeremoniell. Becketts Stück verhalf einer dramaturgischen Richtung zu ihrem ersten strahlenden Sieg, die bis dahin nur Mißerfolg geerntet hatte und bei den Kritikern auf Unverständnis gestoßen war. Doch Brecht, Autor, Regisseur und Theoretiker, stellte sogleich die rein metaphysische Ausrichtung der Avantgarde wie auch den republikanischen Humanismus des Théâtre national populaire in Frage, da beide dem Klassenkampf und dem dialektischen Materialismus fernstünden. Schließlich half die chinesische Oper dem westlichen Theater, diese Infragestellung bis an ihr Ende zu treiben, indem es wieder an die Tradition der Maske, der Geste, der Musik und des

Tanzes anknüpfte, deren Geheimnis das östliche Theater niemals verloren hatte. Zwischen der Oriflamme von Avignon, Estragons Baum, dem Karren der Anna Fierling und der Maske des Affengottes knüpfte sich eine dialektische Beziehung, aus der das heutige Theater sich gerade erst zu lösen beginnt. Doch vor allem dank ihrer unerhörten Schönheit und ihrer offenkundigen künstlerischen Perfektion leben diese Aufführungen noch heute in unserem Gedächtnis fort. Sie alle boten uns zu ihrer Zeit eine unvergeßliche Begegnung mit dem, was das Besondere und das spezifisch Menschliche am Theater ausmacht. Das galt für die asketische Armut der Avantgarde ebenso wie für die zeremonielle Strenge des Théâtre national populaire, für den progressiven Reichtum des Berliner Ensembles wie für die freigebige Traditionsvermittlung des östlichen Theaters.
Seit dem Ende des romantischen Theaters hat es eine Vielzahl individueller Abenteuer und kollektiver Unternehmungen gegeben, die der *Avantgarde* zugerechnet werden können. Doch der Ausdruck »Avantgarde« nahm eine besondere Bedeutung an in jenen Jahren, als diese ungewöhnlichen Stücke und diese Autoren in rascher Folge hervortraten, deren Namen eher für den Kosmopolitismus der modernen Kultur als für die klassische nationale Tradition standen. Schon 1947 hatte sich eine erste, poetischere Avantgarde abgezeichnet, als Gérard Philipe und Maria Casarès das Feuerwerk der *Epiphanies* von Henri Pichette entfachten. Trotz der Unterstützung durch Audiberti, Shéhadé, Vauthier und Tardieu geriet diese erste poetisch-heftige Avantgarde bald endgültig in den Schatten dessen, was man für lange Zeit und nicht ohne Gefahr von Mißverständnissen allenthalben das »absurde Theater« nennen sollte. Im Bewußtsein des Publikums bildete sich ein Dreigestirn von Autoren heraus: Ionesco, Beckett und Adamov, wobei nach dem Erfolg von *Les nègres* (*Die Neger*) im Jahre 1959 Jean Genet den Platz von Arthur Adamov einnehmen sollte, dessen Stern bereits im Sinken war. Unter dem Einfluß der beiden großen Strömungen, die bei der Suche nach neuen Wegen im Theater des Auslands den Ton angaben, des russischen Konstruktivismus und des deutschen Expressionismus, hatte die Avantgarde der Zwischenkriegszeit sich nahezu ausschließlich mit Fragen der Inszenierung und des Bühnenbildes beschäftigt. Jedenfalls zeich-

neten sich in der Dramaturgie keine wesentlichen Neuerungen ab. Die Pariser Avantgarde der fünfziger Jahre war dagegen das Werk der Autoren; das ist ihr wichtigstes Merkmal, und darin liegt auch schon ihre Bedeutung für die Geschichte des Theaters. Die Bühnenästhetik veraltet, die Werke überdauern. Zumindest einige. Adamovs Stern ist gesunken, Ionesco altert zusehends, Genet verliert an Boden. Bleibt Beckett. Es waren ein paar wenige, die damals in Paris darum kämpften, für dieses Theater jene paar tausend Zuschauer zu gewinnen, deren es zum Überleben bedurfte – eingezwängt zwischen einem Theater, das nicht aufhörte zu Ende zu gehen, und einem Theater, das nicht aufhörte anzufangen, wie Jean-Marie Serreau es einmal, Beckett paraphrasierend, ausgedrückt hat. Einige von ihnen (wie Jean Vilar) fand man auch in der Provinz; sie führten dort einen zweiten Kampf, um ein breiteres Publikum zu gewinnen. Im Wechsel zwischen den beiden Regionen zielte ihre Aktivität auf andere Werke, ein anderes Publikum, eine andere Ästhetik. So bildeten denn zumindest in den Anfängen der hermetische Charakter der Avantgarde und die Öffnung des Theaters für ein breites Publikum weniger einen Gegensatz als eine wechselseitige Ergänzung. Gleichwohl konnte das neue Theater, das ja die fundamentale Bedeutungslosigkeit des Menschen in einer sinnlosen Welt verkündete, kaum den Erwartungen dieses neuen Publikums entsprechen, das politisch und kulturell danach verlangte, daß alles einen Sinn habe, wobei es dem Theater die Aufgabe zuteilte, ihm beim Finden dieses Sinnes zu helfen. Das neue Publikum und das neue Theater konnten daher nur auf der Basis eines Mißverständnisses zueinanderfinden. Die Begegnung fand statt, als bei ernsthaften Geistern kaum noch ein Zweifel bestand, daß die Dezentralisierung des Theaters gescheitert und die Avantgarde der fünfziger Jahre steril geworden war. Damals war man ohne weiteres bereit, einzugestehen, daß das Theater lediglich seine ästhetische Revolution gemacht und in die Moderne eingetreten war – und dies mit einem halben Jahrhundert Verspätung gegenüber der Dichtung, der Malerei, der Musik und dem Roman, die ihre Revolution schon lange hinter sich hatten. Übelwollende sprachen von Mode, Snobismus, kultureller Dekadenz, intellektueller Perversion und ähnlichem. Diese Stücke widersprachen so sehr der französischen Theatertradition, der Vorstellung von einem Theaterstück, die im Westen vom sechzehnten bis ins zwanzigste Jahrhundert hinein geherrscht hatte, daß man, trotz tiefgreifender Unterschiede zwischen den Stücken, um jeden Preis eine gemeinsame Bezeichnung brauchte. Und diese Funktion fiel der Etikettierung *absurdes Theater* zu, die sogleich Karriere machte, nachdem der englische Kritiker Martin Esslin sie vorgeschlagen hatte. Unter anderem hatte sie die Aufgabe, die Unterscheidung zwischen dem Komischen und dem Tragischen zu zerschlagen. Man sah im »absurden Theater« eine Wiedergeburt der Tragödie, die seit drei Jahrhunderten tot war. Man sprach von Infra-Tragödie und vom Nullzustand des Tragischen. Das tragische Denken stand wieder in Gunst. Die Mode ist vergangen, das Tragische bleibt, und mit ihm die Infra-Tragödie. Sie brachte die paradoxe Tragik einer Zeit zum Ausdruck, die sich von der Philosophie des Nichts und von der Theologie des Todes Gottes faszinieren ließ. Sie schleuderte in das Zeitalter (und den Raum) des Verdachts die *condition humaine*, die Sprache und das Theater.

III. Becketts Weg

Die drei großen Stücke Samuel Becketts stecken den Weg des absurden Theaters ab, dessen Geschichte maximal fünfzehn Jahre umfaßt: *Warten auf Godot* 1948 (Uraufführung 1953), *Endspiel* 1954-1956, *Glückliche Tage* 1961-1962. Die Entstehung der einzelnen Stücke fällt auf ganz natürliche und höchst bedeutungsvolle Weise jeweils mit einer kritischen Phase der Beckettschen Entwicklung zusammen.

Beckett schreibt *Warten auf Godot* 1948, zu einer Zeit, als er, wie der Leser oben hat lesen können, sich aus der »schwarzen Depression« zu befreien suchte, in die ihn der Roman gestürzt hatte: »Mein Leben war damals zu strapaziös, zu scheußlich; ich dachte mir, das Theater könne mir Zerstreuung bringen.«[4] Nach *Der Namenlose*, 1950, fühlt er sich in einem neuen Teufelskreis gefangen; er weiß nicht mehr, was er mit seinen Figuren anfangen soll, ist unfähig, Romane zu schreiben: »Ich habe mehr und mehr den Eindruck, daß ich vielleicht nie mehr etwas anderes werde schreiben können ..., vielleicht das eine oder andere Stück, eines Tages« (an Tom McGreevy).[5] Der Gedanke, das einzige, wozu er noch fähig wäre, sei, ein Theaterstück zu schreiben, setzt sich in ihm fest. *Endspiel* ist 1954-1956 aus dieser Gemütslage heraus entstanden. Dennoch war es erforderlich, daß Roger Blin und Jean Martin, die beiden *Godot*-Darsteller, ihn inständig baten, ein Stück für sie zu schreiben. *Endspiel* kostete ihn drei Jahre Arbeit – mit Zeiten der Blokkierung und einschneidenden Abänderungen. Am Schluß genügten ihm drei Wochen, um die ursprünglich zwei Akte auf einen einzigen sehr langen Akt zu verkürzen. Obwohl *Endspiel* ihm anfangs als der Höhepunkt seines Werkes galt, zumal es wie ein Kammermusikstück komponiert ist – ein wohlgeratenes, ein zu gut geratenes Stück –, hat es weder beim Publikum noch bei der Kritik dieselbe Gunst erfahren wie *Warten auf Godot*.

Nach *Endspiel* beginnt Beckett wieder, auf englisch zu schreiben, und zwar *Das letzte Band* und *Aschenglut*. 1962 richtet er sich endgültig in der Zweisprachigkeit ein und verfaßt seine letzten langen Texte. Zur selben Zeit schreibt er auf französisch seinen letzten wirklichen Roman, *Wie es ist*, und auf englisch sein letztes langes Theaterstück, *Glückliche Tage*. Eine Seite ist umgeschlagen. In der folgenden Zeit wird Beckett immer weniger und immer kürzere Texte schreiben, die sich in der Tonlage unwiderruflich von den vorangegangenen Texten entfernen, die unablässig dasselbe und stets etwas anderes sagen, die immer wieder, sei es für die Lektüre, sei es für die Bühne, denselben endlosen Bericht, denselben endlosen Monolog wiederholen, ein Selbstgespräch über den unmöglichen und unvermeidlichen Tod, das niemals enden will. Die drei dramatischen Werke bilden nicht dieselbe Einheit, die sich in der Romantrilogie findet. *Glückliche Tage* geht nicht vom *Endspiel* aus und *Endspiel* nicht von *Warten auf Godot*. Etwas trennt sie voneinander. Die Krisen, die Blockierungen, die Ausbrüche, die in der Zwischenzeit das Romanwerk gezeichnet haben, schaffen eine Distanz zwischen ihnen, die für ihr Verständnis unerläßlich ist. Die einzige Einheit – die allerdings wesentlich ist – liegt in der fortschreitenden Radikalisierung des Einschließungs-, Lähmungs- und Schrumpfungsprozesses: vom immobilen Umherirren Didis und Gogos zur Einschließung Hamms und Clovs und von dort zu Winnie, die bei lebendigem Leibe begraben ist.

Dreißig Jahre Theater. So viele Moden sind dahingegangen unter der Brücke des Erinnerns, unter der Brücke der Beckettschen Zeit, die sich über die unendliche Leere spannt. Kaum war *Warten auf Godot* erschienen, da stieß seine Verweigerung, seine Kraft der Negation, im Bewußtsein des Publikums auf zwei kategorische Affirmationen. Claudel und Brecht sind bald, nachdem das Monstrum erschienen war, gestorben, ohne auf die Erwartungshaltung der beiden *Tramps* unter dem Baum reagiert zu haben. Wir wissen nicht, und wir werden niemals erfahren, ob Claudel *Godot* gelesen, verstanden, gemocht oder verabscheut hat. Bei Brecht ist es anders; da haben wir Belege.

In der Tat waren Gegenstöße aus zwei Richtungen denkbar, aus dem christlichen und aus dem marxistischen Lager. Trotz seines triumphalen Theokratismus gibt es bei Claudel auch ein Gefühl für das Scheitern, ein Wissen um den schleichenden Tod, einen Pfahl im Fleische, dank deren er Beckett nicht ganz so fremd ist, wie es auf den ersten Blick erscheinen mag. Und dann gibt es da eine gewisse Gemeinsamkeit zwischen dem Schrumpfungsprozeß, der die Beckettschen Kreaturen heimsucht, und der Entlarvung, die Claudels Figuren am Ende erfahren: Davon zeugt etwa die letzte Szene von *Le soulier de satin* (*Der seidene Schuh*), wo der pseudo-corneillesche Held nur noch ein alter Krüppel ist, ein Stück Abfall, das mit den zersprungenen Töpfen und den Lumpen der sammelwütigen Schwester auf den Müll gehört.

Brechts Reaktion kennen wir etwas genauer. Er hat das Stück schon 1953 gelesen[6] und sich sogar darangemacht, es für eine Inszenierung zu bearbeiten, wobei er natürlich seiner eigenen Sicht folgte und in Estragon einen Proletarier, in Wladimir einen Intellektuellen, in Lucky einen »Esel oder einen Polizisten«(!) und in von Pozzo (*sic*) einen Besitzenden erblickte. Überdies dachte Brecht daran, das Stück mit Dokumentarfilmen aus der Volksrepublik China zu begleiten. Diese Form der Reduktion im Namen des progressiven Theaters zog sich durch die ganzen fünfziger Jahre. Zumindest bei Brecht verband sich damit die Absicht, Becketts Stück zu nützen. Ein anderer berühmter Marxist, Georg Lukács[7], geht weiter und qualifiziert das Werk als typisches Produkt einer bourgeoisen Avantgarde, die sich in einer Scheinwelt einschließt, »deren Bewegungsspielraum durch die falschen Extreme des bürgerlichen Durchschnitts und der pathologischen Exzentrizität beschrieben ist«; die Wirklichkeit wird auf einen Alptraum im verwirrten Geist eines Idioten reduziert. Auf diese Weise entsteht, nach Lukács, der Bruch zwischen Literatur und Leben. Jean-Paul Sartre vertritt eine ganz ähnliche Auffassung. Zwar hält er *Warten auf Godot* für das beste Theaterstück, das seit 1945 erschienen ist; aber er glaubt, daß der Pessimismus des Stückes der Bourgeoisie gefallen solle und daß es sich dem bürgerlichen Theater anschließe, dessen Wesen darin liege, am »Laisser-aller«, am Scheitern und am Tod Gefallen zu finden. Sartre schrieb dies 1959[8], im Jahr der *Séquestrés d'Altona* (*Die Eingeschlossenen von Altona*); ungeachtet seiner Vorbehalte gegenüber dem epischen Theater suchte er damals das Gegengift gegen den Nihilismus in einem Theater des Handelns, dessen Vorbild er bei Brecht verwirklicht sah.

Dergleichen Urteile, die aus einem progressistischen Denken stammen, erklären auch die Wahl jener treibenden Kräfte des französischen *théâtre populaire* in gut zwanzig Jahren der Dezentralisierung, die sich nach einem Ausspruch von Bernard Dort »für Brecht und gegen Beckett« entschieden haben. So erreichte Beckett noch 1972, trotz des Nobelpreises, auf der Liste der Autoren, die von den zur Dezentralisierungsbewegung zählenden Theatern gespielt wurden, nur den achtzehnten Platz, weit hinter Ionesco, Obaldia und Anouilh. Nach Roger Blin ist *Warten auf Godot* nur in Deutschland wirklich populär geworden. In diesen zwanzig Jahren hat weder Dasté noch Gignoux, weder Planchon noch Vilar einen Beckett auf die Bühne gebracht. Dasselbe gilt für die nachfolgende Generation: Ariane Mnouchkine, Jean-Pierre Vincent, Patrice Chéreau und Antoine Vitez. Und auch für die Ausländer, für Strehler, Stein, Brook oder G. Lavelli. Geradeso wie vom scheinbar unpolitischen Charakter der Stücke haben sich die Regisseure des New Look von der Nüchternheit und Strenge des Beckettschen Textes entmutigen lassen, die sich so wenig für die Trapeznummern der heutigen Regiepraxis eignen. Dennoch behaupten fast alle, sie seien von Beckett fasziniert. Aber diese Faszination schlägt sich eher in ihrer Arbeit an den Klassikern nieder, als daß sie ihnen den Anstoß gäbe, Becketts Werke auf die Bühne zu bringen – ausgenommen jene Texte, die er nicht fürs Theater geschrieben hat. Es gäbe viel zu sagen über die »Beckettisierung« der Klassiker. Becketts Vagabunden-Clowns haben ihre unförmigen Melonen, verschmutzten Mäntel, abgetragenen Schuhe und zerbeulten Koffer in zahlreichen griechischen, Shakespeareschen und selbst Racineschen Tragödien spazierengetragen. Unser Zeitgenosse Shakespeare ist nach Jan Kott vor allem Becketts Zeitgenosse, und Jan Kott führt den *Lear* auf das *Endspiel* zurück. Wie viele Filme à la Fellini haben nicht mit Vergnügen Genets barockes Delirium mit Becketts expressionistischem Miserabilismus verknüpft! Eine ganze Bildwelt der Moderne bringt zum Ausdruck, daß der Mensch unentrinnbar in einer Welt gefangen ist, die aus drei Quellen schöpft: aus einem seinen Phantasmen hingegebenen Theater im italienischen Stil, einem labyrinthischen Gefängnis à la Kafka und aus jener unvergeßlichen Müllkippe, in der die Beckettschen Larven aus ihren Abfallhaufen, ihren Kohlensäcken und aus ihren Mülltonnen, jenen berühmten, skandalösen Mülltonnen, auftauchen, in denen Nell und Nagg dahinvegetieren. Und da Auftritt und Abgang des Schauspielers die Grundriten des Theaters sind, ist dies der Augenblick, daran zu erinnern, daß Samuel Beckett sich bei zwei Gelegenheiten mit Spott und Humor über diesen Gegenstand ausgelassen hat – im Gegensatz zu Jean Vilar, der diesem Ritual etwas Triumphierendes verlieh. Das eine Mal erklärt er die Anwesenheit der Mülltonnen auf der Bühne des *Endspiels* mit der Notwendigkeit, die Personen sehr schnell und diskret auftreten zu lassen. Das andere Mal rät er dem Theaterschriftsteller, der sich über die Frage des Auftritts und Abgangs den Kopf zerbricht, sie abgehen zu lassen, damit sie pinkeln gehen können – eine Technik, die er selbst mit Erfolg in *Warten auf Godot* und *Das letzte Band* eingesetzt hatte.[9]

Geradeso wie Brecht wollte Beckett nicht radikal mit der italienischen Bühne, der frontalen, auf ihre eigene Abschließung hin geöffneten Bühne, brechen. »In meiner Unwissenheit liegt mir die Rundbühne nicht«, schreibt er 1956 an Alan Schneider, »und ich habe den Eindruck, daß *Godot* den Bühnenkasten braucht.«[10] Die Beckettsche Bühne hat ebensoviel vom Schädelkasten, jener Maschine zur Produktion von Phantasiebildern, wie von der Ausstoßungsmaschine der Gebärmutter. Den Deckel der Mülltonne heben, den Sack aufreißen, aus dem Müllhaufen hervortauchen, den Vorhang der Bühne öffnen – sämtlich überdeutliche Bilder der Ausstoßung, des Gebärens, des Zur-Welt-Bringens des Lebend-Toten, des Gedankens, des Wortes in einen inneren/äußeren Raum.

IV. Die Rolle des Regisseurs

Der Name Roger Blins ist unlösbar mit dem Abenteuer Beckett verbunden. Er war es, der *Warten auf Godot*, *Endspiel* und die französische Fassung von *Glückliche Tage* erstmals auf die Bühne brachte. Durch ihn und dank seiner hat alles begonnen. Vor allem aber hat er *Godots* Welt eine visuelle Realität gegeben, die unsere eigene Weltsicht seit nunmehr dreißig Jahren verwandelt hat. Hören wir ihn selbst: »Beckett konnte mir nicht genau sagen, wie er seine Figuren sah. Alles, was er wußte, war, daß sie runde Hüte trugen... Ich habe nach Männern unbestimmten Alters mit Clowngesichtern gesucht... Ich habe eine kleine Skizze von einem kümmerlichen Baum gemacht, denn angesichts der winzigen Bühne konnte er nicht sonderlich groß sein... So kam es zu einer Landstraße mit einem Baum in einem kleinen Theater... Mein erster Pozzo hat Sam gut gefallen; er trug lebhafte Farben, eine gewöhnliche Pelerine mit viel Rot... Er fand es wahrscheinlich ein wenig sonderbar, daß ich Lucky in eine Art Frack französischen Zuschnitts in Rot und Gold steckte; dazu eine schwarze Hose und ein gestreiftes Trikothemd. Er hätte etwas prosaischer an einen Gepäckträger gedacht. Ich meinte damals, ohne ein barockes Element könne es gar kein Theater geben.«[11] Diese erste Visualisierung der Beckettschen Welt, die niemals radikal in Frage gestellt worden ist, verdankte vieles der Welt des Zirkus und des Varietés. Ihre Ärmlichkeit, die ebenso auf die Umstände wie auf bewußte Entscheidung zurückging, schockierte damals manche Vertreter des Fachs, so Alan Simpson[12], der das Stück später in Dublin inszenierte. »Das Bühnenbild bestand lediglich aus Bahnen hellgrünen Tuchs (sie erinnerten sehr an alte Bettücher), die

man an die hinteren und seitlichen Bühnenwände gehängt hatte. So entstand ein ganz besonders düsterer Eindruck; es hatte in meinen Augen jedoch etwas Amateurhaftes ... Beckett war damit rundum einverstanden, während ich der Ansicht war, daß es möglich sein müsse, diesen negativen Effekt von Trübseligkeit auf die Bühne zu bringen, ohne daß der Eindruck entsteht, ihn nicht gewollt zu haben, wie es im Babylon der Fall war.«
Das erste Bühnenbild war das Werk von Sergio Gerstein. Für die Neuinszenierung von *Warten auf Godot* 1961 im Odéon verpflichtete Roger Blin M. Matias, der dann auch 1963 das Bühnenbild für *Glückliche Tage* entworfen hat. Für das Bühnenbild von 1961, das die Kargheit der Uraufführung von 1953 ein wenig zurücknahm, modellierte Becketts Freund Giacometti den Baum nach Vorgaben von Matias, Blin und Beckett.
Nachdem *Godot* solcherart gleichsam in den öffentlichen Raum hineingestolpert war, wurde das Stück auf alle erdenklichen Weisen von allen möglichen Leuten aufgeführt. In den Vereinigten Staaten spielte man es mit schwarzen Darstellern. In Les Tréteaux du Midi mit Schauspielerinnen. In Straßburg wurden die Repliken von Wladimir und Estragon auf die Kunden eines Supermarktes verteilt, der den Rahmen des Schauspiels bildete. Das Stück – oder vielmehr das, was an dessen Stelle trat – hieß *Ils allaient obscurs dans la nuit solitaire* (Sie gingen dunkel in die einsame Nacht). Der Regisseur war André Engel, Spezialist für ungewöhnliche Spielorte; so hat er Kafka in einem Hotel, Dante in einem Eisenbahndepot und *Prometheus* auf einem Autofriedhof mit brennenden Autowracks inszeniert.
Sein großes Comeback erlebte *Warten auf Godot* 1978, wobei ein wenig der Zufall seine Hand im Spiel hatte. Mehrmals hatte die Comédie Française Roger Blin zu einer Neuinszenierung gedrängt. Vergeblich. Er mochte sich nicht dazu entschließen, das Stück ohne die Schauspieler der Uraufführung, darunter der wunderbare Lucien Raimbourg, der 1975 starb, auf die Bühne zu bringen. Schließlich nahm er das Angebot an. Man hatte plötzlich den Eindruck, das moderne Theater kehre zu seinem Ausgangspunkt zurück und spiele ewige Wiederkehr. Es war wie der Beweis, daß Theater doch nicht ganz so sterblich ist, daß die Vergänglichkeit nicht immer siegen muß; und da man trotz allem wieder zum Ausgangspunkt zurückgekehrt ist, stellt

man fest, daß es ähnlich und dennoch zugleich anders ist. Auf der Suche nach etwas Neuem hatte Roger Blin am Ende doch unverändert zu seiner Inszenierung von 1953 zurückgefunden. Es gibt also Dinge, die der Zeit widerstehen, die sich aus ihrem eigenen Überdauern nähren, und dies selbst auf dem Theater, selbst in der Inszenierungspraxis. So kam es zum Beispiel erstmals in Frankreich zu einer Umkehrung der Gewichte zugunsten Estragons, denn bei der Uraufführung hatte das außergewöhnliche Naturell Lucien Raimbourgs Wladimir, den magischen und monströsen Clown, ganz in den Vordergrund gespielt. Struppig und rundherum voller Dreistigkeit, war nun, dank Jean-Paul Roussillon, Estragon am Zuge. Das Großartige an Becketts Text ist, daß er diesen Wechsel gestattet. Ja, es wäre ganz falsch, die beiden Clowns auf dieselbe Stufe zu stellen, sie ein und dasselbe Register spielen zu lassen. Michel Aumont hatte dies offenbar verstanden; bis an die Grenze der Selbstaufgabe trug er dazu bei, Wladimir aufzubauen und ihm zu theatralischer Wirkung zu verhelfen. Das Paar Didi-Gogo tendiert in der Tat zum archetypischen Gegensatz des Mageren und des Dicken, des Knochigen und des Fetten, des Trockenen und des Feuchten. 1978 spielte Roussillon den Estragon in den Vordergrund. Doch trotz dieser und anderer Neuerungen überraschte Blins Inszenierung durch ihre Treue zum Alten. Die Umwege, das Tasten, die Versuche, sich abzusetzen, all das fügte sich in die Neuinszenierung ein wie ein zusätzliches Maß an Strenge und Kargheit, ja mehr noch: als eine neue Dimension. Sie näherte sich stärker noch als die Uraufführung dem Geheimnis eines Werkes, dessen Geheimnis in seiner Offenheit liegt. Fünfundzwanzig Jahre nach jenem Tage, da Beckett unter spöttischen Bemerkungen seine beiden Clochards in die gähnende Leere der Bühne gesetzt und zu einem Warten verdammt hatte, das keinen anderen Sinn und Zweck kannte als sich selbst, wurde deutlich, daß Roger Blin dieser befremdlichen Welt, diesen Figuren mit ihren unauffälligen Umrissen, diesem namenlosen Baum in einem undefinierbaren Raum schon 1953 zu vollkommenem visuellem Ausdruck verholfen hatte. Eine Inszenierung, die sich als ebenso unveränderlich wie ein Gemälde, als ebenso unantastbar wie ein Film erwiesen hat und die ein für allemal jener schwarzen und grauen Welt Gestalt gegeben hat, welche ein allzu schneller und allzu blauer Mond unter unserem Blick in dieser unerträglichen Transparenz hat einfrieren lassen, bis der rote Vorhang sie verdunkelte.

Unerträglich? Aber wieso? Zahllose Menschen sprechen sich heute lebhaft für Becketts monströses Meisterwerk aus. Da braucht man nur in der Zeitschrift der Comédie Française die Äußerungen durchzulesen, die von Zuschauern des Stückes nach der Aufführung gemacht worden sind: »Man muß schon allen Geschmacksrichtungen gerecht werden... Es ist gut, daß die Comédie Française sich der Moderne öffnet. Beckett steht auf der Liste für mein CAPES ⟨zweites Staatsexamen für das höhere Lehramt, d.Ü.⟩, ein Glücksfall!« Unglaublich! Die eisige Kälte in *Warten auf Godot* brennt wie am ersten Tag, doch die Vertreter der Pub-Kultur haben ein dickes Fell und einen trägen Verstand. Sie gehen kein Risiko ein. Die Moderne mit ihren beiden nährenden Brüsten – Medien und Universität – vermag das skandalös Neue des Genies sicherer zu töten, als dies früher die Ablehnung durch die Bourgeoisie jemals vermocht hätte.

Es könnte absurd erscheinen, ginge man das Risiko ein, dieses sattsam bekannte Meisterwerk allzusehr zu strapazieren, indem man im selben Jahr gleich zwei prestigeträchtige Inszenierungen präsentierte, und dies an Orten, die so bedeutungsgeladen sind wie die Comédie Française und das Festival von Avignon. Und dennoch brachte, genau drei Monate nach der Premiere in der Salle Richelieu, Ottomar Krejca das Stück im Ehrenhof des Palais des Papes auf die Bühne, wo es auf den von Benno Besson inszenierten *Kaukasischen Kreidekreis* folgte. Eine alte Komplizenschaft verbindet Brecht seit der Zeit Jean Vilars mit dem Publikum von Avignon. Ein paar Jahre zuvor hatte die Empfindlichkeit der Linken Claudel böse mitgespielt. Sie hätte sich leicht auch gegen Beckett wenden können. Sie tat es nicht. Vor allem die Puristen hatten leichtes Spiel, da sie daran erinnerten, Becketts Stücke seien auch nach seiner eigenen Auffassung für kleine Theater geschaffen. Schon die Salle Richelieu schien ihnen zu groß. Der Ehrenhof mit seinen dreitausend Plätzen mußte da geradezu irrwitzig erscheinen. Aber es zeigte sich, daß *Warten auf Godot* dort keineswegs deplaziert war, ja mehr noch: ihm wurden derselbe Zuspruch und dieselbe Aufmerksamkeit zuteil wie dem *Kreidekreis*. Von nun an konnte Bernard Dort von einem »beinahe populären Beckett« sprechen – was freilich die Gefahr einer gewissen Banalisierung nicht ausschloß. Krejca, der vor, während und nach dem berühmten Prager Frühling Intendant des *Za-Branu*-Theaters in Prag gewesen war und sich durch seine revolutionären Inszenierungen der *Drei Schwestern* und des *Lorenzaccio* hervorgetan hatte, ließ gegenüber *Warten auf Godot* solche Zurückhaltung walten, daß niemand ihm einen Vorwurf machen, niemand aber auch einen innovativen Gedanken finden konnte. Die einzigen (wenig überzeugenden) Neuerungen bestanden darin, daß er einen lebendigen, munteren Lucky präsentierte und dem jungen Boten Godots den Zugang zu jener kreisrunden Manege verweigerte, in der die vier Clowns ihr Spiel spielten. Denn in das unergründliche Dunkel, das grenzenlose Schwarz der Bühne hatte Krejca diesen weißen Kreis, diese helle, fahle Scheibe toter Zeit gesetzt, mit den vier Männergestalten, die wie schwarze Insekten um einen skelettierten Baum aufgespießt schienen. Michel Bouquet verlieh dem Pozzo ein Gewicht, wie man es noch nie gesehen hatte, ohne dabei Georges Wilson (Wladimir), Rufus (Estragon) oder J. M. Flottats (Lucky) an die Wand zu spielen. Man durfte die erdrückende Enge der kleinen Theater bedauern, mit der das Stück nach der Rückkehr in die Bouffes-du-Nord wieder vorliebnehmen mußte; aber man muß gestehen, daß seine pascalsche, kosmische Dimension niemals zuvor mit solcher Kraft realisiert worden ist. »Die Unendlichkeit der Leere wird dich umgeben.« (*Endspiel*) Es ist eine Sache, wenn ein Scheinwerfer einen Mond in vier Metern Höhe auf das Tuch des Bühnenhintergrundes wirft, und es ist etwas anderes, das bleiche Gestirn an der Fassade des alten Palais bis hinauf zu den Zinnen klettern zu sehen.

V. Anwesenheit einer Abwesenheit

Roger Blin erzählt: »Mir wurde klar, daß dieses Stück einen großen Teil des zeitgenössischen Theaters, des Boulevard-Theaters wie auch der Avantgarde oder Pseudo-Avantgarde, durcheinanderbringen würde.« Das Boulevard-Theater hat sich ohne allzu große Schwierigkeiten aus der Affäre gezogen, doch auf das Schicksal der Pseudo-Avantgarden, die einander seit dreißig Jahren ablösen, hat die bleibende Neuheit von *Warten auf Godot* nachhaltig eingewirkt. Was Roger Blin hier sagen will, ist, daß *Warten auf Godot* und überhaupt das bessere Theater dieser Zeit die unumstößlichsten Gesetze der traditionellen Dramaturgie überschritten haben. Eine Auffassung, die freilich niemals auf einhellige Zustimmung stieß. Während Bernard Dort in *Godot* das »Gegenteil eines klassischen Stückes« erblickte, sah Georges Belmont[13] (der Freund Pelorson vom Trinity College) darin ein Theaterstück der denkbar reinsten Tradition. Wenn auch trotz der scheinbaren Beachtung der drei Einheiten die tatsächlich gegenteilige Konstruktion (unbestimmte Zeit, unbestimmter Ort und diskontinuierliche Handlung) der ersten Auffassung recht gibt, so frappiert uns heute doch am meisten der klassische Charakter des Stückes angesichts der Exzesse des Regie-Theaters, des Gebärden-Theaters, des Bilder-Theaters, des Happening-Theaters, der kollektiven Improvisation und Schöpfung, die sämtlich später kamen. Guy Dumur hatte durchaus nicht unrecht, als er kürzlich feststellte, *Warten auf Godot* sei wahrscheinlich das einzige Theaterstück, das das große Kreationsspektakel dieser Epoche überleben werde.[14] Eine bestimmte Vorstellung vom Theaterstück (dramatische Handlung, individualisierte Figuren, rationale Dialoge) gerät in den fünfziger Jahren in eine Krise, doch die Avantgarde dieser Zeit stützt sich auf den Primat des Textes und des Autors, der Ende der sechziger Jahre obsolet werden sollte. Zwar finden sich selbst für das berühmte Fehlen jeglicher Handlung, für die Bedeutungslosigkeit der Figuren und den Mangel an Zwecken, für all das, was die Verächter zu der Behauptung veranlaßt, das sei kein Theater, durchaus Gewährsleute im klassischen Theater, vor allem Racine, dem Beckett sich näher zu fühlen scheint als etwa Shakespeare, auch wenn man ihm bei dem folgenden Zitat hartnäckig falsche Absichten unterstellt: »Noch ein Stück, in dem nichts geschieht«, hatte er nach einer Aufführung der *Andromache* in der Comédie Française ironisch bemerkt. Bei Beckett vermittelt sich das Klassische vielmehr durch diese in der Umgangssprache gehaltenen Dialoge, durch diese Gespräche unter Vagabunden, die er als erster nach dem Kriege ins Theater eingeführt hat, wie Céline es in den allerersten Nachkriegsjahren für den Roman getan hatte. Die Handlung mag zwar zusammenhanglos sein; der Dialog ist es nicht. Diese Gespräche über alles und nichts, diese Banalitäten, die die Zeit totschlagen sollen, diese Beinahe-Wortspiele fügen sich mit erstaunlicher Genauigkeit aneinander, laden sich auf mit Resonanzen und umgeben sich mit Harmonien; sie zählen zu den schönsten Augenblicken des modernen Theaters und der modernen Poesie. Nie war Beckett als Dichter so groß wie nach dem Zeitpunkt, da er es aufgegeben hatte, Gedichte zu schreiben. Das Paar Didi und Gogo mit seinen *toten Stimmen-Flügeln-Blättern*[15] erhebt sich, auch wenn es die entgegengesetzten Register zieht, zu denselben Höhen wie die schönsten klassischen Paare. Beckett bricht hier mit der Fragmentierung, Zersplitterung und Juxtaposition, die Roger Shattuck in seinem schönen Buch *The Banquet Years* (*Die Belle Epoque. Kultur und Gesellschaft in Frankreich 1885-1918*) als die Grundmerkmale der Moderne bezeichnet hat. Weil Beckett in seinem ersten Theaterstück, *Eleutheria*, noch am Prinzip der Zersplitterung zum Zweck der Komplizierung festgehalten hatte, war es ein Mißerfolg geworden. Er hatte es kurz vor *Warten auf Godot* geschrieben, hatte es zunächst Vilar angeboten, der es nicht inszenierte, dann Blin, der zwischen *Eleutheria* und *Warten auf Godot* schwankte; doch das Stück, dessen griechischer Name an Freiheit denken läßt, blieb bis heute in der Schublade seines Autors, der das Manuskript gelegentlich einem Besucher zeigt. Eine riesige Bühne, zwei Simultankulissen, siebzehn Sprechrollen, eine dramatische Handlung, die um den Bruch eines jungen Mannes mit seiner sehr bourgeoisen Familie kreist. Der junge Mann heißt Victor, wie der Held von Vitrac, dessen Vetter er auch in manchem zu sein scheint. Alles in allem verweist *Eleutheria* eher auf Ionesco als auf die großartige Nüchternheit von *Warten auf Godot*, *Endspiel* oder *Glückliche Tage*. Die einzigen spezifisch Beckettschen Elemente sind die Mülltonnen, in denen Victor nach Eßbarem sucht, und das Bett, in dem er in der Schlußszene, »der Menschheit den Rücken zugewandt«, schläft. In Wirklichkeit ist *Eleutheria* nicht Becketts erster dramatischer Versuch. Der fällt vielmehr in die Zeit, als Beckett sich den Anschein gab, jungen Mädchen im Trinity College Kenntnisse in französischer Literatur zu vermitteln – den Rücken seinem Auditorium zugewandt. John Fletcher hat als erster darauf hingewiesen[16], und Deirdre Bair hat seine wahre Bedeutung aufgezeigt.[17] Für das Jahresfest der französischen Abteilung kam Beckett zusammen mit seinem Freund Pelorson auf die Idee, eine Parodie des *Cid* von Corneille mit dem Titel *Kid* aufzuführen. Als Don Diego mit langem weißem Bart beginnt Beckett einen komischen Monolog; dabei kämpft er gegen die Zeit, die ein Wecker in seiner Hand und eine große Uhr anzeigen, deren Zeiger Pelorson im Hintergrund in immer schnellere Umdrehung versetzt. Nach und nach verkommt Becketts Rede zu einer Folge abgebrochener Sätze und immer verrückterer Silbenreihungen. Bald hat sie jeglichen Sinn verloren. Das Publikum krümmt sich vor Lachen, hört nichts mehr außer dem schrillen Läuten des Weckers. Viele Jahre später werden einige sich an diese Szene erinnern, als sie Luckys Tirade in *Warten auf Godot* hören. Das ist der wirkliche Ursprung einer kurzen »Anthologie«, die soviel Kopfzerbrechen bereitet und soviel Tinte hat fließen lassen. Luckys chaotischer Erguß ist also Teil der Clownerie/Fopperei eines jungen irischen Professors, der sich vom Lehrbetrieb und von Irland abgestoßen fühlt. Durch ihre erschreckende und zwerchfellerschütternde Absurdität sagt sie, was das ganze Beckettsche Werk sagt, spricht sie von dem unausweichlichen Marsch zum Grab, wie die folgende, bei Pierre Mélèse[18] entlehnte Kurzfassung des Textes belegt: »Auf Grund der... Existenz eines persönlichen Gottes... der uns lieb hat bis auf einige Ausnahmen man weiß nicht warum... und leidet mit denen die... in der Folterkammer sind... und andererseits in Anbetracht daß... festgestellt wurde bei Ausschaltung aller Fehlerquellen... daß der Mensch... trotz aller Fortschritte... im Begriff ist abzumagern... und kleiner zu werden... und wenn man andererseits dabei bedenkt was noch schlimmer ist... daß zu Lande im Gebirge und am Rande des Meeres der Ströme des Wassers und des Feuers die Luft dieselbe ist... leider leider der Kopf der Kopf der Kopf der Kopf...« In diesem unglaublichen Bravourstück wird in spöttischem Ton die Existenz eines persönlichen Gottes behauptet, »die Existenz eines persönlichen Gottes kwakwakwakwa mit weißem Bart kwakwa... der aus der Höhe seiner göttlichen Apathie göttlichen Athambie göttlichen Aphasie uns lieb hat...« Dieses groteske Vorspiel verstärkt rückblickend Wladimirs ängstliche Fragen am Ende des Stücks beim zweiten Besuch des jungen Boten, der abermals mitteilt, daß Godot an diesem Tage nicht kommen wird[19]: »Trägt er einen Bart, Herr Godot? – Ja. – Blond oder... schwarz... oder rot? – Ich glaube, daß er weiß ist. – Barmherzigkeit!« Wir brauchen keine Angst zu haben, uns zu wiederholen, zumal heute, da die Kommentatoren des Beckettschen Werkes in dieser Frage eine merkwürdige Scheu, eine verdächtige Zurückhaltung an den Tag legen, wenn wir behaupten: Kein Autor unserer Zeit, kein Theaterschriftsteller seit Shakespeare, kein Philosoph seit Pascal, kein Dichter seit Rimbaud hat es verstanden, in so wenigen, so nackten und so leisen Worten der metaphysischen Angst des Menschen Ausdruck zu geben und dabei den tragischen in einen clownesken Dialog umschlagen zu lassen. Wladimirs »Miséricorde!« ⟨Barmherzigkeit!⟩, aus dem in der englischen Fassung »Christ have mercy on us« wird (und das ist die direkte, ja allzu direkte Übertragung des »Kyrie eleison« aus der katholischen Liturgie), kommt so stimmlos wie das *Hélas!*, mit dem *Berenice* endet. Und Wladimir, dessen Redeeifer kaum zu bremsen ist, verstummt. Der ganze Jammer einer von Gott verlassenen und Gott preisgegebenen Welt erfüllt seine Stimme. Es ist hoffnungslos. Godot existiert (vielleicht), aber er ist dieser apathische, athambische, aphasische Alte, der müßige Gott der primitiven und epikureischen Kosmogonien, der Herrgott mit dem langen weißen Haar, der hoch oben in der Sixtinischen Kapelle von Adam Abschied nimmt. Wer ist Godot? Kann Godot überhaupt kommen? Gibt es ihn? Was soll dieses Warten? Das Stück ist dazu da, daß diese Fragen gestellt werden und ohne Antwort bleiben, daß sie in ihrem Unbeantwortetbleiben gestellt werden. Pierre Mélèse mag den Gedanken ja lächerlich finden, Beckett habe eine Anleihe bei Balzac gemacht oder ihn sogar plagiiert.[20] Ich muß gestehen, daß es mir einen Schock versetzt hat, als ich zwei oder drei Jahre nach der Uraufführung von *Warten auf Godot* bei Vilar einer Inszenierung des *Faiseur* (*Der Schwindler*) beiwohnte. Ich hatte Balzacs Stück schon bei Dullin gesehen, aber ich hatte vergessen, daß Mercadet darin bis zur Auflösung des Stückes auf die Rückkehr seines Kompagnons wartet, der schon vor langer Zeit mit der Kasse verschwunden ist. Der Vorhang fällt in dem Augenblick, da die Ankunft des Kompagnons angekündigt wird, und der Name dieses Mannes ist Godeau! Daß Beckett aus Balzacs *Der Schwindler* die Idee des Wartens als Minimalstruktur für ein Stück übernommen haben mag, das gerade auf diesem Minimum basiert, hat nichts mit einem Plagiat und viel mit dem Wesen des Theaters zu tun. Godot wäre dann Spektralbild und Geist ⟨im Französischen beides *spectre*, d. Ü.⟩ jenes Godeau, wäre das Bild, das durchscheint, und das Gespenst, das den Lebendigen nachgeht. Und wenn Beckett den *Schwindler* erst nachträglich entdeckt hätte, dann würde dies letztlich auch nicht viel ändern. Ein so bedeutsames Werk wie dieses ist ganz gewiß nicht aus dem Nichts heraus entstanden. Offenbar war Godots Abwesenheit nicht immer ganz so endgültig. In einer früheren Fassung überbrachte der Junge einen von Godot geschriebenen Brief. Wenn Beckett diese Abwesenheit in der Folgezeit und vielleicht erst sehr spät radikalisiert hat, indem er den Brief wegließ und sogar gewisse Zweifel an der realen Existenz der Person aufkommen ließ, so sagt das viel über die Unentschiedenheit des Autors. Darüber hinaus wird alles getan, damit Pozzo dank eines Mißverständnisses für einen Augenblick Godots Stelle einnimmt. Damit bietet sich uns übrigens zum zweiten Male, wenige Minuten vor dem Ende des Stückes, einer jener kurzen Dialoge, die uns noch lange nach der Vorstellung nicht aus dem Sinn gehen wollen.

Estragon Bist du sicher, daß er es nicht war?
Wladimir Wer?
Estragon Godot?
Wladimir Wer denn?
Estragon Pozzo.
Wladimir Ach was! Ach was! *Pause*. Ach was!

Man weiß nicht so recht, was man davon halten soll, wenn Beckett seine eigenen Zweifel zum Ausdruck bringt. Letzten Endes trifft es – wie in *Andromache* – wohl zu, daß Pozzo Godot vertritt und Godot Gott. Pozzo ist nicht Godot, und Godot ist nicht Gott. Aber ist Pozzo wirklich Pozzo? Didi und Gogo sind sich nicht sicher, ihn wiederzuerkennen, weder ihn noch den Jungen. Pozzo und der Junge wiederum erkennen die beiden ziemlich sicher nicht wieder. Niemand erkennt die beiden jemals wieder. Und sie erkennen weder den Ort noch den Baum wieder. Sie erkennen weder die lebenden noch die toten Dinge, noch auch irgendwelche Orte wieder. Sie alle leben in einer Welt, in der niemand irgend jemanden wiedererkennt, in einer Welt universellen Mißverständnisses und universeller Anonymität, in der jeder ständig auf irgend jemanden wartet, der nie kommt, auf irgend etwas wartet, das niemals eintritt. Warten, nicht Hoffen oder Wünschen. Sie können gar nicht anders, als auf Godot zu warten; aber sie wünschen es nicht. Sie möchten viel lieber weggehen können, frei sein, ob Godot nun kommt oder nicht. Daher dieses berühmte Leitmotiv, das beim Publikum solchen Anklang fand:

Estragon Komm, wir gehen!
Wladimir Wir können nicht.
Estragon Warum nicht?
Wladimir Wir warten auf Godot.
Estragon Ach ja.

Sie haben dennoch einen Wunsch, einen einzigen, der sich in die Form eines ungeduldigen Bedauerns, einer fragenden Verneinung kleidet: »Wird es denn gar nicht Nacht?« Nicht nur *Warten auf Godot* ist um das Warten konstruiert, auch die beiden anderen großen Stücke sind es. Das Warten lähmt die Personen, hält ihre Existenz in der Schwebe, scheint die Zeit zum Stillstand zu bringen. Hamm, Clov und Winnie warten auf etwas. Didi und Gogo warten auf jemanden. Dieser Jemand kann niemand anderes sein als Gott. Dieses Etwas kann nichts anderes sein als der Tod. In beiden Fällen läuft es auf dasselbe hinaus, und dennoch ist beides nicht dasselbe.

Das Warten ist fast schon das zentrale Thema des modernen Theaters. Franck Jotterand bemerkt, die drei Stücke, die das amerikanische Theater revolutioniert hätten, seien alle auf einer ähnlichen Struktur aufgebaut, dem Warten.[21] Aus *Le livre des masques* von Rémy de Gourmont zitiert Pierre Mélèse eine Passage, die ihm merkwürdig nahe an *Warten auf Godot* heranzukommen scheint. »Da ist irgend jemand irgendwo im Nebel, und auf der Insel liegt ein Schloß, und in dem Schloß ist eine Halle, die nur von einer kleinen Lampe erleuchtet wird, und in der Halle sind Menschen, die warten. Worauf warten sie? Sie wissen es nicht. Sie warten darauf, daß jemand an die Tür klopft; sie warten darauf, daß die Lampe erlöscht, sie warten auf die Angst, sie warten auf den Tod. Sie reden. Ja, sie sagen Worte, die einen Augenblick lang die Stille stören, dann brechen sie mitten in ihrer Gebärde, mitten im Satz ab und lauschen.«[22] Rémy de Gourmont spricht hier eigentlich nur von Maeterlincks *Der Eindringling*, der eher an den zweiten Akt von *Goldhaupt* oder an Bergmanns *Das siebente Siegel* denken läßt als an Beckett. Aber es ist schon richtig, daß die Zuschauer im Theater des neunzehnten Jahrhunderts darauf warten, was sich im Laufe des Stücks ereignen mag, während im Theater des zwanzigsten Jahrhunderts das Warten selbst auf die Bühne gebracht wird. Beckett führt schlechthin alles darauf zurück: Das Warten fegt die Bühne leer, lähmt die Figuren, bringt die Zeit zum Stillstand und läßt das Licht fahl werden. Es läßt die Figur hervortreten, die das Theater, das Warten und den Tod zu einer deutenden Synthese verknüpft, ganz wie in dem Gedicht von Baudelaire: »Kein Vorhang ... und ich wartete noch immer!«[23] »Es geschieht nichts«, sagt Estragon. Also warten sie darauf, daß etwas geschieht, ein Vorfall, ein Knalleffekt, ein Wunder? »Keiner kommt«, sagt Estragon weiter. Also warten sie auf jemanden, einen Freund, einen Fremden, einen Gott vielleicht? Sie warten auf Godot; statt seiner kommt Pozzo: Godot ist die Parodie Gottes, Pozzo die Parodie Godots; typisch Ubueske Figuren hat John Fletcher sie genannt. Pozzo ist ein Landadliger aus der Gegend, der Eigentümer all dieser Ländereien. Sie sind nirgendwo; Pozzo kommt aus diesem Nirgendwo, aus dem Anderswo, das in diesem Nirgendwo ist, aus dem Ehedem, das in diesem Anderswo ist; aus Zeit wird Raum. Kommt Pozzo aus diesem lächerlichen Nirgendwo, dem Polen Ubus, oder kommt er aus diesem tragischen Nirgendwo, aus Kafkas Schloß? »Pozzo, warum ist er aufgebrochen, er hatte doch ein Schloß und Diener«, heißt es gleichsam als Erinnerung in den *Texten um Nichts*.[24] Pozzo ist Godots Doppelgänger, sein Alibi, sein Quiproquo. Eine Epiphanie, die nicht stattfindet. Pozzo ist ein lokaler Geist, aber kein Gott; er ist aus dem Ehedem und Anderswo, aus jenem Ehedem, das ein Anderswo ist, in dieses Nirgendwo hier und jetzt gekommen, dieses Niemandsland des stationären Umherirrens, diesen abgeschlossenen Raum der Einkerkerung, diese existentielle Sackgasse. All

dies macht, daß die Bühne zu einem geschlossenen, aber grenzenlosen Kosmos geworden ist, zum Ort des Wartens; damit ist sie zugleich aber auch der Ort der Anwesenheit. Die ersten Worte des *Namenlosen*: Wo nun? Wann nun? Wer nun? Identität der Zeit, des Ortes und der Person. Einen Platz einnehmen. Die beiden Helden aus *Warten auf Godot* finden ihren Ort auf der Bühne. Sie sind da, hier und jetzt, aber wo und wann, wenn nicht in der Zeit und im Raum der Darstellung? An einem Ort, an dem aus Zeit Raum wird. Indem ich den Ort wechsle, wechsle ich die Zeit. Aber weiß ich, wann ich den Ort wechsle? In der Falle des Theaters gefangen, sind sie dazu verdammt, *da zu sein*. Darauf hat als erster Alain Robbe-Grillet mit dem nötigen Nachdruck und der wünschenswerten Klarheit hingewiesen.[25] Eines Tages vor sehr langer Zeit mögen sie von zu Hause weggegangen sein, in festlicher Kleidung für eine Abendgesellschaft ausstaffiert, mit schwarzem Anzug und Melone, mit Hemdbrust und Tanzschuhen, und nun, nach wer weiß welcher Katastrophe, finden sie sich in Lumpen wieder, als Reisende ohne Gepäck, am Rande dieser Straße, am Fuße dieses Baumes, sie kennen nicht Zeit noch Ort, gefangen zwischen der Bühnenwand, die das ärmliche Kulissentuch, das Beckett so schätzt, nicht einmal zu verbergen sucht, und dem Publikum, das jeden Fluchtwunsch hinfällig macht. »Wir sind hier also auf einem Plateau, das steht fest. Sozusagen auf dem Präsentierteller.«[26] Dieses ganz und gar runde Wortspiel ⟨nur im Französischen: »Nous sommes sur un plateau, aucun doute nous sommes servis sur un plateau.« d. Ü.⟩, das topographische, gastronomische und szenographische Bedeutungen miteinander verknüpft, erinnert mich an eine Bemerkung von Peter Brook, wonach nur die französische Sprache bestimmte Realitäten des Theaters vollkommen auszudrücken vermag. Ähnliches gilt für den Ausdruck *représentation* (Darstellung), der die Begriffe der Präsenz, der Präsentation/Ausstellung und der Reproduktion in sich vereinigt. Die Beckettsche Bühne ist dieser Schaukasten, der aus seinem ganzen Theater ein *Ecce homo* macht und aus dem Proszenium ein *Obszönum*, um einen Ausdruck von Audiberti aufzugreifen.
Hier ist nichts von jener Glorifizierung des Bildes und der Spiegelung zu merken, die für Genets Theater charakteristisch ist.

Durch sein Projektionsvermögen bildet der Beckettsche Schaukasten das Gegenstück zu Genets Spiegel mit seiner Fähigkeit zu Absorption und Auslöschung. »Das Theater! Wir lieben es, uns darin zu spiegeln, und langsam sehen wir uns, wie ein großer schwarzer Narziß, in seinem Wasser verschwinden.«[27] Als opaker Spiegel wirft Becketts Plateau/Präsentierteller die Bilder zurück, projiziert sie über die Figur hinweg ins Publikum. Er steht mehr in der Tradition der Parade, des Zirkus, des Varietés und des Wandertheaters. Das Bild der Welt wird darin mit den billigsten Mitteln zusammengebastelt. Als Pozzo das Ende des Tages beschreibt, vor einer gelben Scheibe, die auf ein schlecht gespanntes Tuch projiziert ist, da macht er seinen Auftritt im Stil eines *cabotin*, eines Schmierenkomödianten, der »einmal gesehen hat, was der Mensch zu sehen glaubt«. Und dann, ganz Schmierenkomödiant, fragt er beunruhigt: »Wie fanden Sie mich? Gut? Mittelmäßig? Leidlich? Nicht besonders? Gerade heraus: schlecht?« *Cabotin* auf französisch (nach einem populären Komödiantentypus des neunzehnten Jahrhunderts). *Ham actor* auf englisch. Manche nehmen an, daß Hamm seinen Namen daher hat, er, der seine Rolle mit den Worten »Ich bin dran. Jetzt spiele ich« beginnt. Auch er spielt vor einer nachlässig zusammengezimmerten Kulisse. Auf der einen Seite das Meer, auf der anderen das Land. Einmal findet Clov sich nicht mehr zurecht: »Schweinerei! Sie ist überschwemmt!« Als hätten die Bühnenarbeiter beim Aufbau geschludert. In Wirklichkeit hat er sich in der Seite geirrt. In der Szenenbeschreibung für *Glückliche Tage* spricht Beckett von einer weiten versengten Ebene, die sich in der Mitte zu einem kleinen Hügel erhebt, in den Winnie bis über die Taille eingebettet ist. Er spricht auch von einem Prospekt mit einer sehr kitschigen, naturgetreuen Darstellung einer ununterbrochenen Ebene und eines ununterbrochenen Himmels, die sich in weiter Ferne treffen, *empty space*, der leere Raum des Kosmos und des Theaters. Ein Bühnenprospekt wie im Wandertheater. Wie in *Kinder des Olymp* Arletty als die Wahrheit aus dem Brunnen, so taucht Winnie inmitten einer Jahrmarktsbude aus einem in Auflösung begriffenen Kosmos auf. Man sucht nach der Parade, der Blaskapelle, dem Ausrufer. In der Haltung eines gelähmten, aphasischen Marktschreiers, Monsieur Loyal in Frack und Zylinder, schleppt Willie sich am Ende zu Winnie hin. Man lese nochmals *Parade* von Rimbaud und schaue sich Seurats *La Parade* an. Wie sie meidet Beckett barocken Pomp und makabren Kitsch. In diesem Punkt ist er das genaue Gegenteil des deutschen Expressionismus. Bei ihm schneidet der Tod keine Grimassen, spielt er keine Kastagnetten.

Es scheint, als sei die Zeit stehengeblieben. »Glauben Sie das nicht, mein Herr«, sagt Pozzo. Die Zeit vergeht – nur immer langsamer. Sie »kann nicht mehr«, aber sie geht unbeirrt weiter und zieht den Menschen hinter sich her, an einem Strick, der sich unendlich dehnt, aber niemals reißt, wie ein Geschwür, das ihrem Wesen fremd ist. Die Nacht kommt stets vor Godot, Pozzo kommt stets vor der Nacht, und der Vorhang fällt stets vor dem Ende. Das Ende der Zeit ist ein kosmisches Drama, das sich selbst inszeniert. »Draußen ist der Tod«, sagt Hamm. Er spricht von der Bühne, nicht von jenem mikrokosmischen Analogon des Makrokosmos, das die barocken Dramaturgien zeichnen, sondern von der letztlichen Reduktion des ins Verderben gestoßenen Kosmos, von der letzten existentiellen Zuflucht, jenem Ort, wo die Zeit zum Raum wird, gewissermaßen in buchstäblicher Entsprechung zu der berühmten Definition, die Adolphe Appia vom Inszenieren gegeben hat: »Die Kunst der Inszenierung ist die Kunst, das in den Raum zu projizieren, was der Bühnenautor nur in die Zeit zu projizieren vermocht hat.« Die Bühne ist der Ort, wo die Zeit stirbt, indem sie versteinert. Solche Verräumlichung hat freilich kein Ende. Der Schluß ist kein wirkliches Ende. Becketts Stücke bleiben am Schluß stets in der Schwebe. Wenn der Vorhang fällt, könnte er sich ohne weiteres wieder heben und den Blick freigeben auf eine Szene, die der vom Anfang ähnelt. Das Ende ist im Anfang bereits enthalten, das Stück eine endlose Wiederholung. Müssen wir da von einer reichlich banalen Preisgabe der dramatischen Fiktion sprechen, bei der das Theater sich zu sich selbst als Theater bekenne? Gewiß, im *Godot* gibt es zahlreiche Augenblicke, die das Theaterhafte der Situation hervorkehren, die das Publikum ins Bild setzen, ja sogar provozieren. »Es geschieht nichts. Keiner kommt, keiner geht, es ist schrecklich.« (*Lachen*)[28] Doch darum geht es nicht. Wenn solche Beispiele im *Godot* besonders häufig anzutreffen sind, so ist das kein bloßer

Zufall. In den nachfolgenden Stücken nimmt ihre Zahl ab, und in den letzten verschwinden sie ganz. Aber Didi und Gogo wissen nicht, wie sie die Zeit füllen, dem Tod Zeit abringen, wie sie den Anschein erwecken sollen, daß sie existierten. Ihre lächerlichen Spiele haben kein Gewicht angesichts der letzten Reste ihrer Existenz. Sie existieren noch zu sehr. Sie wissen es, und sie sagen es:

Wladimir Nun wird es wirklich sinnlos.

Estragon Noch nicht genug.[29]

Sie hängen im Leeren, zwischen der Zeit des Anfangs (dem wirklichen Leben, aber hat es das jemals gegeben?) und der Zeit des Endes (dem wirklichen Tod, aber wird der jemals kommen?), unfähig, das eine zu finden oder sich ins andere hineinzustürzen, wie Lucky und Pozzo es bereits getan haben und Hamm, Clov, Winnie und die anderen es noch tun werden. Sie sind Arbeitslose der Existenz, Komödianten ohne Anstellung; Godot ist derjenige, der sie in Dienst nehmen, ihnen eine Anstellung geben, eine Rolle zuweisen, einen Text liefern könnte; er ist derjenige, durch den alles einen Sinn erhalten könnte. Es ist also nicht richtig, wenn man sagt, Didis und Gogos Anwesenheit zähle mehr als Godots Abwesenheit, denn, wie Robbe-Grillet selbst erkennt, hängt ersteres von letzterem ab. Es ist ihnen gar nicht möglich, nicht da zu sein, sie sind »unheilbar gegenwärtig«, weil sie auf Godot warten. Sie sind dazu verdammt, ihre Rollen zu erfinden. Der unnachahmliche Ton der Figuren aus *Warten auf Godot* rührt in der Tat daher, daß sie über alle erdenklichen Themen zu improvisieren, daß sie alle möglichen Spiele zu spielen und völlig zusammenhanglos über Gefühlsdinge, Streitereien, Beleidigung oder Beleidigtsein und Versöhnung zu schwätzen scheinen. Natürlich wird kein Berufsschauspieler die Beckettschen Dialoge spontan hervorbringen, selbst wenn er in den Techniken der Improvisation bewandert ist. Sie alle erfassen sie stets nur im Kontext eines sprachlichen Austauschs *sui generis*, ob es sich dabei nun um den Wortwechsel zwischen Kollegen und Kolleginnen eines irischen Varietés (Roger Blin), um ein Gespräch zwischen Pariser Clochards auf einer Bank (John Fletcher) oder um die Art und Weise handelt, wie Sam und Suzanne Beckett im täglichen Leben miteinander kommunizieren (Deirdre Bair). Diese Improvisationen zu zweit setzen dem Selbstgespräch ein Ende, das den Beckettschen Roman hervorgebracht hatte. Sie vermeiden auch den Rückgriff auf eine alte Tradition des Theaters, wonach stets, wenn jemand spricht, ein anderer ihm die Replik liefert. Der Beckettsche Dialog ist gewissermaßen ein zweistimmiger Chor; jede Stimme nimmt den Ton der anderen auf, indem sie ihr durch ein Spiel von Wiederholungen, Widersprüchen und Wiederaufnahmen ein Echo oder einen Halo gibt. Eine einzelne Stimme sucht da tastend nach sich selbst, durch zwei kaum zu unterscheidende Sprachstränge hindurch, ohne sich freilich jemals zu finden. Es handelt sich um ein Vorgehen, das mit der Technik des Romans bricht, das aber aufgrund eines Irrtums ursprünglich im Roman entstanden ist und nun das für den Roman wie auch das fürs Theater übliche Verfahren blockiert. Tatsächlich fällt die Geburt dieses Dialogs mit dem Erscheinen des *Paares* zusammen. Das Paar wiederum wartete mit seinem Erscheinen, bis jener fußkranke Tippelbruder auftrat, der unermüdliche Beckettsche Wanderer, dessen schlaksige Silhouette sich in der Ferne gegen einen leeren Himmel abzeichnet. Der, den man solcherart »bewegungslos im Einklang mit der Zeit« (Cortázar)[30] sieht, ist der Beckettsche Mensch, der »seine Rolle als ewiger Ertrunkener der Zeit« auf sich genommen hat. Alle drei Elemente, die Dialoge, die Figuren, das Paar, zeichnen sich in jenem mißlungenen und zugleich faszinierenden Roman ab, der den Titel *Mercier und Camier* trägt. Es ist das »Pseudo-Paar«, Gefangener seines endlosen Hin und Her zwischen Stadt und Land, der große Dürre (Mercier) und der kleine Dicke (Camier), dieser Doppelgänger von Pat und Patachon, Laurel und Hardy, dessen Umrisse auf den Wegen des Imaginären zwischen Flauberts Biedermännern Bouvard und Pécuchet und den beiden Vagabunden auftauchen, die bald im Schatten eines entblätterten Baumes auf Godot warten werden.

Damit erscheint das ungleiche Paar, das gleichermaßen unfähig ist, miteinander oder getrennt zu leben, auseinanderzugehen oder beisammenzubleiben, zu sprechen oder zu schweigen. Innerhalb des Paares bilden sich Differenzierungen aus, (homo-)sexuelle, die zum Ehepaar führen (Nell-Nagg, Winnie-Willie, Mr. und Mrs. Rooney), und soziokulturelle, aus denen das Paar Herr-Knecht hervorgeht (Pozzo-Lucky, Hamm-Clov). Das

Paar der Beckettschen Vagabunden tendiert dahin, sich aufzuspalten in ein eheliches und in ein solches aus Herrn und Bedientem. Dieses Phänomen, der vorläufige Abschluß in der Theatralisierung der Beckettschen Figur und seiner Welt, verdiente es, im Rahmen der Wiederaufnahme eines Archetyps untersucht zu werden, der so alt ist wie das Theater, der aber in anderthalb Jahrhunderten der Herrschaft des Boulevard-Theaters nahezu verschwunden war: das Paar aus Herrn und Bedientem, wie es die Komödie kannte. Dieses Duo ist dank Brecht (Puntila-Matti), Genet (*Die Zofen*), Pinter (*The Servant*) und natürlich dank Beckett in moderner Gestalt auf die Bühne zurückgekehrt. Vor allem aber knüpfte dieses Paar, als es entstand, an den ursprünglichen Dualismus zwischen dem ersten und dem zweiten Zanni (Brighella-Arlecchino), zwischen dem Schurken und dem Tölpel (Scapin-Sylvestre), zwischen dem weißen Clown und dem dummen August an. Die Unschuld, die ihnen die volkstümliche Komödie, deren reinster Ausdruck sie sind, von Anfang an verlieh, weicht nach und nach der sadomasochistischen Beziehung zwischen Henker und Opfer, Herrn und Knecht – eine Beziehung, die durchaus umkehrbar ist, wie Pozzo es mit Blick auf Lucky zu verstehen gibt vor Didi und Gogo, die in diesen beiden umgekehrten Doppelgängern ihre eigene unvermeidliche Zukunft lesen. Wenn Didi und Gogo auf ihrem Wege mit Pozzo und Lucky zusammentreffen, so ist klar, sie können nicht mit ihnen kommunizieren. Luckys Wirrheit und Pozzos Schmierenkomödiantentum sind ihnen gleichermaßen unverständlich. Sie sprechen nicht dieselbe Sprache, auch wenn sie dieselben Worte benutzen; sie leben nicht im selben Raum, auch wenn sie am selben Ort sind; sie sind nicht in derselben Zeit, obwohl sie hier und jetzt zusammentreffen. Raum und Zeit der Beckettschen Szene sind nicht homogen. Der Mensch entkommt nicht der Zeit, und die Zeit entkommt nicht dem Raum. Die Zuschauer, Didi-Gogo und Pozzo-Lucky, sie alle leben drei unterschiedliche Weisen der Existenz. Didi und Gogo sind durchaus in unserer Gegenwart, aber in einer anderen Raum-Zeit als wir; und sie sind in Pozzos und Luckys Gegenwart, jedoch in einer anderen Raum-Zeit als der ihren, und diese wiederum ist eine andere als die unsrige. Die ganze berühmte Kommunikationsunfähigkeit, das Lieblingskind der fünfziger Jahre, kommt daher. Letztlich sind uns Didi und Gogo, unsere Brüder, näher als Pozzo und Lucky. In diesem Stück, in dem die Illusionskunst keinen Platz hat, tendieren Schauspieler und Figur dahin, eins zu werden; für Schauspieler und Zuschauer gilt dasselbe. Vom *Endspiel* an hat es indessen den Anschein, daß die szenische Gegenwart in das allgemeine Scheitern einbezogen wird. »Abwesend, immer«, sagt Hamm und fügt hinzu: »Ich bin nie dagewesen.« »Die Bühne, der privilegierte Ort der Gegenwart, hat der Ansteckung nicht lange widerstanden«, schrieb Alain Robbe-Grillet. Was hat es damit auf sich? War das Desaster im *Godot* bereits angelegt? Oder erhält die theaterspezifische Gegenwart, von der die Rede war, nicht eine andere Bedeutung, wenn man sich auf andere als die westlichen Traditionen bezieht?

VI. An der Grenze zum Schweigen

Jahrhundertelang hat das westliche Theater geradezu hochmütig jede andere Tradition außer der eigenen ignoriert; die griechischen Tragödien erachtete es als ein absolutes Ganzes und kämpfte sich in tiefster Faszination mit ihnen ab; das mittelalterliche Mysterienspiel galt ihm als kindliches Spiel und die Commedia dell'arte als bloßer Schabernack. Doch plötzlich brach die große Parade der asiatischen Theater herein mit ihrem Getöse von Gongs und Xylophonen, der Farbenpracht ihrer Kostüme und Masken, mit ihren Girlanden, ihrem farbigen Rauch und ihren Prozessionsfahnen. Das japanische Nô und das Kabuki-Theater, die chinesische Oper, das hinduistische Kathakali, das Barong aus Bali, die Spiele aus Ceylon, Bengalen und Tibet traten in unser Blickfeld und lösten Erstaunen aus. Was zum Besten des modernen westlichen Theaters gehörte, ging verändert aus dieser Begegnung hervor. 1956 schrieb ein amerikanischer Hochschullehrer das erste Buch, das sich mit der Avantgarde der fünfziger Jahre befaßte[31], und Becketts Theater nahm darin natürlich eine herausragende Stellung ein. Einige Jahre später schrieb Leonard Pronko das erste Buch über den Einfluß des östlichen auf das moderne westliche Theater; darin freilich glänzte Beckett durch Abwesenheit.[32] Doch das ist nicht weiter erstaunlich. Claudel, Artaud, Genet und Brecht haben zahlreiche Bezüge auf die östlichen Dramaturgien in ihr Werk aufgenommen; Beckett nicht. Hielte man sich an die äußere Erscheinung, so stünde Beckett demnach den zwei wichtigsten Modellen für das moderne Theater fremd gegenüber, nämlich dem oben genannten und dazu noch dem Pirandellismus des Theaters auf dem Theater, der bei Sartre, Genet und Artaud offenkundig ist. Wenn das westliche Theater zwei Jahrhunderte eines sozialpsychologischen Illusionismus hinter sich lassen wollte, mußte es sich offenbar auf das fernöstliche Theater einlassen und auf die Ontologien und Kosmologien, die ihm zugrunde liegen. Eine Vorstellung ist hier vor allem bedeutsam, die den primitiven Kosmologien und auch dem volkstümlichen Christentum des Mittelalters gemein ist, der Gedanke nämlich, daß die unbefriedigten Toten weiterhin die Welt der Lebenden heimsuchen. Und es sind diesmal die Japaner selbst, die bemerkt haben, daß die dramaturgischen Techniken des Nô Licht in einige geheimnisvolle, das heißt hermetische Aspekte des Beckettschen Theaters bringen können. Eine Studie von Takahashi Yasunari, die Gegenstand einer Mitteilung auf dem Kolloquium der Ohio State University war, bevor sie in den *Cahiers Renaud-Barrault* publiziert wurde, stellt in meinen Augen einen Wendepunkt in der Beckett-Interpretation dar.[33] Die Unkenntnis darüber, welche Analogien zwischen einer der fortgeschrittensten Formen der modernen Dramaturgie und einer der ältesten Formen des östlichen Theaters bestehen können, hat zu zahlreichen Mißverständnissen geführt. Sie hat vor allem dazu geführt, daß man das Problem Gottes und seines Todes und der großen jüdisch-christlichen Themen in Becketts Werk und insbesondere in seinem dramatischen Werk falsch gestellt und falsch eingeordnet hat.

Das Nô umfaßt zwei Figuren, den *shite* oder Protagonisten und den *waki*, die sekundäre Person. Die unerwartete Begegnung von *shite* und *waki* bildet die Minimalstruktur des Nô. Im Fukushiki-mugen-Nô, das auf dem Traum basiert, ist der *waki* ein wandernder Mönch; der *shite* begegnet ihm zunächst in Gestalt eines einfachen Dörflers, um ihm später dann, nachdem sie auseinandergegangen sind, im Schlaf als Geist zu erscheinen, der ihm die Geschichte seines Lebens vorspielt. In Wirklichkeit ist die Begegnung kein bloßer Zufall. Der *shite* wartet auf irgend jemanden, einen wandernden Mönch, einen heiligen Mann, dessen Gebete ihm in seiner ungestillten Leidenschaft – seinem vergeblich auf Rache sinnenden Haß, seiner unerwiderten Liebe –, die ihn dazu verdammt, unter den Lebenden umherzuirren, ein wenig Erleichterung verschaffen könnten. So kann man denn auch nicht sagen, der *shite* treffe den *waki* oder umgekehrt. Halten wir diese beiden Grundgegebenheiten fest: 1. Der *waki* ist der Fremde, der von anderswoher kommt und einen am Orte ansässigen Geist trifft. 2. Der *waki* träumt den *shite*, eine Erscheinung, die aus einer fernen Vergangenheit, eine Person, die aus einem unbekannten, heiligen Land kommt. Obwohl ein ortsansässiger Geist, kommt der *shite* in Wirklichkeit von weiter her als der *waki*. Die Begegnung findet in einem Niemandsland statt, irgendwo zwischen dem Reich der Toten und dem der Lebenden – in einer Zeit, die zum Raum geworden ist. »Die Tiefen des Geistes«, wird Beckett in einem seiner letzten Stücke schreiben. Takahashi Yasunari glaubt, Beckett habe an den Satz von Claudel gedacht: »Le drame c'est quelque chose qui arrive, le nô c'est quelqu'un qui arrive« ⟨Das Schauspiel ist etwas, das geschieht, das Nô ist jemand, der kommt⟩, als er *Warten auf Godot* schrieb oder zumindest als er Estragon sagen ließ: »Es geschieht nichts. Keiner kommt« (»Rien ne se passe, personne ne vient« und nicht »Rien n'arrive, personne n'arrive«, wie es in der französischen Übersetzung des japanischen Textes heißt). Man könnte sagen, er habe eine Gegenposition sowohl zum westlichen Schauspiel als auch zum japanischen Nô einnehmen oder jedenfalls ein Stück schreiben wollen, das deren Hohlform und Negativ sein sollte. Ähnliches gilt für jedes Theater, »in dem nichts geschieht«. Seither werden manche Geistesleuchten nicht müde, uns zu versichern, Racines Tragödie sei unser Nô. Es erscheint schwierig, in Didi und Gogo nicht die Protagonisten des Stückes zu erblicken, beginnt und endet es doch mit ihnen. Ihr *Da-sein* ist das wahre Thema des Stückes, und da die *conditio humana* nach Heidegger darin besteht, *da zu sein*, und weil es überdies das Charakteristikum der Figuren des Theaters ist, *da zu sein*, auf der Bühne zu sein, sind die beiden die *Akteure der conditio humana* schlechthin. So findet sich denn ein Klischee der fünfziger Jahre bestätigt, das nicht ganz so überholt ist, wie es den Anschein hat. Andererseits vergißt das Publikum durchaus nicht, daß die beiden da sind, um *auf Godot zu warten*. Nicht daß Godot Gott wäre – nicht einmal *ein Gott*. Vielmehr warten sie auf Godot, wie man auf einen Gott wartet. Sie warten auf Godot und meinen ihn in jedem x-beliebigen zu erkennen, selbst in Pozzo. Sie warten auf Godot wie der *waki* auf den *shite*. Der *waki* ist ein Wanderer wie sie. Und der *shite* ist ein ortsansässiger Geist wie Pozzo – mit dem gewaltigen Unterschied allerdings, daß Didi und Gogo offenbar nichts mit Priesterschaft und dem Umgang mit dem Heiligen zu tun haben (es sei denn über ihre ironischen Anspielungen auf die Schächer von Golgatha, die Heilige Schrift und das Leiden Christi) und daß Pozzo kein Gott ist. Eine nicht minder gewaltige Übereinstimmung ist dagegen das analoge Verhältnis, der existentielle Status, der dem *waki* und dem Paar Didi-Gogo gemein ist und der die Brücke bildet zwischen der Existenzebene des Theaterpublikums und der Existenzebene, die Pozzo einnimmt, dieser ortsansässige Geist, der aus einem Anderswo kommt, das auch ein Ehedem ist. Die beiden Vagabunden erwarten ihr Heil von Godot und leben in der Angst, ihn nicht zu treffen, ihn nicht zu erkennen. Sie leben für eine Epiphanie, die nicht stattfindet. Dieses Scheitern hinterläßt ein Schuldgefühl, das mich an die Geschichte von den drei Bäumen bei Proust erinnert: »Und als ich nach der Wendung des Wagens ihnen den Rücken kehrte und sie nicht mehr sah, war ich... von Trauer erfüllt wie nach dem Verlust eines Freundes, als sei ich mir selber gestorben, als habe ich einen Toten verleugnet, einen Gott nicht erkannt...«[34] Doch es gibt keine lebendige Vergangenheit bei Beckett und keine Ekstase der wiedergefundenen Zeit.

Im Nô dagegen durchlebt der *shite* sein Leben nochmals in Anwesenheit des *waki*. Pozzo spricht kaum von seiner und Luckys Vergangenheit. In den nachfolgenden Stücken zeigt sich indessen ein obsessives Verhältnis zur Vergangenheit und zur Erinnerung, einer vorgestellten Erinnerung: schlecht gesehen, schlecht gesagt. Die Person versucht, ein vorgängiges Ich zu exorzieren, ein früheres Leben, das tief im gegenwärtigen Leben steckt und nicht unseres, sondern ein anderes, das andere Leben ist. Die Figur liegt in Agonie bis ans Ende der Zeiten. Sie lebt ihren Tod, indem sie ihr Leben in einem Jenseits des Todes nochmals durchlebt. Seit nahezu zwanzig Jahren schreibt Bekkett – sei es aus der Unfähigkeit heraus, umfangreichere Projekte zu verwirklichen, sei es aus dem asketischen Wunsch heraus, das Theater auf seine Minimalstruktur zu reduzieren, oder vielleicht auch aus beiden Gründen zugleich – immer weniger Stücke, die zudem immer kürzer werden und sich immer stärker auf die »Quintessenz« beschränken. Von Anfang an hat das Beckettsche Unternehmen sich geweigert, die grausame Realität, die es zum Thema hat, auf realistische, also täuschende Weise darzustellen. Diese Realität ist die tödliche Realität des Menschen. Dem Tod des Menschen ist Becketts Theater nie mit sozialer Anklage, feierlicher Denunziation oder indigniertem Protest begegnet, wie es Dostojewski, Camus, Malraux und Solshenizyn getan haben, um nur die Größten und Echtesten zu nennen. Man hat dies als Beweis völliger politischer Gleichgültigkeit werten wollen, ein Vorwurf, der es einigen einfältigen Schreibern ermöglicht hat, Beckett den Schriftstellern der Rechten zuzuschlagen. Dennoch wird der Tod des Menschen, werden alle Aspekte seines Sterbens auf der Beckettschen Bühne, auf diesem »Präsentierteller«, unmittelbar dargestellt. Wenn Madeleine Renaud die Winnie spielt, dann ist es der Mensch schlechthin, der da allabendlich auf der Bühne stirbt.

In diesen kurzen Stücken vom Ende, die vielfach die Mittel der Massenmedien, des Radios, des Kinos und des Fernsehens, nutzen, entfaltet das Spiel sich »an der Grenze zu Paralyse und Mutismus« und nähert sich einer »radikalen Reduktion seiner Elemente« (Bernard Dort).[35] Einmal wird die Stimme der Figur mittels eines Tonbands aus der Tiefe ihrer eigenen Vergangenheit zugespielt (*Das letzte Band*). Ein andermal kommt die Stimme aus einem Mund, der als einziges auf der Bühne sichtbar ist, und wendet sich an einen bewegungslosen, schweigenden, verborgenen Zuhörer (*Not I / Nicht ich*). Dann wiederum wird ein und dieselbe Geschichte in Bruchstücken von drei Köpfen vorgetragen, die aus drei Urnen hervorschauen (*Play / Spiel*), oder von drei Irren, die in altmodischen Kleidern auf einer Bank sitzen (*Come and Go / Kommen und Gehen*). Oder die Figur hört schweigend einer Frauenstimme zu, die ihr die eigene Geschichte erzählt (*He, Joe*), ganz wie im I-guse-Nô, wo der *shite* schweigend dem Chor, der Stimme seines Unbewußten, lauscht, der ihm seine Geschichte erzählt. In *Damals* (*That Time*) und in *Rockaby* hört eine sitzende Frau ihrer eigenen Stimme zu. In *Ohio Impromptu* sind Zuhörer und Leser die beiden ununterschiedenen Hälften eines verdoppelten Ich. Jedesmal handelt es sich um ein Art Geist, der aus einer anderen Welt kommt oder zumindest aus einer Raum-Zeit, die dem, der zuhört, und dem Publikum, das zuschaut, fremd ist. Dieses Phantom macht den Versuch, sein irdisches Leben nochmals zu durchleben, indem er seine Vergangenheit austreibt. Etwas hochgradig Religiöses liegt in diesen letzten Stücken, aus denen Spott und sogar alle Clownerie nach und nach verschwunden sind. Stets befinden wir uns am Rande eines »agnostischen Mysteriums«, wie Ruby Cohn *Footfalls* (*Tritte*) charakterisiert hat.[36] Zwei Frauen, zwei »gute Geister der Vergangenheit«, die ein Gefühl unendlicher Zärtlichkeit miteinander verbindet, Mutter und Tochter, baden in einer Aura von Heiligkeit, sind durchdrungen von einer frommen, ja nahezu sulpizianischen, aber auch bewegenden und erschütternden Musik, erschütternd wie das menschliche Elend, durch das May ihren Weg geht, ohne Ende, beim Klang einer Glocke, im Schein eines Lichtes, das mit unendlicher Langsamkeit von Szene zu Szene schwächer wird. So gelangt das Beckettsche Unternehmen dorthin, wo zweifellos von Anfang an sein Ziel lag: »Das Theater auf dem Minimum dessen zu halten, was es an Materiellstem und Elementarstem hat: einen Raum, eine Stimme, den Körper« (Bernard Dort). Freilich verschwindet der Körper schließlich vor der Stimme, und die Stimme verstummt ihrerseits, bevor das Theater selbst den Punkt zu erreichen scheint, da es sanft verlischt, ohne daß man sagen könnte, dieses Ende des Theaters, dieses Verschwinden des Körpers, diese vollkommene Reduktion sei das erahnte und angekündigte endgültige Ende. Ich glaube daher nicht, daß Becketts Unternehmen sein Wesen geändert hat, wie Bernard Dort es in seinem schönen Text behauptet, obwohl Spott, Hoffnungslosigkeit oder das Absurde darin nicht mehr vorkommen und trotz der radikalen Reduktion sämtlicher Elemente. Bernard Dort schreibt sehr schön, es sei unser »Unvermögen, uns darzustellen, aus dem Beckett Theater mache«. Beckett stellt die Nichtdarstellbarkeit des

Menschen dar, und dies gerade an jenem Ort, der als der Ort der Darstellung *par excellence* gilt, dem Theater. Solcherart ans Ziel oder zumindest beinahe ans Ziel gelangt, verwirklicht das Beckettsche Unternehmen jenes künstlerische Projekt, das Bekkett zu Beginn der fünfziger Jahre mit Blick auf Bram van Velde definiert hatte. Er schrieb damals, daß es zwei Formen der Nichtdarstellbarkeit gebe: »Der eine sagt: Ich kann das Objekt nicht sehen und darstellen, weil es ist, was es ist. Und der andere: Ich kann das Objekt nicht sehen und darstellen, weil ich bin, wer ich bin.«[37] Jeder der beiden Brüder van Velde verkörperte in seinen Augen eine dieser beiden Möglichkeiten. Er selbst vereinigt beide Möglichkeiten in sich. Wie Bram van Velde die Unmöglichkeit des Malens (auf wunderbare Weise) malt, so spielt Beckett die Unmöglichkeit des Spiels. Er weiß, daß man die Subjektivität nicht eliminieren kann, die Subjektivität des Auges, der Stimme, des Ich. Beckett zeichnet nicht den Menschen, sondern den Menschen als Objekt, den Menschen als Objekt der Darstellung. Er zeichnet weniger die *conditio humana* als das Schicksal des Objekt-Seins: Objekt der Darstellung. Jede der drei großen Formen schöpferischer menschlicher Betätigung illustriert eine der drei Bedeutungen des Wortes *représentation*. Die Malerei macht ein Bild daraus, das Schreiben einen Gedanken und das Theater ein Spiel. Obwohl die Malerei ihn fasziniert, auch wenn er sich davon ausgeschlossen fühlt, und das Theater ihn anzieht, das ihn zu dem Mann der Öffentlichkeit gemacht hat, der er ist, so liegt das Geheimnis Beckett doch im Schreiben, denn auch das Theater ist Schreiben. Wir werden das im weiteren nicht vergessen.

Der Beckettsche Schauspieler läßt seinen Körper nach den drei Grundrollen agieren, die den verschiedenen symbolischen Orten der *conditio humana* entspringen, als da sind: der mondäne Clochard, der seine Vogelscheuchen-Silhouette in einem grenzenlosen Niemandsland spazierenträgt, der Clown im Stile Buster Keatons in seiner kerkerähnlichen Einschließung und die nackte Larve, die in agonischem Zustand in ihrer apokalyptischen Röhre hockt. Mit den Jahren wurden die Clochards und Clowns immer seltener. Das Beckettsche Theater wurde immer karger und bevölkerte sich mit einsiedlerischen Wesen, die gelegentlich eine Verdoppelung in ihrem *alter ego* fanden. Zuweilen handelt es sich um Damen, mehr oder weniger vorgerückten Alters, mehr oder weniger gut gekleidet, die erschöpft in Pantoffeln umherschleichen (*Tritte*) oder sich in altmodischer, aber adretter Kleidung in einem Schaukelstuhl wiegen (*Rockaby*); zuweilen um Herren mit dem Auftreten gestrenger anglikanischer Geistlicher und langem schneeweißem Haar, die in endlosen Wiederholungen eine Geschichte von Tod und Scheitern wiederkäuen (*Ohio Impromptu*). Sie reden mit sich selbst, man meint, die Stimme müßte ihnen versagen. Und sie versagt ihnen tatsächlich. Sie flüstern in ein ultraempfindliches Mikrophon, oder sie lauschen ihrer Stimme, die vorher aufgezeichnet wurde und von irgendwoher eingespielt wird, oder sie empfangen ihre eigene Stimme als die gänzlich fremde eines anderen.

Berühmte Schauspieler haben es abgelehnt, in Stücken von Bekkett zu spielen. Andere sind kläglich daran gescheitert. Heute dürfte wohl eher Gedränge herrschen am Künstlereingang. Manche Puristen meinen, allzuviel professionelle Sicherheit störe nur, und gehen sogar so weit, die feinsinnige Darstellungsleistung von Madeleine Renaud in *Glückliche Tage* zu bestreiten; das gilt auch für den ausgezeichneten Beckett-Kritiker John Fletcher.[38] Es ist durchaus richtig, daß Becketts Theater selten so gut dargeboten worden ist wie von unbekannten Schauspielern, die er selbst entdeckt hatte: Jean Martin, der zu seiner außergewöhnlichen Verkörperung des Lucky fand, als ihm anläßlich dieser Figur ein Arzt eines Tages von der Parkinsonschen Krankheit erzählte; oder der unvergeßliche Lucien Raimbourg, ehemals Wanderschauspieler, der den Wladimir spielte, wie Gérard Philipe den Prinzen von Homburg oder Alain Cuny Goldhaupt gespielt hat und wie Madeleine Renaud weiterhin zu unserer tragischen Freude die Winnie spielt.

Es ist eine Tatsache, nach fünfzehn Jahren Spontaneität und kollektiver Kreativität haben die Schauspieler der neuen Generation das Bedürfnis, an wirklichen Texten zu arbeiten und wirkliche Rollen zu spielen. Nach Claudel entdecken sie Bekkett, ohne den kritischen Charakter und den sozialen Gehalt seiner Stücke zu ahnen. Becketts Theater bietet ein seltenes Gleichgewicht zwischen Text und Spiel, das der akrobatischen Virtuosität des Regisseurs nur wenig Raum läßt, dafür jedoch der Kreativität des Schauspielers, der »an der Grenze zu Mutismus und Paralyse« arbeitet, jede Entfaltungsmöglichkeit gibt. Der Körper ist im ganzen Werk derart gegenwärtig, daß Bekketts Theater große Chancen eröffnet für das, worin Appia das Zentrum des Darstellungsaktes auf dem Theater erblickte und das Roland Barthes die »verwirrende Körperlichkeit des Schauspielers« genannt hat. Der Beckettsche Schauspieler hat fast nichts zu sagen und fast gar nichts zu tun – eine gewisse Art zu sprechen, die besagt, daß alles dem Schweigen zutreibt; eine gewisse Art der Bewegung, die ausdrückt, daß alles auf Bewegungslosigkeit hinausläuft; die Fähigkeit, mit extrem wenigen Mitteln der zweifachen Unmöglichkeit Ausdruck zu geben, der Unmöglichkeit, zu sprechen und zu schweigen, zu bleiben und wegzugehen, ganz da und ganz abwesend zu sein. »*Clov, du mußt noch besser da sein.*« Wer spricht da, die Figur mit sich selbst, der Autor mit seiner Figur oder der Regisseur mit dem Schauspieler? Man versteht, daß Beckett, der anfangs keine Ahnung von der Theaterarbeit hatte, sich selbst immer stärker in die Inszenierung seiner Stücke eingeschaltet hat. Es gibt jedoch keinen Beweis, daß er der beste Regisseur seiner Stücke wäre. Die Inszenierungen, die er selbst in Deutschland geleitet hat, haben die einen überzeugt, die anderen enttäuscht.

Die theatergemäßesten Augenblicke dagegen, die stets an die Stofflichkeit der Bühne gebunden sind, stammen von Regisseuren, die sich getreulich an die Regieanweisungen hielten, ohne sie zu Pleonasmen verkommen zu lassen, wie es oft geschieht. Roger Blins Inszenierungen dienen seit dreißig Jahren als Vorbild; inzwischen freilich zeichnen sich neue Strömungen ab. Die Arbeit der Mabou Mines, deren wichtigste Mitglieder mehrere Jahre in Paris gelebt haben, bevor sie sich in den Vereinigten Staaten niederließen, zeigt das höchste Maß an Innovation und Werktreue zugleich. In der außergewöhnlichen Inszenierung Lee Breuers von *Kommen und Gehen* (Festival d'Automne 1981) tauchten drei unwirkliche Knirpse aus dem Dunkel vor dem verwunderten Publikum auf. Die wirkliche Bühne, die wirklichen Schauspieler, das wirkliche Spiel hatten ihren Ort hinter den Zuschauern, die davon lediglich den verzerrten Reflex in einem gewaltigen Spiegel wahrnahmen, einem schwarzen Schlund, vor dem sie sich, als das Licht im Saal wieder anging, nun selbst wiederfanden, als sollten sie gleich davon verschlungen werden.

Da die unveröffentlichten Texte Becketts rar wurden und die großen Stücke durch allzu häufige Aufführungen ein wenig erschöpft schienen, griffen die Theatertruppen mehr und mehr zu Texten, die nicht fürs Theater geschrieben sind. Das ist die Mode, »aus allem Theater zu machen« und überall Theater zu machen, um es mit Vitez zu sagen, der diese Mode lanciert hat. Der Mißerfolg, der die meisten dieser Unternehmungen strafte, zeigt, wie eminent theatergerecht doch das seltsame Beckettsche Theater des Schweigens, des Un-sinns und der Bewegungslosigkeit ist. Von Zeit zu Zeit allerdings kommt es auch zu einem glänzenden Erfolg. Unter dem Titel *The lost ones* (*Die Verlorenen*) inszenierten Lee Breuer und David Warrilow Auszüge aus *Le dépeupleur* (*Der Verwaiser*) als einen »Mikrokosmos in einem Makrokosmos«; dabei wurden winzige Figuren aus weißem Kunststoff in einem schwarzen Halbzylinder vor einem sehr viel größeren, nach allen Seiten überstehenden schwarzen Halbzylinder bewegt, in dem die Zuschauer saßen und das Spiel mit Operngläsern verfolgten – das Ganze in einem gedämpften nächtlichen Ambiente. Als Beckett erfuhr, daß der Puppenspieler und die Schauspielerin, die eine dieser verlorenen Gestalten in Vergrößerung darstellte, einen Teil des Stücks vollkommen nackt spielten, bemerkte er nur: »Diese einfache Lesart findet im einfachsten Apparat statt.« Es war wirklich ein bewundernswertes Schauspiel, und Beckett hat in der Folge noch mehrere dramatische Texte für David Warrilow geschrieben.

DRITTES KAPITEL
DAS PANOPTIKUM DER LEBENDEN LEICHEN

I. Belacqua

Hoch über der höchsten Erhebung einer Straße sitzend, dicht unter einen Felsen geduckt, der die gleiche Farbe hat wie er, nämlich grau, beobachtet ein Mann zwei andere Männer, die aufeinander zugehen; der erste kehrt um und geht in die Stadt zurück, aus der er gekommen ist; der zweite geht quer durch die Gefilde, die er schlecht oder gar nicht zu kennen scheint; er blickt umher und muß den Felsen bemerken, »in dessen Schatten ich mich duckte – etwa in der Art von Belacqua oder von Sordello, ich weiß es nicht mehr genau«.[1] Der Beobachter, der unvergeßliche Berichterstatter, mit dem Becketts erstes Meisterwerk beginnt, identifiziert sich also mit jenem Belacqua, dessen kauernde Haltung Dante ein »seltenes mattes Lächeln«[2] entriß, aus dem zehn Jahre später »ein erstes Viertel-Lächeln«[3] wird. Ein einziges Mal, in gerade dreißig Zeilen, kommt Dante im vierten Gesang des *Purgatorio* auf jenen Lautenspieler aus Cremona zu sprechen, den er selbst gekannt hatte und der nicht durch seine Kunst, sondern durch seine Trägheit berühmt geworden war. Dante und Vergil gelangen an einen großen Felsblock, in dessen Schatten sie Seelen bemerken, die dort in nachlässiger Haltung hocken. »Und einer, der mir müde schien zu sein, umschlang die Kniee, steckend in die Leere dazwischen tief sein Angesicht hinein. ›Mein süßer Herr‹, sagt ich sodann, ›so kehre zu ihm dich hin: er sieht sich träger an, als wenn die Trägheit seine Schwester wäre.‹ Und jener sah uns an, sich drehend dann, das Antlitz überm Schenkel kaum erhoben.« Walter Strauss hat das Verdienst, als erster auf die Bedeutung Belacquas für Becketts Werk hingewiesen zu haben.[4] Beckett hat diese Zeilen schon in jungen Jahren, mit sechzehn nämlich, gelesen, und er hat sie niemals vergessen. Vor allem Dantes Lächeln, das Belacqua zu einer *komischen Figur* macht, ging ihm nicht mehr aus dem Sinn. Nach Beckett ist es in erster Linie die Erwartung des Paradieses, die Dante lächeln läßt. Belacqua ist im *Ante-purgatorio*; ihm sind Qual und Läuterung gleicher-

maßen verwehrt wie so vielen Beckettschen Figuren (»Mich ließe doch nicht zu der Qual Genuß der Engel Gottes, sitzend an der Pforte.«), und er ist zum Warten verurteilt (»Da sich der Himmel draußen drehen muß, so oft er sich im Leben mir gewendet, weil ich die guten Seufzer schob zum Schluß.«).
Becketts Straße der Wracks, so etwa schreibt es Walter Strauss, beginnt und endet an Belacquas Felsen. Der Trägheit verfallen, ohne deshalb die Ruhe genießen zu können, ist Belacqua die erste unter den Beckettschen Figuren, die dazu verdammt ist, ständig in Bewegung zu bleiben. Unter diesem Namen ist er der Held der zehn Erzählungen, die 1934 unter dem Sammeltitel *More Pricks Than Kicks* (*Mehr Prügel als Flügel*) erschienen und nie ⟨ins Französische⟩ übersetzt worden sind. Danach finden sich mehr oder weniger zahlreiche, mehr oder weniger präzise Anspielungen in *Murphy*, *Watt*, *Molloy*, *Malone stirbt*, *Warten auf Godot*, *Endspiel*, *Wie es ist* und *Der Verwaiser*; die letzte schließlich in Gestalt eines Lebewohls in *Company* (*Gesellschaft*): »So wartete, daß er geläutert werde, der alte Lautenspieler, der Dante einst ein erstes Viertel-Lächeln abgewann und nun vielleicht endlich mit irgendeiner Schar Glückseliger Loblieder singt. Dem hier jedenfalls Ade.« Becketts Belacqua, der aus *More Pricks*, hat kaputte Füße, den Gang eines Clowns und Probleme mit der Blase; er fährt Fahrrad. Nach J. J. Mayoux hängt er im Pub fest wie Dantes Belacqua bei seinem Felsen.[6] Kurz: Belacqua erscheint bereits wie das Kondensat der Beckettschen Figur; er eröffnet das »Panoptikum der lebenden Leichen«, das den Ruhm des Autors begründet.[7] Als Verkörperung von Trägheit, Warten und Leidensunfähigkeit verbinden sich mit Belacqua vor allem eine Körperhaltung, die *Belacqua-Haltung*, und eine Sicht der Welt, die *Belacqua-Sicht*.[8]
Die Belacqua-Haltung ist die eines zusammengekauerten Menschen, der mit beiden Armen die Knie umschlingt und den Kopf darauf gesenkt hat. Es ist die Haltung eines Fötus. Belacqua ist ein aufgerichteter Fötus, der Fötus ein »Belacqua auf die Seite gekippt«, »der Sack unter dem Kopf oder an den Bauch gepreßt an den Bauch gepreßt die Knie angezogen den Rücken gekrümmt den winzigen Kopf an den Knien um den Sack gerollt«.[9] Das folgende Bild ist ergreifend: »ich weiß nicht wel-

ches über seinem Gut verschränkte Insekt«. Diese Regression des Menschen auf seinen pränatalen Zustand, die Sehnsucht nach dem Mutterschoß, dieser »Zitadelle der Ruhe«, die zugleich die »Rückkehr zu den Worten«, also den Urstoff der literarischen Schöpfung, bedeutet, wird niemals aufhören, die Beckettsche Welt heimzusuchen, in der »Schmutz, Dunkelheit, Schweigen und Einsamkeit« herrschen. Wir müssen diese drei Dinge stets im Zusammenhang sehen: die Suche nach der Mutter, die fötale Haltung und die Stimme, die Geschichten erzählt. Zumindest zweimal, in *Molloy* und in *Murphy*, tut der Erzähler so, als verwechselte er Belacqua mit Sordello, dem Schatten, der Dante im sechsten Gesang des *Purgatorio* durch den Adel und die Ruhe seiner Haltung erstaunt, die etwas von der eines *ruhenden Löwen* hat. Die Belacqua-Haltung ist unlösbar mit der Belacqua-Sicht verbunden. Wenn Belacqua eine Verkörperung des Wartens ist, so Sordello eine Verkörperung des Wachens. Auge in Auge der auf dem Bauch liegende Belacqua und der spähende Sordello. Welcher von beiden sieht den anderen an? Wer sieht wen an? Wer ist die Vision des anderen? Sordello ist seltener und weniger beständig als Belacqua. Und dann: »Nachdem er, bäuchlings liegend, mit geschlossenen Augen lange ins Dunkel gestarrt hat, beginnt er schließlich, dunkel zu ahnen.«[10] Oder im Gegenteil: »Du nun auf dem Rücken im Dunkeln wirst dich nicht mehr auf den Steiß setzen, um deine Arme um die Beine zu schlingen und deinen Kopf zu senken, bis er sich nicht mehr tiefer senken läßt.«[11] Ich glaube zu verstehen, daß dies der Sinn dieses Lebewohls für Belacqua ist, mit dem *Gesellschaft* endet oder fast zu Ende geht.

II. Der Müssiggang der Jugendzeit . . .

Zwischen dem fünfundzwanzigsten und dem vierzigsten Lebensjahr (1931-1946) führt Beckett ein Leben im Stile Belacquas, zwischen Müßiggang und ruheloser Wanderschaft. Einen Wendepunkt erreicht es in den drei Jahren, die er, zwischen seinem Aufenthalt an der Ecole Normale und seiner endgültigen Rückkehr nach Paris, zunächst in Dublin, dann in London und schließlich in Deutschland verbrachte. Die Jahre der Untätigkeit waren die Lehrjahre – mit zwei radikalen Einschnitten: der erste, nach dem *Proust*, als er die Lehrtätigkeit aufgab in der Gewißheit, daß es in Zukunft »nichts anderes zu tun gab, als zu schreiben«, was er bis dahin noch nie ins Auge gefaßt hatte; der zweite, nach dem Krieg, als er seine von Krankheit gezeichnete Mutter wiedersah und erkannte, daß er einen falschen Weg eingeschlagen hatte und daß er nochmals bei Null anfangen mußte: »Dieses ganze Unternehmen des Wissens, wo es sich doch um Nichtwissen handelt.«

Deirdre Bair diagnostiziert eine »Unterbrechung in der Entwicklung« – eine Fehldiagnose. Beckett ist nicht trotz, sondern wegen seiner Trägheit Beckett geworden. In ihrem chaotischen Halbdunkel hat er die Figuren gefunden, die das Panoptikum seiner ausgefallenen Silhouetten, seiner Namen, seiner Clownsgestalten, seiner pikaresken Irrfahrten und dantesken Agonien bevölkern sollten.

Alle seine Figuren sind Verdoppelungen seiner selbst: Murphy, Watt, Molloy, Malone, der Namenlose und die anderen. Manchmal sind sie ihrerseits verdoppelt: Murphy und Cooper, Molloy und Moran, Malone und Sapo, der Namenlose und Mahood. Manchmal verdoppeln sich diese Paare von Doppelgängern nochmals: Sapo und Macmann, Mahood und die anderen. Alle diese Doppelgänger Becketts entfernen sich zunehmend von ihm, während er für sich selbst immer unzugänglicher, immer weniger sichtbar, immer weniger sagbar wird. Schlecht gesehen, schlecht gesagt. Der Beckettsche Doppelgänger ist dies gleichermaßen im Sinne eines Schattens, einer Urseele und einer Maske oder eines Trugbildes. Das ist das Wesen der Beckettschen Figur: Am Ende existiert sie, spricht sie, handelt oder handelt sie nicht, schweigt sie für sich selbst.

In Dublin erkannte man Beckett an seinem alten grünen Wettermantel. Er hatte Schwierigkeiten mit dem Fahrrad. Er ließ sich ganz fürchterlich vollaufen. Im Vollrausch verlor er eines Tages seinen Lieblingshut und trauerte darum. Doch der Wettermantel symbolisiert noch am besten den endgültigen Bruch, der die ersten dreißig Jahre vom Rest seines Lebens trennt. Als er Dublin verließ, warf er seinen Wettermantel fort. So wenden Mercier und Camier, nachdem sie den einen Wettermantel, den sie gemeinsam besaßen, weggeworfen haben, sich unablässig um und betrachten das kleine leblose Häufchen am Boden; davor jedoch entspinnt sich dieser wunderliche Dialog, der schon mehr als deutlich auf *Warten auf Godot* vorausweist:

»Sollen wir den Wettermantel wegwerfen? sagte Camier. Wozu dient er uns?

Er verzögert die Wirkung des Regens, sagte Mercier...

Er ist ein Leichentuch, sagte Camier.

Wir wollen nichts übertreiben, sagte Mercier.

Sie betrachteten den Wettermantel. Er lag ausgebreitet unten an der Böschung. Er sah abgeschunden aus. Fetzen karierten Futters in reizvoll verblichenen Tönen hafteten an den Schultern...

Soll ich ihn apostrophieren? sagte Mercier.

Wir haben Zeit, sagte Camier.

Mercier dachte nach.

Adieu alter Gabardine, sagte er.

Da das Schweigen andauerte, sagte Camier, Ist das deine Apostrophe?

Ja, sagte Mercier.

Laß uns gehen, sagte Camier.

(...)

Sollen wir ihn nicht begraben? sagte Mercier.

Das wäre Gefühlsduselei, sagte Camier.«[12]

III. Der mythische Clochard

Zur Beckettschen Figur gehörten von Anfang an als typische Ausstattungsstücke der runde Hut und der lange Mantel – ein gelber Hut und ein grüner oder ehemals grüner Mantel. Von *Watt* (1943) bis *Gesellschaft* (1978) heißt es von dem Mantel, er habe dem Vater, und von dem Hut, er habe dem Großvater gehört. »Rechts von dir, und ein wenig im Hintergrund, deines Vaters Schatten. Soundso oft schon rund um die Erde. Der einst grüne Mantel nun vom Kinn bis zum Rist steif vom Alter und starr vor Schmutz. Verbeulte, einst gelbe Melone und immer noch darauf abgestimmte Schnürstiefel... Unterwegs seit Tagesanbruch, und schon Abend... Wie geradenwegs nach Stepaside. Plötzlich aber schneidet ihr den Weg ab und verschwindet durch die Hecke, querfeldein nach Osten humpelnd.«[13]

Soundso oft schon rund um die Erde. Später – doch das ist in Wirklichkeit früher – wird der Namenlose bemerken: »Ich hatte geglaubt, zu verstehen, daß ich mein Leben damit verbrächte, auf spiraliger Bahn um die Welt zu reisen. Irrtum, ich höre nicht auf, auf der Insel zu kreisen. Ich kenne nichts anderes, außer der Insel.«[14] Crusoe oder Prospero? Becketts Vagabund läuft von morgens bis abends im Kreise, auf Landstraßen oder in den Straßen der Stadt. Die Zeit vergeht. In dem Bravourstück, das er Watts Mantel und Hut widmet, vermeidet Beckett einmal die Falle der Reihung, die ansonsten in diesem Buch so oft anzutreffen ist. Er geht von einem Sinnesdatum, der Farbe, aus und führt den Gedanken, der sich an dieses Sinnesdatum knüpft, logisch, aber ins Absurde übersteigert, zu Ende, ohne daß der Diskurs dadurch von jedem Sinn entleert würde, ganz im Gegenteil. »Es war zu beobachten, daß die Farben, einerseits die des Mantels und andererseits die des Hutes, sich mehr und mehr einander näherten, mit jedem Lustrum mehr. Und wie verschieden waren sie anfangs gewesen! Der eine grün! Der andere gelb! So geht das mit der Zeit, die das Dunkle erhellt und das Helle verdunkelt.

Es war zu erwarten, daß sie, wenn sie einmal übereinstimmten, nicht dabei bleiben, nein, sondern weiter altern würden, jeder nach seinem Gesetz, bis der Hut grün wäre und der Mantel gelb, und dann, nach Überschreiten der letzten Parallelkreise, der Hut heller werdend und der Mantel dunkler werdend, schließlich aufhören würden, ein Hut zu sein und ein Mantel zu sein. Denn so geht das mit der Zeit.«[15]

Cooper ist Nearys Faktotum und hat den Auftrag, Murphy zu suchen. Er ist so etwas wie ein Detektiv, der dem Alkohol verfallen ist. Er ist Becketts erste Figur, deren Neurose dem Körper sichtbar aufgeprägt ist. Und er ist der erste Entwurf von Clov. Er hat den Gang »eines mittellosen Diabetikers in einer fremden Stadt«. Seine schlimmste Krankheit besteht darin, weder sitzen noch seinen Hut abnehmen zu können. Kaum ist Murphy tot, aus Unachtsamkeit verbrannt, da ist Cooper seine zweifache Obsession los. *Er setzt sich auf seinen Hut. Er tötet seinen Hut.* »Er legte seine alte Melone mit der Krempe auf den Boden, hockte darüber nieder, zielte genau zwischen seinen Oberschenkeln hindurch, schloß sein Auge, biß auf die Zähne, schleuderte die Füße in die Luft und landete mit der Gewalt eines Rammbocks auf seinem Hintern. Ein zweiter Aufprall war nicht mehr erforderlich.«[16] Worauf er Murphys Asche nicht, wie es dem Letzten Willen des Verstorbenen entsprochen hätte, in den Gängen eines Theaters verstreut, sondern auf dem Boden einer Kneipe, zwischen Sägemehl und Zigarettenkippen. Es ist, als befreite Murphys Tod ihn von sich selbst. Alle sind von Murphy befreit, aber Cooper mehr als irgendein anderer. Murphy und Cooper sind zwei Doppelgänger Becketts. Eine Verkörperung Becketts, die verschwindet.

Die Beckettsche Figur befindet sich stets an der Grenze zur Clochardisierung; sie ist eigentlich kein reiner, einfacher Clochard. Ich glaube, der einzige echte Clochard ist eine Frau, Madame Calvet in den *Texten um Nichts*, mit ihrem Hund und ihrem klapprigen Kinderwagen, die den Abfall abschäumt, bevor die Müllwagen kommen, und, leise mit sich selbst sprechend, murmelt: »Mein Präsident, mein Prinz.«[17]

Die Armut des Beckettschen Clochards bedeutet nach Ludovic Janvier eine zweifache Reduktion: eine Reduktion auf das Wesentliche durch den Romancier und die Reduktion auf ein Nichts durch die Welt. Es wäre zu präzisieren, daß das Beckettsche Verfahren eine Verbindung aus beiden Reduktionen darstellt, die auf ihre Weise die Einheit von Literatur und Leben verwirklicht.

Hut, Mantel, Schuhe. Dasselbe Mißverhältnis in der wechselseitigen Abstimmung trifft auch die Schuhe von Watt, dessen zweifache Funktion als Beauftragter (à la Moran) und als Diener (à la Clov) ihn nicht hindert, als das wahre Kondensat des mythischen Clochards zu erscheinen. Watt trägt an einem Fuß einen Schnürstiefel, den er einem Einbeinigen abgekauft hat, der gerade zum Krüppel geworden war, und am anderen Fuß einen Schuh, den er steif von Salz am Strand gefunden hat, beide in einem undefinierbaren Gelb ... Neben zahlreichen sonstigen Wehwehchen hat Wladimir Probleme mit seinem Hut, Estragon mit seinen Schuhen. Beckett hat stets gesagt, daß Godots wirklicher Ursprung bei den Latschen und ausgetretenen Schuhen zu finden sei. Vielleicht bei jenen gespenstischen Exemplaren, die Vincent van Gogh am Rande einer einsamen Landstraße aufgelesen und auf seinen Bildern festgehalten hat.

In den *Drei Erzählungen* von 1946/1947 präsentiert Beckett die unvergeßliche Gestalt einer gesichtslosen, einsam umherirrenden, der Feindseligkeit der Welt ausgesetzten Figur. Hier haben wir drei Verkörperungen und zugleich drei Grade des Umherirrens; ein Zerfallsprozeß ist im Gange, der den Körper, die Seele, die Kleidung und alles ergreift, was die Person besitzt. »Ich trug meinen großen grünen Mantel mit Samtkragen, eine Art Autofahrermantel von 1900, den meines Vaters, er hatte jedoch an jenem Tag keine Ärmel mehr, er war nur noch ein weiter Umhang. Aber es lastete immer noch, tot und wärmelos, dasselbe schwere Gewicht auf mir, und die Schöße fegten den Boden, harkten ihn vielmehr, so steif waren sie geworden, so zusammengesunken war ich.«[18] Auf diese Weise wird die Person im Laufe des Prozesses nach und nach zu jenem »triefenden, armen Schlucker mit dem Hut und den Taschen«[19], wie die Reisenden sagen, die Watt ohne Rückfahrkarte in den Zug zum Ende der Strecke steigen sehen.
Sie alle – und einige von ihnen paarweise wie Mercier und Camier oder Wladimir und Estragon – schleppen sich mit ihren Lumpen und ihrem Gestank durch das verleugnete Irland und durch das Niemandsland der späteren Bücher. Sie waten durch den Schlamm von *Wie es ist* und umkreisen Winnies Hügel. Wir sehen den Beckettschen Menschen, der seine »Rolle als ewiger Ertrunkener der Zeit« (Cortázar) auf sich nimmt, und den unermüdlichen Wanderer, dessen kaputte Silhouette sich in der Ferne vor einem leeren Himmel abzeichnet, »bewegungslos im Einklang mit der Zeit«.[20] Niemand vermag voranzukommen in der »gewaltigen zirkulären Zeit«, in die sie getaucht sind. Niemand hat so schön und so früh wie Georges Bataille gesagt, daß wir ihm begegnet sind, »von einem entsetzten Verlangen ergriffen, an einer Straßenecke, ein anonymes Gesicht, zusammengesetzt aus der unvermeidlichen Schönheit der Lumpen, der Teilnahmslosigkeit und Indifferenz des Blickes und einer jahrhundertealten Kruste aus Dreck. Er war das *Wesen*, das schließlich zur Bewegungsunfähigkeit verdammt ist, das Unternehmen, das wir alle sind, im Zustand eines Wracks.«[21]

Eine spezifisch Beckettsche Morbidität zeigt sich immer stärker in dem Teil des Werkes, der Beckett zu einem »beinahe populären« Autor gemacht hat, im Theater. Das Publikum von *Warten auf Godot* hat die beiden Beckettschen Wanderer zunächst munter und rüstig auf die Bühne kommen sehen, wären da nicht die chronischen Fußbeschwerden Estragons, der »sich an die Schuhe hält, obwohl die Füße die Schuldigen sind«. Der einzige wirkliche Spielverderber ist dieser Lucky, dessen Parkinsonsches Zittern eine Erfindung des Schauspielers Jean Martin ist, der jedoch mit seinem papageienhaften Nachplappern das erste große Unbehagen in diesem Stück erzeugt. Die Dinge verschlimmern sich im zweiten Akt, als Pozzo und Lucky zurückkehren, der eine blind, der andere stumm. Noch schlimmer kommt es im *Endspiel*: Hamm, blind und gelähmt in seinem Rollstuhl; Nell und Nagg in agonischem Zustand in ihren Mülltonnen; nur Clov kann noch gehen, aber auch ihm fällt es immer schwerer. Und schließlich, als Krönung dieses makabren Karnevals, Winnie, die »bis zu ihren Titten im verdammten Boden« steckt.

Die Romangestalten sind wohl weniger populär, aber in ihrem Zerfall nicht unbedingt weiter fortgeschritten. Auf der Suche nach seiner Mutter, ein Bein bereits vollkommen steif, bedient Molloy sich zum Fortkommen eines Fahrrads wie einer Krücke; als er sich in einen Wald verirrt, setzt er den Weg fort, indem er über den Boden kriecht. Er findet sich im Zimmer seiner Mutter liegend wieder; da er alles vergessen hat und nichts mehr erkennt, ist er dazu verurteilt, zu denken und zu sprechen, ohne etwas zu sagen zu haben. Moran, der sich auf Molloys Verfolgung gemacht hat, spürt eines Tages einen heftigen Schmerz im Knie und entdeckt, daß sein Bein steif ist. Wie Molloy braucht er Monate, um kriechend wieder nach Hause zu gelangen. Malone ist für immer ans Bett gefesselt und sieht zu, wie er verfault; und als er die Geschichte von Sapo erfindet, der Macmann wird, legt dieser sich, als der Regen ihn überrascht, auf den Rücken und rollt los, um einen Unterstand zu erreichen. Ansonsten gibt es in *Malone stirbt* keinen wirklich Kranken. Dem *Namenlosen* dagegen, der in seinem Tonkrug hockt, bleibt nur der Rumpf mit dem Kopf darüber. Und die Kreatur in *Wie es ist* kriecht unablässig keuchend im Schlamm ihres endlosen Tunnels umher.

Als verstockte Wanderer und Redner (»Du hast recht. Wir sind unerschöpflich«, erklärt Estragon) enden die Figuren sämtlich in Paralyse und Mutismus. Das ist der Aspekt des Beckettschen Verfahrens, der noch am unmittelbarsten sinnlich erfahrbar ist und einen wahren Leidensweg des Zerfalls durchläuft. »Meine Figuren zerfallen«, bemerkt Beckett einmal. Der Ablauf ist unerbittlich: erst Gehen, dann Hinken mit steifem Bein, dann Kriechen. Das letzte Stadium, das des Liegens und der vollkommenen Ruhe, ist in den sechziger Jahren erreicht. Während er den Ich-Erzähler zugunsten eines anonymen Berichterstatters aufgibt, zeigt Beckett uns von *Imagination morte imaginez* (*Ausgeträumt träumen*) an keine »Personen« mehr, sondern nur noch nackte Körper, »kleine Körper« ohne Individualität, die in leeren, hermetisch abgeschlossenen Räumen ausgestreckt oder in sich gerollt liegen. Die Figur des Liegenden nimmt vollkommen Gestalt in *Gesellschaft* an. »Aber erstmal, nackt oder bedeckt? Sei es auch nur mit einem Laken. Nackt. Gespenstisch im Schimmer der Stimme dies beinbleiche Fleisch als Gesellschaft. Kopf hauptsächlich auf dem obenerwähnten okzipitalen Höcker ruhend. Beine stramm aneinander. Füße rechtwinklig gespreizt. Hände in unsichtbaren Handschellen über den Pubes gekreuzt.«[22] Das ist der Endpunkt (ohne daß von einem wirklichen Ende die Rede sein könnte) dieses Zustands eines Mannes, der auf dem Rücken liegt, die Handflächen nach oben gedreht, dieser Haltung, die Beckett zur Zeit von *Molloy* und *Malone* fasziniert zu haben scheint und die das Lexikon als Supination ⟨Auswärtsdrehung⟩ bezeichnet – ein Ausdruck, der nach dieser Zeit aus seinem Wortschatz verschwand, während die Sache blieb und den Liegenden in *Gesellschaft* hervorbrachte.

Der Befund ist eindeutig: »ohne Hände, ohne Arme . . ., alt wie die Welt, verrottet wie die Welt, überall amputiert, auf meinen treuen Stümpfen stehend, vor alter Pisse, alten Gebeten und alten Lektionen platzend«.[23] Die alte Leier, die alte endlose Litanei: spastische Schwindsucht, mannigfache Erweichungen[24], diverse Sklerosen, Dyspepsie, Nachlassen der Sehkraft, der Hörfähigkeit, des Geruchssinnes, »inoperabel und nicht transportfähig«, beschließt der Namenlose eine dieser Aufzählungen. Aus dem »mürrischen, mißmutigen, mickerigen, mit Schuppen übersäten Mann, den alle seine Mitmenschen mieden, der einen üblen Mundgeruch und einen perversen Appetit hatte«[25], wird nach der Einnahme eines Medikamentes namens Fixo (»Schreibt sich, wie man es spricht«) für kurze Zeit der »lebhafte, unermüdliche, beliebte Nudist mit regelmäßigem Stuhlgang, der Beinahe-Vater und Liebhaber von Salzkartoffeln«, sofern man einem der Diener des Mr. Knott Glauben schenken darf. Denn dieser unheilbar Kakochyme kennt auch Augenblicke guter Laune und Anfälle von Optimismus, ja sogar von Koketterie. Dieser zerrüttete Körper hat nie gänzlich auf Sport verzichtet, vor allem in den Werken der ersten Periode; er erinnert sich, ihn intensiv betrieben zu haben, und versucht, wieder damit zu beginnen, wie Wladimir und Estragon, die geschmäcklerisch von ihren Lockerungs-, Entspannungs- und Erregungsübungen sprechen, mit denen sie ihre Nerven anregen oder beruhigen. Eine regelrechte Körperkultur, wie man heute sagen würde. Die Zerrüttung des Körpers dient freilich nicht der Befreiung des Geistes, wie man noch zu Zeiten von *Murphy* glauben konnte. Sie begleitet vielmehr unausweichlich die Zerrüttung des Geistes. Der ganze Mensch, der physische, der geistige und der moralische, ist in den Zusammenbruch einbezogen. Die Realität des Menschen ist zunächst eine leibliche Realität, in der beide, Leben und Tod, vom Mutterschoß an gleichermaßen am Werke sind. Der Mensch ist einfach »eine echte Leiche unquälbar hinfort«.[26] Man kann ihm nichts mehr anhaben. »Man«, das heißt hier: nichts und niemand, weder Gott noch das Leben, weder der andere seinem Nächsten noch der einzelne sich selbst. Leiche sein heißt alles mit sich machen lassen. Ganz und gar tot sein bedeutet, alles mit sich geschehen zu lassen, und dies jenseits jeglicher Möglichkeit, sich dessen bewußt zu werden. Doch bei Beckett gelangt man nie zur echten Leiche, so weit man auch in den Tod vordringt, denn nur die Leiche könnte es sagen; doch die echte Leiche ist für immer verstummt, bevor sie noch Worte gefunden hätte. Die Not des Menschen rührt daher, daß der Leib gleichermaßen unfähig ist, getrennt vom Geist zu existieren und eins mit ihm zu werden. »Ich sage zum Körper, Los, auf, und ich fühle die Mühe, die er sich gibt, um zu gehorchen, wie eine auf die Straße gefallene alte Mähre, die er sich nicht mehr gibt, die er sich noch nicht gibt, bevor er aufgibt. Ich sage zum Kopf, Laß ihn in Ruhe, bleib ruhig, er hört auf zu atmen, dann schnappt er von neuem nach Luft.«[27] Mein Körper gab sein bestes. Die Qual ist im eigenen Körper, dessen Krankheiten und Gebrechen sie bestimmt.[28]

Es beginnt mit einem Gefühl, unschön und verbraucht zu sein, das sich diesem alten Körper aufdrängt, »dem nie etwas geschehen ist«[29], keine Begegnung, keine Liebe, kein Verlangen irgendwelcher Art. Nicht Müdigkeit ist hier im Spiel (»Du bist nun nicht müder, als du es seit jeher warst.«) und auch nicht das Alter (»Du bist nun nicht älter, als du es seit jeher warst.«[30]). In Wirklichkeit trägt der Körper die Last von Jahrtausenden der *conditio humana* (»Mir danach zu erzählen, ich hätte keine Anlagen zur conditio humana«[31]), und sein physischer Zerfall gäbe eher Anlaß zu der Befürchtung, daß es, wie der Namenlose glaubt, in dieser Hinsicht nicht noch einmal für ein paar Jahrhunderte reichen werde. Der Beckettsche Körper ist müde und alt zur Welt gekommen. Daher seine Anfälle von Schwäche. Es gibt Augenblicke, da hat er nicht einmal die Kraft, sein Glas an den Mund zu heben.[32] Dann gibt der Stärkere dem Schwächeren zu trinken. »Was du in deiner gewohnten Güte hier abschleppst, mein lieber Camier, ist ein altes Wrack.«[33]

Allein und krank in Kälte und Nässe, halb wahnsinnig, in ausweglose Geschichten verwickelt wie Camier oder in schäbigem, jammervollem Zustand, verstört und x-beinig, mit verfaulten Zähnen und einer großen roten Nase wie Knotts Diener, erreichen diese Gestalten in der Tat einen Grad körperlichen Verfalls, der sie zugleich lächerlich erscheinen läßt und erschrekkend macht. Bald sind da nur noch diese »Haufen verstümmelten, zersetzten, blutigen, in Tränen aufgelösten, schmerzgeschüttelten Fleisches«.[34] Hier sei daran erinnert, daß noch der schlimmste Schmerz die Unfähigkeit zu leiden ist; das Blut fließt niemals rot, sondern rosa, mit Wasser, Schweiß oder Tränen vermischt, oder braun eingetrocknet auf Hamms Wäsche. Überdies wird die Erfahrung des Leibes zu einer »fleischlichen Leidenschaft«, die ihren Höhepunkt erreicht, wenn der Körper nicht mehr in der Lage ist, die elementarsten biologischen

Funktionen zu erfüllen. Bevor der Beckettsche Körper von tausenderlei Gebrechen heimgesucht und schließlich auf den Zustand einer Pflanze oder eines Schwammes reduziert wird, verrenkt, zitternd, verfaulend, zusammenbrechend oder sogleich versteinernd, badet er in der Krankheit.[35]

Läßt sich auf Beckett anwenden, was Gilles Deleuze über Francis Bacon geschrieben hat? Deleuze führt zahlreiche Übereinstimmungen zwischen den Bildern von Francis Bacon und den Schriften von Samuel Beckett an und fügt hinzu, Beckett und Bacon stünden sich »allzu nah, um einander zu erkennen«, was denn doch ein wenig zu einfach erscheint. Es trifft schon zu, daß Samuel Beckett der Malerei Francis Bacons wenig Beachtung schenkt, weil er das Gewalttätige darin und ihre Häßlichkeit nicht mag. Von jeher erkennt er sich selbst sehr viel besser in denen wieder, die er die »Maler der Verhinderung« genannt hat, in den Brüdern van Velde vor allem. Und dennoch versteht man Becketts menschliches Bestiarium ein wenig besser, wenn man liest, was der anglo-irische Maler einmal (in einem Gespräch mit David Sylvester) gesagt hat: »Ich hoffe, die Fähigkeit zu haben, Figuren aus ihrem eigenen Fleisch hervortreten zu lassen (aus einem ›Strom von Fleisch‹, einer ›Lache von Fleisch‹), mit ihrer eigenen Melone, ihrem eigenen Regenschirm, und daraus Gestalten zu formen, die so peinigend sind wie die Kreuzigung.«

Becketts lebende Leichen sind unter unseren Augen in organischer Zersetzung begriffen. Ausgehend von *Watt* können wir den unaufhörlich weiterdrängenden und minutiösen Bericht von dieser organischen Reduktion des Menschen auf das Elementare verfolgen. Die monströse Familie Lynch hat ihren Auftritt in *Watt* anläßlich des unlösbaren Problems, die Ernährung von Mr. Knotts Hund sicherzustellen.[36] Sie ist aus Watts krankhafter Phantasie geboren oder vielmehr: sie ist die logische Folge einer Hypothese, der Aufzucht von Hunden nämlich, die tagtäglich die Reste der Nahrung von Mr. Knott beseitigen sollen. In dieser Familie findet sich eine außergewöhnliche Ansammlung menschlicher Krankheiten und Deformationen, die alles, was bis dahin auf diesem Gebiet erdacht worden ist, von Spaß in Schrecken wandelt, sei es nun das Anathema des Monsieur Purgon, die Schmährede des Thersites oder das Solo

des Cebes.[37] Man findet auf diesen Seiten Schmerzen am Blinddarm, rheumatische Beschwerden, die Parkinsonsche Krankheit, nässende Ekzeme, die Schwindsucht, die Bluterkrankheit, Rachitis, einen Wasserkopf, eine chronische Alkoholvergiftung und Epilepsie. Man trifft Beinlose, Einarmige, Schwachsinnige, den blinden Bill und den lahmen Mat, einen Zwergwüchsigen, einen an Beinen und Oberkörper Gelähmten, einen Zyklothymen im fortgeschrittenen Zustand, einen Buckligen und als Krönung des Ganzen jenen Jungen, der in seinem gepeinigten, grotesken Körper das ganze Los dieser Atriden des Unglücks zu vereinen scheint, Jacks zweiten Sohn Tom, »vierzehn Jahre alt, von dem manche sagten, er schlage nach seinem Vater wegen seines schwachen Kopfs, und andere, er schlage nach seiner Mutter wegen seiner schwachen Brust, und manche, er schlage nach Jim, seinem Großvater väterlicherseits, wegen seiner Neigung zu starken Getränken, und andere, er schlage nach Kate, seiner Großmutter väterlicherseits, wegen eines nässenden Ekzems, das sich tellergroß an seinem Kreuzbein ausgebreitet hatte, und einige, er schlage nach Tom, seinem Großvater mütterlicherseits, wegen der Krämpfe, die seinen Magen piesackten«.[38] Durch seine Anhäufung und Übertreibung erinnert dieses Kabinettstück um so stärker an Rabelais, als es vornehmlich aufs Groteske zielt.
In den *Têtes mortes* (*Residua*) – und diesmal ganz ohne komische Intention, dafür mit unendlicher Zärtlichkeit – erschafft Beckett jenes unvergeßliche, von Arthrose nahezu gelähmte Monstrum am Rande des Nichtseins – wahrhaftig das menschliche Elend *in Kurzform*. »Sein Rumpf war schließlich waagerecht. Um diese Anomalie auszugleichen, spreizte er die Beine und beugte die Knie. Seine immer platter werdenden Füße drehten sich nach außen. Sein Horizont beschränkte sich auf den Boden, auf den er trat... Bei einer Steigung von fünfzig Prozent streifte sein Kopf den Boden... Um sich von Zeit zu Zeit des Himmels erfreuen zu können, bediente er sich eines kleinen, runden Spiegels.«[39] Claude Mauriac hat diesen Text mit einer Aussage verglichen, die Paul Scarron über sich selbst gemacht hat, wie Madame de Maintenon sie mitteilt. Nur sein ergrauter Kopf und seine verwachsenen Schultern ragten aus einem engen Kasten hervor, in dem ihn zwei Diener von einem

Ort zum anderen trugen; er war am ganzen Körper gelähmt und konnte nur noch die Augen und die Zunge bewegen. »Meine Unter- und Oberschenkel bildeten anfangs einen stumpfen, dann einen rechten und schließlich einen spitzen Winkel zueinander. Da es mit Oberschenkeln und Rumpf ebenso steht und mein Kopf sich auf meine Brust neigt, ähnele ich recht deutlich einem Z. Meine Arme und Beine sind verkürzt, und bei den Fingern ist es nicht anders als bei den Armen. Eigentlich bin ich das menschliche Elend in Kurzform.«[40] Derselbe Ton im Rhythmus der Worte innerhalb des Satzes: Beckett hoch zwei.

V. Die Beckettsche Nosologie

Es liegt auf der Hand, bei Beckett nach einer morbiden Vorliebe für Krankheit und Gebrechen zu fragen. Dazu ist freilich anzumerken, daß ihr jeder makabre Wortschwall abgeht, wie er dem Barock eigen ist, und auch die fratzenschneidende Übertreibung der Expressionisten. Vor allem aber müssen wir uns mit William Styron fragen, ob der Sinn für das Tragische nicht notwendig eine gewisse Morbidität mit sich bringt.[41] Peter Brook hat Wesentliches zu diesem Thema geschrieben. Für ihn gehört Beckett zu den ganz Großen, weil er sich nie zum Komplizen seines Sujets macht. Er zeigt uns einen Menschen, der ja zum Schmutz sagt, dies aber nicht rechtfertigt und niemals versucht, uns glauben zu machen, »der Schmutz besäße einen unwiderstehlichen Zauber«. Alle seine Figuren sind Komplizen ihres Schicksals, sie sind »ihrer Lebensweise gänzlich angepaßt, und darin liegt ihre Tragödie«.[42] Beckett begnügt sich, dies zu konstatieren, jenseits von Pessimismus und Optimismus. Er ist nicht durch eine unglückliche Kindheit gezeichnet. Trotz der kleinen Gebrechen, die Deirdre Bair aufzählt, ist er nie der »Schmerzensmann«, der Gemarterte gewesen, der Antonin Artaud war.[43] Erschüttert vom plötzlichen Tod seines Vaters im Juni 1933, hat er das Gefühl, nichts anderes mehr tun zu können, als »seinen Spuren durch Wiesen und Felder zu folgen«, doch hatte sein Vagabundieren bereits damals begonnen. Ein weiteres Mal erschüttert, als er seine Mutter nach vier Jahren

Besatzung wiedersieht und feststellen muß, wie sehr sie inzwischen verfallen ist, beschließt er, mit seiner Arbeit nochmals bei Null zu beginnen. Die Gelähmten, die Einbeinigen und an beiden Beinen Amputierten schleppen sich mühsam und humpelnd durch das endlose Selbstgespräch seines langen Weges. Zweien seiner Onkel und einem Cousin wurde jeweils ein Bein amputiert, wegen des »Kreislaufproblems der Familie«, wie Beckett es scherzhaft nennt. Ein dritter Onkel, Dr. James Bekkett, ehemals Landesmeister im Schwimmen und recht populär, war blind und hatte infolge eines komplikationsbehafteten Diabetes beide Beine verloren. Wie der Namenlose beschloß er sein Leben im Zustand des menschlichen Stumpfes, der komische Geschichten erzählt, um seine Besucher zu erheitern. Alle Verwandten von Beckett haben bei der Lektüre seiner Bücher oft an die Tante Cissie Sinclair denken müssen, die 1955 starb; sie litt an einer rheumatischen Arthrose und trieb den Scherz so weit, daß sie den, der ihren Rollstuhl schob, bat: »Wären Sie so nett, die Statue wiederaufzurichten.« Über viele Jahre, bei jedem seiner Besuche in Dublin, nahm Beckett freudig den Dienst auf sich, den Rollstuhl der Kranken am Meer entlangzuschieben wie Clov den von Hamm.

1933, als Beckett sich in Dublin treiben ließ, hat er als einzigen Freund den Dr. A. G. Thompson, einen Kommilitonen vom Trinity College, der sich darauf vorbereitet, Psychiater zu werden. Während Thomson sich für die Störungen seines Freundes begeisterte, die er einer psychosomatischen Ursache zuschrieb, ließ Beckett sich von den körperlichen Deformationen faszinieren, die das Krankenhaus in Hülle und Fülle bot. Möglicherweise begann er damals, im Tod die tödliche Krankheit zu erblicken, die den Menschen schon bei der Geburt befällt. Von da an kann der Mensch nur noch »zum offenen Grabe hin« verfallen.

Samuel Beckett erinnert sich, um 1930/1931 das *Journal* von Jules Renard gelesen zu haben. Dieses Tagebuch, das erst lange nach seinem Tod veröffentlicht wurde, überragt heute das übrige Werk dieses Autors um vieles. Für Beckett liegt Renards Verdienst darin, daß er die erbarmungslose Selbstprüfung zum Gegenstand seines Werkes gemacht hat und dabei das unbedeutende Leben eines einfachen Mannes in der Provinz führte, der

sich der Welt und seiner Zeit vollkommen angepaßt hat. Die letzte Seite dieses Tagebuchs hat Beckett am nachhaltigsten beeindruckt. Seit langem schon war Jules Renard aufgrund einer Arteriosklerose ans Bett gefesselt. Am Tage seines Todes notiert er: »Heute nacht will ich aufstehen, Schwere. Ein Bein hängt außen. Dann rinnt ein Faden Blut mein Bein hinunter. Ich muß warten, bis er an der Ferse angelangt ist, damit ich mich entschließe. Es wird in den Laken trocknen.«[44]
Beim ersten Mal las Beckett diese Passage stundenlang immer und immer wieder. Dieser harte, kühle Blick ist der Blick, den Malone auf sich selbst wirft. Am meisten bewunderte Beckett bei dem französischen Schriftsteller diese banalen und beiläufigen Anspielungen auf natürliche Funktionen. »Er spricht ständig vom Essen und Pinkeln und solchen Dingen.«[45] Und dann ist da die Idee, die Phasen der menschlichen Agonie aufzuzeichnen und dabei nicht das seelische Leid in den Vordergrund zu rücken, sondern die Qualen des Körpers, das heißt seinen fortschreitenden Zerfall. Eines der bezeichnendsten Beispiele, dessen Vergleich mit Jules Renards *Journal* die stilistische Analyse nur bereichern kann, ist dieser Absatz aus *Wie es ist*: »ein Heft für den Körper geruchlose Fürze Stuhl idem reiner Dreck Saugen Zucken kurze Krämpfe der linken Hand im Sack Zittern der unteren Gesichtshälfte ohne Laut weiche bedächtige Bewegungen des Kopfes ... vielleicht der Kopf weißer als der Kissenbezug und ich immer noch nur ein Rotzjunge sollte es endlich das Ende sein die lange ruhige Agonie und ich der glückliche Auserwählte ein Heft für das alles ...«[46] Und wenn Beckett letztlich nichts anderes getan hätte, als die letzte Seite des Tagebuchs von Jules Renard bis ins Unendliche weiterzuschreiben, *den Tod zu schreiben*?

VI. Sich selbst verfaulen sehen

Gebrechen und Krankheit sind die deutlichsten Anzeichen des Verfalls, der mit der Geburt beginnt. Es handelt sich um einen fortschreitenden, ununterbrochenen, vielgestaltigen und polyvalenten Schrumpfungsprozeß. Die Abnutzungsarbeit beginnt oben und setzt sich nach unten fort. Der Beckettsche Körper wird zusehends weniger, und das nicht ohne Humor: »Ohne Hände bin ich vielleicht gehalten, zu applaudieren ..., und ohne Füße, die Carmagnole zu tanzen.«[47] Malones Körper lastet immer schwerer auf der Matratze, wird immer breiter und platter. Der Namenlose schrumpft mit solcher Geschwindigkeit, daß er schon bald nicht mehr den Kopf zwischen die Schultern wird ziehen müssen, wenn er in seinem Krug verschwinden will. In jeder Phase des Prozesses sind stets nur Reste da, die schauen, schreien, sich bewegen. Eine Menschheit im Zustand von Resten, eine Wirklichkeit im Zustand von Residuen. In den letzten Texten nimmt der Schrumpfungsprozeß in der Tat die Form eines diskreten Verschwindens, einer sauberen Reduktion an. Das war nicht immer so. Lange Zeit ging Verstümmelung nicht ohne Zersetzung, Amputation nicht ohne Verfaulen einher. Leben heißt sich zersetzen. An manchen Abenden hat der lebende Leichnam allzu große Angst, sich verfaulen zu hören. All die Gerüche des Körpers, die des Atems, des Furzes, der Füße, des Schmutzes, gehen vom organischen Tod aus. Aus seinem eigenen Roman herausgetreten, schlingt Watt seinen beiden Kumpanen Mercier und Camier je einen Arm um die Taille, sieht sie zärtlich an und sagt gleichsam lobend: »Wir stinken nach Verwesung, drei Meilen gegen den Wind, alle drei.«[48] Das *memento mori* findet seine Bestätigung in der Beständigkeit des affektiven Gedächtnisses bei Proust: »In meinem stillen Verwesen erinnerte ich mich noch am ehesten jenes langanhaltenden wirren Gefühls, das mein Leben war.«

Der Körper, diese Ansammlung von Gliedmaßen und Organen, dieser Haufen Fleisch mit seiner Haut und seinen Knochen, dieses Blut, das fließt, und diese Tränen, die rinnen, all diese Sekrete, Ausscheidungen, Exkremente speisen eine großartige Kloake von der Wiege bis zum Grab. Der Namenlose weiß darum, als diese Hunde gegen seinen Krug pinkeln, »ohne so auszusehen als ahnten sie, daß Haut und Knochen darin sind«. Und ebenso würden die Fliegen, die für ihn zu zeugen scheinen, sich wahrscheinlich »mit ebensoviel Appetit auf einen Kuhfladen setzen«. Auch der Held (wenn man so sagen darf) von *Das Ende* muß feststellen, daß seine Hose unten naß von Hundepisse ist. Er hat das Kratzen zu einer hohen erotischen Kunst erhoben: »Das richtige Kratzen ist besser als das Wichsen, meiner Meinung nach ... Um mich zu kratzen, reichten meine beiden Hände nicht aus. Ich hatte sie überall, auf meinem Ding, in den Haaren bis zum Nabel, unter den Armen, im Arsch, und dazu Stellen mit Ausschlag und Krätze, die ich zum Jucken bringen konnte, wenn ich nur daran dachte.«[49]

Doch diese Verwesung des Körpers bei lebendigem Leibe ist noch nicht das Schlimmste. Die Welt, der Körper und der Geist verrotten gemeinsam. Die Unterschiedslosigkeit von Ich und Nicht-Ich, von außen und innen, erweitert noch den Prozeß. Alles, was sich innerhalb des Lebewesens abspielt, ist zugleich auch außerhalb seiner. Der bejahrte Schriftsteller, der *Gesellschaft* schreibt, hat nichts vergessen seit jenem Tag in seiner Kindheit, als er einen Igel, um ihn zu retten, in eine Schachtel setzte und diese Schachtel wiederum in einen Kaninchenstall stellte: »Du hast nie vergessen, was du dort vorfandest ... Den Brei. Den Gestank.«[50]

Es ist also unmöglich, das Leben des Körpers und das des Geistes getrennt voneinander zu denken, geradeso wie es unmöglich ist, sie als vereint zu denken. Wir haben es bereits geschrieben: Der Kopf ist der Ort, an dem Geist und Körper diese Unmöglichkeit leben. Gefangen zwischen Schädel und Welt, ist der Mensch dazu verdammt, im Leid zu schwingen: » ... das ist es vielleicht, was ich fühle, daß es ein Draußen und ein Drinnen gibt und ich in der Mitte, das ist es vielleicht, was ich bin, das Ding, das die Welt in zwei teilt, einesteils das Draußen, andernteils das Drinnen, es kann dünn sein wie ein Blatt ... ich fühle, wie ich schwinge, ich bin das Tympanon, einerseits ist der Schädel, andererseits ist die Welt ...«[51]

VII. Kopf und Reifen

Das ganze Wesen ist nur ein Kopf, eine große, glatte Kugel, ein Zylinder, ein Ei. Groß oder klein. Es kommt nicht auf die Gesichtszüge an, nur der Schädelkasten zählt. Das Gesicht abnehmen, damit der Kopf, den es verbirgt, zum Vorschein kommt, wie Gilles Deleuze über die Porträts von Francis Bacon schreibt. Wenn Beckett Giacometti gemocht hat, den Mann wie das Werk, so vielleicht weil dieser auf das Porträt verzichtet hat, um zur elementarsten Realität des Menschen vorzudringen, zum Kopf, zum toten Kopf, zum Totenkopf. Das Panoptikum der lebenden Leichen ähnelt den Katakomben von Palermo mit ihren Mumien. *Kopf auf Stiel* – so hat Giacometti eine seiner Skulpturen genannt, in denen er beharrlich zu zeigen versucht, wie ihm die Dinge erscheinen. Auch bei Beckett scheint sich alles auf einen vom Körper losgelösten Kopf zu konzentrieren. Wie viele isolierte Köpfe tauchen da aus Mülltonnen, aus Krügen, aus dem Dunkel hervor. Die Köpfe von Nell und Nagg, Winnies Büste, das Trio aus *Spiel*, der Mund in *Nicht ich*, der Namenlose. Reine Geister, sprechende Kugeln, aber monströse Köpfe. »Wenn ich dich malte, wie ich dich sehe«, hat Giacometti seinem Freund John Lord einmal gesagt, »dann gingest du, von vorn, ins Gefängnis, und im Profil würdest du im Asyl enden.«[52] Verglichen mit der großen Kunst der Vergangenheit, hat die moderne Kunst zumeist monströsen Charakter. Becketts Monstren sind allerdings frei von jener grellen Heftigkeit, die wir in Picassos Porträts finden, und auch von der abstoßenden Aufgedunsenheit der Baconschen Porträts. Nachdem er zunächst versucht hatte, das Geheimnis des Wesens durch den »alten paroxysmalen Schrei« zu sagen, sucht er es nun mit Schweigen zu stammeln, wobei er die beiden Bereiche des Schreckens und der Lust niemals gänzlich trennt, wie Georges Bataille nach der Lektüre von *Molloy* notierte.

Unbeweglich oder vielmehr zur Bewegungslosigkeit verurteilt, stumm oder vielmehr zum Schweigen gebracht, vermag der lebende Leichnam nichts mehr zu tun oder allenfalls noch zu denken, mit seinem Körper, mit seinem Blut, mit seinem Atem zu denken. Wenn er vom Denken spricht, denkt er an klare und einfache Gedanken, seine einzige intellektuelle Nahrung, etwa daran, was Rüben oder Karotten in Soße sind.[53] Doch seine Feinde hoffen ihn bald gleichfalls von der allgemeinen Seuche der Vernunft befallen und auf ein »Beet von Fisteln« reduziert zu sehen, »das von wohltuendem Eiter der Vernunft strotzen würde«. Sie wünschen ihn wissend, »da ich weiß, daß ich Nakkenschmerzen habe, daß die Fliegen mich auffressen und daß der Himmel nichts daran ändern kann«.[54] Becketts lebender Leichnam weiß nichts, nicht einmal, daß er nichts weiß. Auf ein Minimum reduziert, auf einen Kopf nämlich, ist er rundum eingeschlossen in diesen Kopf, sei es in einen x-beliebigen Kopf (in diesem Falle hat er den Verdacht, daß ein anderer ihn träume), sei es in den eigenen Kopf (in diesem Falle träumt er sich selbst). Manchmal ist der Schädelkasten jene gebärmutterhafte Höhlung, in der Belacqua sich, in seinen selbstverlorenen, solipsistischen Traum versunken, zusammenzukauern vermag; manchmal wird er zu jener »Drei-Groschenhölle«, von der Joe spricht. Wie der Bühnenkasten, so ist auch der Schädelkasten ein Illusionskasten, voller Leere und voller Gruben, die den lebenden Leichnam zu einer Bauchrednerpuppe machen und ihn der Stimme eines anderen ausliefern. Das kommt von allen Seiten – lauter Luftzüge. Der lebendig Tote träumt von einem völlig verknöcherten Kopf, in dem er begraben wäre wie ein Fossil in einem Stein, wie der versteinerte Belacqua in seinem Felsen.

Am Ende ein Schrei. Der elfenbeinerne Kerker ist rundum offen für die Scheiße – unabwendbar. Da gibt es kein Entkommen. »Ich kann mich zum Beispiel noch immer nicht bewegen, weder an Ort und Stelle, in bezug auf mich, noch im großen und ganzen, in bezug auf die übrige Scheiße.«[55] Vom *Namenlosen*, diesem denkenden Kopf da über dem Rand seines Kruges, geht es weiter zu *Wie es ist*, dessen ›Protagonist‹ keuchend in seinem Tunnel aus Schmutz herumkriecht, im Innern eines Kopfes, im Souterrain der Zeit, der Urnacht des Bewußtseins. Doch der Totenkopf ist vor allem eine runde, eine rollende Kugel. Man braucht nur einen Buchstaben auszuwechseln und aus *cerveau*, dem Kopf, wird *cerceau*, der Reifen; er rollt und fällt unter den Händen der Kindheit in einem Garten, wie Claude Monet ihn gemalt haben könnte, der das Bild des Todes noch ergreifender macht: »der Kopf tot ein Reifen den ein Kind rollen läßt ich etwas höher als er ich falle verschwinde der Reifen rollt noch verliert Fahrt wankt fällt verschwindet die Allee ist ruhig«.[56] Der lebende Leichnam wird noch lange von dieser ruhigen Allee träumen, durch die der Kopf-Reifen rollt, bevor er stürzt. Er war immer zuviel. Seine Abwesenheit stellt ihn vollkommen wieder her, den Glanz der Welt: »die grüne Lumperei von da oben«.

VIERTES KAPITEL
DER GROSSE ZIRKUS DES NICHTS

I. Lachen und Furzen

Bei Beckett wird ebensoviel gelacht wie geweint; Lachen und Weinen halten einander die Waage. Sprechen wir zunächst von den Tränen. Die Bestürzung, die in seinen Werken herrscht, verwandelt das Panoptikum der lebenden Leichen in ein Tal der Tränen, ein Tempe des Weinens. Es sind Tränen ohne Trauer, ganz wie das »noetische Lachen« ein Lachen ohne Freude ist. Die Tränen rinnen still und sanft, ohne Grimassen und Geschrei. Die Tränen, die Watt vergießt, mit hängendem Kopf, eine Tasche in jeder Hand, tropfen langsam und spärlich herab auf die Straße, die gerade ausgebessert worden ist.[1] Die Tränen des Namenlosen rinnen über seine Wangen, ohne daß er das Bedürfnis verspürte, die Lider zu schließen, und ohne daß er irgendeinen weiteren Grund zur Trauer hätte. Er fragt sich, ob sein Gehirn nicht dabei ist, sich zu verflüssigen.[2]

Da ist nicht mehr Freude in Becketts Lachen als Leid in den Tränen. Doch Lachen und Weinen kommen beide aus tiefster Verzweiflung.

Wenn Watt lächelt, faltet er die Hände, hebt sie ans Brustbein und läßt sie dort; und obwohl sein Lächeln, wie der Autor bemerkt, eher einem Lächeln als einem Grinsen oder Gähnen ähnelt, täuschen sich viele Leute darin und meinen, er sauge bloß an den Zähnen. Watts Lächeln kommt selten allein; ihm folgt gewöhnlich ein zweites und manchmal ein drittes: »Darin ähnelte es dem Furz.«[3]

Doch das Beckettsche Lachen *par excellence* ist wohl jenes Lachen, das Watt das freudlose oder noetische Lachen nennt, im Unterschied zum bitteren oder ethischen Lachen, das über das lacht, was nicht gut ist; und zum falschen oder intellektuellen Lachen, das über das lacht, was nicht wahr ist. »Aber das freudlose Lachen ist das dianoetische Lachen, durch den Rüssel – ha! – so. Es ist *das* Lachen, der *risus purus*, das über das Lachen lachende Lachen, das verblüfft dem höchsten Witz huldigt, mit einem Wort, das Lachen, das über das lacht, was – Ruhe bitte! –

was unglücklich ist.«[4] Ich meine, dieses Lachen in dem wilden Gelächter wiederzuerkennen, in das die Rooneys ausbrechen, als sie an den biblischen Spruch denken: »Der Herr erhält alle, die da fallen.«[5]

Das ist es. Beckett schrieb *Watt* in der Einsamkeit von Roussillon, zu einer Zeit, als er darum kämpfte, nicht verrückt zu werden. Noch heute fragt er sich, wie sie das geschafft haben, er und seine Frau. »Nichts ist wirklicher als das Nichts« und »Nichts ist komischer als das Unglück« – in ihrer Symmetrie verweisen diese beiden Aussprüche Becketts aufeinander. Der erste veranlaßt den Schriftsteller des Essentiellen, die ganze Realität ins Leere stürzen zu lassen; der zweite, diese Operation im Modus der Parodie, des Spottes und der Clownerie auszuführen. Im Nichts geboren sein heißt vor allem, im Nichts des Ich zu sterben – so etwa sagt Charles Juliet in seinem Tagebuch. Die vergebliche Suche nach dem Absoluten macht das Abenteuer des Individuums zur Farce.

Findet nun das Lachen, das in Becketts Schriften am Werk ist, einen Widerhall beim Publikum, beim Leser und beim Zuschauer? Becketts erste Bücher sind von überragender Komik. *Murphy* scheint mir dank des parodistischen Tons und der Ironie, die diesen Roman durchzieht, Queneau näherzustehen als Joyce. Er provoziert das Lachen des Eingeweihten, der Cliquen und Zirkel und aller erdenklichen Rives gauches. Als Beckett französisch zu schreiben begann, blieb die Komik; sie verstärkte sich sogar, aber zugleich veränderte sie sich. Sie wurde direkter, erlangte eine Art rabelaisscher Fröhlichkeit, die noch durch die Anhäufungen und Reihungen verstärkt wurde, wie sie einige Jahre lang für sein Werk typisch waren. Ich kenne kein so heiteres Buch wie *Mercier und Camier*.[6] Gut ein Jahr nach der Uraufführung von *Warten auf Godot* – das Stück hatte inzwischen vierhundert Vorstellungen erlebt – stellte Roland Barthes in einem Artikel für den ›France-Observateur‹[7] fest, das Stück gehöre nun nicht länger zur Avantgarde, und dies nicht nur in soziologischer Hinsicht, da nahezu hunderttausend Zuschauer es gesehen hätten, sondern auch wegen seines Charakters und Geistes: es sei poetischer geworden und *entschieden komisch*. Seither haben immer wieder Kritiker bemerkt, der Pessimismus des Beckettschen Theaters trete zunehmend hinter dessen spielerischen Charakter zurück. Ja, zuweilen kann man nicht einmal mehr vom Beckettschen Nihilismus und Pessimismus oder seiner Tragik sprechen, ohne daß man der Verwendung von Gemeinplätzen geziehen wird. Der englische Kritiker Harold Hobson, der zu den ersten zählt, die Beckett unterstützt haben, sah sich 1973 gar zu folgendem Ordnungsruf veranlaßt: »Aus Gründen des Selbstschutzes sind wir geneigt, uns einzureden, Becketts Stücke seien in Wahrheit gar nicht voller Angst und Schrecken; im Grunde seien sie vielmehr urkomisch. Aber nein, sie sind durchaus nicht urkomisch. Sie gehören zu den erschreckendsten nostalgischen Prophezeiungen über das Ende der Welt, die jemals geschrieben worden sind.«[8] In der Tat kann man von einem Selbstschutzreflex sprechen, dem Versuch, sich vor der unerträglichen Tragik der Beckettschen Vision zu schützen. Es bleibt freilich, daß diese Tragik nicht unvereinbar ist mit der Farce; zumindest gilt das bis in die letzte Zeit hinein. Es gibt dieses alte Bekenntnis, auf das Ludovic Janvier bereits hingewiesen hat: »Verfall des Sinns für Humor«.[9] Der Schatten wächst von *Molloy* bis *Spiel*, und danach noch weiter. Schon in *Bing*, *Spiel*, *Losigkeit* (*Sans*), *Ausgeträumt träumen*, *Gesellschaft* und *Schlecht gesehen, schlecht gesagt* (*Mal vu mal dit*) findet sich keine Spur von Clownerie mehr. Und auch aus seinen letzten Theaterstücken hat das Lachen sich zurückgezogen: *Nicht ich*, *Tritte*, *Rockaby*, *Ohio Impromptu*, *Ein Stück Monolog* (*A Piece of Monologue*), *Katastrophe* (*Catastrophe*). Becketts nächste Freunde scheinen dies manchmal zu bedauern; so etwa der Maler Bram van Velde.

II. Dante und die Nacktschnecke

Lachen und lachen machen, aber worüber? In der Erzählung mit dem Titel *Le calmant* (*Das Beruhigungsmittel*) (1946) kann man lesen: »Er erzählte eine lustige Geschichte, von einem Fiasko... Er sprach zur allgemeinen Erheiterung das Wort Schnecke aus, oder aber Nacktschnecke.«[10] Wenn bei Beckett gelacht wird, dann stets über ein Fiasko, und jedes Fiasko löst Lachen aus. In seiner *conditio humana* erscheint der Mensch stets als jemand, der gerade ein unglaubliches Fiasko überstanden hat. Alle Beckettschen Ausdrücke suchen die Idee eines zerfallenden Kosmos auszudrücken, die Idee einer Welt, die ins Chaos zurückgestürzt ist, und nicht ins Chaos des Karnevals, der die ewige Wiederkehr spielt und die Zeit erneuert, sondern ins »unglaubliche Tohuwabohu«, in die »bleiche Unermeßlichkeit des Sandes« oder die »unbeweglichen Randzonen«. Es kann auch die Rede sein von stinkenden Sümpfen und Torfmooren.

Doch die komischste Geschichte ist die von der Nacktschnecke. Nicht wie der Wanderer, dessen schlaksige Silhouette sich vor der unendlichen Leere des irischen Himmels abzeichnet, und nicht wie der Liegende, in seinem aseptischen Kreis ausgestreckt, die Hände auf der Pubes, hat der Clown hier seinen Auftritt, sondern auf dem Bauch kriechend. »ich komme an und falle wie die Nacktschnecke fällt ...«[11] Einen Augenblick lang identifiziert die Figur sich vollkommen mit der Nacktschnecke. *Wie es ist*, der Roman eines Larvendaseins, stammt aus dem Jahre 1962. Doch schon in *Molloy* und vor allem in *Der Namenlose* kündet das Erscheinen von Worm – nach Mahood der letzte Versuch, dem Namenlosen einen Namen zu geben – das komische Epos der Nacktschnecke an. Worm, das ist der Wurm, der »nichts fühlt, nichts kann, nichts will«. Er wird ihm einen Namen geben müssen, diesem Einsamen. »Ohne Eigennamen kein Heil. Ich werde ihn also Worm nennen ... Ich mag das nicht, aber ich habe keine so große Wahl.«[12] Die anonyme Person in *Wie es ist* ist der Meister unter den Beckettschen Kriechern. Eine Larve schlummert unter offenkundig menschlichem Äußeren, und immer wieder wird Becketts Lebend-Sterbender zu der Nacktschnecke, die er ist. Nackt und rosig in Schmutz und Dunkel, das ist der obszöne Leib, der Schlammwurm, die Schmutzraupe, die kosmische Nacktschnecke. Zunächst erlebt er, wie sein Körper die Gliedmaßen verliert, sieht seine Hand davonlaufen wie eine Krabbe auf ihren vier Fingern »durch kleine waagerechte Klimmzüge«.[13]

Kurz bevor Worm erscheint, bestimmt der Namenlose Mahood dazu, ihm das Credo des evolutionistischen Humanismus nachzusprechen: »Der Mensch ist ein höheres Säugetier.« In Wirklichkeit nimmt Becketts Anthropologie die Gegenposition zu Darwin ein und stützt sich auf eine Biologie, die rückwärts schreitet, vom Tier zur Pflanze, von der Pflanze zum Mineral. Man ist auch an Lamarck erinnert, der die Tiere genealogisch in einer absteigenden Hierarchie ordnet.[14] Lamarcks »Folge« beginnt bei den Säugetieren, geht dann über zu den Vögeln (die nicht säugen) und endet bei den Strahlentieren (die keinen Kopf haben) und den Polypen (die gar keine Organe besitzen) – eine Hierarchie der Degradation, deren Ursache in der Anpassung des Lebendigen an seine Umwelt liegt, wobei der mangelnde Gebrauch die Organe verkümmern läßt. Für Lamarck handelt es sich um Regressionen von einem göttlichen Plan. Ebenso passen Becketts Kreaturen sich an und regredieren auf das Nichts.[15] Der Kriechende in *Wie es ist* ist eins mit dem Dreck und ernährt sich davon. Er erreicht einen Grad der Selbstgenügsamkeit, die selbst noch die Konserven überflüssig macht, von denen sein Sack anfangs voll ist.

Eine ungewöhnliche Vereinigung des Lebendigen mit seinem Lebenselement auf dem Wege über seine Ausscheidungen, eine erstaunliche Vereinigung, die Selbstgenügsamkeit und Ataraxie vermengt. »... der Dreck gluggluckst unter meinem geschüttelten Körper ich furze und pisse zugleich ... die Exkremente nein sie sind ich aber ich liebe sie die alten Büchsen ... immer an der gleichen Stelle bleiben nie einen anderen Ehrgeiz gehabt ... und mich nicht mehr hinausbewegen dieser alte Traum der wiederkehrt ...«[16]

Die Larve ist stets unterwegs, unablässig kriecht sie – ein einziger endloser Satz. Wie es Ludovic Janvier so exzellent geschrieben hat: »Ihre Spur im Raum und der Schweif von Worten, der sie begleitet.«[17] Becketts Nacktschnecke ist das parodistische Doppel, das clowneske Negativ des *trunkenen Schiffes*: »ewiger Segler blauer Unbeweglichkeiten«. Man könnte sogar sagen, daß das kalte schwarze Loch, mit dessen Evokation das große Gedicht schließt, das Beckett übersetzt hat, in osmotischer Verbindung mit dem Dreck in *Wie es ist* steht.

Der Dreck wird zur kosmischen Materie, zum Mutterelement. Er ist verbunden mit dem Dunkel, dem Schweigen, der Einsamkeit, in denen die Larve umherkriecht. Sein Glucksen begleitet beständig das leise Keuchen des »zum Leben Verurteilten«. Wenn das Keuchen aufhört, flüstert er all das dem Dreck zu, der flüssig genug ist, um zu kleben, und fest genug, um ihn zu tragen. Je nach den Umständen gestattet der Dreck eine konsubstantielle Vereinigung des rosigen Körpers mit seinem Ursprung und seinem Ziel (die freilich weder Anfang noch Ende sind), und dies auf dem Weg über die Ausscheidungen. Der Beckettsche Dreck resultiert aus einer Mischung des Trockenen, der Asche (dem *memento mori* der Christen) mit dem Flüssigen, Wasser und Urin, und der klebrigen Fäulnis der Abfälle und Exkremente. So, durch Kapillarwirkung nämlich, gelangt der Kriechende zur Ekstase: »... das dauert einen guten Moment ich dauere damit einen Moment... es sind gute Momente vielleicht die besten...«[18] Das Gesicht im Dreck, den Dreck im Mund. Die »wiedereroberte Menschheit«. Der Dreck dringt überall ein, durch die Poren, durch die Öffnungen, die Ohren, die Augen, durch den Mund und den Anus, die austauschbar sind, den Anus, aus dem der »Haupteingang zur Kreatur«[19] wird. Der Lebensmittelvorrat im Sack schwindet, doch nicht so schnell wie der Appetit. Es kommt der Tag – der Sack ist noch halb voll –, da ernährt sich der Kriechende nur noch vom Dreck. »... dieser Dreck ich habe es immer gesagt erhält seinen Mann am Leben...«[20] Der Mensch nimmt vom Dreck, was er ihm gegeben hat. Wer da vorschnell beim Beckett der fünfziger Jahre irgendeine skatologische Neigung, eine infantile Regression auf die anale Phase diagnostizierte, dem antwortete die große moderne Literatur einmütig, daß sie es wie keine andere vor ihr verstanden habe, den Tod der Kreatur, den Tod, der in der Kreatur steckt, zum Ausdruck zu bringen, weil sie es verstanden hat, die Scheiße zu sagen.

»Da, wo es nach Scheiße riecht,
riecht es nach Leben«,

schrieb bereits Artaud.[21] Schlamm und Kot sind zwei Mutterelemente, Leben und Tod, Sein und Nichts, Schwarz und Weiß ineinander vermengt.

Solcherart in den Schlamm gepreßt, hofft der Kriechende der Urnacht darin auf immer in Bewegungslosigkeit zu versinken: eine lächerliche Nachahmung der unmöglich wiederzufindenden Fötalposition, ein gescheiterter Versuch Lamarckscher Regression. Ein »alter Traum der wiederkehrt«. Auf der Seite oder auf dem Bauch schlafend, findet dieser Belacqua-Fötus all sein

Glück in einem jener »Darmtasche« vergleichbaren Sack, von dem Antonin Artaud im selben Gedicht spricht.

Unfähig, sich zu bewegen, »weder an Ort und Stelle, in bezug auf mich, noch im großen und ganzen, in bezug auf die übrige Scheiße«, ist der Namenlose dazu verdammt, Worm, den Wurm, zu erschaffen, zu erfinden, zu benennen, auf daß die Beckettsche Kreatur, in sich selbst verändert, zum Erforscher dieser fremden, endlosen Gefilde werde, zum Erforscher der Scheiße. Molloy wußte es bereits: »Und wenn alle Dreckhaufen sich gleichen, was nicht stimmt, so macht das nichts, es tut gut, den Dreckhaufen zu wechseln, sich von Zeit zu Zeit zu einem anderen Dreckhaufen zu begeben.«[22]

Im dritten Teil von *Wie es ist* weicht das einsame Kriechen der Larve plötzlich einer gigantischen Wanderung von Schlammwürmern. Hunderttausend Liegende, jeweils zu zweit aneinandergepreßt, fünfhunderttausend kleine Haufen in der Farbe des Drecks, Billionen, die da durch den Schlamm kriechen. In alle Ewigkeit finden stets dieselben Paare aus Schinder und Opfer zusammen, von einem Ende der unermeßlichen Prozession bis ans andere. Wo beginnt sie? Wo endet sie? Wer ist der erste, wer der letzte? Kann man sich solch einen Zug als gerade Linie ohne Anfang und Ende vorstellen? Entweder eins oder unendlich, erwidert der grausame Zenon vom Montparnasse, wenn das Problem nicht überhaupt unlösbar ist. Eine Marter für das Denken, ein logisches Problem zum Kopfzerbrechen, ein irrer Logos. Bald wird es nur noch die unhörbare solipsistische Stimme geben, die Gefangene ihres kleinen Kastens ganz weiß wie Bein, das winzige und unermeßliche Gewölbe, die lächerliche Gruft: »sondern daß wir in Wirklichkeit alle seit dem undenkbaren ersten bis zu dem nicht weniger undenkbaren letzten aneinandergepreßt sind zu einer lückenlosen Folge verschränkter Leiber ...«[23] Eine Prozession ohne Anfang noch Ende zieht unendlich langsam (zumindest aus der Ferne betrachtet mit einem bestimmten Blick, der sie nicht verläßt) und in gerader Linie durch das Dunkel und den Dreck, je zwei, Schinder und Opfer, aneinandergepreßt. Eine Flucht ohne Angst und doch ein Zug ohne Hoffnung. Welcher moderne Schriftsteller, welcher Dichter seit Dante hat sich zu solch einer Vision der Menschheit emporgeschwungen?

Die Prozession bewegt sich also von links nach rechts oder vielmehr von Westen nach Osten. Sonderbar, meint Beckett. Diese Sucher nach der ewigen Ruhe ziehen nach Osten, obwohl der Tod, he! ihr da, in der entgegengesetzten Richtung liegt. Doch der Strom wimmelnden Schlammes folgt unbeirrbar seinem Lauf, nicht in der natürlichen Richtung von der Geburt zum Tode, sondern rückwärts, vom Tod zur Geburt, ähnlich der Reise des Schamanen ins Innere seiner selbst. Muß man sich da gleich so hochgestimmt vernehmen lassen wie Ludovic Janvier, der von einer »erschütternden Hoffnung auf Geburt« bei Beckett und seinen Figuren spricht. Und Charles Juliet zählt Beckett in seinem *Journal* zu den ganz wenigen Schriftstellern – es sind die größten –, die eine Rückkehr zu den Ursprüngen unternommen haben. »Sie treten aus ihrer Zeit heraus, berühren uns unmittelbar, ziehen uns aus der Verwirrung, drängen uns geboren zu werden, erzeugen uns für uns selbst, Baudelaire, Rimbaud, Rilke, Kafka, Beckett.«[24]
Nicht so schnell, Freunde, nicht so schnell! Wenn die »Geschichten der Zeit« die Schwelle zum Unerträglichen erreicht haben, wenn die Versuchung, der Zeit zu entfliehen, zu stark geworden ist, drängen uns der Wunsch nach einem klaren Weg und die Ungeduld mit dem Leben hin zu den befreienden Kosmogonien des Ostens.[25] Rimbaud hat das gewußt. Andere auch, unter den Großen. Und Beckett vielleicht ebenfalls. Aber das ist nicht sicher, ja nicht einmal sehr wahrscheinlich. Die ausgedehnte Theorie der zweisam Einsamen tendiert zur Hoffnung auf eine kommende Geburt. Sie gräbt einen Tunnel in den zeugenden Urschlamm und sucht, so schreibt Ludovic Janvier, *unter* die Zeit zu gelangen, um *außerhalb* der Zeit freie Luft zu erreichen. Und flüchtig ans Goldene Zeitalter dort oben, an das Leben dort oben zu rühren, ein wenig Blut, ein wenig Blau, kleine Szenen gegen den Durst für den Frieden, diese sonderbaren Blasen leuchtender Poesie, die auf der Oberfläche des Schlammes zerplatzen, all das dort oben »flatternd in der grünen Lumperei«. Mag sein. Aber Vorsicht! Es ist kaum wahrscheinlich, daß der alte Sam sich mit gesenktem Kopf aufs orientalisierende Bramarbasieren einließe, in das Gewand des Gurus schlüpfte und seine Botschaft abließe, indem er das Bein höbe. Reißen wir dem armen Clown, der sich auf dem Bauch im

Dreck abplagt, nicht die Maske vom Gesicht; vielleicht zerstörten wie damit das wenige, was ihm an Gesicht und Stimme geblieben ist. Im Dreck müht er sich ab, und nicht in Adams köstlichen Gefilden. Und er versucht uns nicht glauben zu machen, dieser Dreck hätte geheimnisvolle Qualitäten. Er selbst fordert uns auf, seinen Sarkasmus und seine Grimasse ernst zu nehmen, statt an das Versprechen einer zweiten Geburt zu glauben: »so daß man sich an besonders heiteren Tagen fragt ob wir nicht schließlich einer nach dem anderen oder paarweise in die freie Luft geschissen werden in das Tageslicht in das Reich der Gnade ...«

Wenn Beckett von der kosmischen Nacktschnecke spricht, so benutzt er hier wie anderswo stets eine überaus einfache und ganz und gar nicht geschliffene Sprache, um eine grausame Realität zu benennen, welche die größten Genies seit Jahrhunderten auszudrücken versucht haben, ohne sie beim Namen zu nennen, indem sie sie gnädig unter Metaphern und allerlei Stilfiguren begruben. Beckett der Bossuet der WCs, der Chateaubriand des Drecks. Von der Protoliteratur des Larvendaseins werde ich nur einige wenige Beispiele behalten und allen voran den berühmten Vers aus *Wie es euch gefällt*, der in Franglais das letzte unter den sieben Menschenaltern kennzeichnet: »Sans teeth, sans eyes, sans taste, sans everything.« ⟨»Ohn' Augen, ohne Zahn, Geschmack und alles.«⟩[26]
Von *Paludes* hat Claudel gesagt, dieses Buch vermöge wie kein anderes aus den neunziger Jahren des letzten Jahrhunderts das Gefühl des *Gefangenseins* zum Ausdruck zu bringen, das eine ganze Generation erfaßt hatte. Nach Baudelaire, Rimbaud und Nietzsche nahm André Gide die Moore des Beckettschen Niemandslandes vorweg: »Ich habe große Heiden durchquert, weite Ebenen, endlose Flächen; selbst in den niederen Hügeln schien dort die kaum gehobene Erde noch zu schlafen ... Bärlapp kriecht hin.«[27] In *Murphy* läßt Beckett seine Figuren in einem Käfig leben, »einem mittelgroßen Käfig mit Front nach Nordwesten und ununterbrochener Sicht auf mittelgroße Käfige mit Front nach Südosten«.[28] In *Paludes* schreibt Gide: »Wie viele Male, suchend nach etwas Luft, erstickend, habe ich auch die Geste erkannt, daß ich Fenster öffnen wollte – und ich hielt

inne, ohne Hoffnung, weil ich einmal, als ich sie geöffnet hatte…, sehen mußte, daß sie auf Höfe gingen – auf elende Höfe ohne Sonne und Licht – und weil ich da, als ich das sah, in meiner Not aus Leibeskräften schrie: Herr! Herr! wir sind schrecklich eingeschlossen!«[29] Der letzte Abschnitt des Buches, der von Willkür und Ironie strotzt, ist die berühmte Passage mit den Raupen des Prozessionsspinners: »Von dem Wipfel der Tannen, langsam herabgekrochen, eine hinter der anderen, in brauner Reihe, sah man die Prozessionsraupen, die, lange erwartet, am Fuße der Tannen dicke Schönleibkäfer fraßen.«[30] Der Freundin, die sich nicht erinnert, diese Raupen gesehen zu haben, erwidert der Held, daß es sie auch nicht gegeben habe, daß ihm jedoch nur dieser Satz geeignet erschienen sei, ihre mißlungene Begegnung zu kennzeichnen.

Becketts Larve indessen scheint noch am ehesten jener beängstigenden Region des Gehirns zu entspringen, die Henri Michaux den Hirnlappen der Monster nennt: »Mein klebriges, gewundenes Hirn…, in dem fast kein Lappen mehr funktioniert außer dem Lappen der Monster…«[31] Und das ist nicht die einzige Parallele, die sich zwischen diesen beiden letzten großen Visionären unserer Zeit aufdrängt. »Von Ungeheuer zu Ungeheuer, von Raupe zu Riesenlarve, ging ich und klammerte mich daran.«[32] Das Denken schleicht im Schrecken umher und in der Nacht der Ungeheuer. Seinem lächerlichen Athletentum ausgeliefert, ein ratloser Akrobat im Zirkus des Nichts, wird der larvenhafte Clown zu jener schmutzigen Kreatur, die in einem anderen Gedicht von Michaux in einem schwindelerregend leeren Raum an einer endlosen Stange hinaufklettert. Der Beckettsche Akrobat ist geschlagen mit der vollkommenen Unfähigkeit, sich in einem Kosmos zurechtzufinden, der keine Richtung, keine Orientierung und keine Wegzeichen mehr kennt.

III. Zirkusartisten

Schon bei der ersten Lektüre von *Warten auf Godot* erschienen Roger Blin die Bezüge zum Jahrmarkt, zum Zirkus und zu den Clowns so offenkundig, daß er zunächst daran dachte, das Stück in einem Zirkus aufzuführen. Er ließ jedoch schon bald von dieser Idee ab – zu Becketts größter Erleichterung, denn dieser glaubte, der Gedanke an Zirkus und Clowns solle besser im Hintergrund bleiben. Die heutigen Regisseure besitzen nur selten solchen Sinn für Nuancen und solchen Respekt vor den Intentionen des Autors; viele von ihnen haben Becketts Stücke mit deutlichen Anspielungen auf Zirkus oder Varieté inszeniert, ohne daß diese irgend etwas dadurch gewonnen hätten. Doch Jean Anouilhs Bemerkung über *Warten auf Godot* (»Ein Pascalscher Gedanke, von den Fratellinis gespielt.«[33]) bleibt zutiefst wahr und zeugt um so mehr vom klaren Blick ihres Autors, als sie am Vorabend der Premiere niedergeschrieben wurde. In einem ultra-beckettschen Verfahren hat Fellini für seinen Film *Die Clowns* erstmals die Grimassen und das clowneske Treiben in den Szenen des italienischen Straßenlebens festgehalten. Er wollte Bilder jenes Clowns einfangen, den jeder Mensch in sich trägt, und dazu suchte er nicht die ungetrübte Fröhlichkeit der Zirkusclowns, die aus Unschuld und guter Laune gemischt ist, sondern etwas Grausameres, das die professionellen Clowns für seine Zwecke nie gut genug auszudrücken vermochten. Das Kennzeichen des Beckettschen Clowns, sagt Roger Blin, ist seine erschütternde Komik. In einem Brief an seinen Lieblingsregisseur, dem er nach eigenem Bekenntnis alles verdankt, und anläßlich jenes Estragon-Darstellers, der seine Hosen am Ende des Stückes nicht herunterlassen wollte, weist Beckett diese grausame Komik als die einzige unbezweifelbare Bedeutung von *Warten auf Godot* aus: »Die Bedeutung des Stückes, wenn es denn überhaupt eine hat, liegt darin, daß nichts komischer ist als das Unglück.«[34]

»Wie im Theater. – Im Zirkus. – Im Varieté. – Im Zirkus.«[35] Die Melonen, die Probleme mit den Schuhen, Lucky am Ende seiner Leine wie ein gelehriger Affe. Das Vertauschen von Hüten, das gleichzeitige Hinfallen, das sinnlose Geplapper. *Mercier und Camier* im Roman, *Warten auf Godot* auf dem Theater – in dieser Periode entsprechen die Personen ganz unverblümt dem Stereotyp des Clowns. Davor und vor allem danach liegen die Dinge nicht so einfach. Bis auf die Tatsache, daß in der Riege der Clowns niemand den Part des weißen Clowns übernimmt, der in der traditionellen Clownskunst immerhin eine wesentliche Rolle spielt. Zwei Dinge kennzeichnen den weißen Clown:

seine helle, prachtvolle Kleidung, die ihn zu einer glanzvollen Gestalt macht, und seine absolute Herrschaft über den dummen August. Zwischen den beiden Partnern entwickelt sich eine Herr-Knecht-Beziehung, die das Publikum zerreißt, weil es den August zu seinem Liebling erwählt. Es ist oft darauf hingewiesen worden, daß bei den Beckettschen Paaren ein gewisses Unterordnungsverhältnis anzutreffen ist, das bei Pozzo und Lucky oder Hamm und Clov sogar totalitäre Züge annimmt. Ein ferner Reflex des weißen Clowns läßt sich auch in der Ambivalenz der Beckettschen Figuren ausmachen, die sich in manchen Aspekten der Aufmachung, des Gehabes und der Sprache als Clochards, in anderen wiederum ganz weltmännisch geben. Vivian Mercier hat ihre Analyse des Beckettschen Werkes auf acht Gegensatzpaare gegründet, zu denen auch der Gegensatz zwischen Gentleman und Vagabund gehört.[36] Insgesamt steht Becketts Clown dem August näher als dem weißen Clown. Der dumme August, der im neunzehnten Jahrhundert aufkam und dessen Entstehung zu mancherlei Legenden Anlaß gegeben hat, ist nichts anderes als der häßliche Unglücksrabe des volkstümlichen Karnevals, der Arme ohne Bleibe noch Habe, der Tippelbruder, der angelsächsische Tramp. Hugh Kenner identifiziert ihn mit dem Irish Tinker, dem wandernden Kesselflicker, einer in traditionalen Gesellschaften vertrauten Gestalt. Wie der zweite Zanni der Commedia dell'arte bringt der August die Menschen durch seine Tölpelhaftigkeit zum Lachen, mit der er sich tausenderlei Ungemach einhandelt. Er versteht alles falsch, verdirbt alles, was er unternimmt, und dient dem weißen Clown als Prügelknabe. Er ist wie ein Fremder in der realen Welt, steigt Treppen hinauf, die gar nicht existieren, stößt an unsichtbare Hindernisse, aber er geht ungehindert durch verschlossene Türen und blickt durch undurchsichtige Mauern hindurch. Als ferner Nachkomme des Hofnarren, aus dem Fest der Narren geboren, das seinerseits mit dem Fest der Unschuldigen verschwistert ist, hat der Clown sich eine Unschuld bewahrt, die er unbeirrbar in die Welt des Gesetzes, der Unterdrückung und des Profits hineinträgt. Diese Unschuld macht ihn für jede Indienstnahme unbrauchbar. Das Lachen des Clowns ist nicht das Lachen des glücklichen, satten, zufriedenen Menschen, sondern eines, das die exakte, konkrete, materielle Darstellung jener geistigen Wirklichkeiten und Figuren auslöst, die nur für den Blick des Geistes ernst sind. Es heißt, Schopenhauer habe sich des Lachens nicht enthalten können, wenn er an die Definition der Tangente an einen Kreis dachte.

Doch das wesentlich Clowneske liegt zunächst in einer physischen Eigenart, die dem Gesicht der Person, seiner Haltung, seinem Auftreten und seiner Sprache innewohnt.

Der bemerkenswerteste von allen, auf dessen Absonderlichkeiten Beckett mit besonderer Vorliebe zu sprechen kommt, ist Watt, mit seiner großen roten Nase, seinem roten Schopf, dem gelben Hut und dem grünen Mantel. Stets glaubt man ihn zum erstenmal zu sehen, und stets ist man beeindruckt vom »außergewöhnlichen Stil Watts, seines Auftritts, seines Falls, seines Aufstehens und aller folgenden Haltungen«.[37] Watts Gang ist ein ganz und gar ungewöhnliches Taumeln. Er läuft mit steifen, gespreizten Beinen und erinnert damit ebenso an einen Mann, der unter Hämorrhoiden oder einem Tripper leidet, wie an jemanden, der gerade furzt. Seine Bewegungen ähneln denen eines defekten Automaten: »Watts Gewohnheit, geradenwegs, zum Beispiel, nach Osten zu gehen, bestand darin, daß er seinen Oberkörper so weit wie möglich nach Norden drehte und gleichzeitig sein rechtes Bein so weit wie möglich nach Süden schleuderte, dann seinen Oberkörper so weit wie möglich nach Süden drehte und gleichzeitig sein linkes Bein so weit wie möglich nach Norden schleuderte, dann wieder seinen Oberkörper so weit wie möglich nach Norden drehte und sein rechtes Bein so weit wie möglich nach Süden schleuderte, dann wieder seinen Oberkörper so weit wie möglich nach Süden drehte und sein linkes Bein so weit wie möglich nach Norden schleuderte, und so weiter, immer und immer wieder, viele, viele Male, bis er sein Ziel erreichte und sich hinsetzen konnte.«[38]

Andere Physiognomien und Silhouetten sind gleichfalls typisch clownesk, stets karikiert und auf unbestimmte Weise monströs. Das Geschöpf in *Wie es ist* spricht voller Stolz von seinen Lippen: »... zwei dicke Lippen für die Küsse gemacht denke ich mir scharlachrot denke ich mir sie strecken sich noch ein wenig vor öffnen sich und schließen sich über einer Runzel des Sacks es ist etwas vom Pferd daran«.[39] Der *Ausgestoßene* geht wie

Watt mit steifen Beinen und auswärts gekehrten Füßen, aber sein Rumpf hat »die Weichheit eines schlampig mit Lumpen gefüllten Sacks« und plumpst heftig, »je nach den unvorhersehbaren Stößen des Beckens«, hin und her.[40] Bei einem anderen ist wie beim ursprünglichen Arlecchino das Gesicht auf eine »Maske aus altem, schmutzigem und behaartem Leder« reduziert.[41] Wieder ein anderer macht den Eindruck eines »mittellosen Diabetikers in einer fremden Stadt«[42], und sein Lächeln scheint »in Alkohol konserviert«. Und vergessen wollen wir auch nicht Morans Nummer als Fußgänger: »mit zurückgeworfenem Kopf, zusammengepreßten Zähnen, krampfhaft gebeugten Ellbogen und fliegenden Knien, die fast an mein Gesicht stoßen«.[43] Sein *alter ego* Molloy, der Mann, den er sucht, gibt eine veritable Vorstellung als Pantomime in dem Bewußtsein, sich zur Schau zu stellen und ein Publikum zu haben: Ich »gestikulierte, schwenkte meinen Hut, schob mein Fahrrad hin und her, vor und zurück, und hupte... Aus den vergitterten Fenstern sahen sie mir zu, ich fühlte ihre Blicke auf mir ruhen.«[44]
Oft treten die Clowns paarweise auf; das Spiel verliert dadurch zwar nichts von seinem Narzißmus, aber es entgeht immerhin einem gewissen Solipsismus. Da ist zunächst das unbeschreiblich komische Gespann des kleinen Dicken mit birnenförmigem Bauch, Stummelbeinen und Schweinsäuglein und des langen Dürren mit Bart und bösem, giftigem Blick, der sich kaum auf den Beinen halten kann; Mercier und Camier, die sich in den Straßen herumzanken und sich im Moor verkriechen, liefern dafür das Urmodell. Wir müssen sie auch sehen, wenn sie, jeder auf einer Seite der Straße, einhergehen und gleichzeitig reden. Oder wenn der eine sich hinsetzt, während der andere weitergeht, und dann der eine weitergeht, während der andere sich hinsetzt, »und so weiter, durchschauen Sie den Trick, die beiden können so bis zur Stadt kommen«.[45] Schließlich bilden sie mit Watt ein Trio, der von wer weiß woher auftaucht; er faßt sie um die Taille und drückt sie an sich. »Vorwärts, meine Hübschen, sagte er. Sie gingen taumelnd weiter, mit übereinander stolpernden Beinen.«[46] Ob nun kriechend oder gehend, aufrecht oder auf dem Bauch, nie wissen die Figuren, welchem der »*zwei Hanswurste*«, die in ihnen wohnen, sie folgen sollen,

dem, »der immer nur da bleiben möchte, wo er gerade ist«, oder dem, »der sich einbildet, daß es ihm etwas weiter weg etwas weniger schlecht gehen würde«.[47]

Wollen wir nun versuchen, den unabwendbaren Vorgang zu verstehen, der die Figur dazu verurteilt, den Clown zu spielen, um seiner Bestimmung zu leben? Dieser Prozeß ist unmittelbar mit der pessimistischen, tragischen Sicht des Autors verbunden. Watt zum Beispiel unternimmt eine pathetische und zugleich lächerliche Anstrengung, um Mr. Knott zu erkennen und zu beschreiben, um die Welt zu denken und zu sagen. Er ist übrigens die letzte Beckettsche Gestalt, die sich mit dieser zum Scheitern verurteilten Arbeit abmüht. In Wirklichkeit denkt und sagt Watt nur eines: die eigene Unfähigkeit, sich zu denken und zu sagen. Seine ganze erschütternde Komik rührt daher. Auch zeigt sich am Anfang des dritten Teils, daß er, in einem Asyl eingeschlossen, einem anderen Verrückten von sich erzählt, dem Autor selbst, der ein verrücktes Buch schreibt. Am Anfang und am Ende des Romans wird Watt von einem anderen gesehen: dort ist er – aus seinen beiden Refugien, Mr. Knotts Haus und dem Narrenasyl, vertrieben – in das gesellschaftliche Leben hineingeworfen und der Welt ausgeliefert. Aber Watt ist nicht in der Welt. Er hat darin nirgends einen Platz. Und ein Anderswo gibt es nicht.

Keine clowneske Figur ist – wie die Marionette – auf entsetzlichere Weise mit dem Menschen verbunden als Molloys Hoden, »diese beiden Zirkusartisten«[48], wie er sie nennt, die an einem dünnen Strang zwischen seinen Oberschenkeln hin- und herbaumeln, der rechte niedriger hängend als der linke, in der Tiefe ihres erschlafften Beutels – zweifaches Gegenbild zum triumphierenden Phallus der antiken Possenreißer. Als Quelle von Lust wie auch als Fortpflanzungsorgan vereinigt das Geschlecht, das männliche wie das weibliche, in sich sämtliche Merkmale der menschlichen Misere, des phänomenalen Fiaskos, des bis zur Lächerlichkeit getriebenen Elends. Die Sexualität des Beckettschen Clowns ist zum Sterben traurig, aber man stirbt vor Lachen.

Zu Beginn der sechziger Jahre erkannten die Intellektuellen in den westlichen Gesellschaften, daß das sogenannte absurde

Theater, ja, daß Samuel Becketts gesamtes Werk das Elend des Menschen in den westlichen Gesellschaften zehn Jahre vor den Soziologen beschrieben hatte.[49] Wie so oft war die Literatur der Wissenschaft wieder einmal voraus. Die Ausfallserscheinungen und Absencen der Beckettschen Hanswurste waren die des *homo quotidianus* in unserem Gesellschaftstypus. Zu Beginn der siebziger Jahre bemerkten die Dissidenten Osteuropas ihrerseits, daß »das absurde Theater im Westen das Untergründige der Dinge hervorholt, ihre unsichtbaren Wurzeln bloßlegt, die unter dem dichten Humus der Vergangenheit begraben sind, in dem unsere Handlungen, Gesten und Worte vermodern. Ohne daß die Autoren des absurden Theaters eine unmittelbare Erfahrung davon besäßen, beschreiben sie dennoch überaus präzise und minutiös das alltägliche Verhalten der Menschen im Osten, so wie ein Beobachter das Verhalten von Tieren in einem Labyrinth beschreibt.«[50]
Das steht in deutlichem Gegensatz zum oben zitierten Urteil des Marxisten Lukács.[51] Der Text von Jan Pallas zeigt sehr schön, worin die Stärke dieses Theaters, dieser Mischung aus ungewöhnlicher Aktualität und konkreter Universalität, liegt. Die klinische Präzision der Beobachtung läßt jede Satire und jede Gerichtsverhandlung weit hinter sich. Es geht, wie Jan Pallas feststellt, um das Untergründige an den Dingen, also um die *conditio humana* in ihrer allerintimsten Verbindung zum Elementaren des Lebens, in ihrem metaphysischen Rückhalt. Die *conditio humana*! Der Clown dreht eine Pirouette und schneidet all jenen eine Grimasse, die den Revolver ziehen, wenn sie nur das Wort hören, wie auch jenen, die davon reden, wie man über die Nase redet. »Mir danach zu erzählen, ich hätte keine Anlagen zur conditio humana.«[52] Vom ontologischen Menschen, vom Menschen in seinem Verhältnis zum Sein spricht der Rumpf-Mann, wenn er mit dem Kopf ruckartig aus seinem Krug auftaucht »wie ein Sprungfederteufel, mit weit aufgerissenen … Augen«.[53]

Die Monstrosität der Figuren spiegelt nur die Monstrosität der modernen Zeit wider, die durchgängig mit Begriffen wie Terrorismus, Negation, Lächerlichkeit, Verweigerung oder Bruch assoziiert ist. Marcel Duchamp, der zu jenen zählt, die Beckett am nächsten standen, hat eine ähnliche Rolle gespielt, als er ein Pissoir signierte und ausstellte, was zu seiner Zeit nicht minder provozierend wirkte als die Mülltonnen aus *Endspiel*. Aber Beckett geht weiter als er und weiter als irgendein anderer, wenn er sich den ersten Denkern der Menschheit anschließt und das Denken mit dem Mythos versöhnt. Der ontologische Mensch leidet an dem Übel, das nach vorsokratischer Anschauung im Grundprinzip aller Dinge angelegt ist: Das Sein ist nicht. Leben, Existenz, Wesen, sie alle stellen gerade in ihrer Manifestation eine unerhörte Verschwendung ontologischer Substanz dar. Die »schleichende Katastrophe«[54], die Becketts gesamtes Werk vor Augen führt, die sein Theater konkret zur Darstellung bringt, ist nichts anderes als die Erschöpfung der ontologischen Substanz. Nicht nur Gott stirbt, und nicht nur der Mensch, sondern das Sein.

Ein unerträgliches Drama, die Tragödie des Denkens, das dazu verdammt ist, das Undenkbare zu denken, den eigenen Tod zu denken, indem es ihn lebt; ein gepeinigtes Denken, das Denken des absoluten Schreckens, dem nur der Spott des Clowns zu begegnen vermag. Denken heißt stets, sich den Schrecken zu vergegenwärtigen und vor allem nicht auf die Freuden zweckfreier Spekulation oder die Ewigkeit zu hoffen, die die Zeit aufhöbe. »Ich denke erst, falls es jener rasende Wirrwarr ist, der einem Wespennest beim Ausräuchern gleicht, wenn ein gewisser Grad des Schreckens überschritten ist.«[55]

Beckett hat nie etwas anderes getan, als »solch spezifische Prozesse« zu beschreiben »wie die Einengung des intellektuellen und geistigen Horizonts des Menschen, sein Herabsinken zum Tier – *und sein Absterben noch vor dem eigentlichen Tod*«. Diese Worte schrieb nicht etwa ein Beckett-Spezialist über Beckett, sondern Solshenizyn über den Gulag.[56]

IV. In einem Marionetten-Raum

Der wahre Beckett wurde an dem Tage geboren, als er sich vollkommen von jenem *Tropismus des Seins*[57] abwandte, der die westliche Kultur jahrhundertelang beherrscht hat: den Sinn der Dinge entdecken, die Welt entziffern, den spirituellen Sinn der

Welt enthüllen – Aufgaben, von denen die ersten Beckettschen Helden, von Murphy bis Watt, besessen waren, als er noch in Englisch schrieb. »Polichinelle, buchstabiere mir die Welt«, rief Pichette Mitte der fünfziger Jahre. Polichinelle ist Analphabet, und die Welt ist nicht lesbar. Die moderne Literatur hat jeglichen Ausgang vergessen; keine Öffnung, keine Bresche, durch die sie hinauszutreten, aus sich herauszutreten vermöchte; keine Heimat, in der sie Anker werfen, kein Hafen, in dem sie anlegen könnte. Als heiterer Schüler jenes alten, jung verstorbenen Geulincx sieht Molloy sich am Heck des schwarzen Schiffes des Odysseus, die hoffärtige und nutzlose Furche betrachtend, »die mich von keinem Vaterland wegführt und mich keinem Schiffbruch entgegenträgt«.[58] Das Bewußtsein der Leere, die sie von den Objekten trennt, die das erkennende Subjekt vom erkannten Objekt trennt, verweist von Ferne auf *Film*, der mit dem großen Clown Buster Keaton gedreht wurde und dessen gedrucktes Drehbuch mit Berkeleys berühmter Maxime »*Esse est percipi*« beginnt. Von nun an ist es nach Beckett die Aufgabe des Künstlers, die Leere darzustellen, das Nichts zu sagen, sie »als ein Niemandsland, einen Hellespont oder eine Leere« zu beschreiben, »je nachdem, ob der Künstler Ressentiment, Nostalgie oder einfach Depression empfindet«.[59] Dieser von Deirdre Bair mitgeteilte Ausspruch ist meines Wissens das einzige Mal, wo Beckett den Ausdruck »Niemandsland« benutzt, der bei den Kommentatoren seines Werkes so beliebt ist. Es ist also durchaus nicht verwunderlich, wenn die Sciencefiction-Autoren sich mehr oder weniger deutlich auf Becketts Universum beziehen. Die *Unbegrenztheit*, die in das westliche Bewußtsein durch ein berühmtes Anaximander-Fragment Eingang gefunden hat[60], die Pascalschen *Unendlichkeiten*, der Mensch, der sich im Universum *verliert*, all das findet sich bereits in einem Gedicht aus den Jahren 1947-1949.

Durch mein Bullauge blickend, ob ich nicht allein bin
auf meiner Irrfahrt fern von jeglichem Leben
in einem Marionetten-Raum
ohne Stimme unter den Stimmen, die mit mir eingeschlossen
sind.

So etwas war seit Shakespeare und Pascal nicht mehr zu hören,

Wortzusammenstellungen, die ein schwarzes Licht ausstrahlen, aus denen Blut und Schweiß rinnt; dem Schweigen entrissen, steigen sie ins Proszenium herab, das Audiberti das Obszönum genannt hat, und verkünden die Verlassenheit des Menschen:
»Wie ein Stäubchen im Dunkel absoluter Freiheit.«
»Ganz winzig, verloren im Leeren.«
»Wie ein kleiner Kiesel mitten in der Wüste.«
»Aber irrt er nicht schon in der ewigen Nacht unergründlicher Tiefen?«
»Als einzig Lebendiger in der Tiefe eines grenzenlosen Augenblicks.«[61]
Der erste und älteste Ausspruch geht sogleich auf den Grund. »Das Dunkel absoluter Freiheit«. Ist Beckett Cartesianer oder Anti-Cartesianer? Die Frage ist falsch gestellt. Wie Jesus Rimbaud, so hat Descartes ihm einen kräftigen Schluck Gift zu trinken gegeben. Descartes' *cogito* zwingt den Verstand, in seine eigene Leere zu stürzen. Dieser unerträgliche nächtliche Schimmer der Cartesianischen Freiheit, den zu mildern Beckett Geulincx anfleht.[62] »Freiheit« – ein Wort, das Beckett aus Schamgefühl hinfort nicht mehr niederschreiben oder auf der Bühne wird sprechen lassen, dessen Schatten oder Negativ jedoch durch sein gesamtes weiteres Werk geistert wie die Schatten der atomisierten Menschen auf den zertrümmerten Mauern von Hiroshima. Ein Kosmopithekus mit verstörtem Blick, eine verlorene Monade, die durch das Bullauge ihres eigenen Schädelkastens hinausblickt – das Thema bleibt, wie es in dem zitierten Gedicht gesagt ist, »ohne Stimme unter den Stimmen«. Eine Stimme und die Stille. Eine »Stimme aus Stille, die Stimme meiner Stille«.[63]

»Für ihn gibt es keinen Unterschied zwischen dem Fall einer Bombe und dem Fall eines Blattes.«[64] Ebendiese Distanz, dieses uneingeschränkte Akzeptieren, diese Weigerung, sich aufzulehnen, bewundert Beckett nach Aussage seines Freundes Cioran am meisten an Joyce. Unsere klugen Köpfe haben also, aus ihrer Sicht, durchaus nicht unrecht, wenn sie ihn für einen Erzreaktionär halten.[65] Andere werden bei reiflicherer Überlegung dahin gelangen, über all den Schutt nachzudenken, den politisches Handeln – im zutiefst politischen und subversiven Sinne des

Wortes – zurückläßt. Den Fall einer Bombe mit dem Fall eines Blattes gleichzusetzen ist der Gag eines Clowns, ein Zeichen komischer Distanz.
In Robert Musils berühmtem Roman berichtet Walter von den »schockierenden« Ansichten seines Freundes Ulrich, des *Mannes ohne Eigenschaften*. Die Dinge, sagt der, sind für alle komplizierter geworden, seit alles sich unter dem Einfluß der Wissenschaft in Formeln, Beziehungen und Reaktionen aufgelöst hat. Immer weniger fühlen wir die Dinge und immer weniger vermögen wir zu sagen, was sie menschlich bedeuten. Alles erhält einen Doppelsinn, wird umkehrbar oder gleichwertig. »Dann besteht zwischen einer Sonne und einem Zündholz kein Unterschied mehr, und zwischen dem Mund als dem einen Ende des Verdauungskanals und seinem anderen Ende auch keiner!... Und wenn einer heute... so wie der heilige Franziskus... zu den Vögeln Bruder sagen wolle, dann dürfe er sichs nicht bloß so angenehm machen, sondern müsse sich auch entschließen können..., *durch eine Abwaschvorrichtung in den Kanal zu pritscheln*.«[66] Ebendieses *Neo-Franziskanertum* verwirklicht Beckett auf symbolische Weise in seinem Werk, indem er die Austauschbarkeit von Mund und Anus behauptet. Daher die erschütternde Komik des Clowns.

V. Der All-Ohnmächtige

Molloy spricht: »Mein Leben, mein Leben – manchmal spreche ich davon wie von einer endgültig abgeschlossenen Sache, manchmal wie von einem Spaß, der noch anhält, und ich tue Unrecht daran, denn es ist zu Ende und dauert zugleich an...«[67] Das Lachen ist eine Eigentümlichkeit des Menschen. In Beckettscher Sprache meint dies, daß nur der Mensch das komisch findet. Die Tiere lachen nicht. »Christus hat auch niemals gelacht.«[68] Sein Leben lang vergleicht der Clown sich wie Estragon mit Christus, mit dem barfüßigen, dem gekreuzigten, dem in den Himmel auffahrenden Christus. Da ist die Geschichte von dem Schächer, die Wladimir keine Ruhe läßt. Der jüdisch-christliche Hintergrund spielt bekanntlich eine zentrale Rolle bei dem Symbolmaterial, aus dem Beckett seine Bilder schöpft.

Seit seiner Jugend hat der Autor des *Molloy* niemals aufgehört, in der Heiligen Schrift zu lesen, aber er versichert, keine Spur seiner streng christlichen Erziehung in der Low Church bewahrt zu haben, der seine Mutter angehörte. Es ist ein unsinniges Unterfangen, die wahre Einstellung eines Schriftstellers zur Religion aus seinem Werk herauslesen zu wollen. Tom F. Driver, der Beckett einmal fragte, ob seine Stücke sich mit den Nebenaspekten der Erkenntnis befaßten, mit denen auch die Religion sich beschäftigen müsse, erhielt die Antwort: »Ja, denn sie handeln vom Elend.«[69] Ein wichtiges Bekenntnis.

Als 1953 die Bombe *Godot* platzte, stellte man das Attentat sogleich unter das Zeichen des Todes Gottes. Eine weiterreichende Analyse könnte geradeso zu einer kohärenten religiösen Vision führen, die der negativen Theologie der Mystiker nahestünde, wie zur Beschreibung einer gänzlich entsakralisierten Welt. »Der Lump! Er existiert nicht!«[70] Gewiß. Doch das schlimmste ist, daß die Existenz Gottes nichts löst. Im besten Falle ist er der All-Ohnmächtige, der All-Unwissende, der, »da er nichts Menschliches hat, nichts anderes hat, nichts hat, nichts ist«.[71] Im schlimmsten Falle vertreibt er sich die Zeit damit, »durch liederliche Mittelsmänner seine Kreatur angeln« zu lassen. Genau dahin führt die Hypothese eines *Godot* mit weißem Bart, die Wladimir ein »Barmherzigkeit!« entlockt, dessen Echo noch dreißig Jahre danach nicht verklungen ist. Als der Namenlose Malone wie einen Zeit-Automaten, wie einen, dem seine eigenen Gebrechen auf immer fremd bleiben werden, keine Handbreit an sich vorbeigehen sieht, sagt er sich, daß Malone Gott ist, weil er es »versteht, nicht zu sein«. Malone sieht nicht, erkennt niemanden, und nichts fehlt ihm. Das ist Gott. Nur der Namenlose ist Mensch. Er ist der Mensch schlechthin. Alles übrige ist göttlich. Die Gleichgültigkeit ist göttlich.

Den Seinsverlust hat die literarische mit der mystischen Erfahrung gemein, wenn sie sich mit dem Essentiellen befaßt. Doch während der mystische Seinsverlust vor dem Hintergrund eines Glaubens an das Sein erfolgt – des Glaubens, daß für das Sein zu sterben heißt, für sich zu sterben, um der göttlichen Fülle Platz zu machen –, stützt der Seinsverlust der modernen Literatur sich auf ein theologisches System, dessen Grundgedanke die endgültige Abwesenheit Gottes ist. Die Theologie des Todes

Gottes ist nicht identisch mit der negativen Theologie. Die negative Theologie sagt, daß der Glaubende Gott nur in dessen Negativität zu erreichen und nichts Positives über ihn auszusagen, sondern lediglich sämtliche positiven Bestimmungen zu negieren vermag; daß er nicht über ihn sprechen, sondern nur schweigend von ihm Zeugnis ablegen kann. Die Grenze zwischen der negativen Theologie und der Theologie des Todes Gottes ist freilich in einem ebenso schlechten Zustand wie der Zaun, der Watts und Sams Teil des Parks im Asyl voneinander trennt. In der modernen Literatur ist Gott tot, aber alles darin steht in der Erwartung seiner Ankunft. Wie man es von der Leere bei Lacan gesagt hat, so illustriert das Nichts bei Beckett auf seine Weise die Unmöglichkeit, vom Tode Gottes zu genesen. Und diese essentielle Leere tut sich mitten im Zentrum der literarischen Erfahrung auf: im Akt des Schreibens.

Das Elend des Beckettschen Clowns wird verständlicher, wenn wir auf die Darstellung zurückgreifen, die Mircea Eliade von der Beziehung des Menschen zum Heiligen, zum Raum und zur Zeit des Heiligen, gibt.[72] Da die äußere Welt das Werk der Götter ist, erklärt Eliade, vermag der religiöse Mensch nur in einer geheiligten Welt zu leben, weil nur solch eine Welt wirklich existiert. Dieser religiösen Notwendigkeit entspricht ein unstillbares ontologisches Verlangen. Der religiöse Mensch dürstet nach Sein. Seine Angst vor dem unbekannten Raum, der seine bewohnte und geheiligte Welt umgibt, verbindet sich mit dem Schrecken angesichts des Nichts. Dieser unbekannte, nicht »kosmisierte« Raum, bloße amorphe Ausdehnung ohne Richtung und Struktur, ist der profane Raum, der für den religiösen Menschen das absolute Nichtsein darstellt. Sollte das Unglück ihn einmal dorthin verschlagen, so fühlt er sich seiner ontologischen Substanz beraubt, als löste er sich ins Chaos auf, und schließlich verlöscht er.

Ähnliches gilt für die Welt, in der die Beckettschen Clowns agieren. Im wesentlichen besteht ihr komisches Spiel darin, das »Keuchen des zum Leben Verurteilten« hören zu lassen, den »alten paroxysmalen Schrei« auszustoßen, sich dem Krampf zu überlassen, der das Lächeln zur Grimasse werden läßt, die Geste zum Gestikulieren, das Gehen zum Schwanken des Seiltänzers, die Organe zu Prothesen und das Sprechen zu einem

Wortschwall. Max Weber hat als erster die These vertreten, daß die Technik die Welt entzaubert habe. Musils *Mann ohne Eigenschaften* gab dieser Idee eine vor-beckettsche Prägung. In Becketts Werk nimmt eine gänzlich entsakralisierte Welt Gestalt an. Die Beckettschen Clowns sind Überbleibsel des religiösen Menschen, der sich noch nicht mit dem neuen Zustand der Dinge arrangiert hat und nun in endlosen komischen Zukkungen stirbt, zur Zerstreuung seiner Mitmenschen, seiner Brüder.

VI. Der arme Jesus

Nachdem die Frage des Vaters solcherart mehr oder weniger geregelt ist, fragt sich, was mit dem Sohn ist. Und Jesus? Und Christus? Von ihm ist stets nur mit einem gewissen Mitleid, einem komischen Mitleid, die Rede: »Armer Jesus«[73] – wie »armer Lélian« oder »armer Gaspard«. Man ist an Gilles erinnert, dieses sanfte, naive, inoffensive Wesen, das Watteau immer wieder in der Haltung des *Ecce homo* gemalt hat. Alle Christus-Bilder sind von einer geradezu komischen Naivität und Ohnmacht geprägt. Im Gedanken an den Karren ihres Nachbarn, der von einem Maulesel gezogen wird, meditiert Mrs. Rooney über die lächerliche Schwäche eines Gottes, der seinen Einzug in Jerusalem auf ebenso einem Maulesel hielt, ganz wie ein Karnevalsprinz.[74] Becketts Christus hat immer etwas von solch einem Karnevals-Hanswurst. Schon als er 1948 über die »Maler der Verhinderung« und die Krise der Darstellung des Objekts schrieb, führte er drei Beispiele an: ein Stilleben von Matisse, ein Konglomerat von Kandinsky und, je nach Lesart, einen Christus oder einen Clown von Rouault – eine Unschlüssigkeit, die exemplarischen Charakter hat: Bei Rouault findet die *conditio humana* ihre erschöpfende Symbolisierung in einer Dreifaltigkeit, bestehend aus Christus (bei der Verhöhnung), dem (abgesetzten) König und dem (traurigen) Clown. Jede dieser drei Gestalten mediatisiert die beiden übrigen. Jede ist zugleich christushaft, clownesk und königlich. Ebenso ist es bei Beckett. Hamm auf seinem Thron ist zugleich ein (sterbender) König, ein (finsterer) Clown und ein Christus (mit blutigem Schweißtuch). Wo Christus bei Beckett auftaucht, da ist er stets eine parodistische, eine komische Gestalt.

Die Verbindung zwischen König, Clown und Christus wird durch die (Dornen-)Krone hergestellt. Die Krone verweist auf die Dornen, diese wiederum auf die Rose, und von dort ist es nicht weit zum Geruch des Mystischen. Eine rundherum sulpizianische Kunst, in die wir hier eintreten. Der *Namenlose* sagt es ohne Umschweife: Er ist ein Gekreuzigter, dem sie die Dornenkrone aufgesetzt haben, nur umgekehrt, unten und hinten. »Sie erzählten mir von Rosen. Mit der Zeit werde ich sie riechen, so geht das nämlich. Dann werden sie auf die Dornen eingehen ... Die Dornen wird man mir eindrücken müssen wie dem armen Jesus. Nein, ich brauche niemanden, sie werden unter meinem Hintern zu sprießen beginnen, ganz von selbst, eines Tages, an dem ich den Eindruck haben werde, über meiner conditio zu schweben. Ein Dornenkissen und durchduftete Luft.«[75]

Anderswo tritt das Clowns-Attribut *par excellence*, der runde Hut, an die Stelle der Krone. »In der alten Melone, der gesenkte alte Kopf, sprachlos vor Angst«, und man denkt an den »Abend des Tages, an dem Christus in der Dunkelheit um die neunte Stunde schrie und starb«.[76] Ein weiteres Christus-Zeichen ist das blutige Linnen, das Grabtuch, das Schweißtuch der Veronika, das bei Beckett immer wieder auftaucht. 1930, in Dublin, bezeichnet er einen realistischen Maler als »Veronizisten, der das Antlitz Christi mit einer Monatsbinde abwischte«.[77] Im darauffolgenden Jahr entlehnt ein Gedicht der Sammlung *Echo's Bones* (*Echos Gebein*) sein zentrales Bild derselben Geschichte aus dem Evangelium. Das Taschentuch, das am Beginn und am Ende des Stückes Hamms Gesicht bedeckt, ist das wichtigste Requisit seiner Schmierennummer: »Altes Linnen! Dich behalte ich.«[78]

In zahllosen Szenen taucht das heilige Antlitz auf, scheint durch und verschwindet, flüchtig, verzerrt, kaum zu erkennen, aber stets identifizierbar. In allzu vielen Szenen, wie manche meinen. Bei der Elite gehört es heute zum guten Ton, in Becketts Werk den impliziten Passagen den Vorzug zu geben, jenen Passagen, in denen, nach Georges Bataille, der Scharfsinn des Lesers zu den expliziten Äußerungen hinzutreten kann, die das Tüpfelchen auf das i setzen. Diese elitäre Einstellung führt auch dazu, die neueren Prosatexte gegenüber den großen Theaterbrocken zu bevorzugen, mit denen man die Masse füttert. Mag die Gefahr der Banalisierung auch durchaus gegeben sein, die Gefahr einer intellektuellen Verknappung ist nicht minder real. Becketts Werk mag zwar schwer zugänglich und schwierig sein, aber hermetisch ist es nicht. Und wenn es zutrifft, daß die Sprache dieses Autors, wie Roland Barthes 1954 bemerkte, jegliche Allegorie an den Theatertüren zurückläßt, so verschließt sie dem Symbol nicht die Tür (und wo wäre ohne Symbole ihre Tiefe?). Das Publikum kommuniziert mit ihr, weil diese schlafwandelnden Vagabunden, diese tragischen Hanswurste, diese Larven mit Clownsgesichtern und menschlicher Maske für den unmenschlichen Teil in jedem von uns stehen, für jenen unmenschlichen Teil, der uns zu Menschen macht, und das heißt: zu Monstren. Beckett ist dort, wo er im Stile eines Fellini kräftig aufträgt, nicht weniger groß als dort, wo er an Feinsinnigkeit nicht hinter einem Resnais zurücksteht. Das gilt vor allem für die Bilder, die dem jüdisch-christlichen Hintergrund entspringen. Ihre überzeichnete Frömmigkeit läßt an dieses Fragment von Cortázar denken: »... obgleich die meisten nicht wußten, daß dieser kniende Neger Johnny Carter war, sahen sie mich an wie jemanden, der auf einen Altar klettert und an Christus zerrt, um ihn vom Kreuz herunterzuholen.«[79] Und das ist, im Bereich frommen Spottes, nicht so weit entfernt von Beckett, wenn der von einer Uhr spricht, »die der Uhrmacher vor seinem Tode aufzieht und begräbt und deren Räderwerk eines Tages zu den Würmern von Gott sprechen wird«.[80] So hat denn auch das Mysterium der zu Unrecht erlittenen Unbill zum wichtigsten Interpreten einen der größten Clowns aller Zeiten, den armen Hiob. Hiob in seinem Aschehaufen, wie Christus an seinem Kreuz und Prometheus an seinem Felsen, aber auch wie der Namenlose in seinem Krug und Winnie in ihrem Hügel. Alle Zur-Schau-Gestellten aus den Legenden der Jahrhunderte auf dem Altar ihrer Zur-Schau-Stellung. Angenagelt, eingeklemmt, eingezwängt. Sie alle von derselben Art, zur Bewegungslosigkeit verdammt, derselben Marter ausgesetzt, zum Objekt desselben Schauspiels gemacht. Hiob, sagt die Heilige Schrift, »nahm sich eine Scherbe, um sich damit zu kratzen, während er mitten in der Asche saß«. Moran hat Probleme mit seinen Hühnern; sie machen ihm große Sorgen, »besonders die graue Henne, die weder legen noch brüten wollte und seit einem Monat von morgens bis abends, den Hintern im Staub, an der gleichen Stelle sitzen blieb« – »Wie Hiob – hahaha«, sagte Pater Ambrosius. »Wie gut das tut, hie und da zu lachen.«[81] Und dann bemerkt er, daß Christus nie gelacht habe.

Zu Beginn des dritten Teils von *Watt*, in dem seltsamen Park des Asyls, in dem man sie pflegt, sieht der Erzähler, wie Watt auf ihn zukommt, rückwärts gehend, und dabei immer wieder gegen Baumstümpfe stößt oder sich mit den Füßen im Brombeergestrüpp verfängt, wie er sich schließlich gegen den Zaun lehnt, mit ausgestreckten Armen, und seine Hände nach dem Stacheldraht greifen. »Dann machte er kehrt..., und ich sah sein Gesicht und die ganze Vorderseite. Sein Gesicht war blutig, auch seine Hände, und Dornen steckten in seinem Haupt. (Seine Ähnlichkeit in jenem Augenblick mit dem Bosch zugeschriebenen Christus, der damals in der National Gallery hing, war so verblüffend, daß sie mir auffiel.)«[82] Das ist keine Allegorie und auch keine grobschlächtige Symbolik. In seinem Wahn identifiziert Watt sich mit Christus und spielt die Stigmatisierten nach, wie Estragon es später in spöttischer Absicht tun wird. Watts Spott ist sein Wahn. Aber der hilflose Mensch wird niemals aufhören, sich mit Christus zu vergleichen. Christus ist sein Doppelgänger, wie er selbst der Doppelgänger von Sam, dem Erzähler, ist. Übrigens gibt Beckett dieser halluzinatorischen Szene eine Fortsetzung. »Und im selben Augenblick hatte ich plötzlich das Gefühl, vor einem großen Spiegel zu stehen, in dem mein Park zu sehen war und ich und die wahren, vom Wind hin- und hergestoßenen Vögel, so daß ich meine Hände betrachtete und mein Gesicht betastete und meinen glänzenden Schädel, mit ebenso echter wie ungerechtfertigter Sorge.« Von da an kommt es zu einer völligen Verkehrung der Doppelgänger, und dies im Maße, wie das Thema der Umkehrung selbst an Boden gewinnt in Watts Wahn, der sich seinerseits mit dem Wahn des Buches vermengt. Watt trägt seine Hose verkehrt herum; dann beginnt er, beim Sprechen die Reihenfolge der Wörter in seinen Sätzen zu verkehren, dann die der Buchstaben in den Wörtern und schließlich die Reihenfolge der Sätze in den Perioden. Am Ende steht ein außergewöhnlicher gemeinsamer Gang von Sam und Watt, Brust an Brust, Bauch an Bauch, Geschlecht an Geschlecht.[83] Aus der Imitation Jesu Christi ist die klassische Nummer der Clowns geworden, die im Gleichschritt laufen, auf die hier beschriebene Weise ineinander verkeilt oder im Gänsemarsch und nicht weniger obszön, nicht weniger verkehrt als das Treiben beim okzitanischen Karneval.

In den letzten zehn Jahren haben sich die Clowns aus den immer selteneren und immer kürzeren Texten Becketts, der erzählenden Prosa wie auch den Theaterstücken, geradeso zurückgezogen wie der ätzende Humor der fünfziger Jahre. An seine Stelle getreten sind die kleinen nackten Körper in ihrer Blase oder Rotunde oder auch die gut, aber altmodisch gekleideten Damen und die Herren mit dem Gehabe von Geistlichen mit langem weißem Haar. Eine Aura von Heiligkeit umgibt diese Figuren; sie baden in einer frommen und lächerlichen Musik. Manche Kommentatoren meinten in ihren abgehackten Monologen Bruchstücke von Kreuzigungen, Auferstehungen und Himmelfahrten erkennen zu können. Der arme Jesus ist niemals weit. Schon die ersten Clowns hatten solche Ekstasen gekannt. Vor allem Molloy: »Denn von Zeit zu Zeit überraschte ich mich dabei, wie ich einen kleinen Luftsprung von wenigstens – wenigstens – zwei bis drei Fuß machte, ich, der ich niemals sprang. Es war, als ob die Schwerkraft aufgehoben sei.«[84] Aber dann geschah es ihm zumeist, daß er »mit einem Male hinsank, gleich einer Marionette, deren Fäden man losläßt, und eine ganze Zeit liegenblieb, buchstäblich wie ein Sack«.[85]

VII. Gequälte Kreatur

Im Verlaufe von fünfzig Jahren hat Samuel Beckett in Paris nur zwei Wohnungen bewohnt. Die erste lag in der Nähe des Schlachthofs von Vaugirard. Die zweite, seine derzeitige Wohnung, geht auf das Gefängnis der Santé hinaus. Ohne solchen Zufälligkeiten allzuviel Bedeutung beizumessen, darf man wohl sagen, daß der Zufall die Dinge gelegentlich recht gut fügt. Und

Becketts ganze Kunst macht uns hellhörig für Analogien und Zeichen. Hugh Kenner berichtet, daß er sich nach seinem ersten Besuch in der Rue des Favorites im Hof verirrte, eine falsche Tür öffnete und statt auf die Straße in eine Sackgasse geriet, in der zwei Mülltonnen standen.[86] Auch an die Krankenhäuser sei erinnert. Als Opfer eines Überfalls wurde Beckett in Broussais eingeliefert ... wie Verlaine, sagte er. Und auch das Bethlehem Hospital des Dr. Thomson hat eine wichtige Rolle gespielt. Ohne das Krankenhaus wäre *Murphy*, ohne den Schlachthof wäre *Der Namenlose* nicht entstanden. Das Gefängnis ist nicht fern, und Becketts Leser haben gesehen, wie die psychiatrische Anstalt die Nachfolge des Gefängnisses im Kerker Universum antritt. Der Eingeschlossene weiß selbst nicht immer, ob man ihn als Kranken oder als Gefangenen hält. Wärter oder Pfleger, die Sprache der einen oder die Sprache der anderen – es läuft auf dasselbe hinaus.[87] Schon 1945 sprach Beckett von einer Kerkerkunst. An was für einem Ort, im Krankenhaus oder im Gefängnis, befinden sich die Eingeschlossenen in *Der Verwaiser*, *Bing* oder *Gesellschaft*?

»Immer in den Kadavern, das ist mein Leben«, »Immer in den Abfällen, das ist mein Leben«, sagen ganz ähnlich der Metzger Madden und Molloy. Im Quartier Vaugirard, wo der Namenlose am Eingang eines Restaurants wacht, kommen die Gaffer, um sich die Schmerzensschreie der Tiere anzuhören, und warten ungeduldig darauf, daß das Töten beginnt. Andere meiden das Viertel, »aus Angst davor, daß es ihnen beim Anblick der Tiere übel wird, die in den meisten Fällen die Stadt zum erstenmal sehen, wenn sie zur Schlachtbank ziehen«.[88]

Das allgegenwärtige Thema des Schlachtens findet gleichwohl noch einen Höhepunkt in *Glückliche Tage*. Das erste, was Winnie tut, nachdem sie den »himmlischen Tag« begrüßt hat, ist, die Zähne zu putzen. Sie mustert den Plastikgriff ihrer Bürste, bemerkt eine Aufschrift und versucht, sie zu entziffern: »echte reine ...« Immer wieder nimmt sie die Bürste, legt sie wieder weg, wischt ihre Brille ab, um besser sehen zu können. So verbringt sie ihre Zeit damit, zu lernen. Jeden Tag, alles ist ihr recht, noch das Geringste, um ihr Wissen zu mehren. Endlich gelingt es ihr, die ganze Aufschrift zu lesen: »Voll garantierte echte reine Barchborsten.« Das läßt sie freilich noch mehr aufmerken, ihren Geist noch wacher werden. Sie fragt Willie, ihren Mann, was das ist, ein Barch. Und Willie antwortet: »Kastriertes männliches Schwein. Zum Schlachten gemästet.«[89] Eine Aussage über den Tod hat die Rumpf-Frau da auf ihrer Zahnbürste entziffert. Kurz zuvor hatte Winnie von den Tagen gesprochen, an denen sie »mutlos werde und das wilde Tier beneide«. Seltsame Hirtin eines neuen Arkadien, paradoxes »Et in Arcadia Ego«, tragisch und clownesk, gerade recht für eine Zeit ohne lebendige Dauer, die den Gulag, die psychiatrische Anstalt und die Einsamkeit der Massen erfunden hat.[90]

In *Schlecht gesehen, schlecht gesagt*, Becketts jüngstem Text, sieht eine andere Einsiedlerin, eine andere arkadische Hirtin, Venus im Osten aufgehen, während sie auf ihrem Bett liegt, oder den Mond im Westen, während sie auf ihrem einzigen Stuhl sitzt, oder man (das geheimnisvolle Auge, das sie betrachtet) sieht sie außerhalb ihrer Hütte in einer etwa kreisförmigen grasbewachsenen Einfriedung, umgeben von einer Herde, von Wächtern, von Felsen, man weiß es nicht – vielmehr ein Kreis von Schafen um sie herum, alle für die Schlachterei bestimmt. Darunter auch ein sanftes Lamm, das ihr nachläuft wie einem guten Hirten, »ein Schlachttier wie die anderen..., vom Schlachten abgesehen, ist es anders als die anderen«.[91] Die Schlachterei ist der kleinste gemeinsame Nenner aller Lebewesen. Der Gott von Golgatha weiß nicht, was er sich noch ausdenken soll, um die Kreatur zu peinigen, aber er müht sich, aus seinem Kalvarienberg eine Passion ohne Kreuzigung zu machen. Zum Leben verurteilt. Zum Leiden verurteilt. In Becketts Büchern wie in Bacons Bildern[92] macht das Leiden aus dem Menschen einen »*Haufen Fleisch*« (A. Artaud), ein Stück rohes Fleisch, nicht totes, sondern gepeinigtes Fleisch, das wie Wladimir um Barmherzigkeit fleht. Das Leiden macht den Menschen zum Tier, das Tier zu einem menschlichen Wesen, und jeden Tod zum Töten: ein Schlachten. Der Tod der durch eine Dose verdorbenen Corned-beefs vergifteten Blutsverwandten und die Entdeckung der Leichen durch den namenlosen Einbeinigen vervollkommnen das Schlachten durch eine gewisse Feinarbeit in der Verwesung: Ich vollendete »meine Runden, indem ich mit dem Fuße auf die unkenntlichen Reste der Meinen trat, dem einen aufs Gesicht, dem anderen auf den Bauch, wie es sich gerade traf, und indem ich die Enden meiner Krücken hineinstieß«.[93] Er wühlt in den verfaulten Resten von Lebewesen wie der Schauspieler des Theaters der Grausamkeit im blutenden, leidenden Fleisch.

»Dieser Tiegel aus Feuer und wirklichem Fleisch
darin anatomisch durch Stampfen von Knochen
von Gliedern
von Silben
die Körper wiedererstehen.«[94]

Beckett, Artaud, auf der einen Seite der Tod, auf der anderen das Leben, auf beiden Seiten das Leiden. Und wiederum wie bei Artaud: »Sie haben dich genug ermordet, genug geselbstmordet«, sagt der Namenlose.

Das Schlachten ist immer schon da, so stehen die Dinge. Die Geburt ist ein Schlachten, das erste Schlachten, jenes, das es gleichermaßen unmöglich macht, zu leben und zu sterben. »Aus der Tiefe der Grube legt der Totengräber träumerisch die Zangen an.«[95]

Die Geburt des Hanswursts verläuft gewaltsam.[96] Wir sehen ihn kopfüber die Freitreppe hinunterstürzen, bis er auf dem Bürgersteig liegenbleibt. Während die Tür sich wieder schließt, segelt ihm durch die Luft, von unsichtbarer Hand geworfen, sein Hut zu. Der Hanswurst wird mit Hut geboren. Jeder Hut – Bogards Schlapphut, Charlots runder Hut, Maurice' Kreissäge – ist ihm fötale Haube. Die Geburt ist eine Ausstoßung aus dem Mutterleib, und jede Ausstoßung läßt den Ausgestoßenen das Mimodram seiner Geburt symbolisch nochmals durchleben. In Wirklichkeit wird man nicht geboren, sondern in die Welt geworfen. Es bedürfte einer zweiten Geburt. Man möchte geboren werden, um endlich sterben zu können. Die Frage dieser zweiten Geburt bleibt ungeklärt, und sie wird es bis zu Becketts letztem Werk bleiben. »Zur Welt gekommen, ohne geboren zu sein«, das ist der Schlüssel zum Schlachten. Der Clochard-Clown in *Das Beruhigungsmittel* bleibt nachts vor einer Pferdemetzgerei stehen. Er blickt durch den mütterlichen Spalt zwischen den Vorhängen aus blau-weiß gestreiftem Tuch – den »Farben der Jungfrau« –, die mit großen rosa Flecken befleckt sind, und in dem dunklen Laden erkennt er die »Gerippe ausgenommener Pferde..., die mit dem Kopf nach unten an Haken hingen«.[97] Natürlich verstärkt die Pferdemetzgerei noch den Schrecken.

Hier nun die große Parade des Todes und der Geburt im Zirkus des Nichts. In einem letzten Seufzer, einem letzten Schluchzer, einem letzten Furz geboren, »in das unglaubliche Tohuwabohu geschissen«[98], die »Füße haben die große Scheide der Existenz schon passiert«, tut der Clown seinen ersten Schrei »mitten im Beinhaus«. Er wird in den Tod hineingeboren. Übrigens, »das stärkt, so ein letzter Seufzer«, fügt das Neugeborene fröhlich hinzu und hebt seinen Hut auf.

Der Hanswurst bewahrt sich sein Leben lang eine unergründliche Sehnsucht nach der Höhle, aus der er bei der Geburt ausgestoßen wurde. Er müht sich, wieder in seinen Bau zu kommen, in jede noch so kleine Höhlung einzudringen oder sich in Belacqua-Stellung niederzukauern. Die Beckettsche Existenz steht unter dem Zeichen des Lochs, dem Ort des Übergangs zwischen innen und außen, zwischen dem Bauch und der Außenwelt, deren Exteriorität den Menschen auf immer so sehr zum Fremden macht, daß er sich selbst fremd wird: in der Welt *verloren*. »Durch den Nadir kommen wir..., und durch den Nadir gehen wir«[99], murmelt Watt vor dem Bild, das Erskines Zimmer schmückt – ein Kreis mit einem Loch an der tiefsten Stelle. Häuser, vor allem die Zimmer und darin wiederum vor allem die Betten, geben dem Ausgestoßenen für einen Tag, eine Woche, ein Jahr die Illusion, in die ursprüngliche Nische zurückgefunden zu haben. Doch am Ende wird er stets wieder daraus vertrieben. Molloy, dieser Privilegierte, findet das Zimmer der Mutter wieder – ohne die Mutter. Er läßt sich darin nieder wie im Mutterschoß, wie im Innern der Erde, der Grab-Wiege. Jedes Sofa wird sogleich Wiege und Grab. Der Erzähler in *Premier amour* (*Erste Liebe*) klettert auf seines, »wie ein Hund in seinen Korb«.[100] Man denkt an Baudelaire natürlich, an seine Diwane, »so tief wie Grüfte«.[101] Die Kutsche, der Krug, die Mülltonnen, Winnies Hügel – sämtlich archetypische Bilder von »Mamas Bauch«, und dies in einem Maße, daß solche Sehnsucht nach der Mutter im Gemeinplatz enden müßte, wäre da nicht die Austauschbarkeit von Wiege und Grab, aber auch der Reichtum des Beckettschen Wortschatzes, der unablässig unter den clownesken Grimassen auf eine Schau des Elementaren und Ursprünglichen verweist.

Zum Glück für die Ausgestoßenen ist die Welt voller Löcher. Und wenn sie ihre höhlenkundliche Forschung abgeschlossen haben, bleibt ihnen, wie wir gesehen haben, immer noch eine letzte Zuflucht: »Manchmal sage ich mir, daß auch ich in einem Kopf bin; die Angst läßt mich das sagen und der Wunsch, in Sicherheit zu sein, umgeben von festen Knochen.«[102] Kopf und Geschlecht, das ist der neue Dualismus, zu dem die Austauschbarkeit von Wiege und Grab führt. In den jüngsten Texten, seinen mysteriösesten Werken, wohnt eine Population kleiner ausgetrockneter und nackter Körper in Rotunden, Würfeln oder Zylindern, die in ein fahles Licht getaucht sind; oder sie leben am Fuße weißer Klippen, die mit einer Unzahl von Nischen übersät und von zahllosen Höhlen oder Tunnels durchzogen sind.

Der Hanswurst verläßt den Uterus nur, um in die Zeit zu fallen. Die absolute Katastrophe. Der Mensch ist ein Geschwür auf der Rinde der Beckettschen Zeit, der reinen Zeit, einer neutralen Kraft, freie Schwingung wie das Licht, die niemals enden wird, weil sie nie begonnen hat. Die Dinge zerfallen und gelangen zum Stillstand, verfallen dem Schweigen, dem Tod, dem Nichts, ohne jemals ans Ziel zu kommen, und die Vernunft ist dazu verdammt, in dieser Unmöglichkeit zu versacken. Die Zeit dehnt sich wie ein Gummiband, ohne je einen Haufen zu bilden, einen kleinen Haufen, Clovs unmöglichen Haufen, den Haufen des Eleaten Zenon, die Hirsekörner dieses »alten Griechen«. Heraklits Fluß erweckt »den Eindruck, als flösse er in die falsche Richtung«.[103] Etwas nimmt seinen Lauf, das Estragon dazu zwingt, seine ganze Lebenslust in diesem Scheißgau auszupissen.[104] Er kann nicht leben und nicht sterben. »Ihr seid auf der Erde. Dagegen gibt es kein Mittel.«[105] Veränderung ist fatal, der Zerfall auch; nur die Fatalität des Zerfalls verändert sich nicht. Das genügt, damit die Sonne, da sie keine andere Wahl hat, weiterhin »auf nichts Neues« scheint.[106] Manchmal wird der Clown zum Poeten, um die Eintönigkeit der Tage auszudrücken, in denen die Stunden fallen: »so viele glückliche Stunden, so viele unglückliche Stunden, und – das Allerschlimmste – so viele Stunden, die weder glücklich noch unglücklich waren«.[107] Glück, Unglück, »ich weiß ich weiß wenn schon man kann darüber plaudern«.[108] Manchmal erklingt das traurige Lied von der Öde der Wochen. »Dienstags fühlt man sich flau, der Mittwoch ist verrucht, donnerstags ist alles grau, der Freitag wird verflucht, samstags säuft man sich blau, der Sonntag wird verpennt, der Montag ist mau ... Ein Dreck vom Anfang bis zum Ende.«[109] Die alte Leier, brummelt der Clown. Die Welt ist in Ewigkeit alt, wie Godots weißer Bart, matt, fade, verbraucht; die alte Erde, die alte Haut, der alte Fraß, das alte Gesöff, der alte Hintern. Becketts Straße der Wracks beginnt und endet an Belacquas Felsen. »Ihre Bahn«, schreibt Walter Strauss, »ähnelt der des Zenonischen Pfeils, bewegungslos.«[110] Der bewegungslose Pfeil gesellt sich zum unmöglichen Haufen, Bild eines endlosen Prozesses, Metapher für das Ende, das im Anfang enthalten ist, wie der Tod in der Geburt, das Grab in der Wiege (mehr jedenfalls, nach Beckett, als das Umgekehrte). Winnie taucht direkt aus dem Zentrum dieses Hügels hervor, dem Geschwür des flachen Landes.

Zenons Pfeil ist der Pfeil der Zeit, der, wie Merleau-Ponty uns in *Signes* sagt, alles mit sich zieht, durch den unsere Gedanken »ihren zeitlichen Ort finden und Daten setzen«, dank dessen sie überdies zeitgleich miteinander sind und in einer Abfolge stehen und durch den ich schließlich »auf einer Zeitpyramide stehe, die ich gewesen bin«.[111] Es stimmt, der Clown weiß, daß er auf dieser »alten, niemals gleichen, aber für immer beendeten ... Vergangenheit« lebt.[112] Aber wenn er unter sich schaut, findet er nichts als Dreck, Müll und Kot. Er bettelt darum, zu sein oder auch nicht mehr zu sein oder besser noch: niemals gewesen zu sein. Er bettelt ..., aber er tut dies, weil ihm die Mittel fehlen, zu sein.[113]

Kann man wenigstens auf die anderen zählen? Auf diesem Niveau einer »komischen Lyrik« im Stile Célines kann gar keine Rede mehr davon sein, an die dantesken Züge der »armen Brüder« zu appellieren, wie sie im dritten Teil von *Wie es ist* auftauchen. Und dennoch erinnert sich die Larve – wie Bardamu in *Voyage au bout de la nuit* (*Reise ans Ende der Nacht*), nur mit ein wenig mehr Glück – an die Zeit, als er an den Wänden entlangkroch inmitten von seinesgleichen und »um Hilfe brüllte in einem von hundert Fällen mit einem gewissen Glück«.[114] Es

kommt der Augenblick absoluten Ekels. Immer noch im Tone Célines, mit derselben Maßlosigkeit wie er und vielleicht noch ein wenig exzessiver prangert der Beckettsche Clown jenen Augenblick an, da das Leben beginnt, »einem seinen Eintopf einzutrichtern, bis man ihn auskotzt, und dann das Ausgekotzte obendrauf, bis man das Ausgekotzte auskotzt, und dann das ausgekotzte Ausgekotzte, bis man auf den Geschmack kommt«.[115]
Denn am Ende kommen sie alle auf den Geschmack, sagen sie alle ja zum Dreck und begrüßen den neuen Tag mit derselben Unterwürfigkeit wie Winnie. Natürlich haben sie keine Chance auf eine Himmelfahrt oder die Erscheinung des Herrn. Bei seinen Levitationsversuchen fällt Molloy regelmäßig auf die Nase. Und Godot wird niemals kommen. In *Der Verwaiser* geht bei den Eingeschlossenen des letzten Tages das Gerücht um, es gebe einen Geheimausgang, einen Durchgang, der in einem der Tunnels in den Wänden des Zylinders beginne und hinausführe »zu den, wie der Dichter sagt, Zufluchtstätten der Natur«.[116] Andere sprechen von einem Kamin in der Mitte der Decke, »an dessen Ende angeblich immer noch die Sonne und die anderen Sterne glänzten«.[117] Die Menschenkinder machen sich aufs neue daran, von ihrer verlorenen Position als Kinder der Sonne zu träumen. Beckett überläßt Rimbaud in Begleitung von Watt seinen »mystischen Rollpartien« in den mit Fingerhut und wilden langen Gräsern bewachsenen Gräben, über denen die Stimmen eines gemischten Chors schweben.[118] Und er überläßt ihn, gleichfalls in Begleitung Watts, seinen »aufheiternden Dämmerungen«[119] in den Wartesälen verlassener Bahnhöfe, auf einen Zug wartend, »der nie ankommen wird, der nie wieder abfahren wird«.[120] Solange sie nach einem unwahrscheinlichen Ausgang suchen, solange sie fortfahren, an einen »Ausweg zu Erde und Himmel«[121] zu glauben, solange sie auf jemanden oder etwas warten, ist das Leben unerträglich, ist Leben unmöglich.
Dennoch warten die meisten noch vage auf irgend etwas, ertragen das Unerträgliche, leben das Unmögliche, arrangieren sich damit, begrüßen das heilige Licht des neuen Tages und genießen, so gut es geht, die kleinen Freuden. Niemals aber sehen sie dieser Unmöglichkeit ins Auge. Sie kehren ihr entschlossen den Rücken, wie Watt, der rückwärts auf Sam zugeht, oder wie

Mrs. Rooney, die davon träumt, wie Dantes Verdammte zu leben, »die Gesichter abgewandt, daß die Tränen über unsern Hintern fließen«.[122] Sie machen aus Verzweiflung Freude und aus Feigheit Mut; sie haben Mut zu ihrer Feigheit, abgesehen von einem verängstigten »Barmherzigkeit!« und von dem Ausspruch, auf den Winnie in den unangenehmsten Augenblicken verfällt: »Singe deinen alten Gesang, Winnie.«[123] Wie Christus im Garten Gethsemane gehen sie davon aus, daß der Mensch zutiefst feige ist. Solche absurde Größe macht aus ihnen die Clowns der neuen Tragödie, am Nullpunkt des Tragischen – die Tragik der unmöglichen Tragödie.

Ständig murmeln sie alle etwas wie: »Gott weiß ob ich oft glücklich bin aber nie glücklicher nie so glücklich wie in diesem Augenblick.«[124] Das Gesicht im Dreck und den Dreck im Mund, um den Durst zu löschen, sprechen sie stolz von »wiedereroberter Menschheit«. »Das finde ich wunderbar«, wiederholt Winnie noch einmal. Ironie, Mangel an Bewußtsein, Scham oder gar Höflichkeit, wie Jacques Lemarchand meinte? Der Namenlose imitiert (oder muß man sagen: parodiert?) Sophokles und dessen Hymne an den Menschen, den sein eigenes geschichtliches Wesen zur Veränderung drängt, und liefert uns damit ein wahres Meisterstück: »Ungeboren zur Welt gekommen, ohne zu leben dort verweilend, ohne Hoffnung auf Tod, Epizentrum der Freuden, der Leiden, der Ruhe … Der weder von der Wut zu sprechen verschont wird, noch von der Wut zu denken, zu wissen, was man ist, was man war, während des wilden Traums, droben unter den Himmeln, im Schutze der Nacht. Jener, der nichts von sich weiß und schweigt, was nicht wissend er verschweigt, und da er nicht sein konnte, es nicht mehr versucht.«[125] Sobald man den Hanswurst ernst nimmt – und, wer weiß, als tragische Figur? –, zieht er seine Grimasse: »Der sich mit jenen umgibt, die sich in ihm erkennen, und ihnen die gleiche Grimasse wie immer erwidert. Dank für diese Grundbegriffe.«[126] Ironie läßt sich immer leicht ausmachen, aber sie schließt nicht aus, daß dem fiktiven Sprecher eine mehrdeutige Überzeugung eigen ist, die im Hinblick auf die besondere Stellung des *ich* in Becketts Werk Probleme aufwirft. So spricht Moran über seinen Trottel von Sohn, Diafoirus, der nichts von Literatur und Wissenschaft verstand, aber seinesgleichen suchte, »wenn es sich um Jahreszahlen von Schlachten, Revolutionen, Restaurationen und anderen Taten des Menschengeschlechts *in seinem langsamen Aufstieg zum Licht*... handelte«.[127] Ähnlich Malone: »Darin unterscheidet der Mensch sich von den Affen und schreitet, von Entdeckung zu Entdeckung, *immer höher, dem Licht entgegen.*«[128] Natürlich kann man auch einfach die Gegenthese vertreten. Für Peter Brook ist Beckett niemals Komplize seines Sujets. Seine Figuren sagen ja zum Dreck, aber sie rechtfertigen sich nicht dafür. Bis zu welchem Punkt darf man behaupten, Beckett identifiziere sich nicht mit seinem Sujet? Wenn er niemals Interviews gibt, wenn er niemals selbst über sein Werk schreibt, wie Ionesco es getan hat, wenn er seine Freunde bittet, seine Briefe nicht zu publizieren, so weil er den Zuschauer und den Leser ausschließlich dem Einfluß der tiefgreifenden Vieldeutigkeit seines Werkes ausgesetzt wissen möchte, einer Vieldeutigkeit, die mit der Ambiguität zusammenhängt, die dem Akt des Schreibens, dem Verhältnis zwischen Literatur und Wirklichkeit, innewohnt.

Wenn zum Beispiel die Figur eine Hymne an das Leben anstimmt, so geschieht dies stets in einem Augenblick, der an die Unausweichlichkeit und Unmöglichkeit des Todes gemahnt. Wenn sie das Ende kommen sieht, den Augenblick, da sie sein wird, »wie als ich noch nicht war«, ergießt sie sich in überschwenglicher Liebe »zu dieser alten Erde, die mich so lange getragen hat und deren Klaglosigkeit bald meine sein wird«.[129] Sie beteuert ihre Liebe für »das bescheidene alltägliche Dasein, die harmlosen Freuden und sogar die Leiden, die uns erlauben, uns vollends loszukaufen«.[130] Das ist nahezu Wort für Wort der berühmte Vers von Verlaine »Das bescheidene Leben mit seinen zermürbenden und einfachen Aufgaben«[131], ein Vers, der hier wie stets zwischen der Aufrichtigkeit der Person und dem Spott des Autors changiert, also die Pirouette eines Clowns darstellt. Der träumt, weil er geboren ist und weil es noch so lange hin ist bis zum Sterben, davon, eine gute Frau zu haben; »ich würde mich nun in der Sonne rekeln, meine Pfeife schmauchen und die Hintern der dritten Generation tätscheln, angesehen und respektiert«.[132] Becketts Vertraute berichten von seiner außergewöhnlichen Achtung vor dem Leben. Bram van Velde:

»Wenn man in Becketts Gegenwart eine Fliege tötet, wird er rot vor Zorn. Aber er denkt auch an den Falken, der vor Durst stürbe, wenn er auf seinem Ast bliebe.«[133] Es gibt zumindest einen Bereich, bei dem man annehmen darf, daß ein *ich* dort spricht, auch wenn Rimbaud uns davon überzeugt hat, daß *ich* stets ein anderer ist. Dieser Bereich ist die Poesie. In einer der *Mirlitonnades* (*Flötentöne*), den Gedichten aus den Jahren 1946 bis 1948, klingt dieses kurze Gedicht wie ein persönliches Bekenntnis, das Beckett mit seiner Fiktion verknüpft:

Jeden Tag ist man darauf erpicht, eines Tages
am Leben zu sein; aber bestimmt nicht,
ohne dabei zu bedauern,
daß man eines Tages geboren wurde.[134]

Alles ist da. Das wahre Leben ist abwesend. Die Tatsache, trotz allem zum Leben verurteilt zu sein, schürt das Verlangen, das wahre Leben eines Tages zu erkennen. Aber besser wäre es, gar nicht geboren zu sein. Wenn man so denkt, scheint Beckett sagen zu wollen, ist man nicht begabt für das Glück.

Seine Clowns zeigen eine Anhänglichkeit an das Leben, von der Georges Bataille gesagt hat, sie könne keinerlei Berechtigung haben. Wendet man dagegen ein, solche Treue zum Leben sei in Wirklichkeit eine Treue gegenüber dem Tod, so wird man erwidern, daß der Tod nicht mehr Sinn habe als das Leben. Sie bringt keine Lösung, sei es, weil sie das Problem unterdrückt, indem sie das Leben unterdrückt, sei es, weil sie das endlose Exil des Menschen außerhalb seiner selbst verlängert. Becketts Figuren – und wir mit ihnen – wissen nicht, ob sie tot oder lebendig sind. Während sie warten, vollführen sie die Gebärden von Lebenden. Sie sind nicht so unschuldig, wie sie uns glauben machen wollen. Den Clowns ist jegliches Schuldgefühl fremd; sie schlagen sich nur an die Brust, um den Hanswurst zu spielen. Sie tragen ihren Teil Schuld an der Situation, in der sie sich befinden, wenngleich er nicht so groß sein mag, wie Peter Brook es behauptet, wenn er schreibt: »Alle sind Komplizen ihres Schicksals. Sie verlangen nicht, daß man sie befreie. Sie kämpfen nicht gegen Gott. *Sie sind an ihre Lebensweise vollkommen angepaßt*. Das ist ihre Tragödie.«[135] Raymond Federman hat, glaube ich, als erster ihr Verhalten unter dem Gesichtspunkt des Glücks analysiert.[136] Man ist ihm zu sehr nachgejagt; wie sollte man sonst auch schließlich der Betrogene sein? Peter Brooks Satz bringt zum Ausdruck, daß letztlich das Glück dieser Geschöpfe ihr Unglück ausmacht. Die bereits zitierte Formel »Nichts ist komischer als das Unglück« wäre um eine weitere zu ergänzen: »Nichts ist tragischer als das Glück.«

Das ist ein Punkt, an dem Becketts Werk jene politische Dimension annimmt, auf die schon Jan Pallas hingewiesen hat. Als ich Brooks Text las, konnte ich nicht umhin, ihn mit dem zu vergleichen, was Bernard-Henri Lévy kürzlich in einer Tageszeitung über die Bücher des Dissidenten Sinowjew geschrieben hat. Im Unterschied zu anderen Dissidenten-Schriftstellern stellt Sinowjew die Menschen im Osten niemals als unterdrückte Opfer dar: »Sinowjews Bücher zeichnen eine Gesellschaft von Sklaven, die in ihren Ketten glücklich und frei sind. Sie berichten von einer Welt der Ordnung, des Friedens und des Lichts, die keine Märtyrer, sondern nur noch gutgekleidete Zombies mit festem Einkommen und bezahltem Urlaub kennt, die sich mit Vergnügen haben zivilisieren lassen.« Bis hierher trifft die Beschreibung auf West und Ost gleichermaßen zu. Doch wenn B.-H. Lévy hinzufügt: »Sinowjews Bücher sagen uns, daß die Menschenrechte in der UdSSR im wesentlichen respektiert werden«[137], dann gibt er seinen Ausführungen einen unmittelbareren und präziseren politischen Akzent. Er ergreift Partei. Beckett hat niemals Partei ergriffen. Ja, er hat sogar eine Anspielung auf ein »stalinistisches Clownspaar«, die in einer früheren Fassung von *Warten auf Godot* zu finden war, wieder gestrichen. Er verkündet keine Botschaft. Er weist nicht einmal eine Wahrheit als solche aus. Jegliches Ideenmaterial, jeder semantische Gehalt wird sogleich in den Dienst des Schreibens gestellt, das es einer ironischen Behandlung unterwirft, durch die es sich zersetzt und auflöst. Die Ideen fallen in den Abgrund der Worte. »Die Worte sind nicht hohler als das, was sie transportieren«, sagt Malone. Doch diese Leere schafft sich ihre eigene Bedeutung, die dem Beckettschen Satz eine andere Tiefe und Fülle gibt: den unnachahmlichen Beckettschen Ton. In diesem neuen Bedeutungseffekt erhält die politische Bedeutung ihren eigenen Sinn. Becketts Sprache gehört zu den polyphonsten in der zeitgenössischen Literatur. Stets spricht sie auf meh-

reren Ebenen zugleich, auf der ethischen, der religiösen, der politischen. Dennoch scheint Becketts Werk der Politik auf den ersten Blick fernzustehen. »Er ist einer der Menschen, die uns erkennen lassen, daß die Geschichte zu jenen Dimensionen gehört, auf die der Mensch verzichten kann«, erklärt sein Freund Cioran.[138] Dennoch oder vielleicht gerade deshalb haben sektiererische Geister Beckett schon seit langem unter die rechten Schriftsteller eingereiht, wobei sie unterstellen, daß eine apolitische Haltung der Rechten zuzuordnen sei. Inzwischen aber erkennen hellere Köpfe, solche nämlich, deren Unversöhnlichkeit sie zumindest virtuell auf eine Dissidentenrolle dem Westen wie dem Osten gegenüber festlegt, in seinen Büchern und Theaterstücken die prophetische Beschreibung der totalitären Welt, die heimlich und in aller Stille den höchsten Grad der Perfektion erreicht hat.
Und es trifft zu, daß in seinen jüngsten Texten – Texten übrigens, die zu seinen schönsten gerechnet werden – irgend etwas die letzten Spuren jenes Humors getilgt hat, der es dem Spiel des Clowns erst ermöglichte, sich voll zu entfalten. Dennoch wäre es falsch, *Der Verwaiser*, *Bing*, *Losigkeit* und *Ausgeträumt träumen* als bloße politische Fiction-Literatur zu interpretieren, die sich mit der Entmenschlichung zum totalitären System befaßte. Die Politik ist in Becketts Werken niemals die einzige Dimension und nicht einmal die wichtigste. Der Leser ist Zeuge der letzten Stunde oder auch der Stunde nach dem Tode einer Gruppe von Lebewesen. Man denkt ein wenig an den Vorabend der nuklearen Apokalypse, weit mehr noch an das katastrophale Ende einer kosmischen Epoche, vor allem aber an eine innere, rein geistige Vision des ontologischen Dramas, von dem oben die Rede war.

Molloys Hoden werden von ihrem Besitzer nicht nur als »Zirkusartisten« bezeichnet, sondern auch als »Be- und Entlastungszeugen während meines lebenslänglichen Anklagezustandes«. Hier haben wir einen weiteren Punkt. Beckett ist ebenso weit von den christlichen Moralisten alten Stils entfernt wie von jenen, die den Sex zur Epiphanie hochstilisieren und den Orgasmus zum Orgiasmus machen. Es ist das Zeugungsorgan, das hier beschuldigt wird, das Menschengeschlecht zu perpetuieren.[139] Verfluchter Erzeuger! Mehrfach hat der Autor die Welt der Gerichtsprozesse heraufbeschworen, die »Verhandlungen, ich weiß nicht in welcher Sache«, diese »Instanz, wo Sein Schuldigsein heißt«. Es läßt sich kaum vermeiden, Kafka zu befragen, wenn man von Beckett spricht.[140] Man kann von einer Präsenz Kafkas sprechen, nicht von einem Einfluß. Becketts einziges unverhohlen kafkaeskes Buch ist *Watt*; doch auch dort springen die Unterschiede ins Auge. Kafkas Helden kämpfen noch gegen das Schicksal an. Watt ist die letzte Beckettsche Figur, die wie Joseph K. und der Landvermesser zu wissen und zu verstehen versucht. Und das genügt, um aus ihm einen Hanswurst zu machen. Es ist offensichtlich, daß zwischen den beiden Originalen in *Warten auf Godot*, das wohlgemerkt 1948, zwischen *Malone stirbt* und *Der Namenlose* entstanden ist, die Angst aufkeimt, sie könnten ihre Rechte womöglich an Godot verloren haben:

Estragon Haben wir keine Rechte mehr?
Wladimir Du würdest mich zum Lachen bringen, wenn ich es wagen könnte.
Estragon Wir haben sie verloren?
Wladimir Wir haben sie verschleudert.
Estragon Wir sind doch nicht gebunden?[141]

Der Prozeß stellt sich zwischen den metaphysischen Prozeß der *conditio humana* – das Problem der Freiheit und des Absoluten, des Zufalls und der Notwendigkeit – und den politischen Prozeß des Verhältnisses zwischen Individuum und Staat, in dem der Staat den Platz Gottes einnimmt, sich das Monopol auf Sinn und Werte, auf Gut und Böse aneignet und sich selbst als idealen moralischen Staat setzt. Die beiden Prozesse gehen also ineinander über. In dem Maße, wie Godot eine metaphysische Instanz ist, gilt dies auch für Wladimirs Angst. Insoweit diese Instanz soziopolitischen Charakter hat, trifft auch das Gegenteil zu. Becketts Werk besitzt eine lebendige Vieldeutigkeit, die verhindert, daß es ins Allegorische abgleitet. Die Anwesenheit der Wärter oder Pfleger und sonstiger Manipulateure oder Ordnungskräfte jeglicher Art hat teil an dieser Vieldeutigkeit. Sie macht das Individuum zu einem Abweichler, einem Verdächtigen, einem Schuldigen, zu einem manipulierbaren Objekt. In einem der dramatischen Fragmente aus den sechziger Jahren,

Pochade radiophonique[142] (*Hörspiel-Skizze II*), wohnen wir der psychischen Zerstörung eines Menschen durch einen Radio-Moderator und seine Sekretärin bei. Nach einem ähnlichen Schema schrieb Beckett zwanzig Jahre später ein anderes kurzes Stück, *Katastrophe*, für eine von der AIDA 1982 auf dem Festival von Avignon veranstaltete »Václav-Havel-Nacht«. Heute zugunsten eines tschechischen Dissidenten, gestern zugunsten des von Franco inhaftierten Arrabal – Beckett hat sich immer nur für verfolgte Künstler engagiert. Aber er hat sich engagiert. In *Katastrophe* wird ein schweigendes Objekt von einem »Regisseur« und seiner Assistentin manipuliert. Der Mann könnte sehr wohl ein Regisseur sein, der die Dreharbeiten für einen Kino- oder Fernsehfilm vorbereitet. Er könnte aber auch ein Polizeibeamter oder Funktionär sein, der die Inszenierung für einen offiziellen Besuch herrichtet. Das Objekt ist vielleicht ein wirklicher Gefangener, der seine eigene Rolle spielt, oder ein Schauspieler, der die Rolle eines Gefangenen spielt. Die überaus kurze Handlung bleibt in der Schwebe.
Nur selten treibt Beckett die politische Fiktion so weit, und nie hat er es in einem Werk erster Ordnung getan. Er hat es gar nicht nötig, auf solche Anspielungen zurückzugreifen; er braucht nicht in eindeutigen Bildern auf den Polizeiterror und die totalitäre Manipulation hinzuweisen, um den Prozeß der Entmenschlichung zu enthüllen, der dem Menschen innewohnt, aber durch die Machtinstanzen verstärkt, beschleunigt und manipuliert wird. Jeder Text, jedes Fragment, jeder Satz von Beckett bringt das ganze Elend zum Ausdruck, und dies auf allen Ebenen, auf denen es auftritt.
An dieser Stelle soll noch von einem weiteren unbetitelten Fragment aus den sechziger Jahren die Rede sein, von einer der *Foirades*[143] (*Um abermals zu enden und anderes Durchgefallenes*), so genannt, weil sie zugleich etwas von Furz und Fiasko haben ⟨*foire* im Französischen »Jahrmarkt« und »Durchfall«, d. Ü.⟩. Gleich zu Beginn treffen wir wieder auf den Clown; er trägt »ein Trikot und eine zu kurze, enge Hose ..., und seine Füße, einander abtastend längs der Waden und Schienbeine«. Bald entdeckt man, daß diese Haltung etwas »unbestimmt Gefängnishaftes« an sich hat, dem noch keine der menschlichen Erinnerungen entspricht. Der Mann verliert sein Blut durch

eine Reihe kleiner Wunden. Aber »keine Spur von Wahnsinn jedenfalls, momentan«. So entwickelt sich aus dem anfänglichen Auftritt irgendeines Pantomimen im Stile Marceaus Zug um Zug das bedrohliche Bild des Gefängnisses, des Krankenhauses, des Asyls. Noch kein Gefangener. Noch kein Irrer. Nur jemand, der geht, der lange schon, der immer schon geht, sehr langsam, in einer Folge langer flacher Aufstiege und kurzer steiler Abstiege, als wartete irgendwo das Leben auf ihn, aber wo »in bezug auf seinen Ausgangspunkt«? Die endlose, lächerliche Wanderung unseres alten Beckettschen Wanderers.

Das ist letztlich der Beckettsche Clown. Ungeschickt vollführt er die menschlichen Gesten, die durch seine Ungeschicklichkeit grotesk erscheinen. Ein verstümmelter, erniedrigter, aufs Elementare reduzierter Mensch. Das sind die Gesten, die der traditionelle Clown im magischen Kreis der Zirkusmanege vollführt. Molloy faßt sein krankes Bein mit beiden Händen und wuchtet es über den Rahmen seines Fahrrades. Andere Clowns haben dieselben Gesten, dasselbe Verhalten. Solshenizyn berichtet aus dem Gulag: »Schwächer und schwächer wird der Kranke mit jedem Tag..., schon kann er nicht mehr über einen liegenden Baumstamm steigen, muß das Bein mit beiden Händen heben oder bäuchlings darüberkriechen.«[144] Und in seinem *Journal* spricht Charles Juliet von einem Freund, der, als er aus Buchenwald befreit wurde, »Tuberkulose hatte, blind war und auf allen vieren lebte«.[145]

Mit ihrer unschuldigen Miene, ihren unerwarteten Anwandlungen von Humor, ihren Wutausbrüchen, ihren Lachanfällen, ihrem kindischen Geplapper, ihren pedantischen Ausfällen, ihren sabbernden Zärtlichkeiten, ihren schwachsinnigen Spielen und ihren Leichenbittermienen haben die Beckettschen Clowns etwas von den armen Teufeln der Landstraße, von den verstörten Insassen psychiatrischer Anstalten und von einem Überlebenden der Vernichtungslager... Momo Artaud, der dem von der Gesellschaft in den Selbstmord getriebenen Vincent einen Besuch abstattet, ein paar Tage vor seinem eigenen Tod.[146]

FÜNFTES KAPITEL
DAS SEIN SAGT SEIN LETZTES WORT

I. Zeit und Tod

Das Theater, dieses körperliche Spiel, hat Becketts Text vollkommen umgekrempelt. Eine echte Pantomime – die totale körperliche Geste und stets dieselbe, seit dreißig Jahren endlos wiederholt – wird den Liegenden der letzten Stunde an den Rand der Bewegungslosigkeit, des Schweigens und des Nichts bringen, aber nur an den Rand, denn sosehr er auch den Abstand verringert, den Nullpunkt erreicht er nicht. Die Kriech- und Supinationsübungen Molloys und anderer Clowns wiesen bereits darauf hin. Vom ersten Tag an macht der Beckettsche Clown mit dem seltsamen Gehabe eines lebendig Toten, den steifen Beinen und auswärts gestellten Füßen, sich auf den Weg zu seiner endgültigen Haltung als Kriechender, als Liegender, als Leiche.

Die Geschichte dieses armen gespensterähnlichen Clowns läßt sich folgendermaßen zusammenfassen: Zunächst kommt er aufrecht und gerade wie eine Eins daher, dann beugt er sich, zerbricht, beginnt auf dem Bauch zu kriechen oder über die Seite zu rollen, legt sich auf den Rücken, die Hände über der Pubes gekreuzt, er legt sich auf die Seite, die Knie bis ans Kinn angezogen, krümmt sich, nimmt nach und nach die Form eines Eies an oder eines Kopfes, das ist gleichgültig, es handelt sich um eine Reduktion der Existenz auf den Fötus oder den Kopf: ein kleines rundes, versteinertes, verknöchertes Etwas, von dem noch ein blauer Blick und ein matter Atem ausgehen, in dessen Innern etwas Unbestimmtes zuckt, eine andere Figur, die geboren werden soll, eine andere Geschichte, die kommen soll, Worte und nochmals Worte. Man ist niemals fertig mit dem Sein, niemals fertig mit den Worten.

Wer Becketts Werk zum erstenmal *in extenso* liest, wird nicht umhinkönnen, die Beständigkeit zu bewundern, mit der sein Autor in den ihm eigenen ungeschminkten Worten, die gesprochen sind, bevor sie geschrieben, und getan sind, bevor sie gesprochen werden, von den großen Realitäten des ontologischen Denkens spricht, von der Zeit, vom Tod und vom Nichts.

Die Zeit zunächst, »der De-La-Balue-Käfig der Stunden«, in den die Menschen auf ewig eingesperrt sind, »zu kurz, als daß es die Mühe lohnte zu beginnen, und zu lang, um nicht trotzdem anzufangen«, die Zeit, »die mit den Schönheiten des Zuspäten die Reize des Verfrühten vereint«.[1] Im Unterschied zu Proust läßt Beckett keinerlei Hoffnung, man könnte der Zeit entrinnen, nicht einmal für jene berühmte Minute »frei von der Ordnung der Zeit«. Weder die Erinnerung noch die Kunst gestatten diese Befreiung, bringen dieses Heil, vermitteln die geringste Offenbarung, Epiphanie oder Ekstase. Die Kunst ist eine Strafarbeit und der Künstler ein bestrafter Hanswurst. Beckett steht in einer Reihe mit Shakespeare, Pascal, Chateaubriand und Baudelaire, den großen tragischen Denkern der Zeitlichkeit.

Zeit und Tod bilden ein ebenso enges Paar wie Luxus und Tod bei Baudelaire. »Vom ersten Tick bis zum letzten Tack« schlägt das Tam-Tam in der Brust den Takt zum Tanz des Todes, »der da drinnen wächst« – um das wunderbare Bild von Pierre Jean Jouve aufzunehmen. Der Beckettsche Mensch hört nicht auf, sich in seiner *conditio mortalis* zu suhlen. Wenn er schon nicht unsterblich ist, so kann er doch nicht krepieren. Durch die Schwingung der Zeit geht er seinem Tod entgegen, ohne ihn je zu finden, trägt er ihn doch in sich.

Die scheinbar obsessive Wiederholung, der unser Autor sich überläßt, hat manche Kritiker zu der Frage veranlaßt, ob die unvermeidliche Egozentrik der Wahnvorstellung mit jener Universalität einhergeht, die unerläßlich ist, um dem Gemeinplatz des Todes seine Plattheit zu nehmen. Von Zweifeln geplagt, haben einige von Becketts bedingungslosen Anhängern versucht, diesen Punkt zwar nicht zu bestreiten, ihn aber wenigstens zu verschieben und aus der zentralen Position zu verdrängen, in die ihn die früheste Beckett-Kritik gerückt hatte. Unmöglich! Der Tod steht unerschütterlich im Mittelpunkt. Die Wahrheit ist, daß Beckett genau das von Anfang an gelungen ist, was Ionesco seit *Le roi se meurt* (*Der König stirbt*) vergeblich versucht, Ionesco, der sich zwischen dem Narzißmus der Wahnvorstellung und der Banalität des Gemeinplatzes aufreibt und dabei keines von beidem beherrscht. Beckett resümiert, überschreitet und erneuert den viele Jahrhunderte alten Diskurs des tragischen Denkens über den Tod, weil dies eben nicht nur ein Diskurs über den Tod ist. Der Tod selbst ist in jedem Satz, und die Sätze sterben ihrerseits.

Das hat nichts mit dem Todestrieb gemein, der bei manchen Helden der Moderne, deren Opfermystik ein Echo in den großen totalitären Unternehmungen unserer Zeit gefunden hat, zu einer Verbindung von Selbstaufopferung mit einer Faszination durch das Nichts geführt hat. Und es hat ebensowenig mit der dekadenten Ästhetik zu tun, die Lukács anprangert. Gewiß verstärken die Auflösung des Menschen und die Auflösung der Welt sich bei Beckett wechselseitig, und er scheint mit Musil in der Forderung übereinzustimmen, die Literatur müsse das zum Ausdruck bringen, was den Ereignissen an Gespenstischem anhafte. Doch wen könnte man 1982 noch glauben machen, so etwas wäre dekadent und bourgeois? Zu einer Zeit, da die letzten großen Schöpfungen der westlichen Kultur sich nahezu sämtlich auf eine tragische Bewußtwerdung des Todes konzentrieren, haben Aktivismen und Voluntarismen jeglicher Couleur leichtes Spiel, wenn es darum geht, die angebliche Unfähigkeit, neue Ideen zu schaffen, und die morbide Pseudo-Willfährigkeit gegenüber der Hoffnungslosigkeit an den Pranger zu stellen, letztlich, um es klar zu sagen, ein Unternehmen politischer Demobilisierung. Um ihren Mißerfolg zu verdecken, machen die Voluntarismen gemeinsame Sache mit der destruktiven Gewalt, der weichen Gewalt der Medien, der rohen Gewalt der Auschwitz und Kolimas. Und die Gesellschaft, die tagtäglich unter zahllosen Masken den Menschen negiert, ihn beraubt, zerstört oder in die Irre leitet, ist dieselbe, die ihm seinen Tod stiehlt, ihn schminkt und verhüllt und ihn der Bewältigung durch den Menschen entzieht. Zu den wenigen Literaturen, welche die Bezeichnung »politisch« verdienen, ist jene zu zählen, die den Menschen zusätzliche Mittel an die Hand gibt, zu überleben und den Kräften der Zerstörung zu widerstehen, welche die modernen Mächte ihm entgegensetzen; und vor allem jene, die sich des Elementarsten im Menschen annimmt. Welches Werk entspräche dieser Aufgabe heute besser als jene, die den Leser zu solch luzider Konfrontation mit dem Tod zurückführen, wie er sich ohne Maske und prunkvolle Verkleidung darbietet. Beckett gibt dem Menschen seinen Tod zurück.

Beckett zeigt den Tod niemals direkt, den physischen Tod eines Menschen, wie ihn die realistische Literatur darstellt. Man sieht niemals Menschen im Todeskampf, die vor Schmerz und Angst schwitzen und erbleichen, noch auch Kadaver, die dem Werk der Würmer überlassen sind. Einzig in dieser Art steht Malone da, der wirklich stirbt und in seinem Bett zu endgültiger Bewegungslosigkeit erstarrt, während er sich Geschichten vom Tod bei lebendigem Leibe erzählt.[2] Alle Bücher von Beckett erzählen solche halsbrecherischen Geschichten, denn der Mensch erfährt das Wirken des Todes in aufrechter Stellung. Der Mensch erhebt sich, um zu sterben. Die Figuren wissen selbst nicht, ob sie tot sind oder lebendig, und wir wissen es ebensowenig. »Wo ist die Grenze zwischen Sterben und Tod? Samuel Becketts ganzes Werk liegt in dieser Frage«, schreibt Alain Bosquet.[3] Das Sterben kann nach Auffassung der Philosophen als Prozeß oder Akt gelten; der Tod ist ein Zustand, ein dinghafter, faktischer Zustand zwischen der Abstraktion des Nichtseins und der schrecklich konkreten Verfassung der Leiche, wie Milan Kundera es ausdrückt.[4] Der Sterbende erreicht ihn nie, er bleibt außerhalb des Horizonts seines Bewußtseins. Zu den Merkmalen des lebendig Totseins gehört es, daß die Pseudo-Lebenden (alle anderen) und die lebendig Toten nicht in derselben Zeit leben. In *Sophies Wahl* knüpft William Styron an Richard L. Rubinsteins These (in *The Cunning of History*) an, der seinerseits vieles von Hannah Arendt übernommen hat. »Diese von den Nazis entwickelte neue menschliche Gesellschaftsform, von der Rubinstein schreibt..., ist eine ›Gesellschaft totaler Beherrschung‹... Die Nazis hatten also mit extremer Verschlagenheit einen ›Tod im Leben‹ ausgearbeitet, der schrecklicher war als der Tod... Ein Vernichtungszentrum kann nur Leichen fabrizieren; eine Gesellschaft der totalen Beherrschung aber schafft eine Welt lebender Toter...«[5] Im selben Roman und immer noch mit Blick auf Auschwitz erinnert Styron an George Steiner, der sich fragt, ob es, »wie Science-fiction und gnostische Betrachtung vermuten lassen, verschiedene Arten von Zeit in derselben Welt gebe: eine ›gute Zeit‹ und die verschlungenen

Tiefen ›unmenschlicher Zeit‹, in denen die Menschen den langsamen Mühlen der lebendigen Verdammung anheimfallen«.[6] Im Jahre 1942 lebte ein junger Amerikaner, für den der Feind in erster Linie die Japaner und nicht die Nazis waren und der sich irgendwo in North Carolina mit Bananen vollstopfte, in einer »anderen Zeit«, auf einem »anderen Planeten« als die junge Polin Sophie, die durch das Tor zur Hölle schritt und in die lebendige Verdammnis eintrat. Die Beckettsche Zeit ist die der lebendigen Verdammnis. Wenn die Beckettschen Figuren in Gruppen auf der Bühne erscheinen, etwa in dem feinsinnigen modernen Ballett von Maguy Marin für das Ballet Théâtre de l'Arche, das den Titel *May B.* trägt und von der Beckettschen Welt inspiriert ist[7], dann fragt man sich, ob man es nun mit einer Gruppe von KZ-Häftlingen oder mit hochgradig Debilen zu tun hat, diesen beiden Formen des lebendigen Todes in der modernen Gesellschaft.

II. Fast nichts

Mit dem spirituellen Tod geht der körperliche Verfall einher. Die Welt zerfällt im selben Maße, wie der Mensch stirbt. Die ontologische Substanz geht zur Neige. Die Dinge machen sich davon. Die Besitztümer des Menschen lösen sich auf, diese Objekte, mit denen Malone sich in seinem Bett, Winnie sich in ihrem Hügel umgibt und die das Geschöpf in *Wie es ist* aus seinem Sack hervorholt. Pozzo verliert nacheinander seine Pfeife, seinen Zerstäuber, seine Taschenuhr. In *Endspiel* verkündet Clov, daß es keine Fahrräder mehr gibt und keinen Brei, keine Natur und keine Tabletten, keine Sümpfe, keine Plaids, keine Beruhigungsmittel und keine Särge. Die Zahl der Dinge nimmt ständig ab, immer weniger ist da, weniger Materie, weniger Seiendes, weniger Sein. Der Namenlose stellt die Frage ganz unverblümt, eine Frage die zugleich eine Antwort ist: Müssen die Leute sein? Müssen die Dinge sein? Müssen Leute und Dinge zusammen sein oder nicht?[8] Die galoppierende Verknappung, Schrumpfung und Versteppung der Welt erzeugen ein Gemisch aus Urangst und sinnloser Hoffnung, denn sie sind das Zeichen, daß das Ende naht. Am Ende des »weniger« steht das »nichts«. Aber man bleibt stets bei einem »fast nichts« stehen. »... weniger zu werden, immer weniger, ohne jemals zu verschwinden«, heißt es in den fünfziger Jahren.[9] Dreißig Jahre später wieder die alte Leier: »Geringer. Ah, das schöne, einzige Wort. Geringer. Er ist geringer. Derselbe, nur geringer... Er wird schließlich nicht mehr sein. Nie gewesen sein.«[10] Jede Spur in der Stille wird getilgt sein. Dieses Klima des Verkümmerns, der Dekadenz, der Asthenie, der Anämie, der Paralyse, der Sklerose und der Agonie erreicht seinen tragischen Höhepunkt im spirituellen Tod, in der Agonie des Verstandes, einer Agonie, die in den Worten selbst ihr Werk verrichtet, die sich in Winnies mattem, abgehacktem Selbstgespräch niederschlägt, das wie ein letzter Atemzug herauskommt. »Wenn der Verstand verloren ginge... Er wird es natürlich nicht... Nicht restlos... Meiner nicht... Ich habe meine Vernunft nicht verloren. Noch nicht... Nicht restlos...«[11] Solche Worte, die sich in die Stille bohren bis hinab zu den Wurzeln der Dinge, entmutigen jeden Kommentar. Die imaginäre Gestalt scheint sie in demselben Augenblick zu erfinden, da sie sie ausspricht, am Ort ihrer szenischen Präsenz.

Seit dreißig Jahren tendieren sämtliche Texte Becketts zum Nichts, zum Schweigen, zur Leere des weißen Blattes:

das ist es niemals
das ist es das ist es
nichts mehr

So lauten die letzten Worte von *Malone stirbt*. Und am Ende löst sich in *Schlecht gesehen, schlecht gesagt* (1981) alles in den Gegensatz von Schwarz und Weiß auf, der die drohende reine Abwesenheit von allem verrät: »Angst vor Schwarz. Vor Weiß. Vor Leere. Sie verschwinde! (...) Kein Himmel und keine Erde mehr. Vorbei mit oben und unten. Nichts als Schwarz und Weiß. Gleich wo, überall. Nur noch Schwarz. Leere. Nichts anderes.« Man denkt an jenen Abt eines japanischen Klosters, der über den Zen-Garten (ein Karree aus weißem Sand mit drei schwarzen Steinen) sagt: »Er ist die Ablehnung des ganzen Rests, und zugleich ist er die Annahme des ganzen Rests.«[12]

»Je mehr man sich ins Nichts hineinbegibt, desto näher kommt man dem Zentrum, dem Kern der *conditio humana*«[13], schreibt Charles Juliet in seinem *Journal*, das so stark durch seine Begegnung mit Beckett geprägt ist. »Im Nichts des Ich sterben. Um im Nichts geboren zu werden.« Diese Sätze haben etwas allzu Durchsichtiges, Theoretisches oder Mystisches, ich weiß nicht. Beckett hat seinen Abstieg zu den Grundlagen des Seins unternommen, ohne nach einem Zentrum, einem Ursprung oder einem Ziel zu suchen. »...ein Kommen, das kein Ankommen ist, ein Gehen, das kein Weggehen ist, ein Schatten, der nicht der Schatten des Ziels ist«.[14]

III. Die Stimmen und die Hand

Den Kritikern ist aufgefallen, mit welcher Eindringlichkeit Maddy Rooney in *Alle, die da fallen* auf einen Vortrag eingeht, den sie eines Tages gehört hat und der »von einem dieser neumodischen Ärzte... für geistiges Elend« gehalten wurde. »Ich erinnere mich, wie er uns die Geschichte eines kleinen Mädchens erzählte, das sehr seltsam und unglücklich in seiner Art war, und wie er die Kleine jahrelang erfolglos behandelte und schließlich gezwungen war, den Fall aufzugeben. Er sagte, daß ihr nichts fehlte. Das einzige, was ihr fehlte, war, soweit er feststellen konnte, daß sie dahinstarb. Und nachdem er seine Hände in Unschuld gewaschen hatte, ist sie tatsächlich kurz darauf gestorben... Als er mit der Kleinen fertig war, blieb er regungslos stehen, eine ganze Zeit lang, wohl zwei Minuten, und starrte hinunter auf sein Pult. Dann hob er plötzlich den Kopf und rief, als ob er eine Erleuchtung gehabt hätte: Sie war niemals richtig geboren worden, das war's, was ihr fehlte. Er sprach die ganze Zeit ohne Notizen. Ich ging, bevor es zu Ende war.«[15]

Mrs. Rooney spielt hier auf die dritte aus einer Reihe von fünf Vorlesungen an, die C. G. Jung zwischen dem 5. September und dem 4. Oktober 1935 in der Tavistock Clinic in London gehalten hat.[16] Beckett konnte diese Vorlesung, die nur Ärzten vorbehalten war, dank eines Freundes besuchen. Sie hat einen nachhaltigen Eindruck in ihm hinterlassen. Noch heute vermag er sich an die geringsten Einzelheiten zu erinnern. Und er insistiert auf dieser Haltung, die Jung einnahm, schweigend über das Pult gebeugt, das er mit beiden Händen ergriffen hatte, und mit der er den Eindruck erweckte, als sei ihm eine Erkenntnis von kapitaler Bedeutung in ebendem Augenblick gekommen, da er sie seinem Publikum mitteilte. »Sie war niemals richtig geboren worden.« Niemals wirklich geboren worden sein, das ist das Leitmotiv von *Der Namenlose*, dem ersten von Becketts Büchern, in dem die Geschichte und die Sprache zur selben Zeit explodieren, als zeugte der Namenlose das Unlesbare.

Auch wenn Jung bei den französischen Intellektuellen keinen guten Ruf hat, ist es eine Tatsache, daß er die großen schöpferischen Geister unserer Zeit, unter anderen Beckett und Fellini, weitaus stärker beeinflußt hat als sein Lehrer Freud. Die Geschichte des Mädchens taucht im Korpus seiner Vorlesungen nicht auf; er berichtete sie als Antwort auf eine Frage aus dem Zuhörerkreis. Obwohl sie meines Wissens nicht auf französisch erschienen ist, kann man sich ein gutes Bild davon machen, wenn man Deirdre Bairs ausführliche Analyse dieser Episode liest.[17] Jung hatte über Assoziationstests und deren Bedeutung für die Traumdeutung gesprochen. Er führte die Einheit des Bewußtseins auf eine bloße Täuschung zurück. Die Komplexe lassen es in eine Vielzahl kleiner Charakterzüge zerfallen, deren jeder eine eigene »Ich-Weise« besitzt. »Sie lösen sich aus der Kontrolle des Bewußtseins und manifestieren sich in Gestalt von *Visionen* und *Stimmen*, die festumrissenen Personen ähneln.« »Durch diesen Prozeß personifiziert der dramatische Künstler mentale Inhalte.« Jung eröffnete hier fruchtbare Ausblicke auf das literarische Schaffen. »Wenn der Künstler eine Figur in einem Theaterstück, einem Gedicht oder einem Roman schafft, glaubt er, es handele sich um ein Produkt seiner Phantasie. In Wirklichkeit ... hat die Figur sich selbst geschaffen.« Der Autor erkennt sie nicht immer, geradeso wie er sich nicht immer in ihr erkennt, weil die Figur »nicht seinem Ich entspringt, sondern der dunklen Sphäre«.[18] Jungs dunkle Sphäre gleicht Aragons nicht mitteilbarer Nacht: Sie macht, daß jedes geniale Werk in letzter Instanz unerklärlich bleibt. Wenn Deirde Bair aber die These aufstellt, Jungs Vorlesung habe den Mechanismus des Beckettschen Schaffens ausgelöst, dann verfehlt er gerade das, was das Besondere am Spiel der dunklen Sphäre und der nicht mitteilbaren Nacht ausmacht. Mehrere Jahre mußten vergehen, bis das Beckettsche Schaffen begann. Wahr ist indessen, daß Beckett nie den Zusammenhang vergessen hat, den Jungs abschließende Gebärde zwischen dem essentiellen Werk, das aus der Tiefe des Seins auftaucht, und dem Tod herstellt, den jeder Mensch in sich trägt, weil er nie wirklich geboren worden ist.

Der Einsiedler ist in seiner Agonie nicht allein. In seiner negativen Ekstase, in seiner nahezu vollkommenen Bewegungslosigkeit und Stille, ist der Liegende bis zum Ende dem wachsamen Auge ausgesetzt, das ihn betrachtet, und dem Ohr, das seinen inneren Stimmen lauscht, und der Hand, welche die Phasen der Agonie aufzeichnet. Schon mit der ersten Zeile von *Molloy* hatte das begonnen, wo dieser von der Höhe seines Belacqua-Felsens herab vor einer Stadt ohne Namen A und B aufeinander zugehen sieht. Von diesem Augenblick an läßt das Auge niemals davon ab, auf das innere Schauspiel zu starren, »den Blick auf die Schwingung der Zeit zu fixieren«, wie Michel Crépu es ausdrückt.[19] »Auch mich betrachtet ein anderer«, sagt Wladimir. Und Winnie: »Jemand sieht mich immer noch an.« Das ganze Werk gleicht einer Non-stop-Vorführung der Belacqua-Vision. Nur in *Film* flieht Buster Keaton dieses Kamera-Auge, versucht, ihm zu entgehen, bis er, vom Schlaf übermannt, beim Erwachen »Augen auf seinen Augen« entdeckt, bis er sich durch seinen eigenen Blick beobachtet sieht.

Die Stimmen. Sie sind im Kopf. Stimmen, Geräusche. Früher dachte Winnie, daß auch die Geräusche in ihrem Kopf seien. Das war ein Irrtum. Es handelt sich um Dinge, die dabei sind, sich aufzulösen »wie leises ... Knistern, leises Bersten«. Doch was Winnie für Geräusche in ihrem Kopf hielt, waren in Wirklichkeit die Logik, die Vernunft, das Denken – die Logik, jener »rasende Wirrwarr ..., der einem Wespennest beim Ausräuchern gleicht«.[20] Bei den Stimmen handelt es sich zunächst um Schreie. Der Kopf ist voll von Schreien, Wladimirs Kopf, Winnies Kopf, von »schwachen, wirren Schreien«, aber auch vom großen »paroxysmalen Schrei« der absoluten Angst. Aber vor allem sprechen die Stimmen, sie setzen Trauben von Wörtern frei, Fetzen von Geschichten, die sich überschneiden, überlappen. Um sie zu beschreiben, greift Watt zu einem weiteren Bild aus der Welt verängstigter Tiere: »...wie ein Getrippel von

Mäusen, ein Wirbel grauer Pfötchen im Staub«.[21] Man meinte fast, eine Regieanweisung für *Spiel* oder *Kommen und Gehen* vor sich zu haben.

Schließlich die schreibende Hand, der Schreiber Kram, vom Vater auf den Sohn über das rosige, schlaffe Fleisch des lebenden Leichnams gebeugt. Man muß Vertrauen zu Kram haben, zu allen Krams, zu allen Schreibern. Sie zeichnen die Agonie auf wie Jules Renard. Aber es ist immer dieselbe Geschichte. Während der Schreiber dem anderen zuhört, hört er in Wirklichkeit nur sich selbst zu, hört eine Geschichte, die er selbst erfunden hat, ein einziges Leben für alle, schlecht gesehen, schlecht gesagt, blabla. Und weiter: Kram benutzt zwei Notizbücher, das eine für den Körper, das andere für die Worte. Unmöglich, diesen Dualismus zu überwinden. Aus der große Mallarmésche Traum vom totalen Buch: »ein einziges großes Buch und alles darin«.[22] Das Buch zerfällt bei seiner Geburt. Aber es ist das Buch, das geboren wird, und auch das Buch erblickt das Licht der Welt, ohne zu wissen, ob es »den Mut« haben wird, »Schluß zu machen und die Kraft weiterzumachen«. Das Buch selbst sagt, daß es geboren wird, indem es sich auflöst, und daß in jedem Buch des Beckettschen Werkes Beckett sich auflöst.

IV. Worte und Schweigen

Beckett darf als einer der Größten unter den Begründern der neuen Literatur und – angesichts seines Interesses für eine Vielzahl von Medien, für Radio, Fernsehen und Kino – der neuen Kultur gelten. Sein Werk ist an eine Krise der Sprache, eine Krise des Seins auch, geknüpft, die seine Arbeit bestimmt und sich ständig vertieft hat, während das Werk seinen paradoxen Abschluß im Unabgeschlossenen fand. Um das zu verstehen, brauchen wir lediglich einige Werke aus seiner großen Schaffensperiode zwischen 1944 und 1962, von *Watt* bis *Wie es ist*, zu analysieren. Dabei erkennt man, daß Becketts Werk, das die Weigerung, der Lust am Erzählen um des Erzählens willen nachzugeben, weiter treibt als Proust, Joyce, Kafka und Céline, stets der Bericht über die eigene Genese ist. Es bietet eine Weltsicht, in der die Ausarbeitung dieser Sicht enthalten ist.

Begonnen hat alles mit Watts Wahnsinn. Für ihn ist die Welt unsagbar geworden. Es fehlen die Worte. Eine Zeitlang lassen die Dinge es sich noch gefallen, benannt zu werden; dann kommt der Augenblick, da Watt, beim Anblick eines Topfes etwa, vergeblich das Wort »Topf« ausspricht. Manchmal fühlt er sich in Gesellschaft von Dingen, deren Namen er nicht kennt, wohler als in Gesellschaft vertrauter Dinge, deren Namen für ihn nicht wahr sind. Jeglicher »semantischen Labsal« beraubt, beginnt er, »den Dingen und sich selber Namen anzuprobieren..., etwa so wie ein Fräulein Fähnchen anprobiert«. Bald vermag er sich selbst nicht mehr als Mensch zu bezeichnen, ohne zu argwöhnen, damit eine Dummheit zu sagen, obwohl er sich keinen anderen Namen als den des Menschen vorstellen kann. Wenn man ihn »lieber Freund« nennt, entdeckt er, daß er für die anderen durchaus noch ein Mensch geblieben ist, auch wenn er es für sich selbst nicht mehr ist. Daraus schließt er auf eine Art Krankheit, an deren Ende die Dinge und er selbst wiedererscheinen und einen Namen finden werden.
Was Beckett hier beschreibt, ist der Augenblick der Krise, da der Schriftsteller aus der Verwirrung des Menschen in seinem Verhältnis zur Sprache geboren wird. Die Literatur wird zu einer Neurose, die das Prinzip ihrer Heilung in sich trägt. Jedenfalls gibt es keine andere. Das Unsagbare ist das Unsagbare, die unbenennbare »Dingheit des Dings«, die unbenennbare »Ipseität des Ich«, von der im Text über Bram van Velde die Rede ist. Die Literatur verwandelt »die Unordnung in Worte«. Durch die Verwandlung der Unordnung in Worte wird die Unordnung nicht unbedingt beseitigt. Aber es ist stets dies. Und etwas anderes gibt es nicht. Es gibt nur die Worte, die zerbrechlichen und entgegen dem Anschein knappen Worte, an denen eines Tages Mangel herrschen wird. Der Beckettsche Mensch lebt in der Angst vor diesem drohenden Mangel. Die Worte sind nicht unerschöpflicher als das Sein. Auch sind sie kostbar und enttäuschend zugleich. Ist es der Autor oder der Clown, der das sagt: »ich liebe das Wort, Worte waren meine einzigen Lieben, nicht viele«?[23] Er hat sich »ein Kissen aus alten Worten für den Kopf« gemacht.[24] Auf diese Weise geht man den Worten in die Falle. Für jemanden wie Watt ist es schwer, »eine lange Geschichte wie die von Watt zu erzählen, ohne

einige Dinge auszulassen und andere hinzuzufügen«.[25] Und auch Sam, der die Geschichte erzählt, die Watt ihm erzählt hat, kann durchaus und ohne es zu wollen Dinge ausgelassen haben, die Watt gesagt hatte, und anderes hinzugefügt haben, das Watt nicht gesagt hatte. Auf diese Weise wird die Literatur der Lüge ähnlich. Doch im Verhältnis zu welcher Wahrheit?

Molloys Verhältnis zu den Worten stellt sich anders dar. Wenn die Ausstoßung aus der Mutter mit dem Sturz in die Zeit zusammenfällt, so drängt die Rückkehr zur Mutter Molloy zum Schreiben. Als er das Zimmer der Mutter wiedergefunden hat, macht er sich daran, seine Geschichte zu erzählen, sich selbst zu erfinden, und damit wird er für die Literatur geboren. Doch die Literatur hält ihr Versprechen ebensowenig wie das Zimmer der Mutter. Sie ist nicht jene zweite Geburt, die man sich davon erhofft. Sie gelangt nie an den Ursprung, zu dem sie hinabsteigt, noch in das Zentrum, dem sie zustrebt. Es gibt keinen Ursprung, kein Ziel und kein Zentrum. Übrigens beginnt für Molloy wie für Moran die wirkliche Mission – eine Geschichte zu schreiben –, sobald die Reise ihr Ende in einem Fiasko gefunden hat: Molloy hat seine Mutter nicht wiedergefunden, und Moran hat Molloy nicht gefunden. Und wie könnte es anders sein, ist doch der eine der Doppelgänger des anderen, der eine die Erfindung des anderen. Sehr viel später, in *Gesellschaft*[26] (1980), meint man zu ahnen, daß der Schöpfer sich mit seinem Geschöpf in seiner Schöpfung zu vereinigen suche. Es gelingt ihm nicht, denn dazu müßte er in dieselbe Nacht eintreten, das heißt seine Schöpfertätigkeit beenden, in einen Zustand vollkommener geistiger Trägheit verfallen, seine Figur auslöschen und mit ihr in dasselbe Nichts eingehen.
Allein und sterbend auf seinem Bett liegend, verfolgt Malone seine Agonie mit demselben harten, kalten Blick wie Jules Renard die seine. Doch statt den Prozeß des Verfalls aller vitalen Funktionen mit derselben Präzision wie Renard zu beschreiben, macht Malone sich daran, Geschichten zu erzählen, Figuren zu erfinden, Worte aneinanderzureihen. Da der Mensch ständig an der Schwelle seines Todes steht, lebt Malone diesen Augenblick des nahen Todes im Schreiben, dehnt ihn wie die Zeit selbst, füllt ihn mit Worten, Figuren und Geschichten.

Unablässig lösen die Geschichten von Sapo, von Louis und Macmann sich auf und vermischen sich mit Malones eigener Geschichte. Unablässig zerfallen die Figuren, als wollten sie ihn allein mit sich selbst lassen. Und steht am Ende nicht Malone Beckett, ja, Beckett sich selbst gegenüber? Margherita S. Frankel[27] hat eine bestechende Parallele zwischen *Malone stirbt* und den letzten Seiten von *Auf der Suche nach der verlorenen Zeit* aufgezeigt, wo der Proustsche Erzähler sich entschlossen hat, sein Buch zu schreiben, was unwillkürlich an Proust selbst denken läßt, der sich lebendig begrub und sich vollkommen der Aufgabe des Schreibens widmete. Hier wie anderswo erscheint Beckett gleichermaßen als Anti-Proustianer wie als Proustianer, denn am Ende löst das Buch sich auf, statt wie bei Proust zu entstehen. In einer unabgeschlossenen Geste erstarrt, treibt Lemuel, die letzte Figur, die aus der Phantasie heraufsteigt, in seinem Boot dahin, in einer Nacht, die mit absurden Lichtern besät ist, auf der Oberfläche des Nichts, in dem Glucksen der Tropfen für Tropfen ausgestoßenen Worte.
»Wo nun? Wann nun? Wer nun?« Der erste Satz von *Der Namenlose* knüpft unmittelbar an den letzten Satz von *Malone stirbt* an: »nichts mehr«. Dieser Satz, der den physikalischen und den symbolischen Raum, die gelebte und die vorgestellte Zeit, die Person und die imaginierte Figur in Frage stellt, bringt die fundamentale Frage des Schriftstellers zum Ausdruck: Wie weiter? Man kann die Fragen nach dem Autor als schaffendem Subjekt, nach der Figur als symbolischem Subjekt und nach dem Menschen als existentiellem Subjekt nicht voneinander trennen. In seiner einzigartigen Weise vom Schriftsteller sprechend, dessen Dasein nach einem Ausspruch Maurice Blanchots zu einer »von den Worten durchzogenen Witwerschaft« geworden ist, erleuchtet Samuel Beckett die lächerliche Tragik der *conditio humana* mit einem düsteren Licht. Für alle seine Texte, aber für keinen so sehr wie für *Der Namenlose* gilt: »alles, was geschieht, sind Worte«. Aber es ist auch die Rede von einer Wahrheit, die es zu finden gilt, um sie auszusprechen, damit man, wenn sie ausgesprochen ist, verstummen kann, nichts mehr zu sagen braucht, statt, wie das Subjekt im Augenblick, reden zu müssen, ohne etwas zu sagen zu haben, zu sagen zu wissen, sagen zu wollen. Das ist die »schwülstige« Pein, die

allein der Schriftsteller auf sich nimmt, indem er sie mit Worten und Clownsgesten mimt. Der Namenlose leidet schlecht. Fast alle Beckettschen Figuren klagen, daß sie nicht zu leiden verstünden. Deshalb sind die tragische Clownerie, das Werk zu schreiben, und die tragische Clownerie, das Leben zu leben, eins. In beiden Fällen ist »das wahre Leben abwesend«. Das ICH, das spricht (verfluchte erste Person!) wird bestraft, weil es seine Lektion nicht kann. Nach der Bestrafung (das Werk, das geschrieben werden, das Buch, das kommen soll) bleibt ihm seine Aufgabe, eine Wahrheit zu finden und auszusprechen; davon wird er nie entbunden. Er hätte lediglich das Recht, »das ruhige, d. h. leere Bewußtsein« zu leben. Mangels dessen ist er sicher, niemals loszukommen, denn seine Strafarbeit ist endlos und seine Aufgabe tot geboren. Was sind nun dieser Fehler und diese Bestrafung, und wer sind die Verfolger? (Diese häufigen Anspielungen auf die Kerker-Welt sind bemerkenswert.[28]) Artaud sprach von einem »soufflierten« Wort, »souffliert« im zweifachen Sinne von »eingegeben« (das Wort des anderen dringt in mich ein) und »entlockt« (mein eigenes Wort verläßt mich). Nichts anderes sagt der Namenlose: »Ich sage, was man mir zu sagen sagt, in der Hoffnung, sie werden es eines Tages leid sein, mit mir zu sprechen.« Ständig hat er das Gefühl, daß man ihm Worte souffliert, »durch das Ohr, oder durch ein Horn in den Anus trompetet«. Nur soweit es ihm gelingt, sich dennoch, und ohne es zu wissen, zum Ausdruck zu bringen, macht er einen Schritt hin zum Ende des Wahns, des Wahns, »reden zu müssen ohne es zu können«. Manchmal sagt er wie Artaud: »Sie haben dich genug ermordet, genug geselbstmordet.«[29] Manchmal beginnt er seine Verfolger zu erkennen, etwa wenn er davon spricht, daß es »im Himmel tobend einen sportlichen Gott gibt, der durch liederliche Mittelsmänner seine Kreatur angeln läßt«.[30] Diese fortlaufenden Einschränkungen, diese Einschnürung bis zum Nichts, die so typisch sind für Becketts Schreiben, zeigen, daß der lebendig Tote die Grenze seiner Widerstandskraft erreicht hat: »sie haben mich nicht dabei gekriegt, nicht ganz, noch nicht.« Übrigens ist seine Lage unhaltbar: »das ist es vielleicht, was ich fühle, daß es ein Draußen und ein Drinnen gibt und ich in der Mitte.« Zweifache Unmöglichkeit, das Ich und die Welt zu leugnen wie auch sie beide oder eines von beidem auszudrücken. Dennoch ist diese Mitte zugleich auch der Ort, den es einzunehmen gilt, um die Leere des ruhigen Bewußtseins zu erlangen. »Ohne Worte sein, ohne Verstand sein, dort fühlt man nichts, sagt man nichts, ist man nichts.« Ohne Ohren hörend, ohne Mund sprechend, zugleich innen und außen redend, zielt der lebendig Tote darauf ab, »noch vor dem Tod nichts mehr sagen, nichts mehr hören zu müssen«. Die Grenze zwischen Sterben und Tod, von der Alain Bosquet gesprochen hat, ist nahezu identisch mit der Grenze zwischen den Worten und dem Schweigen; fast, aber nicht ganz. Der einzige wirkliche Ausweg bestünde darin, noch vor dem Tod zu verstummen, die Worte zu sagen, um die Sprache zu erschöpfen, alles zu sagen, was nur zu sagen ist, mit einer kleinen Chance, sich selbst auszudrücken (vielleicht haben die Worte den Namenlosen an diese Schwelle gebracht, ohne daß er es bemerkte). So träte man lebend ins Schweigen ein, genösse die Stille, fühlte, wie man verstummt. Und gelangte schließlich zur Ekstase. Da das nicht möglich ist, bleibt nur die Hoffnung, tot in die Stille einzutreten, in die wahre Stille, »die der Ertrunkenen«.

Worm, der Wurm, stellt einen Grenzfall dar. Er weiß weder, was er ist, noch, was vorgeht, ja er weiß nicht einmal, daß es etwas zu wissen gibt. Mit Worm wird die Figur zu der Larve, die sie ist. Doch die Larvenexistenz bestreitet der Sprache und dem Denken jegliches Recht. Nun denkt und spricht es außerhalb der Figur und in ihr. Worm ist unerträglich, aber das »ICH« lebt diese Unerträglichkeit, indem es sie sagt. Den Tod sagen. Mahoods Geschichten sind zu Ende, nun können Worms Geschichten beginnen. In Wirklichkeit gibt es keine Geschichten mehr, nur noch Worte. Man weiß nicht, wer sie spricht, woher sie kommen, wohin sie gehen, ob sie die Figur überhaupt erreichen, wenn sie sie durchdringen oder zumindest den Raum durchqueren, den die Figur einnehmen soll. Die Worte ähneln Malone am Anfang des Buches: »Nirgendwohin gehend, nirgendwoher kommend.«

Damit beschäftigt, nach Luft zu schnappen, hat die Larve in *Wie es ist*, wenn sie Halt macht, nichts anderes zu tun als »zu denken notfalls, zu denken vielleicht«. Worte gibt es noch.

Aber die Phasen des Schweigens werden immer länger, die Fragen, die es zu stellen gibt, immer weniger, und auch die Antworten, die darauf zu geben wären. Es handelt sich um jene alten Fragen, die Dostojewski die »verfluchten alten Fragen« genannt hat. Wer jetzt? Wie ist es? Wie war es? Eine einzige Zeit, homogene Gegenwart, keine Möglichkeit, der Gegenwart zu entfliehen: ein poröses Bewußtsein, in dem die Zeiten sich vermengt haben. Eine alte Stimme spricht abgehackt von ihrem Leben im Dunkeln. Die Worte kommen. Die Figur schafft es nicht, an ihr Glück zu glauben, an dieses schwache Zittern im Gesicht, das Zeichen, daß sie im Begriffe ist, etwas zu sagen, mit den Worten ringend, sie der Fülle und der Leere entreißend, der Stille und dem Tumult, der Angst vor der Bedeutungslosigkeit und der semantischen Labsal. Eine wilde Diktion, die aus dem Körper kommt, wie bei Rimbaud und Artaud: »aus dem Denken, das sich ans Denken klammert und es zieht«, sagt Rimbaud. Genau das ist es: *ein Sagen, das gesagt werden muß*. Und man darf es nicht mit Ideen-Worten sagen, sondern mit Bilder-Worten, mit Bildern, die »nicht für die Augen«, mit Worten, die »nicht für die Ohren« bestimmt sind.[31] Man sagt die Sache, die man sieht, manchmal auch die Gedanken, die sie mit sich bringt; dann verschwindet die Sache, und die Stimme fährt allein fort. »Sie kann abbrechen, sie kann fortfahren, man weiß nicht, wovon das abhängt.« Das Geschöpf ist nicht unbedingt an den Orten gewesen, die es sieht, aber es sieht sie.

In *Wie es ist* werden die Welt der Wahrnehmung und die Wirklichkeit der objektiven Welt so radikal in Frage gestellt wie nirgendwo sonst. Es gibt nur noch Worte. Es gibt nur noch das Schreiben, die Stimme im Schreiben, zur Schrift gemacht, transkribiert. Was ist da im Buch geschehen? »... es ist etwas geschehen ja aber nichts von alledem nein Quatsch von einem Ende zum anderen«. Man kann sich auch zwei mögliche Redaktionen vorstellen, die gegenwärtige und die andere, die dort begänne, wo die erste endet. Das ist möglich, weil das letzte Wort des Buches das erste ist, weil jeder Satz zugleich Anfang und Ende ist, weil Becketts Romane stets dort beginnen, wo sie enden, wie Aragon es so glänzend in seinem *Incipit* formuliert hat: »Die Frage, woher der Mensch, die Figur, der Roman kommt und wodurch alles endet.«[32]

Genau hier greift der Schreiber Kram ein mit seinen zwei Notizbüchern: Ödipus vor der Sphinx.

V. Literatur und Solipsismus

Um ihre Frage dem Schreiber/Ödipus zu stellen, der in seinem eigenen Blick, in der Wüste seiner Träume, eingeschlafen ist, hält die Sphinx die Figur unter dem eigenen Blick fest, mitten in dessen Traum. Ein großes Fest des Solipsismus, das ein außergewöhnliches Gefühl irrealer Realität erzeugt, eine existentielle Misere, die den Menschen zur Maske einer Maske macht und das Leben zum Traum eines Traumes: »aber diese Geschichten ... von jemandem in einer anderen Welt ja dessen Traum ich sein würde ja den er alle Zeit träumen würde ja alle Zeit erzählen würde ja sein einziger Traum ja seine einzige Geschichte«. Anläßlich dieser irren Erinnerung im Kontext einer porösen Vergangenheit erinnert Ludovic Janvier an eine Erzählung von J. L. Borges, »Das unerbittliche Gedächtnis«.[33] Ich möchte eher auf eine andere Erzählung aus derselben Sammlung verweisen: »Die kreisförmigen Ruinen«.[34] Auf der Suche nach einer Seele, die würdig wäre, am Weltall teilzuhaben, und ohne Hoffnung, sie unter seinen Schülern zu finden, macht ein Weiser sich daran, sich den Erwählten selbst zu erträumen. »Im Traum des Mannes, der träumte, erwachte der Geträumte zum Leben.« Am Ende der Erzählung erkennt er »erleichtert, erniedrigt, entsetzt ..., daß auch er nur ein Scheinbild war, daß ein anderer ihn träumte«. Wenn das, was in *Wie es ist* als Geschichte dient, zum Stillstand gelangt, erkennt man, daß alles nur Komödie war. Etwas ist geschehen, aber es hat nichts zu tun mit dem, was die Worte zu sagen, zu erzählen gestatten. Was bleibt, ist eine Komödie; man ist immer in einem Kopf, man ist stets der Traum von irgend jemandem. Das Schlimmste ist nicht, zu träumen, und nicht einmal, geträumt zu werden, sondern sich selbst zu träumen, in seinem eigenen Kopf eingeschlossen zu sein. Das ist der Gipfel des Solipsismus, aber vielleicht ist das auch die Definition von Literatur.

Sämtliche Figuren hoffen darauf, endlich zu verstummen, doch sie hören nicht auf zu reden. Das »eingeschüchterte Geschwätz der zum Schweigen Verurteilten« gesellt sich zum »Keuchen des zum Leben Verurteilten«.[35] Man müßte ans Ende der letzten Geschichte gelangen, die allen Geschichten ein Ende setzte. Man müßte den Worten entrinnen. Der Fluch des Redens beruht auf vier Aussagen: 1. Es sind Worte, nichts als Worte. 2. Was geschieht, das sind Worte. 3. Ich bin in Worten. 4. Ich bin aus den Worten der anderen gemacht. Anders ausgedrückt: Es gibt keine Wirklichkeit, keine Geschichte, keine Figur, kein Subjekt. Nur der Schriftsteller lebt dieses Drama, und da es das Zentrum der *conditio humana* bildet, stellt die Literatur deren Ort dar.

VI. Der Schimmer und das Denken

Das Zentrum des Denkens ist in den tiefsten Tiefen des Seins vergraben, so weit wie nur irgend möglich von den Worten entfernt. Dort sucht das essentielle Werk es zu erreichen und nimmt dabei das Risiko in Kauf, ins Nichts, in die Leere, ins Schweigen zu stürzen. Mit Blick auf Beckett hat Georges Bataille einmal geschrieben, es sei möglich, daß »die Literatur zutiefst denselben Sinn habe wie das Schweigen, aber sie scheut vor dem letzten Schritt, der das Schweigen wäre, zurück«.[36] Samuel Beckett hat sich weiter als irgend jemand sonst vorgewagt an den Rand dieses essentiellen Schweigens, über das die Literatur sich beugt wie Narziß über sein Spiegelbild, bei Gefahr, wie dieser hineinzustürzen.

Die Forderung, weiter vorzustoßen und immer tiefer einzudringen, bedeutet indessen nicht, daß das Wesen unter der Erscheinung verborgen, daß ein Schatz darin verborgen sei. Sie besagt lediglich, daß die sichtbare Bedeutung eine weitere sichtbare Bedeutung verbirgt, wie die Schale einer Zwiebel eine weitere Schale umschließt. Jedesmal tritt ein neuer Schein, eine neue Bedeutung, zutage, bis schließlich alle Schalen entfernt sind und die letzte, die einzige Wahrheit sich zeigt: daß es nämlich keine Zwiebel mehr gibt. Doch während die Apologie tatsächlich bis zu diesem Nichts, der nicht vorhandenen Zwiebel, vordringt, gelangt Becketts Schreiben nie an dieses Ende, zu dieser einzig wahren Befreiung, die der gepeinigte Clown ersehnt.

Wenn das Denken existiert, dann ist es seinem Wesen nach unendlich und übersteigt mithin den Menschen; und da die menschliche Sprache dem Denken Grenzen setzt, verrät sie es; aber sie gibt ihm auch das Maß des Menschen. Sich ausdrücken heißt notwendig das Denken verraten, aber ohne diesen Verrat stürzt das Denken ins Formlose. Nun ist selbst der Akt des Denkens im Denken des Seins gefangen. »Die Nacht des Denkens birgt den Schimmer des Seins«[37], schrieb Merleau-Ponty und benutzte damit eine überaus Beckettsche Metapher, die das Sein als ein unbestimmtes, schimmerndes Gefäß und das Denken als eine grenzenlose Nacht beschreibt, die Nacht der Tiefsee. Mit erstaunlich konkreten Ausdrücken zieht Beckett die Möglichkeit in Zweifel, daß es in der Moderne noch einen philosophischen Diskurs geben könne. Seit der Aufklärung identifizieren wir den modernen mit dem wissenschaftlichen Geist und das Denken mit dem Wissen, das Gott ausblendet. Dank Mircea Eliade haben wir verstanden, daß die Mimik des Bekkettschen Clowns die eines Wesens ist, welches sich der Misere einer entsakralisierten Welt ausgesetzt sieht.[38] Und in der Tat erhebt die Moderne seit den deutschen Romantikern in der gesamten Philosophie und Kunst den Anspruch auf etwas, das diese Modernität des Wissens übersteigt, auf ein Denken, das über das hinaus denkt, was es weiß, was es denkt, was es ist, kurz: ein Denken, das Gott, das Unendliche, das Absolute denkt.[39] Und die Verwicklung in der Tragödie der Erkenntnis, in die Descartes das denkende Subjekt für immer eingeschlossen hat und die Beckett bis zur Raserei fasziniert, ist diese zweifache, widersprüchliche Erkenntnis[40]: Das Denken weiß nicht, was es weiß, weiß nichts, nicht einmal, daß es nichts weiß. Und dennoch denkt das Denken mehr als es weiß, denkt jenseits seiner Grenzen, ja, über seine Grenzen hinweg. Wie steht es nun darin mit der Weisheit, und was ist Weisheit wert, wenn sie dem Menschen nicht zugleich Wahrheit und Glück bringt? Watt und seine Nachfolger haben jeglichem Streben nach Wahrheit wie auch nach Glück entsagt. Sie richten sich in den Anfängen ihres Endes ein; das ist die einzige Form von Glück, deren sie fähig sind. Bis hin zu *Wie es ist* unternehmen sie eine Art ziellosen Suchens, die mit *Spiel* endet, wo die Clowns aufhören, umherzulaufen, stehenbleiben und erstarren. In der

Folge taucht das Umherirren der früheren Zeit noch bruchstückhaft und flüchtig in einigen kleinen Skizzen auf, und auch in einem seiner jüngsten Texte, *Gesellschaft*[41], stößt man darauf. Letztlich ist Becketts gesamtes Werk ein Verzicht auf die Weisheit, auf die Suche nach Weisheit. Aber diese Abkehr von der Weisheit wird ihrerseits zu einer Form von Weisheit und verleiht Samuel Beckett jene Heiterkeit, die den Gesprächspartner schon bei der ersten Begegnung für ihn einnimmt.

VII. Beckett und der *nouveau roman*

Bereits 1944 bedeutet Watts Scheitern – das Scheitern der Figur, nicht des Romans – das Scheitern der Literatur, worauf Beckett sich daranmacht, die Literatur wiederaufzubauen: die Unfähigkeit, das Ding zu sagen, »weil es ist, was es ist«, aber auch, »weil ich bin, was ich bin«. Bleibt noch, das Unsagbare als solches zu sagen. Nachdem die Literatur mit jeglichem Objekt- und Ideenrealismus gebrochen hat, kann sie nicht länger auf Bedeutungsbeziehungen oder, wie man in den sechziger Jahren sagte, auf linguistische Strukturen zurückgreifen. Die Leier ist altbekannt. Was immer zu sagen ist, das sagen allein die Worte. Der Mensch ist da überflüssig. Er ist nicht der Urheber dessen, was er sagt; er ist nicht das Subjekt seines eigenen Diskurses. Die Sprache, die nicht mehr in Gott und auch nicht mehr im Menschen gründet, produziert ihre Bedeutungseffekte im Leeren. Die Bedeutungen haben sich von den Worten zurückgezogen und stellen den Menschen vor die widersprüchliche Aufgabe, »das Wort zu ergreifen und den Worten zu entgehen«. In *Der Namenlose* aus dem Jahre 1955 steht der berühmte Satz: »Ich habe zu sprechen, ich, der nichts zu sagen hat«[42], und dies einige Jahre bevor Alain Robbe-Grillet ihn zum Manifest des *nouveau roman* erhob: »Ich schreibe, um zu sagen, daß ich nichts zu sagen habe.« Dieselbe Verschiebung findet sich im Diskurs der Beckettschen Figuren, bei Didi und Gogo, die reden, ohne etwas zu sagen zu haben, und bei Winnie, die redet, um zu sagen, daß sie nichts zu sagen hat. In dieser Verschiebung hat Bernard Dort eine beklagenswerte Rückkehr des Beckettschen Theaters zur Wesensphilosophie erblicken wollen.[43]

Heute wissen wir, daß der Versuch, die Reflexion der Literatur über sich selbst in die Literatur hineinzunehmen, die Gefahr birgt, sie zu einer formalistischen Übung verkommen zu lassen, zum Roman über den Roman, zum Theater über das Theater... Wer das Anekdotische allzusehr der technischen Struktur des Romans opfert, der läßt den Roman in einer neuen Preziosität, einem völlig leeren Effekt, versinken. Der *nouveau roman* ist daran gestorben, nicht ohne das literarische Schaffen in Frankreich nahezu sterilisiert zu haben. Samuel Beckett ist vielfach zu den unmittelbaren Vorläufern des *nouveau roman* gezählt worden. Vielleicht, sofern man auf ihn münzte, was jemand über *La mise à mort* geschrieben hat: »Aragon zeigt, was der *nouveau roman* hätte sein können, wenn seine Autoren nur Genie besessen hätten.« Wir müssen uns entscheiden: Entweder betrachten wir als *Voyeure* die formalen Spielereien einer absurden Algebra, die die Leere mit Zahlen füllt (die berühmten Serien der Periode *Watt-Molloy*), und laufen dabei Gefahr, Becketts Werk jeglichen Inhalt, jeden anderen Sinn als den Un-sinn, abzusprechen; oder wir entziffern als *Sehende* die Analogiesysteme, durch die Becketts Werk, das einem zerfallenden Kosmos aufgepfropft ist, mit seinen Worten aus Fleisch und Blut in den stummen Schrei, den paroxysmalen Schrei der Tragödie einstimmt, die in der Leere der Hinterwelten widerhallen. Doch wie kann man da zögern?

VIII. Und das Leben wird Wort

In einem seiner wenigen authentischen Interviews[44] erzählt Beckett, wie er einmal nach einem Empfang in London, wo einer der Gäste ihm vorgeworfen hatte, er schreibe immer nur über das Elend, verärgert in ein Taxi stieg: »Auf der Scheibe, die den Chauffeur von mir trennte, waren drei Aufkleber angebracht: Der eine bat um Hilfe für die Blinden, der zweite für die Waisenkinder, der dritte um Unterstützung für die Kriegsflüchtlinge: Man braucht das Elend nicht weit zu suchen; es springt einem ins Auge, selbst in den Londoner Taxis.«
Becketts Kunst beruht nahezu vollkommen auf dem wundersamen Ausgleich dreier beinahe kontradiktorischer Anforderun-

gen. Zunächst ist da die Reflexion des Schreibens über sich selbst, die der Autor zurückhaltend in Gestalt einer wahnsinnigen Sehnsucht nach formaler Schönheit präsentiert, in der man jedoch einen der größten Erfolge der modernen Literatur erblicken muß, jener Literatur, die auf dem Scheitern der Sprache aufbaut, einem Scheitern, das der Autor zunächst akzeptiert und dann überwunden hat. Zum zweiten – und weil dieses Scheitern der Sprache die Situation des Menschen in seinem durch die Sprache vermittelten Verhältnis zum Sein definiert – gehört Beckett dank seines ontologischen Verfahrens zu den wenigen Denkern des Essentiellen, zu jenen, die die Abgründe des Seins und des Nichtseins auf Wegen erforscht haben, die den bestallten Philosophen unbekannt sind. Schließlich – und darin gründet in erster Linie das radikal Neue an Beckett – nimmt dieser Abstieg in die Abgründe, zu den Quellen der Sprache und den Wurzeln des Seins, die Form eines Abstiegs in den Schmutz an, in das tägliche Elend der Menschen in seinen alltäglichsten, trivialsten, aktuellsten und auch clowneskesten Gestalten.

Die Stimme, die in den *Texten um Nichts* spricht, sagt zum Beispiel dies: »Ja, ich bin für immer hier, mit den Spinnen und den toten Fliegen, tanzend zum Schwirren ihrer verstrickten Flügel, und ich bin ganz froh darüber, ganz froh, daß ich damit fertig bin... Nur die Worte zerreißen die Stille, alles andere schweigt nun. Ich weine auch, unaufhörlich. Es ist eine ununterbrochene Flut von Worten und Tränen. Das alles ohne Überlegung. Aber ich spreche leiser, jedes Jahr etwas leiser... ich beginne, überhaupt nicht mehr zu wissen, wie es sich ehemals abspielte... und unter ehemals verstehe ich anderswo.« In diesem Selbstgespräch erkenne ich die Klage des hilflosen Wesens wieder, das die alte Urangst gepackt hat. Die Figur vergießt eine ununterbrochene Flut von Worten und Tränen. Ihre Worte sind Tränen. Wie in *Spiel*, wo dieselbe Geschichte von drei Stimmen, die aus Krügen sprechen, aufgenommen wird, geht hier nun das Selbstgespräch weiter, mit einer anderen Stimme, die doch dieselbe ist, und mit anderen Worten, die jenen anderen so sehr ähneln, ein wenig nackter, ein wenig stärker zerfallen noch: »Als ich das letzte Mal in der Mine gearbeitet habe, an dem Tag, als meine Anstellung zu Ende ging, hat mich niemand weggehen sehen, niemand hat mich gesehen. Ich war der letzte, der ging, ich war auf der Straße, nicht einmal Licht war mehr da, es war, ich war endlich ganz allein. Ich konnte die Steigungen nicht mehr mit dem Fahrrad nehmen. Vorher, zwei Jahre vorher, kam ich noch leicht mit dem Fahrrad einen Hügel hinauf... Ja, jeden Hügel... jetzt schaffte ich keinen mehr mit dem Fahrrad. Keine Kraft mehr. Es war beunruhigend für meine Umgebung, mich so abbauen zu sehen... Ist der Tag, wo man zu Boden geht, wie man zu Boden gegangen ist, *ist das nicht die Kraft, die einem ausgeht, die Kraft, ganz einfach, die Kraft, die absackt*... Ich wollte nur eines, dasitzen und die Leute auf der Straße vorbeigehen sehen, und daß sie mich nicht ansehen, daß sie mich nicht sehen. So war das, als es am schlimmsten war.«[45] Die zunehmende Paralyse, die schwindende Kraft, die Belacqua-Haltung, die Obsession des Blicks... bis hin zum Fahrrad! Doch statt Molloy hören wir hier das Bekenntnis eines Bergarbeiters aus Montceau-les-Mines, der an einer Depression leidet und an einem neuartigen therapeutischen Experiment im Bereich der Gemeindepsychiatrie teilnimmt. Der abstrakte Diskurs, den diese Sammlung von Artikeln in der Zeitschrift *Esprit* entfaltet und dem manches vom Jargon jener »neumodischen Ärzte für geistiges Elend« anhaftet, steht in eklatantem Gegensatz zur Nacktheit dieses »Ecce homo«, der aus den Tiefen des Elementaren das Bekenntnis des Namenlosen hervorsteigen läßt: »... in meinem Leben, da man es so nennen muß, gab es drei Dinge, die Unmöglichkeit zu sprechen, die Unmöglichkeit zu schweigen, und die Einsamkeit, die physische natürlich.« Man weiß nicht, was man mehr bewundern soll: den einfachen Menschen, der an der Wurzel von der Tragik gepackt wird und dessen Stimme zu einer Zeit, da die Gesellschaft zwischen Logorrhö und Aphasie schwankt, Worte in die Stille schreibt, die gewöhnlich der höchsten Literatur vorbehalten sind; oder im Gegenteil den genialen Schriftsteller, dem es gelingt, die ganze Tragik des verwirrten Menschen in die ärmlichen Worte des gewöhnlichen Menschen zu kleiden.

Seit dreißig Jahren nun bohrt Becketts Sagen sich in unser geschwätziges Schweigen. Wenn die Literatur auf solche Weise von sich spricht, sich selbst sagt, gelangt durch das, was sie sagt, auch das Leben dahin, sich ein wenig zu sagen, ein wenig nur, aber ein wenig immerhin. Und indem das Leben sich sagt, beginnt es zu leben, beginnt es, sich ein wenig zu leben, ein wenig nur, aber ein wenig immerhin. Und das Wesentliche liegt nicht in dem, was die Literatur damit von sich selbst zu sagen vermag (viel), sondern in dem, was das Leben von sich selbst zu sagen vermag, ein wenig nur, ein wenig immerhin, aber genug, um uns Becketts Einzigartigkeit und Kostbarkeit vor Augen zu führen.

Kein unvoreingenommener Geist wird umhinkönnen, zu erkennen, daß »die Sorge um das Menschliche, so unbedeutend und prekär sie sein mag, stets gegenwärtig ist, selbst wenn man sie zwischen den Zeilen suchen muß«, wie Walter Strauss es so glücklich formuliert hat. Ich glaube sogar, daß Beckett, indem er die Gegenwart des Menschen auf etwas so Unbedeutendes und Prekäres wie eine Spur in der Stille oder ein Staubkorn in der Zeit reduziert – und darin liegt doch wohl das letzte Ziel seines Unternehmens –, besser als jeder noch so ausgreifende Humanismus Zeugnis davon ablegt, daß nichts den Menschen auf Null zu reduzieren vermag, weder das Ich noch das Du, noch das Wir. Und dies obwohl das Leben nach seinem innersten Gefühl, nach seiner tiefsten Überzeugung, ein Schlamassel ist, und trotz seines »kosmischen Abscheus vor dem Los des Menschen« (John Calder). Beckett könnte seine Leser und Zuschauer nicht derart tief ergreifen, wenn seine Sprache der Wahrheit sie nicht zwänge zu denken, im Notfall auch gegen sich. Es gibt keinen besseren Beleg dafür, daß der lebende Leichnam nicht krepieren kann, als die Tatsache, daß nichts ihn zum Schweigen zu bringen und nichts ihn am Denken zu hindern vermag.

Wir sind weder Voyeure noch Zuschauer, noch bloße Zeugen. Beckett sagt unsere Worte, er gibt uns die Worte zurück, die uns geraubt wurden. Seine Worte kommen aus uns heraus. Wir dringen in sie ein wie die Larve in ihren Tunnel. Wir kriechen wie sie in der grenzenlosen Nacht des Denkens umher, den Schimmer des Seins vor Augen. Wir kriechen durch die Zeit, in uns und außerhalb, in der auf geheimnisvolle Weise in jedem Augenblick Anfang und Ende eins sind. Anderenfalls müßten wir irgendwann einmal an das allerletzte Ende gelangen und den allerersten Anfang finden, die für immer außerhalb der Reichweite des Menschen liegen oder zumindest außerhalb der Reichweite des Schreibens, des Wortes, der Sprache. Niemand lebt seinen Tod zu Ende, niemand tritt lebend ins Schweigen ein, niemand bringt dieses Unternehmen zu Ende: den Tod zu sagen, das Nichts zu sagen. Solange die Worte da sind, und sie sind immer da, ist etwas da.

»Um abermals zu enden...«[47] Das sind die ersten Worte des ersten Textes (er ist in den sechziger Jahren entstanden) in der 1975 erschienenen Sammlung der *Foirades*. Eines seiner bekannten Worte, und eines der schönsten, die Beckett je geschrieben hat. Alles beginnt mit diesem *Schädel*, der allein und verlassen in der Dunkelheit eines abgeschlossenen Raumes auf einem Brett liegt. Dann verschwindet der Raum, und ebenso das Brett, und es bleibt nur der *Totenschädel* ohne Hals und Gesichtszüge, das knöcherne Gefäß in Dunkel und Leere, das nun selbst und allein zum letzten Ort geworden ist: *locus solus*. Als der Schädel das letzte schwache Licht verströmt hat, das er einstmals besaß, erhebt sich ein bleierner Tag, grau wie der endlose Sand, unter einem grauen, wolkenlosen Himmel. Der Staub des Sandes ist aus dem Staub der prächtigen Monumente gemacht, Ruinen nun, aus denen noch steinerne Stümpfe emporragen, die weiterhin still zerfallen. Inmitten all dessen, aufrecht, der Ausgestoßene, eine kleine Gestalt, grau auch sie wie all das Grau umher. Der Ausgestoßene sieht in der Ferne zwei andere Gestalten auftauchen, klein, weiß, gebeugt, unter ihrer Last keuchend, unmöglich voneinander zu unterscheiden; sie tragen eine Bahre, auf der, unter einem Laken verborgen, ein Körper liegt. Groteske Silhouetten, Mercier und Camier, Didi und Gogo, Krankenpfleger des Nichts, der eine vorn, rückwärts gehend, der andere hinten, lenkend; von Zeit zu Zeit drehen sie sich um eine unsichtbare Achse und wechseln die Position. In seiner gewohnt minutiösen Art beschreibt Beckett den Gang der beiden Bahrenträger des Nichts, die diese »zu enträtselnde Weiße« transportieren; und aus der Ferne, von oben, betrachtet all das der Ausgestoßene, bewegungslos an die Ruinen gelehnt wie Molloy an den Belacqua-Felsen, als Becketts Unternehmen seinen Anfang nahm und A und B einander begegneten, vor einer Stadt, in die der eine ging, während der andere dorther kam. Hier gibt es keine Stadt mehr, auch kein Fahrrad, keinen Stock und keine Melone. Der Ausgestoßene sieht zu, wie dieses »uralte Tragen« sich vollzieht; das Vor und Zurück der beiden Clowns in ihren weißen Kitteln, die sich von Zeit zu Zeit um ihre eigene Achse drehen, anhalten, um dann ihren chaplinesken Gang wiederaufzunehmen, in der Haltung der Biedermänner von Folon. Plötzlich, wie von einer freundschaftlichen Hand oder vom Wind umgestoßen, fällt der Ausgestoßene nach vorn, auf den Bauch, gleich den Ruinen, deren Teil er schon immer war, bleibt ausgestreckt dort liegen, man kann ihn kaum erkennen. Doch das Leben weicht nicht aus ihm, und das Denken ebensowenig. Sein schwacher Atem bringt den Staub zum Beben, und seine seltsamen blauen Augen blicken weiterhin ins Unbestimmte, ins Leere. Wird alles nun erstarren? Man weiß es nicht. Der Text schließt mit »dem zyklopischen Gewölbe«, dem Schwarz, das sich am wolkenlosen Himmel ausbreitet, wie das eines »letzten Endes, wenn es denn je eins geben sollte, wenn es absolut sein müßte«.

Muß es unbedingt ein letztes Ende geben? In dem Halbdunkel, das die Nacht des Denkens und der Schimmer des Seins erzeugen, setzt die Larve ihr Kriechen fort, der lebende Leichnam seinen gebrechlichen Gang, und der Clown schwankt weiter wie ein Seiltänzer, Opfer einer Urgewalt, auf die Welt gekommen, ohne geboren zu sein, auf ewig ausgestoßen. Eine gigantische Pantomime macht das Theater allgegenwärtig in diesem unermeßlichen und zugleich raren Werk. Als vollführte Geste und gesprochenes Wort geht Becketts Theater weit über sein Theater hinaus, das gleichwohl zum Größten zählt. Es prägt sich jedem Selbstgespräch, jedem Satz, jedem Wort auf, ein großes Ur-Mimodram, miniaturisiert in jedem Detail. Die Bekkettsche Bühne, die der offenen und dennoch auf sich selbst geschlossenen italienischen Bühne treu bleibt, ist eines der drei Urbilder der Geburt, zusammen mit dem Schädelkasten und der Mülltonne. Der einzige wirkliche Unterschied zwischen Roman und Theater liegt darin, daß das Theater das Leben der Figur in der Verkörperung durch den Schauspieler nach und nach aufgezehrt zu haben scheint, so daß Beckett den Schauspieler schließlich in Frage stellt. Heute gibt es keine autonomen Figuren mehr, die jenen »kleinen Komplexen« entsprächen, von denen Jung in der Tavistock Clinic sprach, sondern nur immer stärker keuchende, immer monotonere, immer schwächere Stimmen. Am Ende bleiben ein Mund, der spricht, und ein Ohr, das hört.[48] Und dieses Theater, das unablässig am Anfang seines Endes, an der äußeren Grenze seiner Innerlichkeit steht, hört nicht auf zu beginnen noch auch zu enden, indem es endgültig aus sich heraustrāte. Der Schauspieler ist darin, aber auch der Zuschauer. Ich höre nicht auf, darin zu sein, in mir selbst wie in einem anderen zu sein. Jede Verkörperung, die des Ich und die der Figur, ist eine Inkarnation, ein Einsargen, ein Begraben, denn damit beginnt das Ende. Man weiß nicht wo, nicht wann, nicht wie und vor allem nicht, »wer dieser Trottel ist, der sich für mich hielt und für den ich mich hielt«. Da er nicht weiß, wohin er gehen und wo er bleiben soll, landet er schließlich in dieser existentiellen Sackgasse, dem Theater, er preßt sich an die Rückwand, sitzt in der Falle, und wenn der Vorhang sich hebt, ist er da, mit dem Rücken an die Mauer gelehnt, »vor mir die lange Nacht, während der die Toten im Totenhemd auf ihrem Totenbett oder im Sarg liegend darauf warten, daß die Sonne aufgeht«.[49] Immer hat es bei Bekkett, durch die Klobrille betrachtet, diese märchenhaften Bilder gegeben, in denen der Glanz der Sprache die Schönheit der Welt zwingt, aus ihrer Asche emporzusteigen und sich der Weite des Kosmos zu öffnen: »Das Meer, der Himmel, das Gebirge, die Inseln zermalmten mich in einer ungeheuren Systole und strebten dann auseinander bis an die Grenzen des Raumes.«[50] Es spielt sich in den Worten ab, ist der Schrift eingeschrieben, endet in einem Wirbel aus Licht, einer Ekstase aus Schwarz und Weiß, dem irreduziblen Schwarzweiß des beschriebenen Blattes. Dieses Werk, das das Leere, das Schweigen, das Nichts, den Tod sagt, ist (vielleicht und mit Ausnahme der großen heiligen Texte) das einzige, in das das ungereinigte, nicht herausgeputzte, von Blut und Kot triefende Leben Eingang zu finden vermocht hat, in dem das Leben Wort geworden ist, ganz wie das Wort darin Fleisch wurde. So entstand dies ganz und gar Einzigartige: ein Diskurs des Essentiellen, der kein Wesens-Diskurs ist.

Becketts Vertraute sprechen von ihm, von dem Menschen, der er ist, mit einer gewissen Schamlosigkeit und ohne jede Angst vor Übertreibung. So etwa Jérôme Lindon, sein Verleger und Freund: »Im Leben hätte ich mir nicht vorstellen können, daß es einen so wahrhaftigen, so großen und so guten Menschen geben könnte.« Oder auch Bram van Velde: »Nur weil es Menschen wie Beckett gibt, bricht nicht alles zusammen.« Worauf Cioran erwidert: »Selbst wenn die Welt zuammenstürzte, ließe er nicht von der Arbeit ab, an der er gerade säße; ja, er wechselte nicht einmal das Thema.« Alle betonen, daß sich in ihm Noblesse mit Bescheidenheit, Luzidität mit Güte verbinde. In wesentlichen Dingen nicht zu beeinflussen, erklärt Cioran, aber schwächer als wir alle und schutzlos angesichts des Unwesentlichen. Alle nennen ihn verschlossen und undurchdringlich, und seine Undurchdringlichkeit werde noch dadurch gesteigert, daß er höflich und von außergewöhnlicher Liebenswürdigkeit sei.
Die Öffentlichkeit vermag das nicht zu beurteilen. Da ist einer, den man nie im Fernsehen gesehen hat, den man niemals auf den literarischen Cocktails, in den Theater- und Filmpremieren, bei den zahllosen Vernissagen, Kolloquien, Gesprächsrunden und all den anderen Spielen des mondänen Lebens und der industriellen Kultur trifft. Vielleicht glaubt man in der Öffentlichkeit, Beckett sei schon sehr alt, gehe nicht mehr aus, existiere fast schon gar nicht mehr. Falsch! Schmal, stets schmucklos-elegant gekleidet, in jenen ewigen Rollkragenpullover, den David Levine ihm in einer berühmten Karikatur bis über den Mund gezogen hat, führt er zu stets derselben Stunde seine Eulenaugen und seine Eulennase (Hugo nennt die Eule sehr zutreffend den »großartigen Höhlenspäher«) in den Straßen spazieren.
Der Nachtraubvogel geht durch die taghellen Straßen, schweigend und allein. Anonyme Menschen kreuzen seinen Weg im Quartier Denfert-Rochereau. Es gehört zu den Pariser Spielen, seine flüchtige Anwesenheit an irgendeinem Ort der Hauptstadt anzuzeigen. »Kürzlich sah man ihn am Gare de l'Est in einer Nummer des *Paris-Match* blättern«, weiß die Zeitschrift *Acteurs* mitzuteilen, und gibt damit den Ton.

Es heißt, Samuel Beckett sehe niemanden und niemand sehe ihn. Doch beinahe jedem, der sich aus einem ernsthaften Grund an ihn wendet, wegen eines Buches oder einer Dissertation oder der Inszenierung eines Stücks, antwortet er mit dem Angebot eines Treffens, stets zur selben Zeit und am selben Ort, und man erkennt, daß die Nachlässigkeit mancher Regisseure, die, wenn sie die gewünschte Zustimmung erst erhalten haben, einem weiteren Treffen aus dem Weg gehen, um möglichst freie Hand zu behalten, ihn zutiefst verletzt.
Es heißt, die Begegnung mit Samuel Beckett beschränke sich auf einen Monolog, wobei der große Schriftsteller in Schweigen verharre, während sein Gegenüber um so redseliger werde, als er sich eingeschüchtert fühle. Während unserer Begegnungen kam es indessen zu einem echten Dialog zwischen uns, und zwar in dem Sinne, daß ich Fragen beisteuerte und er die Antworten. Beckett antwortet gern auf präzise, technische Fragen, die dem Gesprächspartner bei dessen Arbeit weiterhelfen. Aber es trifft auch zu, daß er schweigt, daß er zuhört und sich für den anderen interessiert.
Es heißt, in Gesprächen mit Beckett sei die Rede von der Kunst, vom Leben, von der Familie, von Dublin, von Joyce, vom Schachspielen, aber nie von Becketts Leben, Becketts Werk oder vom Menschen Beckett. Und dennoch drehte sich unser Gespräch hauptsächlich darum. Es trifft jedoch zu, daß er schon nach wenigen Minuten darum bittet, seine Äußerungen nicht zu zitieren. Mit nur zwei Ausnahmen ganz zu Anfang, nach seinen ersten Erfolgen, hat Beckett niemals Interviews gegeben. Alle Äußerungen, die man von ihm berichtet, wurden nachträglich von seinen Gesprächspartnern rekonstruiert. Immer wieder betont er, daß er nicht über sich selbst zu sprechen verstehe, daß er nichts über sein Werk zu sagen habe, daß er sonst irgend etwas Beliebiges sage, naja, nicht ganz beliebig... Es gibt einen jungen Schriftsteller, mit dem er den Umgang einstellte, als er erkannte, daß der ihn in seiner Zeitschrift zitieren wollte.
Ich glaube sogar behaupten zu können, daß jegliches Zitieren, selbst wenn es von seinen bevorzugten Freunden käme, ihm als Verrat und Beleidigung erschiene. Ich habe ihm lediglich gesagt, daß ich nur solche Äußerungen von ihm aufnehmen würde, die

bereits in anderen Büchern erschienen sind, sofern sie bestätigten, was ich nun, da ich ihm zuhörte, zu verstehen glaubte, denn man müsse sich schon sehr stark fühlen, wenn man nicht den Versuch machen wolle, das Vorgehen eines Künstlers zumindest durch einige Äußerungen zu erhellen, die seine Absichten verdeutlichten. Beckett hat dagegen nichts eingewendet. Gleichwohl wollte er den Leser allein in seiner Begegnung mit dem Werk lassen, die menschliche Realität des Autors auslöschen oder zumindest auf das Minimum reduzieren, das unausweichlich in das Schreiben eingeht. Deshalb seine spöttische Bemerkung, die Professoren wüßten über sein Leben besser Bescheid als er, habe er es doch nie dahin gebracht, Interesse an sich selbst zu finden, und auch jeglichen Geschmack daran verloren, es zu versuchen.

Man kann sich Beckett nicht aufdrängen. Man kann ihn nicht beeinflussen. Er war es, der auf meinen ersten Brief antwortete und ein erstes Treffen vorschlug, und dann, während dieses Zusammentreffens, ein zweites und so weiter. Mit seinen runden Augen, die aus der Tiefe der knöchernen Höhlen hervorlugen, und dem ängstlichen Blick, der einen angesichts des freundlichen Lächelns unschlüssig läßt, wirkt Beckett auf sein Gegenüber zugleich schutzlos und undurchdringlich. Seine Zerbrechlichkeit erweist sich als ein ausgezeichneter Panzer. Sobald er spricht, mit jenem Rest an englischem Akzent, den er nie verloren hat, verläßt er sich auf sein Gegenüber, schenkt ihm sein Vertrauen, zieht ihn ins Vertrauen. Von da an wird jede Indiskretion zum Verrat. Später wird man vielleicht erkennen, daß man das, was er einem gesagt hat, bereits wußte, bereits gelesen hat. Und man ist versucht zu glauben, daß Beckett, ganz ähnlich wie Musils Figur, die Kunst beherrscht, seine kleinen Geheimnisse unter die Leute zu streuen, um seine großen desto besser für sich zu behalten. Aber das ist nicht alles. Was er einem gesagt hat, hat er *anders* gesagt. Es ist etwas anderes als das, was man schon wußte, was man vielleicht gelesen hatte. Und gerade diesen Unterschied kann man nicht zu beschreiben versuchen, ohne Gefahr zu laufen, Beckett zutiefst zu beleidigen. Dieses andere, dieses Mehr, das in Becketts Stimme, in seinem Blick, in seinen Gebärden liegt, das hat Beckett dir und nur dir gegeben. Ich bin sicher, daß Beckett jedem Gesprächs-

partner, den er solcherart ausgewählt, den er gerne empfangen hat, den Eindruck vermittelt, der privilegierte Träger einer einzigartigen Botschaft, eines unersetzlichen Geheimnisses zu sein. Und es sind – obwohl spärlich – vor allem die Gesten.
Beckett, das ist dieses Gesicht vor dir, dessen zermarterter, dramatischer Knochenbau nach vorne strebt wie ein Riff, während die Augenhöhlen, in deren Tiefe der Geist sein rundes Auge spielen läßt, dazu einladen, in den Abgrund hinabzutauchen. Etwas von der irischen Landschaft liegt darin, etwas von ihrer Weite und ihrem Himmel – seine einzige irische Erinnerung. Er gibt nur wenige Zeichen, seine Mimik ist spärlich, und sparsam sind auch seine Gesten. Doch alle seine Zeichen haben etwas Schwindelerregendes in ihrer Sanftheit. Wenn er nach dem Gedanken, dem Wort, der *Sache* sucht, entspannt sich sein Gesicht, sein Blick verschwimmt, und er streicht mit der Hand über die Stirn, als ob es ihm schwindelig würde. Er hält inne. Er bricht ab. Er weiß nicht mehr, was er sagen soll. Es gibt nichts zu sagen. Aber gerade hat er noch gesagt, mit lebendiger Stimme und lebhaften Gesten, wie du es niemals mehr von einem anderen hören wirst, daß es niemals nichts über nichts zu sagen gebe, selbst wenn das Schweigen Beginn und Ende von allem sei. Es kann nicht anders sein, als daß seine Gegenwart als Mensch den Unterschied ausmacht. Es gibt die Gegenwart des Textes und die Gegenwart des Menschen. Insofern Beckett diese hartnäckige Anstrengung unternommen hat, beide aufeinander zurückzuführen, sie gemeinsam an den Rand des Nichts oder beinahe dorthin zu führen, ist es ihm nicht gelungen, sie in ihrer radikalen und wechselseitigen Abwesenheit zusammenfallen zu lassen. Die Dualität von Mensch und Text, von Werk und Leben besteht fort. Darum ist die Begegnung mit dem Menschen Beckett so wesentlich. Solcherart auf nahezu nichts reduziert, existiert Beckett dennoch weiterhin, ist er der irreduzibel Lebendige, der schweigend Sprechende, der lebende Leichnam, der nicht sterben kann. Er, der von sich wie von einem Toten spricht, ist der lebendigste von uns allen, hat Bram van Velde einmal gesagt. Er geht durch die Straßen, aber immer seltener. Er liest Bücher, aber immer weniger. Er schreibt Texte, aber es fällt ihm immer schwerer. Er hat nicht mehr das Bedürfnis, die zu sehen, die er liebt. Bei jedem Toten, der zu

den übrigen Toten hinzutritt, tilgt er sämtliche Spuren – sein Vater, seine Mutter, Joyce, Cissie Sinclair, Tom McGreevy, A. J. Leventhal, Georges Duthuit, die Schauspieler, die seinen Fiktionen Fleisch und Blut verliehen haben: Jack MacGowran, Patrick Magee, Lucien Raimbourg, Jean-Marie Serreau. Jeden Tag oder beinahe jeden Tag geht er an dem Haus vorbei, in dem Marcel Duchamp und Marie Reynolds gewohnt haben.

Wenn man ihm gegenüber äußert, daß darin etwas Mystisches liege, wehrt er lächelnd ab. Wenn man ihm von der Weisheit des Ostens spricht, erwidert er, daß diese schrecklichen Japaner dabei seien, sein Werk mit Gewalt und Talent an ihr System anzupassen. Wenn man ihn fragt, ob der Rückgriff auf jüdisch-christliches Material bei ihm ausschließlich kultureller Natur sei, antwortet er, daß er nie aufgehört habe, in der Bibel zu lesen. Die Nennung Christi entlockt ihm ein weiteres Lächeln: Warum hat der »arme Jesus« sich damit abgegeben, den Lahmen zu heilen und Lazarus zu erwecken? Descartes entfesselt in aller Stille einen Sturm, der die Kanten des Knochenriffs vor mir erzittern und die von den Brauen bedrängten Augenhöhlen ertönen läßt. Sagen, daß manche sich fragen, ob Beckett Cartesianer oder Anti-Cartesianer ist – als ob die Frage einen Sinn hätte! Für Beckett ist Descartes kein bloßer Ideologe. Er ist der große Erschütterer des Sinns und des Seins. Mit ihm streift man den Abgrund, jenseits des *ich denke* bricht alles zusammen, stürzt man ins Nichts. Becketts Gesicht zittert noch beim Gedanken an die Katastrophe. Und der alte Geulincx, der jung gestorbene Schüler von Descartes und Vorläufer von Malebranche, den niemand oder kaum jemand kannte, bevor er Beckett gelesen hatte, hat keine andere Aufgabe, als den schrecklichen Riß ein wenig zu überdecken, den der Meister aufgetan hat.

Plötzlich sehe ich unter der Maske des berühmten Schriftstellers mit dem Gehabe des sehr freundlichen, sehr intelligenten und so überaus tiefgründigen Professors dort vor mir das Profil des zweifach Erschütterten sich abzeichnen: das gestrandete Wesen, das Wrack zwischen zwei Welten, zwischen zwei Ufern, zwischen der Maub' und dem Zirkus, zwischen Müllkippe und Golgatha, diesen Clochard auf der Rue de Buci, der mit gespreizten Beinen mitten zwischen den Passanten auf dem Trottoir lag und seine traurigen Clownstränen in den Urin tropfen ließ, der aus seinem offenen Hosenschlitz rann. Oder besser noch diesen jungen Mann im blauen Abendanzug in der Metrostation, elegant, aber zerrissen, der etwas auf dem Bahnsteig zu suchen schien. Plötzlich ging er los, und als er die Treppe hinaufstieg, da kroch er fast, das Gesicht kaum dreißig Zentimeter über den Stufen. Sein schönes, abgezehrtes Gesicht und das lange weiße Haar, wie Lucky. Das war an der Station Porte des Lilas. Als ich Beckett von dieser Begegnung erzählte, sagte er nur: »Ja, schon fast auf nichts reduziert.« Sein Freund Bram van Velde hat den Unterschied zwischen Artaud und Beckett sehr richtig erkannt: »Artaud ist zerbrochen... Beckett dagegen hat es geschafft, im Zaum zu halten, was ihn dem Wahnsinn zutrieb.« In seinem *Journal* schreibt Charles Juliet, jedes große Werk entstehe aus einem Mangel an Sein heraus, wie ja auch der Heilige jemand sei, der vor allem unter dem Mangel leide und ihn nicht ertragen könne. Ich weiß nicht, ob das eine gute Definition des Kunstwerks oder der Heiligkeit ist und ob wir in Beckett einen Heiligen erblicken sollen. Ich weiß auch nicht, ob ich auf seinem Gesicht nach den Spuren des Wahnsinns, des Genies oder der Heiligkeit suche oder nach einem unauflöslichen Gemisch aus allen dreien, sie alle gezügelt, sublimiert und exorziert.

Ich kann Beckett nur mit jenen seltenen, teuren Wesen vergleichen, die ich um ihres radikalen, von Fanatismus freien Anspruchs und ihrer unerschütterlichen, von Selbstmitleid freien Gewißheit willen liebe. Wenn nicht gar mit den Allergrößten, die mich vielleicht enttäuscht hätten, wenn ich ihnen begegnet wäre, mit Shakespeare, Pascal, Rimbaud, Dostojewski. Er jedenfalls hat mich nicht enttäuscht bei unserer Begegnung. Auf keine der großen Fragen, die die Menschheit sich immer wieder stellt, die zu stellen im Wesen des Menschen liegt und die viele von uns nur noch stammelnd in Beckettscher Armut, Not und Torheit stellen, hat Beckett jemals auch nur den geringsten Ansatz zu einer Antwort gegeben. Er sagt nichts, er sagt, daß es nichts zu sagen gibt, er behauptet nichts, er bestreitet nichts, er verkündet keine Wahrheiten, nicht einmal, daß es keine Wahrheit gebe. Die Weisen und Heiligen faszinieren ihn nur durch die Lächerlichkeit ihrer Clownerie, etwa jener fernöstliche Weise, »der da er die Fäuste geballt hatte vom zartesten Alter an ... kurz vor seinem Tod ... nachdem die Handflächen ganz durchstoßen waren sie endlich sehen konnte die endlich auf der anderen Seite herauskamen«. Weisheit liegt allein in der Abkehr von der Weisheit, Heiligkeit allein im Verzicht auf Heiligkeit. Becketts Gesicht dort vor mir hebt seine Maske nicht, sein nacktes Gesicht ist seine beste Maske, eine, die weder verbirgt noch enthüllt, noch verkleidet, sondern sich damit begnügt, auf den Text, auf die Schrift, auf die Worte zu verweisen, allein auf die Worte, die immergleichen, endlos wiederholten, immer spärlicheren, immer schwächeren Worte auf dem Weiß des Papiers, aber immer da, an der Grenze der Sichtbarkeit, an der Grenze der Lesbarkeit, immer noch sie, es gibt nur sie, es gibt nur das.

Dreißig Jahre währt das nun, dreißig Jahre, daß ich mich mit Beckett beschäftige. Denn letztlich verweist Beckett jeden auf sich selbst zurück. Meine Suche nach Sinn vermöchte diesen kleinen Satz des Mannes ohne Eigenschaften nicht zu entwerten: »Ulrich fragte ihn, wozu er eigentlich einen Sinn brauche? Es ginge doch auch so, meinte er.« Schon seit langem vermag ich die Suche nach Sinn nicht mehr von der Begegnung mit dem Theater zu trennen, einem Theater, das keinen Bruch mit dem Leben darstellte, sondern das Leben selbst wäre, und das den geistigen und fleischlichen, den physischen und mentalen, den physischen und leiblichen Konflikt, der es hervorbringt, nach außen wendete. Und die vergangenen Moden, die Eintagslaunen, die Wohnzimmerrevolutionen, das Geschwätz der Redaktionsstuben, die ins Konzert der toten Stimmen aus den leeren Schläuchen einfallen, bringen allein noch am Horizont der Erinnerung die einzigen großen Linien zum Erzittern, in denen das Wesentliche liegt. Fünfzehn Jahre lang, von 1950 bis in die Mitte der sechziger Jahre, die Achse »Vilar-Beckett« und seit fünfzehn Jahren die Achse »Théâtre du Soleil-Beckett«. Das utopische *Wir* des *théâtre populaire* und das namenlose *ich* des unmöglichen Beckettschen Diskurses. Die lebendige Einmütigkeit des Festes und der Solipsismus des sterbenden Seins. Nicht allzusehr zu verstehen suchen, wie sich, tief im Selbst, der Widerspruch auflöst zwischen der Gewißheit des Festes und der Unabweisbarkeit eines Endspiels, das niemals aufhört zu enden.

Zweiter Teil

ERSTES KAPITEL
DAS LEBEN

Samuel Beckett weigert sich niemals, den wenigen Besuchern, die er empfängt, von sich selbst zu erzählen. Er tut es sogar mit einer Frische, die ihn noch undurchdringlicher macht. Das Geheimnis des Werkes hat nichts mit diesem »elenden Haufen von Geheimnissen« zu tun, der das Leben eines Menschen ist. Wirklich nicht? Wenn jene Methoden literaturwissenschaftlicher Erklärung, die meinen, sich auf Beziehungen der Sprache zu sich selbst beschränken zu können, letztlich steril geworden sind, so ist das ein Beweis dafür, daß man das Werk nicht völlig vom Leben und auch nicht von der Geschichte trennen kann. Wäre danach, wer das Werk vom Gewicht des Lebens entlasten wollte, nicht gut beraten, wenn er das Leben kursorisch einbezöge, ohne darin gleich den Schlüssel für das Werk zu erblikken? Genau dies habe ich hier zu tun versucht. Da ich die Begrenztheit biographischer Zeittafeln, die heute so im Schwange sind, umgehen wollte, ohne gleich ins Unmaß jener Biographien zu verfallen, die das Werk am Ende verschlingen, schien es mir das beste, in großem Umfang aus der monumentalen Beckett-Biographie des Amerikaners Deirdre Bair zu schöpfen, die 1978 in England erschienen ist[1] und sich auf sechs Jahre Forschung, dreihundert Interviews und die Auskünfte von mehreren hundert Briefpartnern stützt. Dennoch hat Deirdre Bair es nicht immer vermocht, der Falle bloß approximativer Darstellung zu entgehen, noch hat er der Versuchung widerstanden, die Wahrheit des Romans nur allzuoft der romantischen Selbsttäuschung zu opfern. Mit Hilfe anderer Übersichten der Lebensdaten Samuel Becketts (darunter die in den *Cahiers de l'Herne* abgedruckte) und aufgrund meiner Gespräche mit Beckett habe ich versucht, die offenkundigsten Irrtümer und die allzu sinnlosen Indiskretionen zu korrigieren.
Nein, das Werk läßt sich nicht aus dem Charakter seines Autors noch aus den Peripetien seines Lebens erklären. Und wer kann schon einen Menschen ergründen, ein Leben erforschen, ohne dabei Gefahr zu laufen, sich selbst zu verlieren? Was denn auch nur wenige tun! Kurzum, das Werk erklärt das Leben, und

nicht umgekehrt. Große Schriftsteller finden zu ihrem Ausdruck um den Preis einer Lebens-Alchimie, in der das Werk, obwohl noch gar nicht vorhanden, dennoch das Leben erschafft und seinem Autor diktiert, welche Erfahrungen er machen, welche Gefahren er eingehen, mit welchen Menschen er Umgang pflegen soll; sein Leben wird zu einem Mimodram, in dem das Werk sich selbst spielt, noch bevor es existiert. In ganz besonderem Maße gilt das für Samuel Beckett, einen genialen Schriftsteller, der mit vierzig Jahren noch keinen einzigen Erfolg zu verbuchen hatte. Ohne Zweifel bedurfte es dieses gelebten Mimodrams des Scheiterns, damit das Scheitern eines Tages seinen Ausdruck im Erfolg des Werkes finden konnte. Beckett beherrscht die Kunst, unbedeutende Kleinigkeiten aus dem affektiven Gedächtnis in sein Werk einzubauen (eine Zurückweisung durch die Mutter, eine Schwimmpartie mit dem Vater, einen grünen Mantel, einen Spaziergang durchs Moor oder in der Nähe einer Pferderennbahn) und zugleich die Großereignisse des öffentlichen (die Résistance) oder privaten Lebens (den Überfall auf der Avenue d'Orléans) zurückzudrängen. »Ich versuche nicht zu erklären, was sich da durch das Leben des Schreibenden Ausdruck verschafft. Ich konstatiere lediglich die Parallelität zwischen zwei Prozessen, der eine spiegelt sich im Schreiben wider, der andere in der Biographie«, schreibt Louis Aragon zu Beginn seiner *Incipit*, die mit einer großartigen Eloge auf Samuel Beckett enden.

1906

Samuel Beckett wurde am 13. April, dem Karfreitag des Jahres 1906, in Foxrock am südlichen Stadtrand von Dublin geboren. Seine Eltern waren wohlhabend, gehörten jedoch nicht zur obersten Schicht des Bürgertums. Sein Vater war »quantity surveyor« ⟨berechnet aufgrund der Angaben von Architekt und Statiker die Mengen und Kosten des benötigten Baumaterials, d. Ü.⟩. Zwischen einer Mutter, May, deren Pietismus rigoros war, und einem Vater, Bill, der einsame Wanderungen auf dem Lande liebte, verlebten Sam und sein vier Jahre älterer Bruder Franck eine glückliche Kindheit. Die letzte religiöse Erfahrung, an die Sam sich erinnert, ist seine erste Kommunion. Seine Schulausbildung begann er in der Earlsfort House School, einem Präparandenexternat für Jungen, das von Alfred le Péton, »Französischlehrer«, gegründet worden war. Dort waren die beiden Brüder auch noch zur Zeit des Osteraufstandes von 1916. Bill führte die beiden Jungen auf einen Hügel, von wo aus sie das brennende Dublin sehen konnten. Samuel Beckett hat es sein Leben lang in lebendiger Erinnerung behalten.

1920

Mit dreizehn Jahren folgt Sam seinem Bruder Franck an die Portora Royal School in Enniskillen, Grafschaft Fermanagh, Nordirland. Er hat keinerlei Erinnerung an diese Schule bewahrt, in die er trotz zahlreicher Avancen niemals mehr seinen Fuß gesetzt hat. In diesem Institut, das vor ihm auch Oscar Wilde besucht hatte, herrschte eine strenge Disziplin. Während er in den sonstigen schulischen Fächern, einschließlich Französisch, ein mittelmäßiger Schüler war, tat er sich in diversen Sportarten wie Cricket, Boxen und Schwimmen hervor. Seine Klassenkameraden können sich nicht erinnern, daß er auch nur das geringste Interesse für Literatur gezeigt hätte. Seine Umgebung schärfte ihm den Gedanken ein, seine Ausbildung werde ihn in die Laufbahn eines hohen Beamten, Politikers oder Geschäftsmannes führen.

1923

Im Oktober 1923 schreibt er sich am Trinity College ein, diesem »Bildungszentrum und geistigen Mittelpunkt der protestantischen Vorherrschaft«. Mit seinen siebzehn Jahren ist er ein Jahr jünger als der Durchschnitt seiner Kommilitonen. Die beiden ersten Jahre sind schlecht; er muß gar seine Französischprüfung wiederholen. Seine Lehrer sind Dr. Arthur Aston Luce, der für die Lehre zuständige Direktor, hervorragender Kenner von Descartes und Berkeley, und vor allem Thomas B. Rudmose-Brown, Spezialist für Racine, Corneille, Ronsard,

Maurice Scève, aber auch für Valery-Larbaud, L. P. Fargue und Francis Jammes, die dank seiner später Becketts Freunde werden sollten. Zu Beginn seines letzten Jahres am Trinity hat er den Ruf eines ausgezeichneten, wenngleich wenig orthodoxen Studenten erworben, vor allem in den Sprachen – zu dieser Zeit recht spezielle Fächer mit wenigen Studenten, darunter vor allem Studentinnen. Er treibt Sport, hat Rugby allerdings durch Golf ersetzt, und begeistert sich fürs Motorradfahren, dem er sich äußerst waghalsig hingibt. Er beginnt in Dubliner Künstlerkreisen zu verkehren, wo ihn bald jedermann kennt. Häufig besucht er das Abbey Theater und den Tempel des Melodrams, das Queens Theater; er liebt O'Casey und begeistert sich für Pirandello; er sieht sich sämtliche Filme von Chaplin und Laurel und Hardy an, später dann auch die Filme der Marx Brothers. Er ist ein wenig snobistisch. Nach und nach ersetzt er Cricket und Sport durch Trinken und Theaterbesuche. Er hinterläßt den Eindruck eines linkischen und ängstlichen Jungen, der den ganzen Abend auf den Beinen ist, kaum spricht, aber stets als letzter geht. Er gehört zur Clique um Dr. Rudmose-Brown und besucht regelmäßig einen Pub, der von einer mit einem Iren verheirateten Französin geführt wird. Man trifft ihn auch in Davy Byrnes' Pub, in dem die wichtigsten Dubliner Persönlichkeiten aus Literatur und Politik verkehren.

1926

Sam ist zwanzig Jahre alt. Er blüht auf. Er erhält ein Stipendium und wird langsam etwas vernünftiger. Er unternimmt seine erste Reise nach Frankreich, besucht Tours und macht, zusammen mit einem jungen Amerikaner, Charles C. Clarke, eine Radtour durch das Loire-Tal. Die Faszination, die Frankreich auf ihn auszuüben beginnt, verstärkt sich noch durch die Begegnung mit Alfred Péron im September des Jahres. Péron ist ein Dozent der Ecole Normale Supérieure, der im Zuge eines Austauschprogramms, von dem auch Beckett später profitieren wird, für die Jahre 1926 bis 1928 ans Trinity College abgeordnet worden ist. Ihre Freundschaft wird bis zu Pérons Tod im Jahre 1945 fortdauern. Obwohl er sich immer noch dem einsamen

Rausch hingibt, widmet er immer mehr Zeit der Péron-Gruppe, deren Ausstrahlung groß ist. Zusammen mit Freunden erfand er zum Spaß eine pseudo-avantgardistische Pariser Bewegung, den »Konzentrismus« eines gewissen Jean du Chas. Er las Descartes, Vielé-Griffin, Apollinaire, Baudelaire und Max Jacob, der einer der ersten Verfechter seines Werkes werden sollte. Vor allem aber begeistert er sich für Dante; auf den fünften Gesang des *Inferno* kommt er immer wieder zurück. Um dem Familienbetrieb zu entgehen, entschließt er sich, Professor zu werden.

1927

Im Sommer verbringt Sam einen Monat in Italien und entdeckt Florenz. Er trägt eine Baskenmütze. Zu Beginn des Wintersemesters 1927 erhält er seinen Bachelor of Arts. Rudmose-Brown verschafft ihm eine Berufung an das Campbell College in Belfast, wo er während der ersten Monate des Jahres 1928 lehrt.

1928

Seine Vorgesetzten machen ihm den Vorwurf, er lasse seine verwirrten Schüler auf feuchtem Rasen dekadente Gedichte lesen, statt ordentlichen Unterricht im Hörsaal zu machen. Weiter wirft man ihm vor, er versehe die Arbeiten seiner Schüler mit derart verletzenden Kommentaren, daß der Direktor die Eltern habe bitten müssen, keine Notiz davon zu nehmen. In den Ferien fährt er nach Deutschland und besucht dort den skandalumwitterten Zweig der Familie, den des Antiquars Sinclair. Die einzige und über alles geliebte Tochter dieses reichen protestantischen Geschäftsmannes (Tante Cissie) hat einen völlig mittellosen, aber gutaussehenden und charmanten Juden geheiratet, und das Paar hat sich in Kassel niedergelassen. Nach seiner Rückkehr tritt Sam einen zweijährigen Aufenthalt an der Ecole Supérieure in der Rue d'Ulm in Paris (fünftes Arrondissement) an – ein Aufenthalt, der seinem Leben eine andere Richtung geben wird und der seiner Anstellung am Trinity College vorausgehen soll, die Rudmose-Brown ihm zugedacht hat. Er hat sich bereit erklärt, eine Dissertation über P. J. Jouve zu schreiben. Er schließt eine lebenslange Freundschaft mit einem anderen Iren an der Ecole Normale, Tom McGreevy, der zehn Jahre älter ist als er und bereits eine glänzende Karriere hinter sich hat. McGreevy vertritt die These, daß Shakespeare ein Ire gewesen sei. Da er allzusehr mit Reden beschäftigt ist, schreibt er nur wenig, drängt aber seine jüngeren Kollegen dazu, es zu tun. Tag für Tag streift er durch Paris, um sich zu vergewissern, daß »die Welt noch an Ort und Stelle ist seit dem Vorabend«. McGreevys Ruhelosigkeit und sein Reden helfen Sam, die eigene Einsamkeit und Verzweiflung zu verbergen. Das intellektuelle Thema des Selbstmordes verfolgt ihn; nächtelang spielt er in seinem Zimmer auf der Flöte und raubt seinen Kollegen damit den Schlaf; er selbst steht erst mittags auf. Er hat einen einzigen Anglistik-Schüler, Georges Pelorson. Den Unterricht verlegt er ins Café. Mit Rücksicht auf seine Finanzen ersetzt er den Whisky durch Weißwein.

Nachdem er den *Ulysses* gelesen hat, macht er durch McGreevys Vermittlung die Bekanntschaft von Joyce. Joyce beeindruckt Beckett, Beckett macht einigen Eindruck auf Joyce. Fünfundzwanzig Jahre liegen zwischen ihnen. Ihr Verhältnis entwickelt sich langsam und beständig, ohne jemals zu einer wirklichen Freundschaft zu führen. Sie werden niemals aufhören, einander mit »Herr« anzureden. Ihr Verhältnis ist das eines Professors zu seinem Forschungsassistenten, und schuld daran ist in erster Linie Joyce. Richard Aldington bezeichnet Beckett als »weißen Boy von Joyce«. Wie andere Freunde auch hat Beckett kleine Lektürearbeiten für den nahezu blinden Joyce übernommen. Er imitiert dessen Schrullen und geht gar soweit, zu enge Schuhe zu tragen, die ihm Schmerzen verursachen. Beide interessieren sich für Esoterik. Lucia, die Tochter von Joyce und enge Freundin Becketts, sollte dem Wahnsinn verfallen.

1929

Joyce trägt sich mit dem Gedanken, eine Sammlung von Erwiderungen auf die Kritik an seinem Roman *Work in Progress* herauszugeben, der damals noch nicht *Finnegans Wake* heißt. Er möchte darin auch einen Aufsatz von Beckett über Dante, Vico und Bruno aufnehmen; Vico und Bruno kennt Beckett freilich noch nicht. Man erwartet von diesem Aufsatz den Nachweis, daß Joyce den dreien überlegen sei. Die bedingungslosen Anhänger von Joyce lassen Beckett am Rande der Gruppe stehen. Es ist eine Zeit, da zahlreiche Dichter Selbstmord begehen: Majakowski, Jessenin, Crevel, Hart Crane, Harry Crosby. Walter Lowenfels und Michael Fraenkel gründen die »Todesbewegung«. Darin beschwört man den Tod der Moderne und die Geburt einer neuen Gesellschaft, »die von der reinen Kunst beherrscht ist, dem einzigen Ausweg aus dem Morast, zu dem die westliche Welt nach Schopenhauer verkommen ist«. Sam Beckett wird nie aufhören, Schopenhauer zu lesen.

1929-1930

»Assumption«, eine Erzählung von Beckett, erscheint in der Juni-Nummer der Zeitschrift *transition*. Beckett setzt seine Studien über Descartes fort. Bei einem Diner mit den Joyces in den Trianons am Place de Rennes trifft Beckett mit Ezra Pound zusammen. »Er hatte große Schwierigkeiten mit einem Artischockenboden und benahm sich sehr aggressiv und hochmütig.« In diese Zeit fällt auch das berühmte Fest, das Adrienne Monnier in Les Vaux de Cernay veranstaltet; um die Gesellschaft, darunter auch Philippe Soupault, Jules Romains und L. P. Fargue, in dieses kleine Dorf zu bringen, hat sie einen Bus gemietet. Auf der Rückfahrt lassen Beckett und McGreevy den Busfahrer an jedem Bistro haltmachen. Nach diesen Ereignissen fällt Beckett bei Joyce halb in Ungnade. Im Sommer fährt er zu seiner Cousine Peggy Sinclair nach Kassel. Sie gibt ihm *Effi Briest* von Theodor Fontane zu lesen; in *Das letzte Band* wird er auf diesen Roman zurückkommen. Anfang des zweiten Jahres an der Ecole Normale Supérieure beginnt Beckett, der bis dahin vor allem für Joyce gearbeitet hat, für sich selbst etwas zu tun, um seiner Stelle am Trinity College gerecht zu werden und um sich zu verwirklichen. Er gibt die Dissertation über Jouve auf und widmet sich zunächst der Poesie. Er begeistert sich für Rimbaud, der gerade in Paris wiederentdeckt wird, experimentiert mit surrealistischen Methoden, interessiert sich wenig für Eliot und Pound. Wenn er abgebrannt ist, geht er ins Dôme, ins Coupole, ins Select oder ins Mahieu am Boulevard Saint-Michel. Mit den Pariser Iren trifft er sich in einer kleinen schmuddeligen Bar in der Rue Mouffetard und im Café du Départ in der Rue Gay-Lussac. Er sieht Paul Eluard im Café de la Mairie an der Place Saint-Sulpice, jenem Café, dessen türkische Toiletten Djuna Barnes unsterblich gemacht hat.

1930

Er überwirft sich mit Lucia Joyce, und plötzlich geschieht, was er am meisten fürchtet: Es kommt zum Bruch mit Joyce. In den ersten Nummern der von Eugène Jolas herausgegebenen Zeitschrift *transition* veröffentlicht er ein paar sehr kurze Texte. Ein Gedicht von zwei Seiten, »*For Future Reference*«, gibt Gelegenheit, ihn folgendermaßen vorzustellen: »Samuel Beckett, an Irish poet and essayist, is instructor at the Ecole Normale in Paris.« 〈»Samuel Beckett, irischer Dichter und Essayist, ist Dozent an der Ecole Normale in Paris.«〉 Auf eine Anregung McGreevys hin schreibt er unter Verwendung einer Reihe von Notizen über Descartes rasch ein Gedicht, *Whoroscope*, und bringt es kurz vor dem Abschluß eines von Nancy Cunard, Richard Aldington und der Hours Press im Spätsommer 1930 veranstalteten Wettbewerbs um das beste Gedicht über die »Zeit« in die Rue Guénégaud. *Whoroscope* erhält den mit zehn Pfund dotierten Preis und erscheint in dreihundert Exemplaren, die Beckett noch Jahre danach an seine Besucher verteilt. Das Gedicht folgt Zeile für Zeile dem *Leben des Descartes* (*La vie de Descartes*) von Adrien Baillet. Der schlechte Verkauf, das Schweigen der Presse und die gekränkte Betroffenheit seiner Familie vermögen Sam nicht zu entmutigen. Dennoch ist er in einer schwierigen Lage. Seine Arbeit an der Ecole Normale ist offiziell beendet. Statt ans Trinity College zurückzukehren, will er in Paris bleiben, unter dem Vorwand, seinen Essay über Proust fertigstellen zu müssen, den Prentice für die Sammlung »Dolphin« in Auftrag gegeben hat. Aldington hilft ihm aus der Klemme. Er schreibt ein Gedicht, *Henry-Music*, zur Musik von Henry Crowder, einem schwarzen Jazz-Musiker und Liebhaber Nancy Cunards, der in den Nachtlokalen am Montparnasse spielt. Zusammen mit Alfred Péron macht er sich daran, *Anna Livia Plurabelle*, das Kernstück von Joyce' *Work in Progress*, ins Französische zu übersetzen. Philippe Soupault, Yvan Goll und Paul Léon werden sich später bei der von Joyce in Auftrag gegebenen endgültigen Fassung dieses ersten Versuchs bedienen.

Im September tritt Sam seine Stelle als Assistent bei Rudmose-Brown am Trinity College an. Er erhält ein Gehalt von 200-350 Pfund und eine Dienstwohnung. Von Anfang an fordern sein zu enger und zu kurzer Anzug und mehr noch seine Baskenmütze irische Empfindlichkeiten heraus. Er läßt niemanden im unklaren darüber, daß er Dublin langweilig und provinziell findet. Er liest Schopenhauer und Kant, begeistert sich für Geulincx, den holländischen Descartes-Schüler, dessen *Ethik* er entdeckt. Er sammelt umfangreiche Notizen über die Philosophen an. Man beauftragt ihn mit einer Lehrveranstaltung über Bergson. Er arbeitet über Saint-John Perse, Rimbaud ... McGreevy führt ihn mit dem Maler Jack B. Yeats, dem Bruder des Dichters, zusammen. Die Verbindung zu dem Sechzigjährigen wird bis zu dessen Tod im Jahre 1957 nicht abreißen. Beckett fällt es immer schwerer, in einer Gesellschaft zu arbeiten, die gerade die letzte noch öffentlich gezeigte Aktdarstellung aus der National Gallery entfernt hat. Nationale Identität bedeutet ihm nichts. Die Lehrtätigkeit ist ihm ein Horror. Seine Kurse werden hauptsächlich vom weiblichen Geschlecht besucht, und er versteht es, seine Zuhörerinnen zu faszinieren. Er unterbricht seinen Vortrag oft durch langes Schweigen und schaut, den Rücken zum Auditorium, aus dem Fenster in den Park der Universität hinaus. Er entmutigt jeden Versuch, Kontakt mit ihm aufzunehmen. Nach der Stunde verläßt er eilends den Raum.

Von Dezember an leidet Beckett an diversen körperlichen Beschwerden, an hartnäckigen Furunkeln an unangenehmen Stellen, und fortwährend ist er erkältet. Er trägt verschmutze Hosen, ein dreckiges Hemd und einen ebenso dreckigen Pullover, einen alten Regenmantel (der ihn in seinen Werken verfolgen wird) und abgelaufene Schuhe. Er verkehrt bei dem Verleger Starkey und dessen Frau. Zu einem Skandal kommt es, als er während einer Abendgesellschaft Mussolini imitiert, und zwar mit einem Hut, den er dem Erzbischof vom Kopf genommen hat. Sooft es ihm seine Mittel erlauben, kehrt er nach Paris zurück.

1931

Dieser letzte in Dublin verbrachte Winter stürzt ihn in tiefe Melancholie. Ganze Tage verbringt er bei geschlossenen Vorhängen im Bett, in fötaler Stellung, das Gesicht zur Wand, die Decken über den Kopf gezogen. Seine Angehörigen mühen sich nach Kräften, seinen wahren Zustand zu verbergen. Doch ist er sogleich wieder auf den Beinen, als sich ihm die Möglichkeit bietet, nach Paris zu fahren und seine Cousine in Kassel zu besuchen. Dort übrigens gelangt er zu dem Entschluß, der Leitung des Trinity College seine Kündigung zu schicken. Niemandem fällt es schwer, Verständnis für seine Entscheidung aufzubringen, außer zweien, seinem Förderer Rudmose-Brown und ihm selbst: Er schämt sich, alle Welt enttäuscht zu haben. Sechs Monate bleibt er in Kassel, bringt genügend Geld und Mut zusammen, um nach Paris zurückzukehren. Im Februar nimmt er im Peacok Theater an einem von der »Dublin University Modern Language Society« veranstalteten Festival teil. Zusammen mit seinem Freund Pelorson hat er eine Parodie des *Cid* von Corneille geschrieben, die den Titel *The Kid* trägt und in der er die Rolle des Don Diego spielt. Er veröffentlicht *Proust*, vier Gedichte in *The European Caravan* (»Anthology of the New Spirit in European Literature«) und *Alba*, einen Prosatext, der im *Dublin Magazine* erscheint.

1932

Ende Januar kehrt Sam zum fünfzigsten Geburtstag von Joyce nach Paris zurück; er steuert ein Akrostichon bei und gewinnt damit wieder die Gunst des Meisters. Er beteiligt sich an dem Manifest »*Poetry is vertical*«. In der Erzählung »Sedendo et Quiescendo«, die im März in der Zeitschrift *transition* erscheint, taucht erstmals die Figur des Belacqua auf; die April-Nummer der *New Review* bringt *Text*. Beckett befindet sich in einer kritischen Lage: Bei der Universitätsleitung und bei seiner Familie ist er in Ungnade gefallen; er ist sechsundzwanzig Jahre alt, gänzlich mittellos und fast völlig unbekannt. Im Mai quartiert er sich im Hotel Trianon ein und macht sich daran, seinen ersten wirklichen Roman zu schreiben: *Dream of Fair to Middling Women*; der Roman sollte niemals fertig werden, aber Beckett wird ihm die Erzählungen der Sammlung *More Pricks Than Kicks* entnehmen. Der Held des Romans ist Belacqua. Beckett hat in wenigen Wochen gut zweihundert Seiten geschrieben. Gerne würde er sich in London nach einem Verlag umsehen, aber er hat kein Geld, um dorthin zu fahren, ja nicht einmal, um den Versand zu bezahlen. Glücklicherweise, wenn man so sagen darf, muß er wegen der Welle von Fremdenfeindlichkeit nach dem Attentat auf Paul Doumer das Land um jeden Preis verlassen. Da er keine gültige Aufenthaltsgenehmigung besitzt, versteckt er sich mehrere Tage in Jean Lurçats Atelier. Schließlich treibt er etwas Geld auf; er erhält das Honorar für eine Übersetzung des *Trunkenen Schiffes*, die lange als verschollen galt, bis sie 1972 in einem Buch eines Freundes wiederauftauchte. Nun kann er das Land verlassen und fährt zunächst, ohne einen Pfennig in der Tasche, nach London, dann nach Irland. Kein Londoner Verlag möchte Becketts Manuskript haben. Er entnimmt ihm die Erzählung *Dante and the Lobster* (*Dante und der Hummer*), die später die Sammlung *More Pricks Than Kicks* einleiten wird, und veröffentlicht sie in Paris. Den Preis im Wettbewerb um die beste Erzählung des Jahres erhält sie freilich nicht. Beckett übersetzt Gedichte von Paul Eluard, André Breton und René Crevel. Diese Übersetzungen erscheinen ebenso wie *Dante und der Hummer* in der Pariser Zeitschrift *This Quarter*. Er scheint dazu verurteilt, in Dublin zu bleiben, und seine Eltern drängen ihn, unverzüglich eine Anstellung zu suchen.

1933

In Cooldrinagh, wo Sams Familie lebt, wird die Atmosphäre immer gereizter. Sein Vater Bill überläßt ihm in Dublin ein kleines Büro im obersten Stock des Gebäudes, in dem das Familienunternehmen residiert, damit er nicht den ganzen Tag beschäftigungslos im Haus in Cooldrinagh umherwandert. Sam macht es sich zur Gewohnheit, außer Haus zu schlafen, wenn er zuviel getrunken und den letzten Zug verpaßt hat. Beckett hat nur sehr wenige Freunde. Er beginnt einen langen Briefwechsel mit McGreevy, der in Paris geblieben ist. In seinen Briefen läßt er seinem Zorn, seiner Angst und seinen Phantasien freien Lauf. Er wird von Erkältungen, Grippen und Rheumatismus heimgesucht. Zum Schreiben kommt er nicht mehr. Wie ein struppiger Clochard zieht er von Pub zu Pub, kreuz und quer durch Dublin oder auf dem Lande über Berg und Tal. Die Leute in Dublin halten ihn für »leicht bestußt«, diesen Kerl, der stundenlang mit starrem Blick hinter seinem Whisky-Glas träumt.
Als er sich entschlossen hat, aus *Dream of Fair of Middling Women* eine Sammlung von Erzählungen zusammenzustellen, arbeitet er, von Ostern an, regelmäßig in der Bibliothek des Trinity College. Von Mai bis September schreibt er die zehn Erzählungen für *More Pricks Than Kicks*. Im Mai erhält er die Nachricht, daß seine Cousine Peggy in Deutschland gestorben ist. Er hat Schwierigkeiten mit dem Finanzamt. Er leidet unter Migräne. Er träumt davon, nach Spanien zu fahren, oder nach Colorado. Im Juni dann ein schrecklicher Schlag: Zwei Herzanfälle werfen seinen Vater nieder; er ist gerade einundsechzig. Der zweite endet tödlich. Sams Mutter verwandelt das Haus in ein Mausoleum und das alltägliche Leben in permanente Trauer. Sam setzt sich mit seinem Teil des väterlichen Erbes nach London ab. Peggys Eltern haben Nazi-Deutschland verlassen und leben nun in Dublin.
Becketts einziger Vertrauter ist zu dieser Zeit Dr. A. G. Thompson, ein Trinity-Absolvent. Beckett entwickelt ein lei-

denschaftliches Interesse an Krankheiten; häufig besucht er das Rotunda Hospital. Dort kommt ihm die Idee für *Murphy*. Thompson ist davon überzeugt, daß die Herzbeschwerden, unter denen sein Freund leidet, psychosomatischen Ursprungs sind; er versucht ihn zu bewegen, eine Analyse zu beginnen. Angesichts der nicht einmal 200 Pfund jährlicher Einkünfte aus seinem Erbe beschließt Sam, bei Londoner Zeitungen Arbeit zu suchen. Kurz vor Weihnachten bezieht er ein möbliertes Zimmer im Paulton's Square Nr. 48, ganz nahe bei der King's Road in Chelsea.

1934

Tom McGreevy läßt sich gleichfalls in London nieder. Sam beginnt eine Therapie bei dem Psychoanalytiker Dr. Bion, einem Schüler von Melanie Klein. *More Pricks Than Kicks* erscheint am 24. Mai und findet bei der Kritik (außer in Irland) eine günstige Aufnahme; dennoch werden von den insgesamt fünfzehnhundert gedruckten Exemplaren nicht mehr als fünfhundert verkauft. Immer stärker setzt sich in ihm der Wunsch fest, seinen Lebensunterhalt durch journalistische Arbeit zu verdienen und dabei zugleich an seinem eigenen Werk weiterzuarbeiten. In den ersten acht Monaten des Jahres publiziert er mehrere Buchbesprechungen, darunter solche von Pound, Dante und O'Casey. Er stellt die Gedichte für *Echo's Bones and Other Precipitates* (*Echos Gebein*) zusammen. Aber er schreibt nichts Neues. Dem guten McGreevy kommt er kaum entgegen, der sich abmüht, ihn berühmten und einflußreichen Persönlichkeiten vorzustellen, so etwa Eliot und Desmond McCarthy, denen Beckett mit griesgrämiger Miene begegnet. Er macht es sich zur Gewohnheit, beim Schreiben für die skatologischen Passagen das Französische zu benutzen. Jedesmal, wenn er Urlaub bei seiner Mutter macht, kehren die nächtlichen Angstzustände wieder. Er zieht in die Gertrude Street Nr. 34 im World's End; seine Wirtin ist eine Mrs. Frost, genannt Queeny, ein ehemaliges Zimmermädchen. Mehr und mehr davon überzeugt, daß seine Analyse ein Fehlschlag sein wird, liest er Schopenhauer und Nietzsche und hat einige kurze, hygienische Begegnungen mit Prostituierten, die er zur Figur der Celia in *Murphy* und zu der Erzählung *Erste Liebe* verdichten wird.

1935

Seit dem Tode ihres Mannes scheint May Beckett sich in ihrer Trauer einzuschließen. Mit Beunruhigung sieht Sam, wie sein Bruder Franck, auf dem hinfort die Verantwortung für das Familienunternehmen ruht, sich in die Arbeit und in den Alkohol stürzt, und er sucht, trotz der Vorurteile seiner Mutter, Zuflucht bei den Sinclairs. Als er seinen ehemaligen, mittlerweile kranken Lehrer Rudmose-Brown besucht, entdeckt er ein Dublin mit verschlungenen Gassen, das er bis dahin nicht kannte; eine Flut von Bildern steigt in ihm auf und weckt in ihm neuerlich eine Sehnsucht, die er tot geglaubt hatte. Der Raum und das Licht von Dublin entzücken ihn – ganz im Gegensatz zu London. Tatsächlich ist sein Verhältnis zu Dublin voller Widersprüche. Er lernt das ferne Meer und die Sonnenuntergänge in Rosa und Grün lieben, die er nirgendwo sonst findet. Doch Ende Januar kehrt er nach London zurück und nimmt seine Therapie wieder auf. Tom McGreevy zeigt sich beunruhigt über seine langen neurotischen Briefe; Sam antwortet ihm mit einem aus sechs großen, engbeschriebenen Blättern bestehenden Brief; darin schreibt er, daß er für immer darauf verzichtet habe, an einen Gott zu glauben, an den katholischen Gott von McGreevy geradeso wie an den protestantischen Gott seiner Familie. Er vermag sich nur in einen, wie er es nennt, barocken Solipsismus mit puritanischem Einschlag zu flüchten. Er teilt seine Zeit zwischen den Aufenthalten auf der Couch des Psychoanalytikers und seinen endlosen Streifzügen durch die Straßen der Stadt. Mit *Murphy* kommt er nicht voran. Er liest viel. Er kommt zu dem Schluß, daß die englische Literatur mittelmäßig sei, und begeistert sich für die holländische Malerei. Er geht nach Cooldrinagh, wenn er kein Geld mehr hat, und träumt beständig davon, sich ganz dort niederzulassen. Während seiner Aufenthalte in Dublin beginnt er wieder, Theater zu besuchen. Er hört einen Vortrag von T. S. Eliot, begeistert sich für ein Bild von Jack B. Yeats und erreicht schließlich, daß der Maler es ihm umsonst überläßt. Das Bild trägt den Titel *Morning* (*Morgen*). Er sieht sich Synges Stück *Deirdre of the Sorrows* (*Deirdre von den Schmerzen*) an und findet es schlecht. Er hat eine Zyste am Hals und eine am Anus. Von seiner vollkommenen Unfähigkeit zu schreiben überzeugt, denkt er einen Augenblick lang daran, zu Eisenstein nach Moskau zu gehen, um Kameramann zu werden. Er schreibt dem Schöpfer des *Potemkin* sogar, doch der antwortet nicht. Als er gerade wieder mit der Arbeit an *Murphy* beginnen will, bittet seine Mutter ihn, sie nach England zu begleiten. Während dieses Aufenthalts verbringt er die meiste Zeit in dumpfem Nichtstun, die übrige Zeit mit Schwimmen. Im Herbst sieht er stundenlang alten Herren zu, die im Hyde Park Drachen steigen lassen. Er beschließt, *Murphy* mit diesem Bild enden zu lassen. Er hat nun die meisten Figuren seines Romans beisammen. Er bricht seine Therapie ab. In London hält der sechzigjährige Jung vom 5. September bis zum 4. Oktober 1935 eine Reihe von fünf Vorträgen. Beckett hört den dritten und ist derart beeindruckt, daß Jung zusammen mit Descartes und Geulincx ihm die notwendigen Anregungen liefert, die er braucht, um seinen Roman strukturieren zu können. Jungs Ausführungen liefern Beckett schließlich auch eine rationale Erklärung für seine Beziehung zur Mutter. Er glaubt sogar, sich endgültig in Dublin niederlassen zu können, zumal er seiner Mutter soviel »verdanke«. »Ich haßte London«, sagte er später einmal. McGreevy rät ihm, London zu verlassen, wenn er möge, aber auf keinen Fall nach Dublin zu gehen. Und tatsächlich: kaum ist er wieder in Dublin, da wird er bettlägrig und läßt sich von seiner Mutter umsorgen. Beckett holt seinen alten Regenmantel wieder hervor, stopft seine Bücher in die Taschen und verkauft sie heimlich, um Geld zum Trinken zu haben. Jeden Tag läuft er acht bis fünfzehn Kilometer. Seine Gedichtsammlung *Echos Gebein*, die er auf eigene Kosten hat drucken lassen, wird ein Mißerfolg. Seit vier Jahren arbeitet Beckett nun an *Murphy*. Als Schauplatz für seinen Roman wählt er eine psychiatrische Anstalt, die ihm, da er Geoffrey Thompson häufig besucht, sehr vertraut ist. Unablässig nimmt er Veränderungen an seinem Buch vor, und dies selbst dann noch, als er es bereits an Verlage schickt. Innerhalb von zwei Jahren lehnen zweiundvierzig Verlage das Manuskript ab, bevor Routledge es endlich annimmt; da lebt Beckett schon in Paris. Sämtliche Briefe aus dieser Zeit offenbaren eine zweifache Obsession: *Murphy* und ihn selbst. Er tut sich zunächst mit dem Schriftsteller Cecil Salked zusammen, der gerade aus Deutschland zurückgekehrt ist. Über Salked lernt er einen weiteren Schriftsteller, Austin Clarke, kennen, der Beckett nicht verzeihen kann, daß der ihn in einem Aufsatz zu den »Antiquaren«, also zu den vergangenheitsfixierten Autoren gezählt hatte. Auch mit seinem Onkel Gerald, dem Dr. Beckett, trifft er häufig zusammen; sie spielen vierhändig Klavier und gehen gemeinsam schwimmen. Wieder einmal faßt er die Möglichkeit ins Auge, endgültig in Dublin zu bleiben. Innerhalb eines Jahres hat er zwei Exemplare von *More Pricks Than Kicks* und zwanzig des *Proust* verkauft. Er geht wieder ins Theater, zur Drama League, die mehrere Stücke von Pirandello herausgebracht hat, und zu einer anderen Amateurgruppe, die sich für das zeitgenössische Theater interessiert. Er denkt daran, ein Stück über Samuel Johnson, den großen englischen Schriftsteller des achtzehnten Jahrhunderts, zu schreiben.

1936

Er reist für sechs Monate nach Deutschland, das er nicht wiedererkennt; er ist krank und leidet unter Einsamkeit. Er besucht Hamburg, Lüneburg, Hannover, Braunschweig, Magdeburg, Potsdam, Dresden und Berlin. Überall verbringt er seine Zeit in Museen, Kneipen und Ausflugslokalen. Die Sammlungen der Berliner Museen findet er eindrucksvoll, aber er ist enttäuscht, daß er keine moderne Malerei sieht. Er macht keinerlei Bemerkung über die politische Lage. Dr. Will Grohmann, ein Opfer der Nazis, empfängt ihn freundschaftlich und verschafft ihm Zugang zu den besten Privatsammlungen Deutschlands. Dort sieht er Bilder von Cézanne, Léger, Chagall, Archipenko, Munch, Kirchner und anderen. Er begegnet einer Deutschen, die mit Turgenjew verwandt und mit einem Italiener namens Pozzo verheiratet ist. In Nürnberg gerät er in ein Hotel, das von hochrangigen Nazis mit Beschlag belegt ist. Ein Münchener Student, der eine Dissertation über Proust schreibt, ist mit Becketts *Proust* bestens vertraut.

Anfang April denkt Beckett nur noch daran, Deutschland möglichst schnell zu verlassen und nach Hause zurückzukehren. Während der ganzen langen Reise hat er fast nichts geschrieben; sie hat ihn deprimiert. Er weist alles von sich, was seine Verwandten und Freunde ihm vorschlagen, damit er seine Niedergeschlagenheit überwindet. Das Projekt eines Stückes über Samuel Johnson gewinnt Konturen: ein ambitioniertes Schauspiel, das eine riesige Bühne mit mehreren Ebenen, zahlreiche Auf- und Abtritte und vielfältige Geräuscheffekte erfordert. Das unvollendete Manuskript dieses mißlungenen Projekts wird er bis 1957 aufbewahren. Er trinkt immer stärker und versucht nicht mehr, seine Trunkenheit vor der Mutter zu verbergen. Am Vorabend der Hochzeit seines Bruders Franck, mit dem er schon lange nicht mehr verkehrt, ruiniert er stockbetrunken seinen Lieblingshut und verletzt sich am Kopf, als er versucht, die Gartentür, deren Schlüssel er verloren hat, einzutreten. Nach einem Verkehrsunfall wird er wegen »gefährlichen Fahrens« verurteilt. Schließlich findet er den Mut, Dublin zu verlassen und nach Paris zurückzukehren, den einzigen Ort, »wo er so glücklich gewesen ist, wie er es sein zu können glaubt«.

Er kommt in der letzten Oktoberwoche in Paris an und macht sich auf die Suche nach einer Wohnung am Montparnasse. Aber schon Anfang November fährt er nach Dublin zurück, weil er als Zeuge in einem Beleidigungsprozeß zwischen seinem Vetter Harry Sinclair und dem Schreiberling Oliver St. Cogarthy auftreten muß. Sams schlechter Ruf nimmt seiner Zeugenaussage in den Augen der Konformisten jeglichen Wert. Dennoch gewinnt Harry Sinclair seinen Prozeß. Beckett kann endlich nach Paris zurückkehren, und Paris ist für ihn gleichbedeutend mit Geist, Offenheit und Unabhängigkeit. Er ist sicher, dort die Freiheit zu finden, seine Tage und Nächte so zu verbringen, wie er mag. Am 3. Dezember ist er wieder im Hotel Libéria. Dort erhält er sogleich eine gute Nachricht: Nachdem *Murphy* zwei Jahre lang von insgesamt zweiundvierzig Verlagen abgelehnt worden ist, teilt George Reavy ihm mit, daß Routledge den Roman im Frühjahr herausbringen wird; der Autor erhält eine

Vorauszahlung von 25 Pfund. Seine Pariser Freunde bereiten ihm einen überschwenglichen Empfang. Mit großer Freude sieht er Alfred Péron wieder. Er beschließt, neuerlich Kontakt mit der Familie Joyce aufzunehmen. Er begleitet die Joyces zu Abendgesellschaften. Auf solch einer Gesellschaft lernt er an Weihnachten Peggy Guggenheim kennen, die reiche amerikanische Erbin, die zwischen London, wo sie eine Galerie eröffnet hat, und Paris hin- und herpendelt, wo sie ein bewegtes Leben führt. Peggy und Sam werden Freunde, dann, für dreizehn Monate, ein Paar. Sam kann endlich *Reise ans Ende der Nacht* lesen. Selbst auf die Gefahr hin, bei James Joyce Mißfallen zu erregen, sieht er darin den größten Roman der französischen und englischen Literatur. Der politische Aspekt des Célineschen Romans ist ihm allerdings gleichgültig. Peggy Guggenheim macht ihn auf Gontscharows *Oblomow* aufmerksam, dessen Held ihr wegen seiner Nachlässigkeit auffällige Ähnlichkeit mit ihm zu zeigen scheint. Sam erkennt seinen Mangel an Energie und Willenskraft. Jeden Tag ist er betrunken. Als Peggy Guggenheim ihn mit einer irischen Freundin im Bett überrascht, setzt sie ihn vor die Tür. Im Laufe dieses Jahres hat Sam sich mit den Brüdern van Velde angefreundet. Er macht Übersetzungen (*Zone* von Apollinaire), schreibt Artikel für *transition*. Er trifft mit Giacometti und Duchamp zusammen. Er beginnt, Gedichte in französischer Sprache zu schreiben.

1938

Am Morgen des 7. Januar – er wohnt inzwischen wieder im Libéria – wird er bei der Rückkehr von einer nächtlichen Tour mit seinen Freunden Duncan von einem Zuhälter, den er vom Sehen kennt, angefallen; der Mann stößt ihm sein Messer in die Brust. Er wird ins Krankenhaus Broussais eingeliefert und vermerkt mit Befriedigung, daß Verlaine dort mehrfach behandelt wurde. Hier erhält er Besuch von einer Freundin, die er von der Ecole Normale kennt, aber danach aus den Augen verloren hat. Sie hat die Nachricht in der Zeitung gelesen und ist gekommen, sobald sie seinen Aufenthaltsort ausfindig gemacht hatte. Sie heißt Suzanne Deschevaux-Dumesnil, ist Pianistin und wird

Samuel Beckett nie mehr verlassen.[2] Joyce besucht ihn im Krankenhaus und sorgt dafür, daß er ein Einzelzimmer erhält. Seine Familie erfährt von dem Vorfall durch eine Zeitungsnachricht mit der Titelzeile: »Überfall am Morgen. Irischer Dichter in Paris mit dem Messer angefallen«. Seine Mutter und sein Bruder kommen ihn im Krankenhaus besuchen. Doch am meisten zählt für ihn nun die Anwesenheit der aus Troyes stammenden, sieben Jahre älteren Suzanne Deschevaux-Dumesnil. Peggy Guggenheim, die ihre Verbindung mit Sam bei dieser Gelegenheit wiederaufgenommen hat, kennzeichnet den Unterschied zwischen Suzanne und ihr folgendermaßen: »Sie machte Vorhänge, während ich Szenen machte.« Während des Prozesses, der einige Wochen später stattfindet, fragt er Prudent, den Messerstecher, warum er ihn mit solcher Gewalt angegriffen habe. Prudents Antwort: »Was weiß ich?«

Murphy erscheint am 7. Mai. Das Echo der großen englischen Zeitungen fällt eher günstig aus. Im *New English Weekly* widmet der Dichter Dylan Thomas dem Roman eine besonders lobende Besprechung. Doch das Buch verkauft sich nicht. Sam lehnt es ab, seine Freunde Geer und Lisl van Velde nach Holland zu begleiten. Anfang April findet er eine kleine Wohnung, »Studio, Hängeboden, Schlafzimmer, Bad, Flur, Toilette und kleine Küche«, in der Rue des Favorites Nr. 6 im Arbeiterviertel Vaugirard, nicht weit von der Impasse de l'Enfant Jésus, deren Name ihn entzückte; nicht weit auch vom dortigen Schlachthof. Er richtet die Wohnung mit allerlei Zusammengesuchtem ein und greift dabei auf mancherlei zurück, das Joyce nicht mehr haben wollte. Zusammen mit Alfred Péron, der inzwischen ans Lycée Buffon berufen worden ist, macht er sich an die Übersetzung von *Murphy*. Raymond Queneau lehnt den Roman für Gallimard ab; er wird erst 1947 bei Bordas erscheinen. Beckett fährt nach London, um bei Guggenheim Jr. an der von ihm initiierten Geer-van-Velde-Ausstellung teilzunehmen. Nach seiner Rückkehr geht er Peggy, den van Veldes, den Joyces und den Duncans bewußt aus dem Wege; er ist davon überzeugt, wieder Kraft zum Arbeiten zu haben. Seine Freunde lernen eine stillen Mann kennen, der sich seiner selbst und seiner Kunst gewiß ist. Er hat es nicht mehr nötig, im Alkohol Zuflucht zu suchen noch auch durch seine Äußerungen zu schockieren. Er besucht seine Mutter, die gerade beinahe in ihrem Bett verbrannt wäre. Er genießt die irische Landschaft. Er kehrt nach Paris zurück, wo er sich immer mehr zu Hause fühlt. Zweimal in diesem Sommer fährt er in die Bretagne, wo die Pérons ihre Ferien verbringen. Während die Kriegsgerüchte zunehmen, legt Joyce letzte Hand an *Work in Progress*, so der erste Titel von *Finnegans Wake*. Beckett bringt seine Begeisterung zum Ausdruck, nachdem er das Manuskript gelesen hat. Er verbringt die Ferien in Irland.

1939

Jeden Dienstag trifft er sich zum Mittagessen mit Péron, und anschließend spielen sie Tennis. Seine Korrespondenz wird nun spärlicher. Er verzichtet auf diese langen Beschreibungen seiner alltäglichen Beschäftigungen und auch auf die philosophischen Abschweifungen, die ihn länger beanspruchen als die Arbeit an seinem eigenen Werk. Er fühlt sich in Frankreich immer mehr zu Hause. Er versucht nicht mehr zu erfahren, was in London oder Dublin geschieht. Er findet neue Freunde, etwa den Graveur John Buckland-Wright und dessen Frau, die im Pariser Süden wohnen. Ende Februar läßt eine Grippe ihn noch schwächer und magerer werden, als er es sonst schon ist. Das Autorenhonorar für *Murphy* erleichtert die Lage, obgleich es nur sehr schmal ist. Im Juli verbringt er seine letzten Ferien in Irland, zusammen mit der Mutter. Dort überrascht ihn auch die Kriegserklärung. Seine Familie versucht, ihn zurückzuhalten, doch er denkt nur an seine Freunde in Paris. Und außerdem, sagt er, sei ihm »Frankreich im Krieg immer noch lieber als Irland im Frieden«. In erster Linie aber drängt ihn der Gedanke an Suzanne, die in Paris geblieben ist, zur Rückkehr. Er packt seine Koffer und fährt nach Paris. Marcel Duchamp und seine Freundin Mary Reynolds, mit denen Beckett regelmäßig Schach gespielt hat, denken daran, Frankreich zu verlassen und in die Vereinigten Staaten zu gehen. Alfred Péron ist eingezogen worden und hält sich in Lorient auf. Gegen den Rat seiner Freunde beschließt Sam, in Paris zu bleiben, und bemüht sich um Papiere, die ihn, dem Status Irlands entsprechend, als neutralen

Ausländer ausweisen. Um Weihnachten herum reist Joyce, inzwischen schwach und krank, mit seiner Familie nach Saint-Gérand-le-Puy; Beckett wird ihn zu seinem Geburtstag am 15. Februar des folgenden Jahres dort besuchen. Das Erscheinen von *Finnegans Wake* wird durch die Weltereignisse verdunkelt.

1940

Beckett besucht Alfred Péron, der sich in der Bretagne aufhält. Péron bittet seine Frau, sich an Beckett zu wenden, falls sie in Schwierigkeiten geraten sollte. Am 9. Juni ist der Exodus in vollem Gange. Beckett nimmt den letzten Zug nach Vichy, ohne seine Papiere in Ordnung gebracht zu haben. In Vichy trifft er die Joyces. Dann geht es per Zug und zu Fuß weiter nach Toulouse und Cahors; er schläft unter freiem Himmel, um den Razzien und Internierungslagern zu entgehen. Er erfährt, daß Mary Reynolds in Arcachon ist, wo er ohne einen Pfennig in der Tasche und völlig erschöpft ankommt. Schließlich kehrt er nach Paris zurück und beschließt, dort zu bleiben. Von seinen Freunden werden die einen, Juden, deportiert; andere stellen sich mehr oder weniger auf Kollaboration ein. Er selbst tritt aus seiner Neutralität heraus und protestiert gegen die Behandlung seiner jüdischen Freunde durch die Nazis. Ende Oktober 1940 schließt er sich der Widerstandsbewegung an, die sich zu formieren beginnt. Die Rolle, die er dort gespielt hat, ist offenbar größer, als gemeinhin angenommen. In die Résistance eingeführt hat ihn Alfred Péron, der nun wieder am Lycée Buffon unterrichtet; und Janine Picabia erwirkt seine Aufnahme in die Widerstandsgruppe des Musée de l'Homme, wo er die Decknamen »Sam« oder »der Ire« trägt. Er übernimmt die Funktion eines Briefkastens. Mit den Mitteln der Mikrophotographie sorgt er für die Konzentration der Informationen. Er erkundet deutsche Einrichtungen in Brest, Dieppe und Châlons. Die Widerstandsgruppen Etoile und Gloria, in denen er arbeitet, entwickeln sich. Diese frühe Widerstandsbewegung hat noch etwas von Pfadfindertum. Bald wird es einen Verräter unter ihnen geben.

1941

Mitte Januar erfährt Beckett, daß Joyce in Zürich gestorben ist. Suzanne Deschevaux-Dumesnil, die mit Beckett zusammenlebt, nimmt gleichfalls an den Aktivitäten der Gruppe Gloria teil.

1942

Péron wird verhaftet; seiner Frau gelingt es, Beckett zu warnen. Die Gruppe Gloria ist enttarnt. Sam und Suzanne entgehen nur knapp der Verhaftung; sie schaffen es, in die freie Zone zu gelangen. Da Freunde von Suzanne als Bauern in dem Dorf Roussillon-en-Vaucluse leben, machen die beiden sich dorthin auf. Anfang November, nach einer Flucht von gut einem Monat, kommen sie in Roussillon an.[3] Anfangs wohnen sie im Hotel Escoffier, das von der Witwe Escoffier geführt wird. Das Dorf ist bereits voll von Flüchtlingen, darunter die Familie des Malers Hayden und Pariser Juden. Aus Freude am Schachspiel tut sich Beckett mit den Haydens zusammen. Er freundet sich auch mit Miss Beamish, einer alten, exzentrischen Engländerin, an, die ihn mit dem Bauern Bonelly und dessen Bruder bekannt macht, einem schweigsamen, harten Mann, den Beckett in *Warten auf Godot* erwähnen wird. Einen wirklichen Freund findet er dagegen in einem anderen Bauern namens Aude; mit ihm teilt er häufig das Brot und die Arbeit, die ihn aus der Eintönigkeit des Lebens in Roussillon reißt.

1943

In Roussillon fehlt es nicht an Nahrung, Wein und Zigaretten. Aber die Einsamkeit erzeugt Angst und Depression. Sam und Suzanne verlassen das Hotel und ziehen in ein kleines Haus am Rande des Dorfes. Sam macht sich an ein umfangreiches Romanprojekt, das erste seit *Murphy*. Es ist *Watt*, der dritte und letzte Roman, den er in englischer Sprache schreibt, »nur ein Spiel, ein Mittel, um nicht verrückt zu werden, um in Übung zu bleiben«. Noch heute fragt Sam sich, wie er und seine Frau diese Zeit überstanden haben. Seine Mitexilanten und die Bauern in der Nachbarschaft machen sich über seine Streifzüge durch das umliegende Heideland lustig. Er sehnt sich zurück nach der Rue des Favorites. Seinem Roman widmet er mindestens drei Stunden am Tag. Zwei- oder dreimal in der Woche geht er zu Aude arbeiten. Jeden Abend spielt er Schach mit Hayden.

1944

Zu der Zeit, als die Alliierten auf dem europäischen Festland landeten, nimmt Beckett wie jedermann von fern oder unmittelbar an den Aktivitäten des Maquis teil. Der Maquis im Vaucluse steht unter dem Kommando des Dichters René Char. Doch es gibt zahlreiche kleine unabhängige Partisanengruppen. Nach einigem Zögern beteiligt Sam sich an Sabotageakten und verschwindet oft für mehrere Tage. Am 24. August treffen die Amerikaner in Roussillon ein. Die Maquisards paradieren auf der Straße. »Am Ende der Kolonne, außerhalb des Zuges, marschiert Beckett, ohne Gewehr, mit gesenktem Kopf, düster und schweigsam.« Weihnachten und Neujahr verbringen die beiden noch in der roten Landschaft von Roussillon.

1945

Im April, nachdem sie sich bei Aude 7000 Francs geliehen haben, nehmen Sam und Suzanne den Bus nach Avignon, dort dann den Zug nach Paris. *Watt* ist abgeschlossen. Der Autor ist mit dem Roman zufrieden und möchte ihn publizieren. Er muß über England fahren, als er seine Familie in Irland besuchen will. In London trifft er durch Zufall Janine Picabia, die er aus den Augen verloren hatte, als das Netz der Widerstandsgruppe Gloria im Jahre 1942 zerschlagen wurde. Er hat keinerlei Nachricht von Péron und dessen Familie. Er sieht seine Mutter wieder, die an der Parkinsonschen Krankheit leidet. Er trifft auch seinen Bruder Franck, der sehr gealtert ist; der Graben zwischen beiden hat sich noch vertieft. Er empfindet eine gewisse

Verbitterung gegenüber seinen irischen Freunden: »Meine Freunde ernähren sich von Sägemehl bis Rüben, während ganz Irland sich in aller Seelenruhe den Bauch vollschlägt.« Die größte Enttäuschung für ihn ist Tom McGreevy, inzwischen zum Direktor der National Gallery avanciert, der zum aktiven Katholiken und Konformisten geworden ist. Sie werden weiterhin eine offene Korrespondenz miteinander führen, der allerdings die Bekenntnisfreude der früheren Zeit fremd geworden ist. Wegen *Watt* hat Sam Kontakte in Irland, England und nach den Vereinigten Staaten aufgenommen, die allerdings schwierig zu werden versprechen. Nun kann er nach Paris zurückkehren. Es drängt ihn, Suzanne, den Haydens und Marie Péron zur Seite zu stehen. Mitte Juni erfährt er durch einen Brief von Marie Péron, daß Alfred nach seiner Befreiung aus dem KZ Mauthausen an Entkräftung gestorben ist. Alfred Pérons Tod bestärkt ihn in seinem Entschluß, in Frankreich zu leben. Seine Papiere gestatten ihm allerdings keinen Aufenthalt in Frankreich; so schließt er sich dem Roten Kreuz an; er wird einer irischen Einheit zugeteilt, die in Saint-Lô, dieser vom Krieg so schrecklich zugerichteten Stadt, stationiert ist. Sam fungiert als Lagerverwalter der Lazaretteinheit, und in dieser Eigenschaft pendelt er beständig zwischen Paris und Saint-Lô hin und her. Zugleich dient er als Dolmetscher. Er schreibt sein letztes Gedicht in englischer Sprache: »Saint-Lô«, das einige Monate später in der *Irish Times* abgedruckt wird. Er ist auch Autor eines Aufsatzes mit dem Titel *La Peinture des Van Velde ou le Monde et le Pantalon* (*Die Malerei der Brüder van Velde oder Die Welt und die Hose*), der in den *Cahiers d'Art* erscheint.

1946

Im Januar 1946 quittiert er den Dienst, nachdem er eine letzte Mission erfüllt und eine Schwester im Dienstgrad einer Majorin durch den Schneesturm von Paris nach Dieppe gefahren hat. In der Ruine der Kathedrale von Saint-Lô nimmt er, im Schein von Kerzen, an einer geradezu unwirklichen Mitternachtsmesse teil. Sein letzter Auftrag: ein Mittel zu finden, um der Rattenplage Herr zu werden. Saint-Lô wimmelt von diesen Nagern. Es beginnt nun eine Periode intensiven Schaffens, die Beckett einmal als »Verschanzung im Zimmer« bezeichnet hat und die ein Gutteil der fünfziger Jahre hindurch anhalten wird. Er ist vierzig, als er sich endlich in Paris niederlassen kann. Vor dem Krieg hatte er sich, darin vielen anderen aus demselben Milieu ähnlich, die sich in den zwanziger und dreißiger Jahren in Paris niederließen, entschlossen, das Leben eines Schriftstellers zu führen, ohne sicher zu sein, daß er etwas zu sagen hatte. 1945 hat er einen Koffer voller Manuskripte, die zu vernichten er sich nicht entschließen kann; er wird sie bis 1974 aufbewahren; erst dann wird er sie sichten und bei einigen in eine Publikation einwilligen. *Watt* hat immer noch keinen Verleger gefunden. Während einer Reise nach Dublin kommt ihm die Erleuchtung, was das »Beckettsche Schreiben« sein soll. Im Mai kehrt er mit ein wenig Geld in der Tasche und vielen Ideen im Kopf nach Paris zurück. Er schreibt ohne Unterlaß. Seine in Französisch geschriebene Erzählung *Suite* ⟨erste Fassung von *Das Ende*, d. Ü.⟩ gibt er Sartre zu lesen, mit dem ihn Alfred Péron vor dem Krieg bekannt gemacht hatte. Die Erzählung erscheint in der Juli-Nummer der *Temps modernes*, aufgrund eines Mißverständnisses allerdings um die Hälfte gekürzt. Die November-Nummer derselben Zeitschrift bringt zwölf französische Gedichte, die er 1938 und 1939 geschrieben hat. Im Juli hat er begonnen, einen Roman in französischer Sprache zu schreiben: *Mercier und Camier*. Es ist sein erster Versuch dieser Art. Wir wissen nicht, ob *Mercier und Camier* unmittelbar vor *Molloy* entstanden ist oder möglicherweise zur selben Zeit. Obwohl er befürchtet, daß sein Französisch Schmunzeln auslösen werde, überläßt er das Manuskript Bordas, dem Verlag also, der auch die französische Übersetzung von *Murphy* herausgebracht hat. Eine einzige Woche, vom 6. bis zum 14. Oktober, genügt ihm, um eine Erzählung zu schreiben: *Der Ausgestoßene*. Seine Freunde machen sich Sorgen wegen seines Verhaltens. Er lebt wie in Trance, schläft des Tags und schreibt des Nachts. Wenn er mit dem Schreiben aufhört, streift er durch die Straßen auf der Suche nach dem letzten noch offenen Café. Schließlich wird er krank. Auf Anraten eines Homöopathen mieten Sam und Suzanne ein Haus in Eure-et-Loir. Der Luftwechsel bekommt ihm gut. Als er nach Paris zurückkehrt, bringt Max-Pol Fouchet Becketts Erzählung *Der Ausgestoßene* in der Zeitschrift *Fontaine* heraus. Die Becketts brauchen dringend Geld. Zeitweilig leben sie ausschließlich von Suzannes Schneiderarbeiten. Die beiden wohnen zwar zusammen, doch jeder führt sein eigenes Leben. Schon sehr bald hört Suzanne auf, Sam zu seinen Einladungen bei Freunden zu begleiten. Sie bleibt lieber allein, kümmert sich um ihre Familie oder geht ins Theater. Sam schreibt die Erzählung *Erste Liebe*; erst 1970 wird er ihre Veröffentlichung zulassen. Zwischen Weihnachten 1946 und dem 1. Januar 1947 schreibt er *Das Beruhigungsmittel.*

1947

Das Einverständnis zwischen Samuel Beckett und dem Verlag Bordas, der *Mercier und Camier* herausbringen sollte, nachdem er bereits die französische Übersetzung von *Murphy* publiziert hatte (1948 vier verkaufte Exemplare), ist zerbrochen. Um leben zu können, übersetzt Sam für *Reader's Digest* Aufsätze ins Französische. Er besucht Galerien und Museen. Er sieht sich einige wichtige Ausstellungen dieser Zeit an: van Gogh in der Orangerie (Artaud hat sie gleichfalls gesehen, einige Wochen vor seinem Tod), Bonnard im Louvre. Um seine Gesundheit steht es schlecht, er leidet an Rheumatismus, Erkältungen, Migräne und Schlaflosigkeit. In dem Wunsch, der Depression zu entfliehen, in die ihn der Roman stürzt, sucht er nach einer Ablenkung und beginnt, fürs Theater zu schreiben. Sein erstes Stück ist *Eleutheria.* Einer seiner Freunde vertraut das Manuskript Jean Vilar an, der Interesse daran findet, es dann aber verlegt, nach Monaten erst wiederfindet und schließlich Kürzungen verlangt. Beckett lehnt ab. Er nimmt George Reavy als literarischen Agenten in Irland. Er fährt nach Irland, um die Angelegenheit zu regeln; während seines Aufenthalts verschlechtert sich der Zustand seiner Mutter zusehends. Er verbringt lange Nachmittage in der National Gallery, wo eine Ausstellung französischer Malerei mit Bildern von Geer van Velde gezeigt wird. Das Geld, das er aus Dublin mitnimmt, ermöglicht es ihm, zusammen mit Suzanne sechs Wochen in Menton zu verbringen, wo sich auch die Sinclairs aufhalten. Grenier-

Hussemot, eine aufstrebende Theatertruppe, interessiert sich für *Eleutheria*. Aber auch daraus wird nichts. Nun übernimmt Suzanne die Aufgabe des literarischen Agenten. Sie bringt die Manuskripte zu Verlegern und Theaterdirektoren; sie besorgt bei verschiedenen Zeitschriften die Übersetzungsaufträge, von denen sie leben. Im September 1947 hat Beckett sich an einen neuen Roman gemacht, *Molloy*; er schließt ihn im Januar 1948 ab. Er möchte, daß man den Eindruck hat, Molloy sei von einem gebürtigen Franzosen geschrieben, und feilt deshalb zusammen mit der Witwe Pérons sehr intensiv an seiner Sprache. In seinen Augen ist *Molloy* der erste Roman, in dem es ihm gelungen ist, seine eigene Erfahrung zum Ausdruck zu bringen. Er meidet die nach Paris zurückgekehrten Mitglieder der Joyce-Gruppe, zu denen neben anderen Sylvia Beach und Stuart Gilbert gehören. Von seinen Besuchen bei Lucia Joyce, die in einer Anstalt in Ivry lebt, kehrt er deprimiert zurück. In einem Paris, das durch den Papierkrieg mit den Behörden und durch politische Auseinandersetzungen zu einem ermüdenden Aufenthaltsort geworden ist, fällt es ihm schwer, jenes Frankreich wiederzufinden, das er vor dem Krieg kennen und lieben gelernt hat. Die materiellen Verhältnisse sind miserabel und werden für Beckett noch durch die Ungewißheiten seines Status als Ausländer verschlimmert. Der Versuch, eine Anstellung bei der UNESCO zu finden, scheitert.

1948

Beckett gibt private Englischstunden; Suzanne macht Näharbeiten; er übernimmt Übersetzungen, reine Brotarbeiten. Er klagt, zuwenig Zeit für sein Werk zu haben. Er will nicht, daß Suzanne das Manuskript von *Molloy* Verlegern anbietet, bevor er den nächsten Roman, *Malone stirbt*, abgeschlossen hat. Er sieht noch nicht voraus, daß die beiden Romane zusammen mit *Der Namenlose* eine Trilogie bilden werden. Die Arbeit an *Malone stirbt* versetzt ihn in einen Zustand, der seine Freunde um seine Gesundheit und sogar um sein Leben bangen läßt. Dennoch gerät er, als der Roman abgeschlossen ist, in eine hochgradige Euphorie. Bei einem Aufenthalt in Paris lädt Tom

McGreevy die Becketts zu einer Vorstellung der *Andromache* in der Comédie Française ein. In der Juni-Nummer der Zeitschrift *transition 48* erscheinen Gedichte von Sam; die Zeitschrift ist inzwischen von Georges Duthuit übernommen worden, der Beckett eine feste Stellung als Übersetzer anbietet. Beckett nimmt bereitwillig an. Der Herbst in Paris ist wunderschön. Die junge Generation der Becketts, die Kinder seines Bruders, kommen nach Paris, um dort zu studieren: Maurice Sinclair, Hilary Heron, John Beckett, der Musiker werden will. Beckett selbst macht sich mit einem Eifer an Chopins Etuden, die seine Freunde in Erstaunen versetzt. Langsam wird er unruhig, weil er noch kein neues Buch begonnen hat. In dieser Situation wendet er sich ernsthaft dem Theater zu. Zwischen dem 9. Oktober 1948 und dem 29. Januar 1949 schreibt er *Warten auf Godot*.

1949

Zwischen 1948 und 1953 sind fast in jeder Nummer der Zeitschrift *transition* Texte enthalten, die Beckett übersetzt hat. Die starke Persönlichkeit George Duthuits, des Leiters der Zeitschrift, verleiht einer kohärenten Gruppe von Künstlern und Intellektuellen Zusammenhalt, zu der neben anderen Nicolas de Staël, Jean-Paul Riopelle, Bram van Velde und Jacques Putnam gehören. Man raucht, spielt an Groschenautomaten, vertreibt sich die Zeit mit Tennis und Wortspielen. Duthuit drängt Beckett, ihre Gespräche »aufzuzeichnen«. Aus diesen Aufzeichnungen wird er später *Three Dialogues* über Tal-Coat, André Masson und Bram van Velde zusammenstellen; Bram van Velde, der schon seit langem mit Beckett befreundet ist, wird in dieser Zeit zu einem engen Vertrauten. Suzanne macht mit dem Manuskript von *Warten auf Godot* die Runde bei Theaterdirektoren. Im Frühjahr 1949 hat sie sich bereits drei Abfuhren eingehandelt. Während eines Aufenthalts in Dublin, der durch den kritischen Zustand seiner Mutter bedingt ist, verbrennt er die Briefe von Joyce, McGreevy und anderen Freunden. Er lehnt es ab, über sein neues Werk zu sprechen.

Als Suzanne von einem Regisseur hört, der mit Artaud (den Beckett bewundert) befreundet gewesen war, bringt sie die Manuskripte von *Eleutheria* und *Warten auf Godot* zur Gaîté Montparnasse, wo Roger Blin gerade die *Gespenstersonate* inszeniert hat. Blin hat von Tristan Tzara und Max-Pol Fouchet Lobendes über Beckett gehört. Er nimmt die Stücke mit nach Hause und liest sie; *Warten auf Godot* versteht er nicht so ganz, aber es begeistert ihn dennoch. Er möchte zunächst *Eleutheria* inszenieren, das der Tradition nähersteht. Dann konzentriert er sich auf *Warten auf Godot*, an dem ihm mißfällt, daß es keine weibliche Rolle enthält. Er warnt Beckett, der sich mehrmals die *Gespenstersonate* ansieht, es werde lange dauern, bis ein Ort gefunden und das Geld beisammen sei. Beckett hat begonnen, an *Der Namenlose* zu schreiben; anfangs will er den Roman *Mahood* nennen. Zwischen Roger Blin und Sam Beckett entwickelt sich eine enge Freundschaft: »Beckett wurde einer der zwei wichtigsten Menschen in meinem Leben. Er und Artaud teilen sich meine Zuneigung.« Mitte Juni fährt Sam nach Irland und nimmt das Manuskript von *Der Namenlose* mit. Seine Mutter liegt im Sterben. Und sie stirbt am Spätnachmittag des 25. August; Sam wacht bei ihr und beklagt sich bitter bei Thompson über den »sogenannten Gott, der solches Leiden zuläßt«. Er kehrt nach Paris zurück, ohne auch nur das geringste Erinnerungsstück an May Beckett mitzunehmen. Suzanne erfährt, daß Jérôme Lindon die während der Besatzungszeit von Vercors gegründeten Editions de Minuit gekauft hat und sich damit für die junge Avantgarde-Literatur einsetzen will. Die Editions de Minuit sind in Schwierigkeiten. Lindon hat von Beckett gehört, der offenbar untergründig bereits ein gewisses Ansehen besaß. Ende Oktober bringt Suzanne die drei Manuskripte zu Georges Lambrichs. Lindon nimmt *Molloy* mit nach Hause, liest den Roman in einer Nacht und will Kontakt mit dem Autor aufnehmen; aber man hat nicht einmal die Adresse. Als man Beckett endlich erreicht, weigert der sich, selbst zu Lindon zu kommen, denn der Gedanke, endlich veröffentlicht zu werden, macht ihm Angst. Bis zum Ende überläßt er die Verhandlungen Suzanne. Beckett möchte, daß die drei Romane zusammen publiziert werden. Lindon akzeptiert *Molloy*, willigt schließlich auch in die Veröffentlichung von *Malone stirbt* ein, doch bei *Der Namenlose* zögert er. Am 15. November werden die Verträge endlich unterzeichnet.

1951

»Nun, da wir uns auf eine schmutzige Geschichte eingelassen haben, können wir, meine ich, *du* zueinander sagen«, schreibt Beckett an Blin. Drei Kopien von *Warten auf Godot* sind jetzt im Umlauf, eine bei George Neveux, der der Kommission zur Förderung der Künste vorsteht, eine bei Jean-Marie Serreau, der sein Théâtre de Babylone mit einer Pantomime oder einem politischen Stück eröffnen möchte und den Roger Blin um Hilfe bittet, nachdem sich seine Hoffnung, das Théâtre Noctambule zu gewinnen, zerschlagen hat; die dritte Kopie liegt bei Jérôme Lindon, der das Stück trotz der Konkursgefahren, die über den Editions de Minuit schweben, drucken will. Gisle Freund photographiert Beckett für die Pressearbeit des Verlags. Während eines Besuchs bei ihren Freunden Henri und Josette Hayden in Rueil-en-Brie im Departement Seine-et-Marne, eine Stunde von Paris entfernt, entdecken Sam und Suzanne eine Landschaft, die sie, weil »grün und flach, aber nicht zu grün und nicht zu flach«, an Irland erinnert. Die beiden sind hingerissen und mieten ein kleines Haus in Ussy-sur-Marne. Am 7. Juni gewährt das Ministerium eine Subvention für die Inszenierung von *Warten auf Godot*. Da Roger Blin nicht mehr ganz sicher ist, das Stück unverzüglich herausbringen zu können, trägt Suzanne das Manuskript zu insgesamt dreißig Theaterleitern, die es sämtlich ablehnen. *Molloy* und *Malone stirbt*, beide mit dreitausend Exemplaren aufgelegt, verkaufen sich gut. Jérôme Lindon verpflichtet sich, sämtliche Arbeiten Becketts zu publizieren. Er kauft sogar die Rechte an *Murphy* von Bordas. Im Mai veröffentlicht Georges Bataille in der Zeitschrift *Critique* seinen Aufsatz über »Molloys Schweigen«. Von anderen Dingen in Anspruch genommen, schreibt Sam während des ganzen Jahres 1951 nichts Neues. Er faßt den Entschluß, sich immer aktiver in die Inszenierungsarbeit an seinem dramatischen Werk einzuschalten. Das Theater scheint seine wahre Berufung geworden zu sein.

1952

Am 29. Januar teilt Georges Neveux Roger Blin in einem Brief mit, daß die Subvention 700 000 alte Francs betragen werde. Das Stück ist bereits im Spielplan des Théâtre de Poche eingeplant, und zwar im Anschluß an eine Reihe von Vorstellungen des von Sacha Pitoëff inszenierten *Onkel Wanja*. Das Radio sendet einen Ausschnitt aus dem Stück. Beckett ist zu Hause geblieben. Viele der geladenen Gäste verlassen das Studio vor Ende der Sendung. Während Beckett in Frankreich geschätzt wird, bleibt er in der angelsächsischen Welt unbekannt. Er verkehrt weiterhin in den großen Cafés am Montparnasse: Dôme, Coupole, Rotonde, Closerie des Lilas. Doch seine wachsende Bekanntheit drängt ihn, intimere Bars zu besuchen, die die ganze Nacht geöffnet haben, das Rosebud und das Falstaff. Er liebt es, mit Freunden in den Isles Marquises in der Rue de la Gaîté zu essen. Oft geht er auch ins Bobino, seine bevorzugte Music-hall. Suzanne begleitet ihn ins Kino. Die Landschaft von Seine-et-Marne wächst ihnen zunehmend ans Herz, und sie kaufen das Grundstück in Ussy. Mit Hilfe eines ortsansässigen Bauunternehmers baut Sam ein kleines Häuschen, in dem er nur Freunde empfängt. »Maison de Godot« wird man es später nennen. Zwei Zimmer auf einem abgelegenen Grundstück oberhalb von Meaux, gut fünfzig Kilometer von Paris entfernt. Er hofft, »dort später zu leben, zu sehen, wie das Gras zwischen den Steinen zu wachsen versucht, und damit beschäftigt, den schönen Ackersenf auszureißen«. »Das ist genau das richtige für mich.« Er findet wieder Kontakt zu seinem Bruder Franck, dem es große Freude bereitet, beim Bau des Häuschens behilflich zu sein. Was *Warten auf Godot* betrifft, so ist man inzwischen bei der dritten Besetzung angelangt; viele Schauspieler haben es abgelehnt, Rollen zu übernehmen, die sie nicht verstehen. Das Théâtre de Poche wird erst in vielen Monaten zur Verfügung stehen. Man sieht sich nach einem anderen Spielort um. Lindon macht den Vorschlag, das Buch zum vorgesehenen

Zeitpunkt der Uraufführung herauszubringen. Die Auflage soll bei 2500 Exemplaren liegen. In dieser Situation bietet J. M. Serreau, der nicht gefunden hat, wonach er suchte, das Théâtre de Babylone an. Der Vertrag wird am 2. November unterzeichnet. Die Uraufführung ist für Januar 1953 vorgesehen. Die Besetzung besteht aus Roger Blin (Pozzo), Lucien Raimbourg (Wladimir), Pierre Latour (Estragon) und Jean Martin (Lucky). Als Sergio Gerstein, der das Bühnenbild machen soll, fragt, welche Mittel ihm zur Verfügung stehen, antwortet Roger Blin: »Kein verdammter Sou.« Während Blin Tag für Tag improvisiert, wünscht Beckett sich einen strengen Probenplan. Bei den Proben zieht er sich tief in den Saal zurück und raucht eine Zigarette nach der anderen. Blin verunsichert ihn noch zusätzlich, indem er Freunde und Journalisten zu den Proben zuläßt.

1953

Am 5. Januar erlebt *Warten auf Godot* seine Uraufführung im Théâtre de Babylone und wird sogleich zu einem Ereignis. Nach den ersten, noch etwas turbulenten Vorstellungen zeigt das Publikum immer größere Aufmerksamkeit. Mit siebenundvierzig Jahren wird Beckett berühmt. Er versteckt sich in Ussy und lehnt jegliches Interview ab. Vierzehn Tage nach der Uraufführung kehrt er nach Paris zurück und wendet nun dieselben Waffen an wie Joyce: Schweigen, Exil und List. Der Amerikaner Richard Seaver, der in Paris die Zeitschrift *Merlin* und den Verlag gleichen Namens gegründet hat, begeistert sich für *Molloy*; er möchte *Watt* herausbringen, der seit nunmehr acht Jahren auf seine Veröffentlichung wartet. Dazu muß sich der amerikanische Verleger, so will es das französische Recht, mit einem französischen Verleger zusammentun, in diesem Falle mit Maurice Girodias, dem Gründer der Olympia Press, der sich auf pornographische Werke spezialisiert hat, die er bei Autoren wie Terry Southern und William Burroughs in Auftrag gibt. Kaum ist *Watt* erschienen, da wird er in Irland wegen Obszönität verboten. In Frankreich zieht *Warten auf Godot* die gesamte Aufmerksamkeit auf sich, doch Beckett befindet sich, was den Roman angeht, in einer Sackgasse, aus der er sich erst

1960 mit *Wie es ist* befreien wird. Seine Prosa bleibt im Stadium von Fragmenten stecken: *Texte um Nichts*. »Ich habe mehr und mehr den Eindruck, daß ich vielleicht nie mehr etwas anderes werde schreiben können..., vielleicht das eine oder andere Stück, eines Tages« (an Tom McGreevy). Acht Städte in Deutschland haben *Warten auf Godot* in ihren Theaterspielplan aufgenommen, und das zur selben Zeit. Das Paris der Avantgarde feiert Beckett, er findet zu alten Freunden wie Philippe Soupault zurück und schließt neue Freundschaften, etwa mit Madeleine Renaud und Jean-Louis Barrault. Er übersetzt *Warten auf Godot* ins Englische. Im September steht *Warten auf Godot* wieder auf dem Spielplan des Théâtre de Babylone, diesmal ohne Lucien Raimbourg. In seinem Mißtrauen gegen Regisseure beschließt Beckett, die Vergabe von Spielrechten für Inszenierungen, die er nicht selbst überwachen kann, Agenturen zu überlassen; lediglich die Produktionen in Paris, einige Inszenierungen in Deutschland und die des Royal Court Theatre in London behält er sich selbst vor. Von nun an kommen zahlreiche Anfragen aus Universitäten der ganzen Welt, von Leuten, die über sein Werk schreiben und mit ihm zusammentreffen wollen. Er empfängt sie höflich, teilt ihnen jedoch nur oberflächliche Details über sich selbst mit. »Wenn Sie mit Samuel Beckett zusammen sind, vermittelt er Ihnen den Eindruck, als gäbe es nur Sie auf der Welt und als interessierte er sich für niemand anderen«, erklärt einer von ihnen. Er sehnt sich nach der Ruhe seines Hauses in Ussy, das er inzwischen mit einer hohen Mauer umgeben hat, die auf der Krone mit Glasscherben bewehrt ist.

1954

Waiting for Godot, Becketts eigene Übersetzung, erscheint bei Grove Press in New York. Der Plan, das Stück in London zu inszenieren, scheitert allerdings an der Zensur Lord Chamberlains, der die Streichung anstößiger Passagen verlangt. Sam erfährt, daß sein Bruder Franck bald an Krebs sterben wird. Er übernimmt die Aufgabe, seinem Bruder den Befund mitzuteilen. Er bleibt bis zu Francks Tod am 13. September 1954 bei ihm. Er regelt die Erbangelegenheiten und versichert Francks Frau, daß er genug Geld habe, um für die Ausbildung seiner Nichte Caroline und seines Neffen Edward zu sorgen, falls es erforderlich würde. Die Becketts leben immer noch so einfach wie eh und je und sparen die beträchtlichen Einkünfte aus den Rechten. Sie lassen die kleine Wohnung in der Rue des Favorites renovieren, in der sie nun schon seit acht Jahren leben. Roger Blin und Jean Martin haben Sam gebeten, ein neues Stück für sie zu schreiben. Er arbeitet daran. Das Theater erscheint ihm einfacher als der Roman. *Endspiel* wird in zwei Fassungen mit jeweils zwei Akten vorliegen, bevor es 1956 die einaktige Gestalt erlangt, die wir kennen.

1955

Sam spielt mit dem Gedanken, nach London zu fahren, um dem Regisseur Peter Hall, der *Warten auf Godot* inszenieren soll, mit Rat und Tat zur Seite zu stehen. Er hat eingewilligt, die meisten der von Lord Chamberlain beanstandeten Passagen zu ändern. Namhafte Schauspieler haben es abgelehnt, eine Rolle in dem Stück zu übernehmen, darunter Sir Ralph Richardson, Sir Laurence Olivier und Sir Alec Guinness. In der Zwischenzeit verbringt Sam einen sonnigen Sommer in Ussy und kümmert sich um seinen Garten. Als Jérôme Lindon ihn um ein neues Werk bittet, schlägt er vor, dreizehn kurze Texte unter dem Titel *Textes pour rien* (*Texte um Nichts*) zusammenzufassen, in Anlehnung an den in der Musik gebräuchlichen Ausdruck »mesure pour rien« ⟨Bezeichnung für den Takt, der vor Spielbeginn ausgezählt wird, d. Ü.⟩. Er schreibt in Englisch einen Text, aus dem er nur einen Auszug unter dem Titel *Aus einem aufgegebenen Werk* veröffentlichen wird. Nach zahlreichen Schwierigkeiten kommt *Warten auf Godot* am 3. August in London auf die Bühne. Anfangs ist die Aufnahme lau. Doch die Kritiken der beiden wichtigsten englischen Kritiker, Harold Hobson und Kenneth Tynan, verändern die Situation, und nachdem das Stück vom Arts Theatre Club ins Criterion Theatre übergewechselt ist, sorgt es bis Mai 1956 für ein ausverkauftes Haus. Nach einer Woche Urlaub im Oktober, die er bei

Georgio Joyce in Zürich verbringt, arbeitet er mit seinem Neffen John Beckett und mit Deryk Mendel zusammen und schreibt *Acte sans paroles I* (*Akt ohne Worte 1*). Mitte November sieht er sich die Londoner Inszenierung von *Warten auf Godot* an, die er für zu frei hält, und trifft mit dem amerikanischen Regisseur Alan Schneider zusammen, der den *Godot* in Miami auf die Bühne bringen will. Man sieht ihn jetzt häufiger in den bekannten Cafés am Montparnasse mit Journalisten, Verlegern oder ausländischen Kritikern sprechen. In seiner Lunge wird ein Tumor entdeckt; eine Strahlenbehandlung zeigt Erfolg. Die englische Fassung von *Warten auf Godot* wird in Dublin gespielt (Oktober).

1956

Am 3. Januar hat *Warten auf Godot* in Miami Premiere. Der Saal leert sich schon vor dem Ende. Die Kritik ist entsetzt. Man sieht darin ein »kommunistisches, atheistisches und existentialistisches« Stück. Beckett ist erst einer Handvoll begeisterter Intellektueller und Hochschulleute bekannt. Die Wahl von Miami war ein Fehlgriff, und ebenso die Besetzung des Estragon mit Bert Lahr, dem Darsteller des Löwen in *Der Zauberer von Oz*. Nach zwei Wochen wird das Stück abgesetzt. Der Produzent Michael Myerberg ersetzt den Regisseur Alan Schneider durch Herbert Berghot und stellt den Possen eines Lahr als Didi das intellektuelle Spiel I. G. Marshalls als Gogo entgegen. In dieser veränderten Inszenierung wird das Stück im April in New York gegeben und erreicht mehr als hundert Vorstellungen. Beckett ist sehr am Schicksal der amerikanischen Produktion interessiert, aber er weigert sich, nach New York zu fahren. Am 10. Februar ist die englische Übersetzung von *Warten auf Godot* bei Faber erschienen. Sam übersetzt auch *Malone stirbt* ins Englische. Am 12. April ist die erste, zwei Akte umfassende Version von *Endspiel* fertig. Im Verlaufe dreier maschinenschriftlicher Fassungen, die auf das Manuskript folgen, nähert das Stück sich der endgültigen einaktigen Gestalt. Diese letzte Fassung ist im Juni abgeschlossen. Sam hat das Stück vollständig in Ussy geschrieben. Da es nicht rechtzeitig fertig geworden ist, kann es nicht auf dem Festival in Marseille gezeigt werden. Im Juli gibt die BBC ein Hörspiel bei ihm in Auftrag. Sam schreibt *Alle, die da fallen*; der erste Entwurf ist im September fertig. Er sträubt sich, *Der Namenlose* zu übersetzen. Er liest nochmals die Klassiker, Milton, die Elisabethaner, die ihn enttäuschen, Racine, vor allem *Andromache* und *Bérénice*, »noch ein Stück, in dem nichts geschieht«. Er scheint sich immer weniger für Romane und Stücke nach dem Geschmack der Zeit zu interessieren. Das Studio des Champs-Elysées, das Petit-Marigny und das Œuvre lehnen *Endspiel* ab. Das Schicksal des Babylone, das trotz des Erfolges von *Warten auf Godot* in Konkurs gegangen ist, entmutigt die Theaterleiter. In New York kommt *Warten auf Godot* wieder auf die Bühne, diesmal mit schwarzen Schauspielern.

1957

Die BBC sendet *Alle, die da fallen*. In Paris ist *Endspiel* an einem toten Punkt angelangt. Beckett besorgt die englische Übersetzung für John Devine, der das Stück noch vor einer französischen Aufführung am Royal Court Theatre inszenieren will. Das Stück erscheint bei den Editions de Minuit. Beckett ist mit der englischen Übersetzung nicht zufrieden; ihr fehlt die Knappheit der französischen Fassung. Zu dieser Zeit sieht er im *Endspiel* den Höhepunkt seines Werks. Er hat es Roger Blin und Jean Martin gewidmet. Die Ablehnung, die das Stück in Frankreich erfährt, verletzt ihn. Suzanne ist unabhängig von Beckett mit Madeleine Renaud, Jean Martin und Robert Pinget befreundet. Als Devine Mitte März von Beckett erfährt, daß die Übersetzung nicht rechtzeitig fertig sein wird, lädt er die französische Truppe ein, die Welturaufführung von *Endspiel* nach London zu verlegen. Beckett erfährt vom Tode des Malers Jack B. Yeats. Das Royal Court ist ein kleines Theater, das sehr viel besser ausgestattet ist als vergleichbare Häuser in Frankreich. Nach Becketts Ansicht erhält das Schauspiel dadurch einen allzu kommerziellen und marktschreierischen Zug. Die englische Kritik ist negativ, mit Ausnahme von Hobson. Doch plötzlich entschließt sich das Studio des Champs-Elysées, das Stück vom 27. April an zu zeigen. Es wird ein Erfolg, trotz einiger Meinungsverschiedenheiten unter den Kritikern, doch Beckett gibt der größeren Schlichtheit dieser Aufführung den Vorzug. Von einer Zyste am Gaumen geplagt, verbringt Beckett einige Tage mit Suzanne und Lindon in Etretat, das ihm gut gefällt. Am 12. August 1957 schließt er die englische Übersetzung von *Endspiel* ab. Der Erfolg im Studio hält an. Aber Blin und Martin, erschöpft und einer Depression nahe, sind froh, nach siebenundneunzig Vorstellungen Schluß machen zu können. Von der deutschen Inszenierung ist der Autor enttäuscht. In England beginnen aufs neue die Querelen mit der Zensur des Lord Chamberlain. Beckett schließt Freundschaft mit der amerikanischen Malerin Joan Mitchell, mit J. P. Riopelle und mit Giacometti. Das führt zu denkwürdigen Saufgelagen am Montparnasse.

1958

Von Migräne und Schlaflosigkeit heimgesucht, verbringt Beckett die ersten beiden Monate des Jahres im Bett. Die Interpretation von *Alle, die da fallen* bei der BBC hat ihn beeindruckt, und er schreibt ein Stück für den Schauspieler Patrick Magee: *Krapp's Last Tape* (*Das letzte Band*). Dort spricht er offen den Tod seiner Mutter, Peggy Sinclair und Roussillon in Gestalt der Miss McGlone an, die zunächst »Miss Beamish« hieß. Es ist das erste dramatische Werk, das Beckett in englischer Sprache geschrieben hat, weil es für einen englischsprachigen Schauspieler bestimmt ist. Als der Erzbischof von Dublin es ablehnt, die Messe, mit der das Tóstal-Festival in Dublin traditionell eröffnet wird, zu lesen, solange die Stücke von O'Casey und Joyce nicht aus dem Programm genommen seien, beschließt Beckett, die Aufführung seiner Stücke in Irland zu untersagen. Auf einen Wunsch hin, den er einmal geäußert hat, überläßt sein Freund Jack Schwartz ihm eine vollständige Ausgabe der *Encyclopaedia Britannica*. Ihm vertraut Beckett seine Manuskripte an. Er lehnt es ab, Blin und dessen Truppe zur Aufführung von *Endspiel* auf der Biennale in Venedig zu begleiten. Mit dem Autorenhonorar für die Aufführung von *Warten auf Godot* verbringen Sam und Suzanne den Juli in Jugoslawien, wo das

Stück mit Erfolg gespielt wird. Am 28. Oktober bringt endlich das Royal Court Theatre in London *Endspiel*, zusammen mit *Das letzte Band*, in einer Inszenierung von Devine heraus. Die Presse zeigt sich ablehnend, selbst Hobson und K. Tynan. Schon im Januar ist *Endgame* (so der englische Titel von *Endspiel*) zum erstenmal im Cherry Lane Theater in New York gespielt worden. Da Sam nicht in die USA reisen wollte, hat er vierzehn Briefe an den Regisseur Alan Schneider geschrieben, in denen er die Schwierigkeiten der Inszenierung erläutert. Diese Briefe werden in *The Village Voice* veröffentlicht. Sam akzeptiert die Ehrendoktorwürde, die ihm das Trinity College verleihen möchte.

1959

Am 25. Februar wird Sam offiziell zum Ehrendoktor ernannt. Einen Monat später erscheint die französische Übersetzung von *Das letzte Band*. Trotz des Verbots, das der Autor für Irland erlassen hat, treten die Dublin University Players mit dem Vorschlag an ihn heran, *Endspiel* Ende März aufzuführen. Beckett erhebt keinen Einspruch. Die Becketts beschließen, das alte Mietshaus in der Rue des Favorites zu verlassen, und kaufen eine große Wohnung in einem noch nicht fertiggestellten Neubau am Boulevard Saint-Jacques, mit Blick auf Notre-Dame, den Montmartre und ... auf das Gefängnis der Santé. Die Wohnung hat zwei Eingänge, doch entgegen der Legende leben die Becketts nicht in zwei verschiedenen Wohnungen. Dennoch führt jeder sein eigenes Leben. Sam beginnt mit der Arbeit an *Wie es ist*. Im Juni fährt er nach Dublin zur Verleihung der Ehrendoktorwürde. Suzanne kommt gleichfalls nach. Den ganzen Sommer über arbeitet er in Ussy an *Wie es ist*. *Embers* (*Aschenglut*), in der Aufzeichnung der BBC, mit McGowran und Patrick Magee als Sprechern, wird mit dem Prix Italia ausgezeichnet. *Das letzte Band* und *Aschenglut* erscheinen in Frankreich, wie auch in London, zusammen in einem Band. Sam schreibt in französischer Sprache *Acte sans paroles* (*Akt ohne Worte 2*). Beckett kauft sein erstes Auto, einen Citroën 2 CV. Das Projekt einer Wiederaufnahme von *Warten auf Godot* im Odéon, dessen Leitung gerade von Jean-Louis Barrault übernommen worden ist, scheitert an tiefgreifenden Meinungsverschiedenheiten zwischen Barrault und Blin. Beckett wird das Lieblingskind der amerikanischen Universitäten.

1960

Am 22. März hat *Das letzte Band* Premiere im Théâtre de Babylone. Roger Blin hat sich bereit erklärt, die Regie zu führen, aber er lehnt es ab, die Rolle zu übernehmen, die schließlich dann R. J. Chauffard spielt. Beckett hat sich weitgehend in die Regiearbeit eingeschaltet, was zu Spannungen zwischen den beiden geführt hat. Diverse Verzögerungen hindern Beckett und seine Frau, ihre neue Wohnung zu beziehen. Ende August, nach achtzehn Monaten Arbeit, übergibt Sam Jérôme Lindon das Manuskript von *Wie es ist*. Endlich kann er, zunächst allein, im Boulevard Saint-Jacques einziehen. Zum erstenmal hat er ein eigenes Arbeitszimmer.

1961

Beckett liest die gesammelten Werke von Yeats. Er trifft auch häufig mit Audiberti, Adamov, Arrabal und Ionesco zusammen. Die Begegnung mit Pinter, die zu der Zeit stattfindet, als Blin dessen *The Servant* inszeniert, führt zu einer wahren Freundschaft zwischen den beiden. Beckett versucht unter anderem, Pinter seine grenzenlose Bewunderung für Racine zu vermitteln, dessen Werk ihm immer deutlicher im Gleichklang mit seinem eigenen zu stehen scheint. In England, in Paris und Deutschland spielt man *Das letzte Band* in der von Marcel Mihalovici komponierten Opernfassung. Sam entschließt sich, die Verbindung mit Suzanne zu legalisieren. Die Formalität findet in England statt. Beckett ist fünfundfünfzig, Suzanne einundsechzig Jahre alt. Am Odéon-Théâtre de France kommt eine Neuinszenierung von *Warten auf Godot* heraus. Für die Regie zeichnet Blin verantwortlich, doch Beckett ist bei sämtlichen Proben anwesend. Die Reprise wird ein großer Erfolg und die Vorstellung muß verlängert werden. Im Mai erhält er gemeinsam mit Jorge Louis Borges den Prix International des Editeurs. Er schließt die Arbeit an *Glückliche Tage* ab. Nun, da er reich ist, greift er vielen notleidenden Freunden unter die Arme und spart den Rest seines Geldes. Unter denen, die er unterstützt, befindet sich auch Lucia Joyce, die seit Jahren in England in einer Anstalt lebt. Im Juli wird in das Haus in Ussy eingebrochen. Im November schreibt Sam fürs Radio *Words and Music* (*Worte und Musik*); John Beckett komponiert die Musik dazu. In England, den Vereinigten Staaten und Deutschland sind Inszenierungen von *Glückliche Tage* in Vorbereitung. Sein Neffe Edward tritt ins Pariser Konservatorium ein. Ende des Jahres kommt *Glückliche Tage* in New York und Berlin auf die Bühne. Nach schwierigen Anfängen in beiden Städten kommt das Stück in Schwung. In New York wird es einhundert Vorstellungen erleben. Während einer Reise nach Amsterdam lernt Beckett Strawinski kennen.

1962

Sam verbringt die beiden ersten Monate des Jahres in Ussy. Er schreibt auf französisch ein weiteres Hörspiel: *Cascando*, für Marcel Mihalovici und die RTF. Es ist die Zeit der Verträge von Evian. Beckett sieht sich genötigt, Lindon zu helfen, der Schwierigkeiten wegen seiner Sympathien für Algerien hat. Doch er weigert sich trotz Sartres Drängen, das Manifest der 121 zu unterzeichnen. Thomas McGreevy wird zum Offizier der Ehrenlegion ernannt. John Devine, der *Glückliche Tage* in London inszenieren soll, hat Probleme mit der Rolle der Winnie; zunächst hat Joan Plawright wegen Schwangerschaft absagen müssen, dann lehnen Vanessa Redgrave und Peggy Ashcroft ab; schließlich übernimmt Brenda Bruce die Rolle. Am 5. Oktober zeigt das Gaiety Theatre in Dublin ein Ein-Mann-Stück mit dem Titel *End of Day*; geschrieben hat es Jack McGowran, der auch selbst spielt. Er und Beckett werden Freunde. Beckett fühlt sich verantwortlich für dieses zerbrechliche Wesen, das von Drogen und Alkohol bedroht ist. Bei dieser Gelegenheit verbringt Beckett einen Monat in London;

er nimmt an den Proben zu *Glückliche Tage* teil, reist aber am Tage der Generalprobe wieder ab, ohne daran teilzunehmen. Er fährt nach Ussy, um die französische Fassung fertigzustellen, die er Roger Blin schickt.

1963

Den Januar und Februar verbringt Sam in Ussy; er übersetzt *Play* (*Spiel*) ins Französische, und zwar unter dem Titel *Comédie*. Er fährt nach Paris, um die Ausstrahlung von *Alle, die da fallen* im Fernsehen zu verfolgen. *Glückliche Tage* erscheint bei den Editions de Minuit. Barnet Rosset nimmt Verhandlungen mit Beckett, Ionesco und Pinter auf; er möchte, daß jeder von ihnen ein Filmdrehbuch schreibt. Ende Mai nimmt Beckett in Ulm an den letzten Proben für die Aufführung von *Spiel* teil. Er fühlt sich immer stärker zu den deutschen Regisseuren und Schauspielern hingezogen, weil sie eher bereit sind, in jeder Hinsicht auf die Wünsche des Autors einzugehen. Er entschließt sich, an den deutschen Bühnen seine Stücke in Zukunft selbst zu inszenieren. Zur selben Zeit läßt er übrigens verlautbaren, daß er sich vom Theater zurückziehe. Er möchte sich auf ein größeres Werk konzentrieren, und das Theater mit seinen vielfältigen menschlichen Kontakten hält ihn mit dem Alter von solcher Arbeit ab. In den Brasserien am Montparnasse, die er schätzt, wird er erkannt und belästigt. Immer häufiger zieht er sich ins Hinterzimmer der Closerie des Lilas zurück. Er schreibt *Cascando*, ein Hörspiel, zu dem Marcel Mihalovici die Musik schreibt. Im Juni beginnen die Proben für *Glückliche Tage*. Für die Rolle der Winnie denkt Blin an Madeleine Renaud, obwohl sie nicht der Beschreibung entspricht, die Beckett gibt: »eine kräftige Frau, ein wenig fett«. Beckett akzeptiert sie wegen der Schönheit ihrer Stimme. Von Juni bis August nimmt er an sämtlichen Proben teil. Die ersten Vorstellungen sollen im Oktober im Odéon stattfinden. Doch im Laufe des Sommers wird das Stück auf der Biennale in Venedig gezeigt. Noch im Oktober sendet France-Culture *Cascando*. Auch in Dublin wird *Glückliche Tage* aufgeführt, mit Marie Kean als Winnie und triumphalem Erfolg. H. O. White, Becketts Lehrer am

Trinity College, kommt trotz seiner angegriffenen Gesundheit zur Premiere nach Paris. Am Ende des Jahres stellt Sam fest, daß er an sechs Aufführungen mitgearbeitet und die Hälfte seiner Zeit dem Theater gewidmet hat.

1964

Im Januar kommt *Spiel* in einer Inszenierung von Alan Schneider in New York heraus, danach auch in London, wo Beckett die Probenarbeit scharf überwacht. Er nimmt sogar an der Premiere teil. Die Kritik ist gespalten. Rosemary Harris, Billie Whitelaw und Robert Stephens sind bemerkenswert in ihren Krügen. Auch in Paris beginnen die Proben. Von der beständigen Anwesenheit Becketts gehemmt, setzt J. M. Serreau sich immer stärker ab und widmet sich anderen Stücken. Es entsteht ein Konflikt zwischen dem gutmütigen Serreau und dem rigiden Perfektionisten Beckett. Nach diversen Verzögerungen kommt das Stück am 14. Juni in Paris heraus. Beckett hält die Arbeit für weniger gelungen als die Londoner Inszenierung. Er überwindet seine Abneigung und beschließt, zu den Dreharbeiten für *Film* nach New York zu fahren. Man hat Buster Keaton für die Rolle des O gewonnen. Am 10. Juli fliegt Sam nach New York; er wohnt bei Barney Rosset in East Hampton. Man beginnt mit den Außenaufnahmen in Manhattan. Sam besucht Greenwich Village und freundet sich mit dem Kameramann Joe Coffey an. Schließlich trifft Beckett mit Buster Keaton zusammen, den er schon seit langem bewundert. Der Film wird in weniger als einem Monat abgedreht; die Regie führt Alan Schneider, der bis dahin ausschließlich fürs Theater gearbeitet hat. Buster Keaton, der mittlerweile siebzig ist und an Asthma leidet, führt alles, was man von ihm verlangt, mit unendlicher Geduld aus. Als die Dreharbeiten in New York abgeschlossen sind, gibt Jean Reavy ein Essen, in dem sämtliche Speisen auftauchen, die Beckett jemals in seinem Werk erwähnt hat. Die Speisefolge endet mit »Bananen à la Krapp«. Sam gewährt John Kobler von der *Saturday Evening Post* ein Interview, das wichtigste von den ganz wenigen, die er überhaupt gegeben hat. Er fliegt zurück nach Paris, wo inzwischen auch Suzanne wieder eingetroffen ist, die Madeleine Renaud auf einer Italien-Tournee mit *Glückliche Tage* begleitet hat. Er leidet an einer gutartigen Geschwulst am Kiefer und läßt sie operativ entfernen. Er beteiligt sich an der Hilfe für den polnischen politischen Flüchtling Adam Tarn, der schließlich in Kanada unterkommt.

1965

Im Januar wird in London die erste nicht von anstößigen Stellen gereinigte Aufführung von *Warten auf Godot* gespielt. Während seines Aufenthalts in London erklärt Beckett, daß er nun die englische Fassung der französischen vorziehe. Dr. Colin Duckworth gegenüber sagt er auch, daß das Theater ihn nicht mehr interessiere. Er wendet sich vom herkömmlichen Theater ab und ersinnt immer ausgefallenere dramaturgische Formen; er sucht nach Möglichkeiten, den Schauspieler zu eliminieren. Schauspieler, Schriftsteller, alte Freunde erfahren Becketts Großzügigkeit in Gestalt von Schecks, überlassenen Manuskripten und anderem. Suzanne wendet sich immer stärker von Ussy ab, wo Sam nun meist allein ist. Die Probleme mit dem Kiefer halten an. Eine dritte Operation wird notwendig. Sein Freund McGreevy hat gerade seinen zweiten Herzanfall überstanden. Zusammen mit Suzanne verbringt Beckett wohltuende Ferien in den italienischen Alpen. Er unterstützt seinen Neffen Edward, dessen Lehrer J. P. Rampal ist. *Film* findet keinen Verleih, wird jedoch in Venedig mit dem Diploma de Merito ausgezeichnet. Beckett verbringt den Sommer in Ussy, wo er *He, Joe* fertigstellt und an den französischen Fassungen von *He, Joe* und *Worte und Musik* arbeitet. Er schreibt *Kommen und Gehen*, ein Kurzstück von nur wenigen Minuten Länge. Im November wird *Molloy* in einer Bühnenbearbeitung in Genf aufgeführt. Sam läuft zu Fuß durch die Felder, um Josette und Henri Hayden zu besuchen, die in der Nähe von Ussy wohnen. Henri Hayden ist inzwischen dreiundachtzig Jahre alt und lebt das ganze Jahr auf dem Lande. Beckett hat jetzt Probleme mit den Augen; er fürchtet, blind zu werden.

1966

Im Laufe der Jahre ist Beckett zum Mittelpunkt einer Gruppe irischer Schriftsteller geworden, die in Paris leben, darunter Con Leventhal, den er nun seit den dreißiger Jahren kennt und mit dem er nächtelang von einer Bar zur anderen zieht, und dies häufiger, als es guttun mag, aber in ihren Augen noch zu selten. Im Januar beginnt Sam in London »vierzehn Wochen Non-stop Theater, Film und Fernsehen« (in einem Brief an Ruby Cohn), die verschiedenen seiner Arbeiten gewidmet sind. Er kehrt nach Paris zurück, um sich an der Verfilmung von *Spiel* durch Marin Karmitz zu beteiligen. Dagegen lehnt er es ab, an der Gedächtnisfeier anläßlich des fünfundzwanzigsten Todestages von Joyce teilzunehmen. Zusammen mit Stücken von Ionesco und Pinget wird *Kommen und Gehen* am 28. Februar im Petit-Odéon gegeben. In Stuttgart verfolgt er aus der Nähe die Fernsehproduktion von *He, Joe* und fährt anschließend nach London, um McGowran bei der Realisierung desselben Stückes für die BBC anzuleiten. Zusammen mit Ludovic und Agnès Janvier arbeitet er an der französischen Übersetzung von *Watt*. Am 21. August stirbt seine Schwester Jean an Magenkrebs. Er nimmt sich seines Neffen Edward und seiner Nichte Caroline an. Während seines Aufenthalts in Dublin trifft er McGreevy in äußerst schlechter Verfassung an. Bei den Editions de Minuit erscheinen zwei kurze, in Französisch geschriebene Texte: *Assez* (*Schluß jetzt*) und *Bing*. Sam ist niedergeschlagen, weil es ihm nicht mehr gelingt, längere Texte zu schreiben. Er macht das Theater dafür verantwortlich.

1967

Nach zwei Versuchen gibt Sam das Projekt eines Theaterstükkes auf. Zu Freunden spricht er von einer »neuen Arbeit«. Er nimmt an der – sehr pariserischen – Premiere des Films von Marin Karmitz teil, der nach Jean-Marie Serreaus Inszenierung von *Spiel* entstanden ist. Nach einem glimpflich verlaufenen Unfall (er ist in die Grube einer Autowerkstatt gefallen), muß er sich eingestehen, daß er dabei ist, wie Joyce und O'Casey, das

Augenlicht zu verlieren. Man diagnostiziert ein Glaukom. Er erhält die Nachricht vom Tode Thomas McGreevys, des einzigen Menschen, dem er sich rückhaltlos anvertraut hat. Er spielt Schach mit sich selbst und vertreibt sich die Zeit mit langen Billardpartien im Bistro an der Ecke. Er läßt sein Klavier nach Ussy bringen. Als er zusammen mit Ionesco und Genet für 1968 zum Parteitag der Demokratischen Partei nach Chicago eingeladen wird, lehnt er ab. Aber er unterzeichnet eine Petition zugunsten des von Franco eingesperrten Arrabal. Er unternimmt seine erste eigene Inszenierung: *Endspiel* am Schiller-Theater in Berlin.

1968

Er lehnt den Ruf auf den Lehrstuhl für Dichtung in Oxford ab. Der Tod seiner nächsten Freunde und Verwandten zementiert seinen Bruch mit Irland. Nach dreißig Jahren entzündet sich die vernarbte Wunde in seiner Lunge wieder und sorgt für Beunruhigung. Die französische Übersetzung von *Watt* erscheint bei den Editions de Minuit. Zusammen mit Suzanne feiert Sam Silvester in der Closerie des Lilas; anschließend fahren die beiden für den Rest des Winters nach Madeira.

1969

Während eines Aufenthalts in Paris macht der Kritiker Adam Tarn ihn mit dem polnischen Dramatiker Sławomir Mrożek bekannt, der ihn bewundert, obwohl er *Warten auf Godot* noch nicht hat lesen können. Seine Aufenthalte in Ussy werden länger. Doch auch in Paris vermag er Ruhe zu finden. Er erreicht ein stabiles Gleichgewicht, das selbst der Skandal um die im vorangegangenen Jahr in New York herausgekommene Revue *Oh! Calcutta* kaum zu stören vermag. Als einziger unter den Autoren der fünf Teile dieser erotischen Revue wird Beckett (als Autor von *Breath/Atem*) identifiziert. Er schimpft Tynan, den Urheber dieses Unternehmens, einen Schurken und Dieb. Der Prosatext *Losigkeit* erscheint in Paris und wird, unter dem

Titel *Lessness*, ins Englische übersetzt. In Nabeul, einem kleinen Dorf in Tunesien, hoffen Sam und Suzanne Wärme und Sonne zu finden. Es regnet während ihres ganzen Aufenthaltes. Dort erfährt Beckett am 23. Oktober, daß die Schwedische Akademie ihm den Nobelpreis für Literatur zuerkannt hat. Anfang des Jahres hat Jérôme Lindon die achtzehn Mitglieder der Kommission wissen lassen, daß Beckett, im Unterschied zu Sartre, die Annahme des Preises nicht verweigern werde. Es zeigt sich, daß er drei Mitbewerber hat: de Gaulle, Chaplin und Malraux. Der ernsthafteste Konkurrent unter den Franzosen scheint Malraux zu sein, der kein Ministeramt mehr bekleidet. Man nennt den neuen Preisträger einen »berühmten Unbekannten«. Sogleich nach der Bekanntgabe der Entscheidung beginnen Photographen und Reporter, sein alltägliches Leben zu stören. Als er nach Paris zurückkehrt, ist seine rechte Hand durch die Dupuytrensche Kontraktur gelähmt. Er ist nicht bereit, zur Verleihung des Nobelpreises nach Stockholm zu fahren, und er lehnt es ab, sich, wie es der Tradition entspräche, vom irischen Botschafter vertreten zu lassen. Er verlangt, daß seinem Verleger Jérôme Lindon der Scheck, die Goldmedaille und das Diplom überreicht werden. Er verlängert seinen Aufenthalt in Tunesien, reist anschließend nach Portugal weiter und entschließt sich endlich doch, trotz des befürchteten Durcheinanders, nach Paris zurückzukehren. Mit der Preissumme wird er zahlreiche Künstler, Verleger, Maler, Wissenschaftler unterstützen und experimentelle Theaterprojekte finanzieren. Auf Anhieb hat er keinen neuen Text zur Hand, den er seinen Verlegern überlassen könnte.

1970

Dennoch gibt er Jérôme Lindon *Erste Liebe*, eine Erzählung aus den vierziger Jahren. Der Plan, in Oxford ein Beckett-Theater zu gründen, scheitert nach mehreren Jahren. Die Angelegenheit schleppte sich bis 1977 hin. Becketts Sehfähigkeit läßt weiterhin nach. Er schreibt mit einem dicken schwarzen Filzstift. Mehrmals aufgeschoben, findet die Operation schließlich im Herbst in einer kleinen Klinik am Boulevard Saint-Jacques statt. Sam hat die Genehmigung für die Publikation seines unveröffentlichten Romans *Mercier und Camier* gegeben.

1971

Im Februar wird eine zweite Operation durchgeführt. Langsam erreicht seine Sehfähigkeit wieder das normale Maß. Im März erfährt er vom Tode seines Onkels, Dr. James Beckett, der seit langem gelähmt war. Er versucht, in Europa eine Reihe von Vorstellungen zu organisieren, in denen der Schauspieler McGowran eine Montage von Beckettschen Texten mit dem Titel »Beginning to End« präsentieren soll. Nach zahllosen Umwegen wird McGowran die Collage auf dem Berliner Festival zeigen, wo Beckett *Glückliche Tage* inszeniert hat. Er spricht von Ferien auf Malta, schwimmt jeden Tag, fährt Auto. *Der Verwaiser*, ein Text, an dem er von 1967 bis 1970 geschrieben hat, erscheint in Paris.

1972

Ein englischer Verlag publiziert Becketts Übersetzung von Apollinaires *Zone*. Während eines Ferienaufenthaltes in Marokko inspiriert ihn eine Straßenszene zu zwei kurzen Stücken: *Nicht ich* (1972) und *Damals* (1974). *Nicht ich* kommt nahezu gleichzeitig in den Vereinigten Staaten und in England heraus. Alan Schneider inszeniert das Stück am Repertory Theater im New Yorker Lincoln Center für ein Beckett-Festival, das außerdem noch Aufführungen von *Das letzte Band*, *Glückliche Tage* und *Akt ohne Worte 1* umfaßt. Das Festival wird ein Erfolg.

1973

In London bringt Billie Whitelaw *Nicht ich* am 16. Januar heraus, und Albert Finney spielt eine Wiederaufnahme von *Das letzte Band*. »Eine bedauerlicher Besetzungsfehler«, sagt Bekkett dazu. Einige seiner Werke werden in limitierten Auflagen publiziert, darunter die Übersetzung des *Trunkenen Schiffes*, die aus dem Jahre 1932 stammt und kurz zuvor zwischen den Seiten eines Buches wiederentdeckt worden war. Beckett wird zum Mitglied der Deutschen Akademie gewählt. Die 2. Nummer der Zeitschrift *Minuit* bringt *Foirades II* und *III* (unveröffentlichte Texte aus den fünfziger Jahren).

1975

Beckett inszeniert selbst *Warten auf Godot* am Schiller-Theater in Berlin. Die französische Übersetzung von *Nicht ich* erscheint bei den Editions de Minuit; im März kommt das Stück mit Madeleine Renaud im Théâtre d'Orsay auf die Bühne.

1976

Welturaufführung von *Damals* und *Tritte* im Royal Court Theatre in London.

1978

Im Februar bringt Roger Blin an der Comédie Française eine Neuinszenierung von *Warten auf Godot* heraus. Im Juli zeigt Ottomar Krejca seine Inszenierung des Stücks auf dem Festival von Avignon im Ehrenhof des Palais des Papes. In der Zwischenzeit inszeniert Delphine Seyrig am Théâtre d'Orsay *Tritte*, ein Stück in einem Akt.

1979

Gesellschaft erscheint bei den Editions de Minuit. »McGowran ist nicht mehr da, Raimbourg ist nicht mehr da, Serreau ist schwerkrank und ... die Académie Française« (an Adam Tarn am 25. April 1979).

1980

Beckett schreibt *A Piece of Monologue* (*Ein Stück Monolog*) für den Schauspieler David Warrilow, der mit den Mabou Mines in denkwürdigen Beckett-Aufführungen gespielt hat, darunter auch die Bühnenfassung von *Der Verwaiser*.

1981

Mal vue mal dit (*Schlecht gesehen schlecht gesagt*) erscheint bei den Editions de Minuit. Im Mai veranstalten Stanley Gontarsky und die amerikanische Beckett-Gesellschaft an der Ohio State University ein großes Kolloquium über Beckett. Er bittet Beckett um einen unveröffentlichten Text fürs Theater, und Beckett schickt ihm *Ohio Impromptu*, das er aus dem Stegreif geschrieben hat. Alan Schneider inszeniert es; die Interpreten sind Rand Mitchell und David Warrilow. Anläßlich des fünfundsiebzigsten Geburtstags von Sam im September organisiert das Centre de Civilisation et de Culture française in Zusammenarbeit mit dem Pariser Festival d'Automne die umfangreichste Veranstaltung, die Beckett jemals gewidmet wurde; sie trägt den Titel »Actualité de Samuel Beckett« und dauert von Ende September bis Mitte November. Auch das Centre Pompidou und die Compagnie Renaud-Barrault beteiligen sich daran. Dreizehn Inszenierungen, Kolloquien, eine dokumentarische Ausstellung, Videovorführungen und ein einziges unveröffentliches Stück: *Ein Stück Monolog*. Beckett hat sich während dieser ganzen Zeit in Tanger aufgehalten.

1982

Samuel Beckett lebt von nun an teils in Paris, wo er seit nun zwanzig Jahren in derselben Wohnung am Boulevard Saint-Jacques wohnt, teils in Ussy, wohin er so oft wie möglich fährt, und zwar zunächst mit der Eisenbahn, dann für den Rest der Strecke mit seinem alten 2 CV, der am Bahnhof steht, teils schließlich auch in Tanger, wo er alljährlich zusammen mit seiner Frau einen Teil des Sommers verbringt. Er bleibt immer mehr für sich und schreibt immer weniger. Und dennoch: Als die Association Internationale de Défense des Artistes (AIDA) ihn bittet, wie andere Schriftsteller auch, zu einer Václav-Havel-Nacht beizutragen, die am 21. Juli im Rahmen des Festivals von Avignon im Verger d'Urbain stattfinden soll, da gehört er zu den ersten, die ihren Beitrag schicken: ein kurzes Stück mit dem Titel *Katastrophe*. Diesen Titel wird auch der Band tragen, der im darauffolgenden Herbst bei den Editions de Minuit erscheint und vier kurze Stücke enthält: *Rockaby*, *Ohio Impromptu*, *Damals* und *Ein Stück Monolog*.

ZWEITES KAPITEL
DAS WERK

Wir legen dem Leser hier eine handlungsorientierte Analyse sämtlicher Werke vor, die Samuel Beckett in französischer Sprache geschrieben oder selbst ins Französische übersetzt hat; ausgelassen sind nur die Texte aus seiner ersten Periode, von 1929 bis 1938: eine Reihe von Essays, Gedichten und Romanversuchen, die Samuel Beckett, mit Ausnahme der Gedichte, offenbar nie hat übersetzen wollen; das gilt selbst für den Essay über Proust von 1931, den die Kommentatoren nach seiner Auffassung allzu leicht als persönliches Engagement für den Autor von *Auf der Suche nach der verlorenen Zeit* abtun. Bei jeder unserer Analysen haben wir versucht, die Umstände zu präzisieren, unter denen das betreffende Werk geschrieben, publiziert oder aufgeführt worden ist.

1. Murphy

Murphy. Roman, englisch, entstanden 1934-1937, erstmals veröffentlicht 1938.

Murphy hat Möwenaugen, steife Beine und kaputte Füße. Als Dubliner ohne Familie und Beruf wohnt er in einem heruntergekommenen Mietshaus im Londoner Stadtteil West Brompton. Er liebt es, nackt in seinem Schaukelstuhl zu sitzen, von sieben Schals festgehalten; das Schaukeln versetzt ihn in Ekstase. Er lebt mit Celia Kelly zusammen, einer Prostituierten, die ihn »in der Johannisnacht« aufgelesen hat. Celia unterhält ihren Großvater, einen impotenten Greis, der für Papierdrachen schwärmt. Das Geld, das Murphy von einem holländischen Onkel erhält, reicht nicht aus, um Celia und ihn zu erhalten, sofern Celia nicht wieder auf den Strich geht, was er ablehnt. Es ist daher an ihm, sich nach einer Arbeit umzusehen. Ohne Begeisterung macht er sich auf die Suche.
In Dublin begegnet unterdessen Neary, ehemaliger Lehrer von Murphy, seinem ehemaligen Schüler Wylie zu Füßen des Stand-

bilds von Cuchulain. Neary liebt Mrs. Counihan, die Murphy liebt, der sie unter dem Vorwand verlassen hat, er wolle sein Glück in London machen. Auf Wylies Rat hin will Neary versuchen, Murphy wiederzufinden, um Mrs. Counihan zu beweisen, daß der sie nicht mehr liebt. Er macht sich mit Cooper, einem Detektiv und Alkoholiker, auf den Weg. Wylie und Mrs. Counihan, inzwischen ihrerseits ein Liebespaar, fahren Neary und Cooper nach und treffen sie in London. Alle vier machen sich auf die Suche nach Murphy; bald gesellt sich auch Celia zu ihnen, denn auch sie ist ohne Nachricht von Murphy. Tatsächlich versucht der, vollkommen zu verschwinden. Er möchte Celia und der Last ihrer Liebe entfliehen, um sich ungestört der Erkenntnis seines eigenen Geistes widmen zu können. Durch Vermittlung eines Kneipenpoeten erhält er eine Stelle als Pfleger im M. M. M. (Magdalen Mental Mercyseat). Er haust in einer Dachkammer ohne Heizung. Es gelingt ihm, eine Gasheizung zu installieren, deren Gaszufuhr durch Betätigung der Wasserspülung im WC reguliert wird. Murphy ist mit der nächtlichen Überwachung der Kranken betraut und wird seinerseits von zwei sadistischen Brüdern, Bim und Bom, überwacht. Während eines nächtlichen Rundgangs geht er zu Mr. Endon in die Zelle, der ein eingefleischter Schachspieler ist; mit ihm spielt er eine einzigartige Schachpartie, eine Partie von Irren, die beim dreiundvierzigsten Zug abgebrochen wird, weil Murphy erstmals ohne Hilfe seiner Wiege die Welt verläßt. Als er zurückkehrt, muß er Mr. Endon einfangen, der in der ganzen Anstalt mit dem elektrischen Licht- und Kontrollsystem spielt. Murphy steigt hinauf in seine Dachkammer und setzt sich in seinen Schaukelstuhl. Jemand betätigt die Wasserspülung, das Gas beginnt auszuströmen und explodiert. Murphy verbrennt. Seine vier Freunde identifizieren die Leiche. Seinem Wunsche gemäß werden seine sterblichen Überreste eingeäschert, doch Cooper, der die Asche ausstreuen soll, läßt sie auf den Boden einer Kneipe in den Schmutz fallen, als er zornig mit dem Aschepaket nach einem Mann wirft. Die letzte Szene zeigt Celia, die ihren Großvater im Rollstuhl durch einen Park schiebt, in dem Dutzende alter Männer Drachen steigen lassen. Im Herbst 1934 – Beckett lebt noch in London – beginnt er, eine Erzählung zu schreiben, deren Held, ein junger Intellektueller, ihm sehr ähnlich ist: Er läßt sich treiben und lebt mit einer Prostituierten zusammen, die er in World's End auf der Straße aufgelesen hat. Im Laufe eines Jahres wird aus dieser Erzählung nach und nach der Roman *Murphy*. Beckett arbeitet von 1934 bis 1937 daran. Innerhalb von zwei Jahren haben zweiundvierzig Verlage das Manuskript abgelehnt. Als Routledge einwilligte, den Roman zu veröffentlichen, war Beckett entschlossen, sich endgültig in Paris niederzulassen. Am 7. März 1938 kam das Buch heraus. Sogleich machte der Autor sich daran, den Roman mit Alfred Pérons Hilfe, dem er das Buch widmete, ins Französische zu übersetzen. Raymond Queneau lehnte *Murphy* für Gallimard ab. Es erschien dann erst nach dem Krieg, 1947, bei Bordas; 1953 kauften die Editions de Minuit die Rechte.

Die meisten Figuren sind von Menschen inspiriert, die Beckett gekannt hat. Stets brillant, zuweilen blendend, hat dieser erste wirkliche Roman viel von den sprachlichen Spitzfindigkeiten, die für Becketts erste Arbeiten charakteristisch sind. Man hat in diesem Zusammenhang von einem »launigen Gespräch über Kultur« gesprochen. Beckett wollte darin philosophische Prinzipien illustrieren, und dies zu einer Zeit, als er sich für Descartes, Leibniz und Geulincx begeisterte. Murphy ist in seinem Loch wie Descartes »in seiner Ofenstube« und Leibniz in seiner Dachkammer. Er versucht zu verschwinden, dem Blick der anderen zu entkommen. Murphy ist ein Mystiker oder ein gescheiterter Solipsist. Schon in seinem Essay über Proust schlug Beckett als Zufluchtsstätte des inneren Lebens das »weiträumige Nebengebäude der Geisteskrankheit« vor. Murphy-Beckett fühlt sich den Anstaltsinsassen zunehmend verwandt, vor allem den Schizoiden; er zeichnet sie mit Ironie und verleiht ihnen eine chaplineske Erscheinung, die den Charme des Buches ausmacht. Murphy beherrscht nun das ganze Denken der Nebenfiguren. Alle ihre Wünsche konzentrieren sich auf ihn. So nimmt das Buch die Gestalt einer Suche nach Murphy an, die nochmals verdoppelt wird durch Murphys eigenes Suchen, das ihn von Irland nach London führt. Deshalb wechseln Kapitel, die Murphys innerem Suchen gewidmet sind, mit solchen ab, die von der Suche nach ihm berichten. Ludovic Janvier sieht darin die Verfolgung Andromaches durch die Marx Brothers. Am Ende weicht die Monade des Ich (die fensterlos ist wie die

Gummizelle im Irrenhaus) dem Bild eines bedrängten und verfolgten Ich. Dieser erschöpfte Solipsist, dieser phlegmatische Narziß, der in prometheischer und descartescher Manier davon träumt, sich selbst zu begründen, ist am Ende der Kontingenz ausgeliefert, auf den Zustand eines Häufchens Asche reduziert, die Betrunkene unter den feuchten Schmutz eines Kneipenbodens mischen. Eine philosophisch-burleske Parodie auf die Rückkehr ins große Ganze, das eins ist mit dem großen Nichts, dem Nada.

2. Watt

Watt. Roman, englisch, entstanden 1942-1944, erstmals veröffentlicht 1953.

Bei Einbruch der Nacht sieht ein gewisser Mr. Hackett an der Straßenbahnhaltestelle gegenüber ein menschliches Wesen unbestimmten Geschlechts aussteigen, dessen äußere Erscheinung einem aufgerollten Teppich ähnelt. Goff, ein weiterer Gaffer, erkennt einen gewissen Watt wieder, der ihm seit sieben Jahren fünf Schilling und neun Pence schuldet. Als er sein Geld zurückfordert, erfährt er, daß Watt im Begriffe ist, zu verreisen. Die kleine Gruppe sieht den Mann davongehen; sein seltsamer Gang setzt sie in Erstaunen. Watt erreicht den Zug im Laufen und setzt sich in ein Abteil, den Rücken zur Fahrtrichtung. Er entdeckt einen anderen Reisenden, der ein wenig angetrunken ist, Mr. Spiro, Herausgeber einer weitverbreiteten katholischen Monatszeitschrift mit dem Namen *Crux*. Watt versteht nicht, was Spiro ihm erzählt, da er selbst voll von seinen eigenen Stimmen ist. Am Rennplatz steigt er aus, geht ein Stück zu Fuß, legt sich in einen Graben, wo die Stimmen eines gemischten Chors zu ihm dringen, und erreicht schließlich Mr. Knotts Haus, das er ganz in Dunkel getaucht und hermetisch verschlossen vorfindet. Er tritt durch eine Hintertür ein, ohne sich recht erklären zu können, wieso sie zuerst verschlossen und dann offen ist. Drinnen trifft er auf den Diener Arsene, der auf Watt gewartet hat, um weggehen zu können, wie es das Reglement vorsieht, wonach zu jeder Zeit drei Männer im Hause sein

müssen, der Herr, Mr. Knott, und zwei Diener, einer im Erdgeschoß und einer in der ersten Etage.
Bei dem Dienst, den Watt im Erdgeschoß versieht, hat er nicht direkt mit Mr. Knott zu tun. Das ist Erskines Privileg, der im ersten Stock Dienst tut. Von Zeit zu Zeit kommen Fremde ins Haus, Vater und Sohn Gall zum Beispiel, Klavierstimmer ihres Zeichens, deren Eindringen deutlich macht, daß sich bei Knott ganz und gar *nichts* ereignet, wobei jedes Ereignis die Manifestation dieses *nichts* ist. Watt will nicht gelten lassen, daß dieses *nichts* die ganze Klarheit und Festigkeit des Wirklichen habe. So beginnt die Suche, die Watts Aufenthalt in Mr. Knotts Haus bestimmen wird. Was ist die wahre Natur des Mr. Knott? Nach einer Woche merkt Watt, daß ihm die Worte fehlen und daß die Welt unaussprechlich wird. So fragt er sich in endloser Folge, wie Mr. Knotts Zu-Bett-Gehen und Aufstehen abläuft oder was es mit dem ungewöhnlichen Ritual der Mahlzeiten auf sich hat, dieser beiden Mahlzeiten am Tag, die Mr. Knott zu sich nimmt und die aus einer Art Eintopf bestehen, in dem Festes und Flüssiges, Medikamente und schmackhafteste Zutaten zu einem Brei verrührt sind. Watt spielt sämtliche möglichen Kombinationen durch und fragt sich, ohne freilich eine Antwort zu finden, ob Knott selbst diese Anordnungen getroffen hat. Er entwickelt insbesondere eine Reihe von Hypothesen über ein System hungriger Hunde, denen die Aufgabe zukommt, die Reste der Mahlzeit zu beseitigen, die man alltäglich vor die Haustür legt. Er versucht, sich alle nur denkbaren Irrtümer und Sabotagemöglichkeiten vorzustellen. Er erfindet gar die seltsame Familie Lynch mit ihrer unglaublichen Ansammlung von Gebrechen, Krankheiten und Lastern, der es obliegt, die Hunde aufzuziehen, die einander ablösen müssen wie die Bediensteten: Wenn der eine aus dem Buch verschwindet, tritt der andere auf. An jeder ungelösten Frage verliert Watt ebenso rasch das Interesse, wie er sich dafür begeistert hat. So etwa das Problem der Klingel, mit der Mr. Knott Erskine anscheinend zu jeder Tages- und Nachtzeit zu sich in den ersten Stock rufen kann. Gegen Ende des Kapitels tritt der Erzähler in der ersten Person auf. Alles, was er weiß und was er erzählt, weiß er von Watt, der es ihm selbst erzählt hat. Wir lernen die Fischfrau Mrs. Gorman kennen, mit der Watt ein Verhältnis hat. Viermal am Tag

kommt der Gärtner Graves durch die Hintertür ins Haus. Einmal überrascht Watt Mr. Knott im Garten, als der, tief hinuntergebeugt, eine Blume und einen Wurm betrachtet – mit geschlossenen Augen. Watt hat Knotts Stimme schon einmal undeutlich vernommen, aber er muß eingestehen, daß er nichts verstanden hat. Dann taucht Arthur auf, ein neuer Bediensteter, der den vorangegangenen ähnelt.

Zu Beginn des dritten Kapitels wird deutlich, daß Watt all dies dem Erzähler berichtet, der Sam heißt, und daß beide in einem Pavillon einer psychiatrischen Anstalt eingeschlossen sind. Man legt sie auseinander, und jeder lebt nun in einem gesonderten Pavillon, der vom anderen durch einen mit Stacheldraht umzäunten Zwischenraum getrennt ist. Das Ganze liegt in einem wunderschönen Park. Watt und Sam sehen sich zweimal; Watt kommt rückwärts auf Sam zu, fällt hin und steht wieder auf, das Gesicht blutig wie auf Kreuzwegdarstellungen. Watts Geist versinkt im Wahnsinn; er permutiert nach den zahllosen Kombinationsmöglichkeiten einer Folge die Stellung der Worte, der Buchstaben, der Sätze in seiner Rede. Sam gelingt es dennoch, das Ende seines Abenteuers bei Knott zu entschlüsseln. Eines Sommertages, berichtet Watt, hat der Gärtner Arthur die endlose Geschichte von Ernest Louit erzählt, eine lange Gerichtsverhandlung betreffs eines gewissen Thomas Nackybal, dessen Identität ungewiß bleibt. Dann kommt Mr. Knotts Kleidung zur Sprache, dem es nicht gelingt, das Problem der Kombination einer Socke, eines Pantoffels, eines Halbschuhs und eines Schnürstiefels zu lösen, von denen jeweils nur ein Exemplar vorhanden ist. Es folgt eine lange Aufzählung der Bewegungen Mr. Knotts innerhalb seines Zimmers, die Watts geistiger Verwirrung und seiner Ataraxie die Krone aufsetzt. Immerhin erkennt er noch, daß der Augenblick gekommen ist, Mr. Knotts Haus zu verlassen, ohne daß er gefunden hätte, wonach er so ausdauernd, aber ohne sich wirklich dafür zu interessieren, gesucht hat. Er geht, ohne den anderen Lebewohl zu sagen. Die Tränen kommen ihm, aber er leidet nicht.

Zu Beginn des vierten Kapitels teilt der Erzähler uns mit, daß die Teile II und III den Kern der Geschichte bildeten und von Watt selbst erzählt worden seien, während er, Sam, die Teile I und IV rekonstruiert habe. Watt hat das Haus zu dem Zeitpunkt verlassen, als ein Neuer – Micks – unter denselben Umständen dort eintritt wie er. Er geht fort, mit seinen zwei kleinen, fast leeren Taschen und seinem alten grünen Mantel, der ausführlich beschrieben wird. Auch er trägt zwei unterschiedliche Schuhe, einen Halbschuh und einen Schnürstiefel. Er geht zum Bahnhof, wo er zu spät ankommt, um den letzten, und zu früh, um den ersten Zug zu erreichen. Er wartet fast die ganze Nacht auf dem Bahnsteig, auf einer Bank ausgestreckt und wieder einmal seinen Stimmen ausgeliefert. Der Weichensteller läßt ihn in den kahlen und leeren Wartesaal ein, wo er den Rest der Nacht auf den ersten Zug wartet. Als der Bahnhofsvorsteher seinen Dienst beginnt, wirft er Watt mit Schwung die Pendeltür gegen den Kopf, hinter der dieser kauert. Um ihn wiederzubeleben, schüttet der Assistent einen Eimer schmutzigen Wassers über ihn; dabei läßt er ihm den Eimer auf den Kopf fallen. Die ersten Reisenden treffen ein. Niemand kennt Watt, dem es gelingt, sich aufzurappeln und eine Fahrkarte dritter Klasse, einfach, bis ans Ende der Strecke, zu lösen. Nach seiner Abfahrt diskutieren die Assistenten den Fall »unseres Freundes«, dieses »langen, triefenden, armen Schluckers mit dem Hut und den Taschen«. Sie meinen, »das Leben ist gar nicht so ein altes, schlimmes Luder«.

Diese lange Analyse gibt eine Vorstellung vom Reichtum, von der Komplexität und von der Dichte dieses Romans. Es ist der dritte und letzte Roman, den Beckett in englischer Sprache geschrieben hat, und zugleich ist er der letzte »nacherzählbare«. Er hat ihn zwischen 1942 und 1945 geschrieben, zu einer Zeit, als seine Karriere, obwohl nach seiner Rückkehr nach Paris im Jahre 1937 kaum begonnen, durch den Krieg ein weiteres Mal unterbrochen ist oder gar für immer abgebrochen scheint. In der Abgeschiedenheit des Dorfes Roussillon-en-Vaucluse ist das Schreiben an *Watt* für Beckett »bloß ein Spiel, ein Mittel, um nicht verrückt zu werden und um in Übung zu bleiben«. Er schreibt regelmäßig, mindestens drei Stunden am Tag. Zwei- oder dreimal in der Woche geht er zu seinem Freund Aude arbeiten, essen oder einkaufen. Er spielt Schach mit dem Maler Hayden, geht mit seiner Frau in den Feldern spazieren. Als er nach der Befreiung wieder in Paris ist, sucht er nach einem Verlag für *Watt*. Dann, von dem neuen Schaffensdrang in den

Bann gezogen und beflügelt, den der Entschluß, in französischer Sprache zu schreiben, ausgelöst hat, verliert er das Interesse daran. Schließlich erscheint *Watt* 1953, nach der Publikation von *Molloy*, *Malone stirbt*, *Der Namenlose* und selbst noch nach der Uraufführung von *Warten auf Godot*. Richard Seaver erzählt, wie er nach der Lektüre von *Molloy* voller Begeisterung versucht hat, den Autor zu erreichen, um etwas bislang Unveröffentlichtes in der Zeitschrift *Merlin* zu publizieren. »Wir hatten kaum noch Hoffnung, als eines regnerischen Nachmittags jemand in der Rue du Sabot an die Tür klopfte. Eine große, bleiche Gestalt in einem Regenmantel reichte uns einen schwarzen Schnellhefter mit einem Manuskript und verschwand gleich wieder, fast ohne ein Wort zu sagen« (*L'Herne-Beckett*). Seit seinem Erscheinen in England (1953) und in Frankreich (1968) hat dieser Roman, der zu den geheimnisvollsten und verschlossensten des Autors gehört, stetig an Bedeutung gewonnen. Es hat nicht an Vergleichen gefehlt zwischen Beckett und Watt, zwischen Knotts Haus und der Welt im Kriegszustand, zwischen der psychiatrischen Anstalt und dem Zufluchtsort Roussillon. Nur allzu gern begrüßt man die Beckettsche Freude am philosophisch-burlesken Wortspiel in den Namen Watt (What?) und Knott (Not!): die Frage ohne Antwort, die nutzlose Suche. *Watt* ist zugleich derjenige unter Becketts Romanen, der am meisten an Kafka erinnert. Watt geht in Mr. Knotts Haus wie der Landvermesser ins Schloß, in der Gewißheit, eine Aufgabe zu erfüllen und einem Ruf zu folgen. Aber gleich zu Beginn stößt er auf Unverständliches. Er wird nie erfahren, wie er ins Haus gekommen ist. Jean-Jacques Mayoux dagegen zieht eine Verbindung zu Joyce; er sieht in dem Buch eine Art Pilgerfahrt, die eine neue Art des Schreibens eröffnet; sie »besteht darin, das Gegebene jeweils vollständig auszuschöpfen«. Watt entwickelt Folgen, die die Wirklichkeit durch die Zahl rechtfertigen und in mathematischen Formeln enden. *Watt* ist das Buch der Folgen schlechthin. Sie sind so zahlreich, so endlos, so provozierend, daß sie schon hemmend wirken. Als Beckett der Redaktion der Zeitschrift *Merlin* das Manuskript von *Watt* überbrachte, da hatte er darin die Passage gekennzeichnet, die er in der Zeitschrift veröffentlicht sehen wollte. Seaver erzählt: »Ganz offensichtlich hatte er eine Passage ausgewählt, von der er erwarten konnte, daß wir sie, weil aus dem Kontext gerissen, ablehnen mußten. Als ich ihn Jahre später einmal mit diesem Vorwurf konfrontierte, reagierte er nur mit dem komplizenhaften Grinsen eines bösen Buben, den man auf frischer Tat ertappt hat.«

3. Erste Liebe

Premier amour. Erzählung, entstanden 1946, erstmals veröffentlicht 1970.

Diese lange Erzählung hat Beckett zwischen dem 28. Oktober und dem 12. November 1945 geschrieben, unmittelbar vor einer weiteren Erzählung: *Das Beruhigungsmittel.* Die im übrigen autobiographische Geschichte geht bis auf das Jahr 1934 zurück. Beckett hat den Text lange zurückgehalten, weil er der Ansicht war, daß er nicht zu seinen übrigen Erzählungen passe. 1970 vertraute er ihn Jérôme Lindon an, als der ihn nach der Verleihung des Nobelpreises um Texte bat, die er publizieren könne. In Deutschland erschien die Erzählung 1971, in England 1973.

Nach dem Tode seines Vaters von der Familie aus dem Hause gejagt, weil er nicht arbeitet, beginnt der Held, der in der ersten Person spricht, Friedhöfe zu besuchen, weil sein Vater ihm nachgeht. Etwas später macht er an einem Kanal, auf einer Bank, die an einen Schutthaufen gelehnt steht, die Bekanntschaft einer Unbekannten, deren Vorname allein ihm im Gedächtnis geblieben ist; sie heißt Lulu, im späteren Verlauf nennt er sie dann allerdings Anne. Er, der weder die Frauen noch die Männer, noch die Tiere gut kennt, fühlt sich bei ihr relativ wohl, weil sie ihn weniger stört als die übrigen. Als der Winter kommt, willigt er ohne Begeisterung in ihren Vorschlag ein, zu ihr in ihre kleine Zweizimmerwohnung mit Küche zu ziehen. Dort entfernt er sämtliche Möbel aus seinem Zimmer und stapelt sie im Flur auf. Nur ein Sofa behält er; darauf liegt er, angezogen, den ganzen Tag. Lulu bringt ihm sein Essen zu festgelegten Zeiten und putzt einmal in der Woche sein Zimmer. Solcherart gestaltet sich ein Leben ohne jede Exaltation durch Liebe oder Sexualität. Lulu prostituiert sich, um sich und ihn durchzubringen. Sie empfängt die Kunden zu Hause. Eines Tages eröffnet sie ihm, daß sie schwanger ist, von ihm. Er tut so, als bezweifelte er seine Vaterschaft, denn er möchte gerne bleiben. Er bleibt bis zur Geburt des Kindes. Doch das Schreien des Neugeborenen veranlaßt ihn, über die Barriere aus Möbeln zu steigen und hinaus in die Winternacht zu fliehen. Noch lange verfolgt ihn das Geschrei des Säuglings. »Ich hätte anderer Lieben bedurft, vielleicht. Aber Liebe gibt es nicht auf Verlangen.« Das ist alles, was dieser seltsame Mensch zu sagen weiß, der seinem Autor noch sehr nahe ist und doch schon einen Schritt in Richtung auf Molloy und die anderen getan hat.

4. Mercier und Camier

Mercier et Camier. Roman, entstanden 1946, erstmals veröffentlicht 1970.

Der Erzähler teilt dem Leser mit, daß er die beiden Kumpane auf ihrer Reise begleitet habe. Die beiden haben sich auf einem Platz im Herzen der Altstadt verabredet. Camier trifft als erster ein, und da er Mercier nicht antrifft, macht er sich zu einem kleinen Rundgang auf. Da Mercier dasselbe tut, verfehlen sie sich gut eine Stunde lang, und als sie schließlich zusammentreffen, beginnt es zu regnen. Sie streiten sich mit einem Polizisten, der ihnen das Fahrrad wegnehmen will, das sie an einen Baum gekettet haben. Schließlich machen sie sich mit ihrer Habe auf den Weg: einem Fahrrad, einem Wettermantel, einem Sack und einem Regenschirm, von jedem nur eines für beide. Für die Nacht machen sie Station bei ihrer Freundin Helene, die ein Bordell führt. Noch vor ihrer Ankunft haben sie das Fahrrad verloren, dann verlieren sie den Regenschirm, dann den Sack. Am nächsten Morgen regnet es immer noch; sie wollen den ersten Schnellzug nach Süden nehmen. Sie haben seit vierundzwanzig Stunden nichts gegessen. Camier nimmt den Wettermantel und geht über die Straße Kuchen holen. Beim Warten vertreibt Mercier zwei Kinder, die ihn Papa genannt haben, und sieht, wie eine dicke Frau von einem Auto angefahren wird.

Aus Versehen steigen sie in einen Bummelzug ein. Ein Greis, der bereits etwas von Pozzo hat, erzählt ihnen sein Leben. Es ist der alte Madden, der ehemals Metzgergeselle war. Mercier und Camier steigen eine Haltestelle nach ihm aus. Sie kehren in einem überfüllten Gasthaus ein. Im Dorf ist Markttag. Der Geschäftsführer überläßt ihnen widerwillig ein Zimmer, wo sie sich kräftig vollaufen lassen. Ein Mister Conaire sucht einen gewissen Mister Camier. Die beiden Kumpane machen sich davon. Sie beschließen, in die Stadt zurückzukehren, um nach dem Sack, dem Fahrrad und dem Regenschirm zu suchen... Dafür werfen sie den nutzlos gewordenen Wettermantel weg. Sie bleiben zwei Tage bei ihrer Freundin Helene. Ihr war es gelungen, den Regenschirm wieder funktionsfähig zu machen. Wieder verlassen sie die Stadt, wandern durch ein Moor und gelangen zur Ruine eines Hauses, wo sie die Nacht verbringen. Sie trennen sich an einem Scheideweg, Camier nimmt die linke, Mercier die rechte Abzweigung... Sehr viel später tritt Camier aus einem Haus und trifft auf einen stinkenden alten Mann, der ihm seinen Kumpel als Mercier vorstellt. Er selbst ist Watt. Wie von alten Bekannten spricht man von Murphy, dem älteren Dumas, den Evangelisten und einem alten Mann namens Madden, einem ehemaligen Metzgergesellen. Das Trio läßt sich in einer Kneipe vollaufen, dann gehen alle auseinander.
Beckett hat die Arbeit an *Mercier und Camier* im Juli 1946 begonnen, kurz vor oder vielleicht auch zur selben Zeit wie *Molloy*. Er schickte das Manuskript an einen Verlag, verlor dann das Interesse daran und stimmte der Veröffentlichung schließlich erst 1970 zu. Das Buch ist unfertig, aber in mehrfacher Hinsicht bedeutsam. Es ist der erste Romanversuch des Autors nach *Watt* und der allererste Roman in französischer Sprache. Er bereichert die Dynastie der Beckettschen Vagabunden, die mit Belacqua begann und dann über Murphy zu Watt führte, um zwei bemerkenswerte Exemplare. Schließlich und vor allem sind Mercier und Camier das erste unter den vaudevillesken Paaren und Vorläufer von Wladimir und Estragon. Ein verfehltes Paar, ein »Pseudo-Paar«, nennt der Sprecher in *Der Namenlose* sie. Sie können weder beisammenbleiben noch ohne einander leben, weder weggehen noch bleiben, weder reden noch schweigen. Diese beiden Herren erinnern durchaus an

Bouvard und Pécuchet. Ständig unterwegs, zu Fuß oder mit dem Zug, Gefangene ihres andauernden Hin und Her zwischen Stadt und Land, treffen sie alle möglichen Leute, die noch bizarrer sind und sie in ihrer Bizarrheit gar in Erstaunen zu versetzen vermögen. Ein Roman der Unentschiedenheit und der Depression, sagt der eine (Deirdre Bair); die Verbindung zweier Irrfahrten und zweier Einsamkeiten, sagt der andere (Ludovic Janvier). Tatsächlich wird hier und für lange der unvergeßliche Beckettsche Clochard geboren. Einerseits eröffnet *Mercier und Camier* den Weg zum »reifen« Beckettschen Roman der Irrfahrten. Andererseits erscheint die Fülle der Dialoge wie der fehlgeleitete Versuch eines künftigen Theaters, und tatsächlich haben mehrere dieser Dialoge einige Jahre später nahezu unverändert Eingang in *Warten auf Godot* gefunden.

5. Erzählungen

L'expulsé (Der Ausgestoßene), Le calmant (Das Beruhigungsmittel), La fin (Das Ende). Erzählungen, entstanden 1946-1947, erstmals gemeinsam erschienen 1955.

Nachdem Samuel Beckett den Roman *Mercier und Camier* mehr oder weniger aufgegeben hatte, ohne letzte Hand daran zu legen, machte er sich 1946 an eine Reihe von drei Erzählungen, deren erste, *Der Ausgestoßene*, im Januar 1947 in der Zeitschrift *Fontaine* (Nr. 57) erscheinen sollte. Die erste Fassung von *Das Ende*, die den Titel *La suite* trug, hatte J. P. Sartre für die Zeitschrift *Les Temps modernes* erhalten, doch aufgrund eines Versehens war nur die erste Hälfte in der Juli-Nummer erschienen. Die dritte Erzählung, *Das Beruhigungsmittel*, die Beckett als letzte schrieb, kurz bevor er sich an den Roman *Molloy* machte, wurde erst 1955 veröffentlicht. Damals faßte Beckett die drei Erzählungen mit den dreizehn *Texten um Nichts* zusammen und ließ sie bei den Editions de Minuit erscheinen.

In *Der Ausgestoßene* wird der Protagonist mit seinen wenigen Klamotten aus dem Haus geworfen, in dem er lebte. Man wirft ihn die Treppe hinunter, und er landet im Rinnstein. »Das, was mir gerade widerfahren war, konnte keinen Markstein in meiner Existenz bilden. Es war weder die Wiege noch das Grab von irgendwas. Es glich vielmehr soviel anderen Wiegen, soviel anderen Gräbern, daß ich mich darin verliere.« Hinter ihm wird man die Vorhänge zuziehen und das Zimmer desinfizieren. Er macht sich auf den Weg in die Stadt, die er nur wenig kennt, obwohl er dort geboren ist. Wegen seiner steifen Beine und seines gespreizten Ganges geht er mitten auf der Straße. Das stört einen Schutzmann, der ihn auf den Bürgersteig schickt, wo er beinahe ein Kind zertritt. Er begegnet einem Leichenwagen; das bringt ihn auf die Idee, in eine Kutsche zu steigen. Einen Teil des Tages fährt der »große, schwarze Kasten« ziellos in der Stadt umher. Er lädt den Kutscher zum Essen in ein Restaurant ein, besucht Häuser, deren Adresse der Kutscher in einer Zeitung angestrichen hat, übernachtet bei dem Pferd im Schuppen des Kutschers. Weil ihn der Blick des Pferdes stört, macht er sich vor Tagesanbruch davon. Plötzlich bricht die Geschichte ab: »Ich weiß nicht, warum ich diese Geschichte erzählt habe. Ich hätte ebensogut eine andere erzählen können.«

Das Beruhigungsmittel. Man kann sich vorstellen, daß hier dieselbe Person spricht wie in *Der Ausgestoßene*. Die Erzählung beginnt mit dem Satz: »Ich weiß nicht mehr, wann ich gestorben bin ... heute abend hab' ich zuviel Angst, mich verwesen zu hören ... Ich werde mir also eine Geschichte erzählen«, und »das, was ich heute abend erzähle, geht heute abend vor sich, in dieser Stunde, die gerade vorgeht«. Erzähltes und Erlebtes vermischen sich in einer Gegenwart, die die Zeit anhält. Der Erzähler berichtet von einem ziellosen nächtlichen Gang durch eine verlassene Stadt. Autobusse fahren geräuschlos durch die leeren, erleuchteten Straßen. Die Figur in einem großen grünen Mantel mit abgeschnittenen Ärmeln irrt umher. Die Passanten ähneln Schatten. Auf einem Turm, auf den er sich geflüchtet hat, mustern ihn die Touristen mit feindseliger Miene. Er trifft ein Kind mit einer Ziege, dann einen alten Mann, der ihn bittet, ihn auf die Stirn zu küssen, und ihm ein Fläschchen mit einem Beruhigungsmittel gibt. Dann findet er sich, auf dem Bauch mitten in einer Menge liegend, die es freilich vermeidet, auf ihn zu treten.

Das Ende. Immer noch derselbe? Jedenfalls begegnen wir wieder dem Beruhigungsmittel. Diesmal ist es ein Krankenhaus, aus dem der Protagonist geworfen wird. Er geht zum Fluß hinunter. Mit dem Geld, das man ihm gegeben hat, macht er sich auf die Suche nach einer Unterkunft und findet schließlich einen Kellerraum, der auf einen kleinen Hof hinausgeht. Eines Tages verlangt die Frau, die ihm den Raum vermietet, einen Mietvorschuß. Er zahlt ihn, und sie verschwindet. Der wirkliche Eigentümer setzt ihn an die Luft, um ein Schwein in dem Raum unterzubringen. Ohne einen Pfennig steht er auf der Straße. Eines Tages begegnet er seinem Sohn, der genauso kahl ist wie er. Ein Mann, der mit einem Esel in einer Höhle am Meer lebt, beherbergt ihn eine Weile. Dann verbringt er eine Zeit in einer Hütte im Gebirge. Sein Zustand verschlimmert sich von Tag zu Tag. Er bettelt auf der Straße. Er bereitet sich auf sein Ende vor. Er verkriecht sich in einem Kahn. Um sich vor den Ratten zu schützen, bastelt er einen Deckel, der aus seinem Unterschlupf einen Sarg macht. Der Kahn treibt hinaus, während das Wasser durch ein Loch im Boden eindringt. Der Erzähler nimmt sein Beruhigungsmittel. Damit endet der Bericht, ein »Bericht nach dem Bilde meines Lebens, ich meine, ohne den Mut zu enden und ohne die Kraft weiterzumachen«. Mit den drei Erzählungen beginnt Becketts fruchtbarste Schaffensperiode. In erweiterter Form wird er die Themen in der Romantrilogie der Jahre 1948 und 1949 wiederaufnehmen. Doch in der Form kurzer Erzählungen, in denen dem Realismus noch großes Gewicht zukommt, gehören diese drei Texte zu den gelungensten Erzählungen der zeitgenössischen französischen Literatur. Beckett präsentiert hier die unvergeßliche Gestalt eines gesichtslosen, einsamen, hilflos umherirrenden Menschen, der den Feindseligkeiten der Welt ausgeliefert ist. Ein Zerfallsprozeß ist am Werk, der den Körper, die Kleidung und alles, was die Figur besitzt, gleichermaßen betrifft. Vor allem aber etabliert sich das »ich«, die erste Person in ihrer ambivalenten Gegenwart, endgültig im Zentrum der literarischen Fiktion. Doch noch während der Erzähler »seine« Geschichte erzählt, läßt er bereits Zweifel daran aufkommen. Wer Angst hat, sich verwesen zu hören, dem ist alles recht. Eine Geschichte ist da so gut wie die andere.

6. Molloy

Molloy[2]. Roman, französisch, entstanden 1947-1948, erstmals veröffentlicht 1951.

In das Zimmer eingeschlossen, in dem seine Mutter gestorben ist, und rundherum krank, übergibt Molloy jeden Tag zwei Besuchern die Seiten, die er geschrieben hat und die zusammen das Material bilden, aus dem Becketts Roman besteht. Er beschreibt, wie er sich – ein Bein ist bereits vollständig steif – auf den Weg in die Stadt, in der seine Mutter lebt, gemacht hat, nachdem er von einem hochgelegenen Felsen aus zwei Männer beobachtet hatte, deren Weg sich vor einer Stadt, deren Namen er vergessen hat, kreuzte, wobei der eine aus der Stadt kam und der andere auf dem Wege dorthin war. Er durchquert diese Stadt auf seinem Fahrrad, das er benutzt wie eine Draisine. Er überfährt den Hund einer alten Frau namens Lousse, die ihn bei sich aufnimmt, ihn für immer für sich haben will; aber er macht sich davon und setzt seinen Weg auf Krücken fort; er gelangt aus der Stadt, ohne es zu merken, verirrt sich ans Meeresufer, dann in einen dichten Wald, kommt immer schlechter voran und muß am Ende kriechen. Schließlich findet er aus dem Wald heraus; er rollt in einen Graben am Rande einer Ebene, jenseits deren man die Mauern und Türme der Stadt erkennt. Dort hat man ihn offenbar gefunden und in das Haus gebracht, in dem er sich nun befindet und seine Erlebnisse aufschreibt, obwohl er fast alles vergessen hat, fast nichts mehr weiß, weder sprechen noch denken kann und dabei nicht aufhört, beides zu tun.

Im zweiten Teil erhält der Detektiv Moran eines Sonntagmorgens, zur Zeit der Messe, im Garten seines Hauses Besuch von einem gewissen Gaber, einem Boten seines Chefs Youri, der ihn mit der Sache Molloy beauftragt. Er soll Molloy finden. Sogleich macht er sich mit seinem Sohn auf den Weg. Was er mit Molloy tun soll, wenn er ihn gefunden hat, hat er schon vergessen. Eines Tages fühlt Moran einen stechenden Schmerz im Knie und entdeckt, daß sein Bein steif ist. Er schickt seinen Sohn ein Fahrrad kaufen. Während der Abwesenheit seines Sohnes, die mehrere Tage dauert, erhält er Besuch von einem Vagabunden, dann von einem anderen Burschen, den er tötet,

ohne recht zu wissen, warum. Als sein Sohn zurückkehrt, setzt er sich auf den Gepäckträger des Fahrrades, und so gelangen die beiden schließlich nach Ballyba, der Region von Bally, Molloys Stadt. Beim Anblick einer Schafherde, die ein Hirte bewacht, ist Moran versucht, sich von den Vorzügen eines Hirtenlebens einnehmen zu lassen. Der Hirte zeigt ihm, in welcher Richtung er abends undeutlich die Lichter von Bally schimmern sehen kann. In dieser Nacht streitet Moran sich mit seinem Sohn. Als er aufwacht, stellt er fest, daß der Junge sich mit all ihrer Habe davongemacht hat. Unfähig, sich fortzubewegen und den Auftrag auszuführen, erhält Moran Besuch von Gaber, der ihm befiehlt, unverzüglich zurückzukehren, da die Angelegenheit Molloy erledigt sei. Er braucht den ganzen Winter, um zurückzugelangen, findet sein Haus verlassen vor, seine Bienen und Hühner tot. Seine Kleider sind nur noch Fetzen. Eine Stimme befiehlt ihm, einen Bericht zu verfassen. Das Buch endet, wie es begonnen hat, aber es ist Moran, der das Buch schreibt.
Beckett hat erklärt: »Die Idee für Molloy und die folgenden Bücher ist mir an dem Tag gekommen, als ich mir meiner Dummheit bewußt wurde. Damals habe ich begonnen, die Dinge zu schreiben, die ich fühle.« Es ist der erste seiner »reifen Romane«, jener Trilogie, die der Autor gerne zusammen und als Einheit veröffentlicht gesehen hätte, weil er sie in einem Schwung geschrieben hatte: »*Malone* ist aus *Molloy* hervorgegangen, *Der Namenlose* aus *Malone*.« An *Molloy* beginnt er im September 1947 zu schreiben, und er beendet den Roman im Januar 1948. Im November 1950 bringt seine Frau das Manuskript zu den Editions de Minuit. Jérôme Lindon, der einen gewissen Blick dafür hat, entdeckt es, liest es in einer Nacht und beschließt sogleich, es zu veröffentlichen. *Molloy* und *Malone stirbt* erscheinen 1951, mit wenigen Monaten Abstand. Sogleich wird Beckett von der Avantgarde der Pariser Intelligenzija als großer Schriftsteller gefeiert. Aufgrund gewisser Hinweise von Beckett darf man in *Molloy* den letzten Roman einer Folge erblicken, die mit *Murphy* beginnt, und zugleich den ersten in einer Folge, die mit *Der Namenlose* endet. Beckett hält ihn selbst für den ersten Roman, der seine eigene Erfahrung zum Ausdruck bringt, und dies nicht in Gestalt einer Autobiographie, auch keiner verdeckten, sondern durch die Reflexion auf

den Kern seines Tuns, die Entfremdung, die Einsamkeit, das Exil, die Trennung von Körper und Geist, in einem Spiel, in dem die Literatur sich selbst in Frage stellt. Die Namen der Örtlichkeiten erinnern an Irland; Becketts Freunde sind erstaunt, die beschriebenen oder erwähnten Orte so leicht wiedererkennen zu können. Andererseits ist *Molloy* der erste Roman, in dem der Held das Bedürfnis hat, sein Tun und Lassen schriftlich aufzuzeichnen, ohne allerdings das Gefühl zu haben, sich exakt an die Fakten halten zu müssen. Unter dem Vorwand einer Suche, die an Kriminalromane, aber auch an Kafka denken läßt, entfaltet sich die Geschichte vor unseren Augen; sie hat etwas Vertrautes an sich, aber auch etwas Provisorisches. Manchmal spielt der Autor mit seinen Figuren, »so wie man Kleider anprobiert« (Ludovic Janvier); es macht ihm Spaß, in ein und demselben Satz zwei widersprüchliche Aussagen nebeneinanderzustellen. Zwei erbarmungswürdige Irrfahrten, zwei unmögliche Wege, ein allzu menschliches Bild des Verfalls, eines Degradationsprozesses, eines Schrumpfungsvorgangs, der vom Gehen über eine verrückte Art des Fahrradfahrens und das Laufen an Krücken bis hin zum Kriechen führt. Verfluchte Wanderer, verdammte Kriecher, deren Irrfahrt endet, um einem Geschichtenerzählen Platz zu machen, zu dem sie eine *Stimme*, die von irgendwoher kommt, gebieterisch aufgefordert hat. Der Vagabund wird zum Wrack – ein nahezu nicht mehr vorhandener Mensch. Zwei Menschen werden auf eine Verfolgungsjagd geschickt, die ihnen wechselseitig gilt und die sie vielleicht sogar im Kreise führt, wie auch die Zeit sich dreht; man weiß nicht, wer vorangeht und wer hinterher, wer sich vom anderen absetzt und wer zum anderen wird. Er selbst ist es, den Moran verfolgt, als er Molloy verfolgt. Er sucht ihn draußen, aber er findet ihn in sich selbst, als er sich bis in die körperliche Behinderung hinein mit ihm identifiziert. Es ist darum nicht abwegig, hier den Weg zu sich selbst erkennen zu wollen, den das Subjekt der schamanistischen Initiation geht. Molloys und Morans wirkliche Aufgabe – zu schreiben, eine Geschichte zu erfinden, Figuren zu erschaffen, den Anstoß für Worte zu geben – beginnt, sobald die Reise im Scheitern geendet hat: Molloy hat seine Mutter nicht gefunden, und Moran hat Molloy nicht aufgespürt.

7. Malone stirbt

Malone meurt[3]. Roman, entstanden 1948, erstmals veröffentlicht 1951.

Auf dem Rücken in seinem Bett liegend, spürt Malone, daß er bald ganz tot sein wird. Seit einigen Tagen schon kommt das unsichtbare Personal nicht mehr seine Suppenschüssel füllen oder den Nachttopf leeren, den er mit dem Stock zur Zimmertüre schiebt, mit dem er seine diversen »Besitztümer« erkundet, sie zu sich herholt oder von sich weg dirigiert. Er beschließt, sich in seiner Agonie damit zu beschäftigen, vier Geschichten durchzuspielen, zu erzählen, niederzuschreiben, deren jede ein anderes Thema hat. Dazu bedient er sich eines winzigen Bleistiftstummels und eines Heftes, die er aus dem Schiffbruch seines Lebens gerettet hat. Tatsächlich wird er sich damit zufriedengeben, nur die erste dieser Geschichten zu skizzieren, die Geschichte eines Mannes namens Saposcat oder Sapo, der im zweiten Teil des Berichts dann – einzig, weil der Erzähler es so will – Macmann heißt. Sapos Vater ist Verkäufer in einem Warenhaus. Seine Eltern rackern sich ab, um ihn etwas studieren zu lassen, das ihn nicht interessiert. Er interessiert sich übrigens für nichts, es sei denn, sich ein wenig klarer über sich selbst zu werden. Als er groß ist, verbringt er die meiste Zeit bei einer armen Bauersfamilie, mit dem langen Louis. Immer noch mit derselben Gleichgültigkeit. Als Sapo alt ist, verwandelt er sich in Macmann, eine Art Clochard mit Hut ⟨Sapo – *chapeau*/Hut⟩, ein Doppelgänger von Malone, der noch in der Lage ist, draußen umherzulaufen. Als Macmann vom Regen überrascht wird, legt er sich auf den Rücken und versucht rollend einen Unterstand zu erreichen. Einige Seiten mit Reflexionen, die Malone über sich selbst anstellt, lenken die Aufmerksamkeit des Lesers von Macmann ab. Als Malone versucht, sein Bett zu verschieben, indem er seinen Stock wie ein Ruder einsetzt, fällt ihm dieses wichtige Hilfsmittel zu Boden. Nun kann er nicht mehr an seine Besitztümer heran, mit Ausnahme – für eine gewisse Zeit – des Bleistifts und des Heftes. Wir finden Macmann in einem Asyl wieder, wo er von einer alten Frau namens Moll gepflegt wird, die nur noch einen in der Form des Sacrificiums geschliffenen Zahn besitzt und deren Liebhaber er wird. Nach Molls Tod wird ein gewisser Lemuel mit der Betreuung der Pensionäre des Sankt-Johannes-Asyls betraut. Er nimmt ihnen gegenüber eine zwiespältige Haltung ein: Schinder, Ausbeuter und Speichellecker. In Anwesenheit der Direktorin, Madame Pédale, veranstaltet er eine Spazierfahrt für seine fünf Pensionäre, zunächst mit einem Pferdewagen, dann mit dem Boot, zu einer Insel, auf der sich keltische Überreste befinden. Während dieses Ausflugs zerfällt alles. Macmann verschwindet durch Auslöschung und zieht Malone in sein Verschwinden hinein, der niemanden mehr berühren, nichts mehr tun und nichts mehr sagen wird, in einer Welt ohne Mantel, ohne Hut, ohne Stock und ohne Bleistift. Etwas nimmt seinen Lauf, ein asketischer Aufstieg zu vollkommener Reinheit, der bewirkt, daß *Malone stirbt* über *Molloy* hinausgeht, so wie *Der Namenlose* über *Malone stirbt* hinausgehen wird. Dabei handelt es sich um eine immer radikalere Depersonalisierung. Doch die Unmöglichkeit, ICH zu sagen (»Ich werde nicht mehr ich sagen«), verweist auf die Unmöglichkeit, von etwas anderem als von sich zu sprechen (»Ich frage mich, ob es sich nicht immer noch um mich handelt, trotz meiner Vorsichtsmaßnahmen«). Malone beginnt da, wo Molloy aufhört. Mit der Unbeweglichkeit. Malone befindet sich von Anfang an in dieser Situation der Bewegungsunfähigkeit, auf die Molloy hofft. Von jeher eingesperrt, nackt, im Zimmer der Mutter. Nur undeutlich taucht irgendwo im Nebel seiner Erinnerung der Gedanke auf, daß er heute im Bett die Position einnimmt, die Molloy einst am Waldrand einnahm. Daß Molloys Abenteuer ihn dahin geführt hat. Hier taucht der Gedanke auf, der das unablässig wiederholte Leitmotiv des *Namenlosen* bilden wird: Zur Bewegungslosigkeit verdammt, dazu verurteilt, ihren Tod zu leben, ohne sich rühren zu können, bleibt der Figur nur noch eines: reden, Geschichten erzählen, Figuren erfinden. An die Stelle des Umherschweifenden, der Vergangenheit und dem Anfang Zugewandten, Schriftsteller seiner eigenen Reise, setzt Beckett den Bewegungslosen, der Zukunft und dem Ende Zugewandten, Schriftsteller des weißen Blattes. Das Buch schreibt sich in dem Maße, wie die Geschichte sich erzählt und der Tod sich lebt. Malone ist dem Sterben nahe. Der Mensch ist stets dem Sterben nahe. Malone lebt diese Nähe des Todes als solche, dehnt sie bis ins Unendliche aus wie die Zeit, besetzt sie mit Worten, mit Gestalten, mit Geschichten. Die Geschichten, die Malone erzählt, sind Geschichten vom Sterben in aufrechter Positur. Die anderen werden für ihn stehen, während er liegt. »Bevor ich nun bald nicht mehr bin, komme ich dazu, ein anderer zu sein.« Vielleicht ist es das, worum es geht. Kann die Literatur zu dieser Entpersönlichung des Schriftstellers gelangen, die allein jenen Roman hervorzubringen vermöchte, an den Beckett – und mit ihm viele seiner Zeitgenossen – nicht mehr glaubt, um den Preis, daß dadurch auch die großen Meister des neunzehnten Jahrhunderts ins Zwielicht geraten, deren Erfolg danach auf einer Täuschung beruht?

8. Warten auf Godot

En attendant Godot. Theaterstück, entstanden 1948, erstmals veröffentlicht 1952; Uraufführung 1953.

Wladimir und Estragon finden sich gegen Abend am Rande einer Straße, am Fuße eines Baumes, der keine Blätter trägt, in einer wüstenähnlichen Landschaft. Gogo (Estragon) hat die Nacht in einem Graben zugebracht. Unbekannte haben ihn geschlagen; es war nicht das erste Mal. Didi (Wladimir) und Gogo machen nicht den Eindruck, besonders glücklich zu sein, weil sie wieder zusammengefunden haben, vor allem Estragon nicht, dessen Füße wegen der Schuhe schmerzen. Die Erinnerung an die Schläge führt ihnen die Feindseligkeit der Welt vor Augen und läßt sie bedauern, daß sie nicht vom Eiffelturm gesprungen sind, »so um 1900«: »Da sahen wir noch anständig aus.« Diese pessimistische Einstellung gegenüber dem Dasein wird auf komische Weise verstärkt – bei Gogo durch die Schuhe, die ihn drücken, bei Didi durch den Hut, der ihn kratzt. Das unbestimmte Gefühl einer nicht zu benennenden Schuld läßt sie nach dem Schicksal der beiden Schächer fragen, die mit Christus gekreuzigt wurden. Diese Art von Gespräch über biblische Themen hat zunächst den Vorteil, daß sie die Zeit vertreibt; offensichtlich entspricht sie aber auch, wenngleich in ironischer

Form, einer Klasse von Fragen, die sie bewegen. Die alten Fragen! Es sind ohne Zweifel Spielereien, doch solche, bei denen die Existenz auf dem Spiel steht. Ein weiteres Mal streicht Gogo mit bitterer Ironie die Schönheit der Landschaft heraus und spricht dann das Leitmotiv des Stückes aus:

Estragon Komm wir gehen!
Wladimir Wir können nicht.
Estragon Warum nicht?
Wladimir Wir warten auf Godot.

Sie sind dazu verdammt, jeden Tag zur selben Stunde an diesen Ort zu kommen, bis dieser Herr Godot sich einfindet. Sie sind sich übrigens durchaus nicht sicher bei alledem, weder daß es derselbe Ort noch daß es derselbe Baum ist, so austauschbar ist alles, die Tage, die Orte, die Menschen, und so unzuverlässig ist ihr Gedächtnis. Sie wissen nicht einmal, welcher Tag und welche Woche ist. Sie schweigen, um nachzudenken. Gogo schläft ein, Didi weckt ihn unsanft, weigert sich, den Traum anzuhören, den Gogo gerade gehabt hat, Streit, Versöhnung, Umarmen. Sie denken ein erstes Mal daran, sich aufzuhängen. Der Baum verfolgt sie. Er ruft nach einem Opfer, wer es auch sei. Er ist allzu sichtbar in all dieser Leere. Wie gewohnt, beschließen sie am Ende, nichts zu tun, auf Godot zu warten, in der vagen Hoffnung, seine Ankunft werde ihrem Leben Sinn geben und ihre Probleme lösen.

Eine neue Frage taucht auf: Was erwarten sie eigentlich von Godot? Worum haben sie ihn gebeten? Von einer Bitte ist die Rede, einem Gesuch, von Rechten, die man verschleudert habe, ohne daß Godot sich seinerseits zu irgend etwas Bestimmtem verpflichtet hätte. Sie sagen sich, daß sie dank seiner vielleicht schon heute abend im Warmen und Trockenen sein und sich den Bauch vollschlagen könnten. Eine panische Angst bemächtigt sich ihrer, als sie Schreie zu hören glauben: eventuell ein Vorzeichen für Godots Ankunft. Während sie warten, bekommt Gogo Hunger, und Didi gibt ihm die letzte gelbe Rübe aus ihrem Vorrat; nun gibt es nur noch weiße.

Die Schreie waren wirklich da. Es kommt tatsächlich jemand. Aber es ist nicht Godot. Voller Schrecken und eng aneinandergedrängt sehen Didi und Gogo ein Paar ankommen: den Herrn, Pozzo, Landjunker aus der Gegend, mit Melone, Frack und

Lederpeitsche, und, wie am Gängelband am Ende eines Stricks, sein Diener Lucky, mit langem weißem Haar, der einen schweren Koffer, einen Klappstuhl, einen Vorratskorb und über dem Arm einen Mantel trägt. Pozzo benutzt seine Peitsche, um Lucky zu dirigieren. Er ist erstaunt, daß ihn die beiden Unbekannten nicht erkennen, daß man ihn für Godot hält, den er gleichfalls nicht kennt, daß da jemand auf seinem Grund und Boden auf Godot wartet, denn ihm gehört alles Land in der Umgebung.

Nur zu gern ergreift Pozzo die Gelegenheit, eine kurze Zeit zusammen mit diesen menschlichen Wesen – mit seinesgleichen, auch wenn sie ihm nur unvollkommen gleichen – zu verbringen und ihnen seine große Ulknummer vorzuführen. Er läßt sich auf seinem Klappstuhl nieder und macht ein Picknick mit dem Inhalt des Vorratskorbs. Lucky bleibt stehen, schläft erschöpft im Stehen ein. Ein Zug am Strick läßt ihn auffahren, er schnappt nach Luft; man meint, er ist am Verrecken. Gogo, der einen Hühnerknochen von Pozzos Mahlzeit ergattert hat, und Didi machen zunächst Pozzo Vorwürfe, weil er ein menschliches Wesen wie einen Hund behandelt, dann Lucky, der Pozzo mit seinem billigenden Schweigen verfolgt. So erfährt man, daß die Situation nicht unabänderlich ist, daß Pozzo an Luckys und Lucky an Pozzos Stelle hätte sein können, daß Lucky ein »Knout«, eine Art Clown, ist, der Pozzo alles beigebracht hat, was er weiß. Als Estragon Lucky in einer Anwandlung von Mitgefühl die Tränen trocknen will, tritt der ihn kräftig vors Schienbein. Pozzo raucht seine Pfeife, zieht seine Nummer des von seinem Opfer verfolgten Henkers ab, verliert seine Pfeife; Didi verschwindet zum Pinkeln in den Kulissen. Unablässig vergeht die Zeit. Als Wladimir ungeduldig auf den Einbruch der Nacht wartet, erhebt Pozzo sich und läßt sich mit großer Gebärde über die Dämmerung »auf dieser verfluchten Erde« aus. Zunächst beeindruckt von dieser Schauspielnummer, beginnen Didi und Gogo sich von neuem zu langweilen, weil nichts geschieht. Bevor Pozzo aufbricht und zum Dank dafür, daß sie ihm zugehört haben, zwingt er Lucky dazu, zwei Nummern aufzuführen, einen kläglichen Tanz und eine verblüffende Vorstellung automatischen Denkens, einen wirren Wortschwall, den man nur stoppen kann, indem man ihm den

Hut vom Kopf reißt. Lucky fällt zu Boden. Pozzo entdeckt, daß er nach der Pfeife und dem Zerstäuber nun auch seine Uhr verloren hat. Endlich macht er sich zum Aufbruch bereit. Man hilft Lucky auf die Beine und lädt ihm das ganze Gepäck auf. Nachdem Pozzo gegangen ist, ist Gogo wieder einmal – und wieder einmal gänzlich folgenlos – versucht, Godot zu vergessen. Was Pozzo und Lucky betrifft, so findet Wladimir, »daß sie sich sehr verändert haben«, während Estragon überzeugt ist, sie noch nie gesehen zu haben. Ein Junge kommt und bringt die Nachricht, daß Herr Godot »heute abend nicht kommt, aber bestimmt morgen«. Als er wieder weg ist, wird es Nacht, und der Mond geht auf. Gogo stellt seine Schuhe nahe der Rampe ab und bereitet sich darauf vor, »barfuß wie Jesus« wegzugehen. Sie denken noch einen Augenblick darüber nach, ob sie sich nicht an dem Baum aufhängen sollen. Sie lassen es sein. Regungslos bleiben sie stehen, das Gesicht zum Publikum.
Der nächste Tag, dieselbe Zeit, derselbe Ort: Wladimir tritt auf, er singt ein altes deutsches Lied, in dem von einem Hund, der ein Ei stiehlt, die Rede ist. Auch Estragon tritt auf, mit verdrossener Miene. Er ist wieder geschlagen worden, und Wladimir macht ihm deutlich, daß er ihn vor der Gefahr, geschlagen zu werden, bewahrt hätte, wenn sie zusammengeblieben wären. Wladimir macht ihn auch darauf aufmerksam, daß sich an der Landschaft etwas verändert habe; der Baum hat Blätter bekommen. Estragon erinnert sich an gar nichts, weder an den Baum noch an Pozzo, noch an Lucky; nur daran, daß er einen Fußtritt erhalten hat und einen Hühnerknochen. Wladimir versucht, Erinnerungen an Roussillon-en-Vaucluse in ihm wachzurufen, wo die beiden (wie Beckett) einst eine gewisse Zeit verbracht haben ⟨in der deutschen Übersetzung durch Dürkweiler im Breisgau ersetzt, d. Ü.⟩. Um sich die Zeit zu vertreiben, ohne sich dabei zu streiten, überlassen sie sich einer Art Improvisation, in der sie »all die toten Stimmen« hören, die »rauschen wie Flügel«, wie Blätter, wie Sand, und die sie auf tragische Weise daran erinnern, daß sie einmal »gedacht« haben. Wladimir, der wie stets voller Fürsorge ist, deutet auf Estragons nackte Füße und zeigt ihm die Schuhe, die immer noch an der Rampe stehen. Estragon prüft sie. Es sind nicht dieselben, die er am Abend zuvor dorthin gestellt hat; es hat den Anschein, als wäre jemand

vorbeigekommen, der Estragons Schuhe mitgenommen und die eigenen dafür dagelassen hätte. Oder gar, daß Estragons wirkliche Schuhe nach einer Reihe von Besitzwechseln nun tatsächlich an ihren Ursprungsort zurückgekehrt wären. Auf solche Weise versuchen die beiden sich einzureden, daß sie existieren. Estragon legt sich hin und schläft in embryonaler Haltung ein; Wladimir singt ihm ein Schlaflied und deckt ihn mit seiner Jacke zu. Estragons Schläfchen dauert nur ein paar Sekunden, dann schreckt er auf. Die beiden Männer haben das Gefühl, sämtliche Vorwände ausgeschöpft zu haben, mit denen sie sich einzureden versuchen, daß sie existieren. Wladimir bemerkt Luckys Hut, der seit dem Vortag immer noch auf dem Boden liegt; er nimmt ihn, setzt ihn auf, gibt seinen Hut Estragon, der ihn aufsetzt und seinen Hut wiederum Wladimir reicht usw. Anschließend spielen sie Pozzo und Lucky. Estragon, der kurz abgegangen war, kehrt schnaufend zurück und verkündet, daß Leute kommen. Wladimir stößt einen wahren Triumphschrei aus: »Das ist Godot! (...) Wir sind gerettet!« Aber Estragons Angst läßt ihn glauben, daß sie eingekesselt sind und es keinen Ausweg für sie gibt. Da niemand kommt, werden sie wieder ruhig; sie spielen Einander-Beschimpfen, machen den »Baum« und glauben dabei, daß Gott sie *sieht*. Sie flehen um Erbarmen. Und genau in diesem Augenblick treten Pozzo und Lucky auf. Beide erstarren. Einen Moment lang hält Estragon Pozzo für Godot. Pozzo ruft um Hilfe. Bevor sie ihm aufhelfen, palavern Didi und Gogo eine Weile über den Preis, den sie für ihre Hilfe verlangen sollen, über ihre Lage usw. Sie haben das Gefühl, in diesem einen Augenblick für die ganze Menschheit zu stehen. Sie warten auf Godot. Während sie warten, vertreiben sie sich die Zeit, so gut sie können, damit sie nicht den Verstand verlieren, obwohl der vielleicht schon seit langem tot ist. Als sie sich endlich entschließen, etwas zu tun, stolpern sie und fallen ihrerseits hin. Lange Minuten bleiben alle am Boden, unfähig, wieder aufzustehen. Sie schlagen Pozzo gar, weil er sie hindert einzuschlafen. Pozzo versucht kriechend zu entkommen. Wladimir ruft nach ihm, geht dabei eine Reihe Namen durch: Pozzo, Abel, Kain, und schließt: »Das ist die ganze Menschheit.« Mit einem Male können Didi und Gogo wieder aufstehen. Sie helfen auch Pozzo auf, den man stützen muß. Es zeigt sich, das Pozzo blind ist. Eines schönen Tages wurde er wach und war blind »wie das Schicksal«; er hat sein Zeitgefühl verloren. Als Estragon auf Pozzos Anordnung hin versucht, Lucky mit einem Fußtritt aufzuwecken, tut er sich den Fuß weh, und nachdem er vergeblich versucht hat, sich die Schuhe auszuziehen, bleibt er auf dem Boden hocken. Lucky ist aufgestanden, hat Pozzo das Ende seines Stricks gereicht und seinen schweren, mit Sand gefüllten Koffer wieder aufgenommen. Wladimir versucht, Pozzos Aufbruch aufzuschieben, und bittet ihn, Lucky singen zu lassen. Pozzo teilt ihm mit, daß Lucky ebenso stumm, wie er selbst blind ist, und er wird wütend, als Wladimir ihn fragt, seit wann Lucky stumm sei: »Hören Sie endlich auf, mich mit Ihrer verdammten Zeit verrückt zu machen?« Und dann sagt er, bevor er mit Lucky abtritt, den berühmt gewordenen Satz: »Sie gebären rittlings über dem Grabe, der Tag erglänzt einen Augenblick und dann von neuem die Nacht.« Als er fort ist, fragen Didi und Gogo sich ernsthaft, ob Pozzo nicht Godot ist. Estragon schläft ein. Wladimir denkt über Pozzos letzte Worte nach. Derselbe Junge wie im ersten Akt erscheint und verkündet, daß Godot nicht kommen werde. Wladimir versucht, etwas mehr über Godot von ihm in Erfahrung zu bringen. So erfährt er, daß Godot einen weißen Bart hat, was ihm ein »Barmherzigkeit!« entlockt. Der Junge tritt ab. Die Nacht bricht herein. Der Mond geht auf. Estragon wird wach. Als er erfährt, daß Godot auch heute nicht kommen wird, schlägt er vor, ihn endgültig fallenzulassen. Wladimir hält das nicht für möglich. Und wenn er doch käme, wären sie gerettet. Um sich an dem Baum aufzuhängen, zieht Estragon die Kordel heraus, die ihm als Hosengürtel dient. Seine Hose rutscht ihm bis auf die Fußknöchel. Die Kordel erfüllt ihren Zweck nicht. Die beiden Männer beschließen zu gehen. Wladimir fordert Estragon auf, seine Hose hochzuziehen. Regungslos bleiben die beiden stehen, das Gesicht zum Publikum. Sehr langsam verlöscht das Licht.

Wie könnte man über Beckett sprechen, ohne *Warten auf Godot* in den Mittelpunkt seines Schreibens und seines gesamten Werkes zu stellen? Den unmittelbaren Erfolg, den *Warten auf Godot* in aller Welt verzeichnen konnte und der im Laufe der Zeit noch stetig gewachsen ist, verdankt das Stück weder dem

Glück noch dem Zufall. In dreißig Jahren hat es keinerlei Falten bekommen, hat es nichts von seiner Aktualität und von seinem Einfluß auf die moderne Literatur eingebüßt. Ich habe mich übrigens bemüht, nicht der verbreiteten Neigung stattzugeben, dieses nur allzu bekannte Stück, »in dem nichts geschieht«, in ein paar Sätzen zusammenzufassen. Ich wollte zeigen, daß dieses »nichts« aus tausend Nichtigkeiten zusammengesetzt ist, die ein großes Ganzes bilden, eine Vielzahl von Bewegungen der Worte, der Körper und des Geistes, die sich mit einer anspruchsvollen Wachheit und unendlich lebendiger Phantasie ineinanderfügen; daß diese Aneinanderreihung von Bedeutungslosigkeiten mehr ist als die Anhäufung jener unverständlichen Banalitäten, jener prätentiösen Platitüden, aus denen ein Gutteil der Literatur der letzten dreißig Jahre besteht.

Bleibt mir noch, möglichst viele Informationen über die Umstände zu geben, unter denen das Stück entstanden ist und erstmals aufgeführt wurde. Beckett hat *Warten auf Godot*, wie aus dem Manuskript hervorgeht, zwischen dem 9. Oktober 1948 und dem 29. Januar 1949 geschrieben. Zu dieser Zeit hält er sich mit privaten Englischstunden und Übersetzungen über Wasser. Suzanne übernimmt Schneiderarbeiten. *Molloy* ist abgeschlossen, *Malone stirbt* ist in Arbeit, *Der Namenlose* befindet sich noch im Zustand eines vagen Projektes. Beckett hat das Bedürfnis, etwas Distanz zu seiner Romanarbeit zu gewinnen, die ihn immer wieder in einen Zustand versetzt, der sein Leben und seine Gesundheit gefährdet. »Ich habe begonnen, *Godot* zu schreiben, um mich zu entspannen, um der schrecklichen Prosa zu entfliehen, die ich damals schrieb«, hat er einmal gegenüber Colin Duckworth erklärt (»The Making of Godot«), und er fügte hinzu, das Stück sei für ihn nichts anderes gewesen als »eine herrliche, befreiende Zerstreuung«. Wenn man ihm glauben darf – aber muß man alles glauben, was ein Autor über sein Werk sagt? –, dann hätte *Warten auf Godot* ihm kein so rückhaltloses Engagement abverlangt wie seine großen Romane. Bis zur Veröffentlichung im Jahre 1952 hat er unablässig Korrekturen vorgenommen. Selbst während der Inszenierung von Roger Blin hat er es noch überprüft. Blin schlug ihm Veränderungen vor, die dann in die englische Fassung übernommen wurden, und die englische Fassung hält der Autor für die beste. Die

endgültige Ausgabe stammt aus dem Jahre 1965. Beckett hat sich stets geweigert anzugeben, was zuerst da war, das Stück oder der Titel. Was diesen Godot angeht, der dem Stück seinen Namen gibt, von dem unablässig die Rede ist, auf den man beständig wartet und der nie kommt, so ist klar, daß sich, auch wenn der Autor sich entschieden dagegen verwahrt, eine theologische Deutung des Stückes nicht von der Hand weisen läßt, sofern man anerkennt, daß sie nicht die dominierende und erst recht nicht die einzige ist. Godeau, es ist schon richtig, kann gar nicht französischer klingen. Aber schließt das aus, daß hier auch ein Wortspiel mit »God« vorliegt. Beckett ist mit solchen Wortspielen nur allzu vertraut. Eines ist gewiß: Godot kann nur eine Parodie auf Gott sein. Jede wohlwollende Interpretation ist ausgeschlossen. Über Godot kommt »God« mit »Godasse« (Latschen) zusammen, mit Estragons schmutzigen Füßen. Estragons Schuhe und Wladimirs runder Hut sind etwas anderes und mehr als bloße Accessoires. Es heißt, Zuschauer am Rande der Tour de France hätten Beckett geantwortet: »Wir warten auf Godot« ... Eine Art Poulidor seiner Zeit! Und dann ist da diese Spaziergängerin, die Sam auf der Rue Godot-de-Mauroy fragt: »Wartest du auf Godot?« Der Autor versichert, er habe Balzacs *Schwindler* erst nachher gelesen, jenes Stück, in dem ein gewisser Mercadet bis ans Ende auf seinen seit langem mit der Kasse verschwundenen Kompagnon wartet, und der Name dieses Kompagnons ist Godeau. Schließlich gesteht Beckett ein, daß er einmal beinahe mit einem Flugzeug abgestürzt sei, dessen Kommandant Godot hieß. »Wenn Godot Gott wäre, hätte ich ihn auch so genannt.« »Wenn ich wüßte, wer Godot ist, hätte ich es gesagt.« Eines ist gewiß: »Ich wollte sagen, was ich gesagt habe.«
Beckett reiht präzise Details, meist geographischer Natur, aneinander, die *Warten auf Godot* eine Alltäglichkeit und Vertrautheit verleihen, wie man sie in den nachfolgenden Stücken nicht mehr findet. Eine ganze Szene erinnert an Becketts Aufenthalt während der Besatzungszeit in Roussillon, dem Dorf im Vaucluse. Sams und Suzannes Freunde wissen zu berichten, daß die zwei die Gewohnheit hatten, solche kurzen Repliken auszutauschen, wie sie im irischen Kabarett üblich sind, und beides erinnert nur zu sehr an die Wortwechsel zwischen Wladimir

und Estragon. Als Roger Blin zum erstenmal irisches Kabarett sah, erinnerten ihn die Repliken und das Spiel der Kabarettisten sogleich an *Warten auf Godot*. Im *Godot* gelangen die Themen des *Umherirrens* und des *Paares* erstmals – und teilweise eines durch das andere – zur vollen Entfaltung. In dieser Hinsicht wurzelt Godot in *Mercier und Camier*, dem lange unveröffentlichten Roman, dessen Dialoge einen fast übermäßigen Raum einnehmen und mehr oder weniger deutlich an Bühnendialoge erinnern, was schon darin zum Ausdruck kommt, daß Beckett einige von ihnen nahezu vollständig in *Warten auf Godot* übernommen hat. Schon Becketts erste Kritiker haben sehr früh auf gewisse Analogien zwischen dem Paar Mercier-Camier und dem Paar Bouvard-Pécuchet hingewiesen. Die beiden Flaubertschen Figuren sind auf ihre Weise zugleich Spiegelbilder von Wladimir und Estragon. Roger Blin gesteht, es habe ihm einen kräftigen Schock versetzt, als er *Warten auf Godot* las, auch wenn er nicht sicher war, das Stück vollkommen zu verstehen, und er daran auszusetzen hatte, daß keine weibliche Rolle darin vorkommt. Er hatte zunächst die Absicht, mit dem traditionelleren *Eleutheria* zu beginnen. Als er beschloß, sich auf *Godot* zu konzentrieren, teilte er Beckett mit, er werde sich lange gedulden müssen, da weder Geld noch eine Spielstätte in Sicht sei. Erst nach vier Jahren und dank der Unterstützung durch Georges Neveux, den Leiter der Kommission für Kunstförderung, der für eine Subvention in Höhe von 700 000 alten Francs sorgte, konnte das Stück aufgeführt werden. Mehrere Angebote von kleineren Theatern mußten ausgeschlagen werden, weil nicht einmal der berühmte Baum auf der Bühne Platz gefunden hätte. Schließlich schlug das junge Théâtre de Babylone, das kurz vor dem Bankrott stand und dessen Leiter, Jean-Marie Serreau, beschlossen hatte, in Schönheit zu sterben, Blin vor, sich dort ins Wasser zu stürzen. Die Premiere fand am 3. Januar 1953 statt, in einer überaus gespannten Atmosphäre. Sie war, so Roger Blin, ein »unglaublicher Erfolg«, der auch später nie in Frage gestellt wurde. Die erste Inszenierung des *Godot* wurde mit geringsten Mitteln realisiert, auf einer Bühne, die von ausländischen Regisseuren als »amateurhaft« empfunden wurde, die aber den Wünschen des Autors voll entsprach. Die – unvergeßliche – Besetzung bereitete einige Schwierigkeiten. Mehrere

Schauspieler gaben während der Proben ihre Rolle ab. Roger Blin, der die Rolle des Pozzo spielte, war stets der Auffassung, sie sei nicht für ihn geschaffen. Jean Martin wußte mit der Rolle des Lucky, die er erst drei Wochen vor der Premiere übernahm, nichts anzufangen, bis ihm ein befreundeter Arzt von der Parkinsonschen Krankheit erzählte – eine Deutung, die auch Beckett für sinnvoll hielt. Pierre Latour als Estragon willigte nur widerwillig darin ein, die Hose herunterzulassen, wie es der Autor verlangte, und sich in kurzen Unterhosen zu zeigen, weil er fürchtete, sich beim Publikum lächerlich zu machen. Allein Lucien Raimbourg, ein erfahrener Varieté-Schauspieler, der eine überaus sublime Verkörperung des Wladimir bot, verstand sich bestens mit Beckett, denn da er das Stück nicht verstand, tat er blind alles, was der Autor von ihm verlangte, und fand die Aufgabe schließlich kinderleicht.
Im Ausland hat man vielfach die humoristische und clowneske Dimension des Stückes stärker in den Vordergrund gerückt als in Frankreich. Auch düstere und weinerliche *Godot*-Inszenierungen waren dort zu sehen. Aber auch in Frankreich ist das Lachen des Publikums über die Jahre immer freier und kräftiger geworden.

9. Der Namenlose

L'Innommable.[5] Roman, entstanden 1949, erstmals veröffentlicht 1953.

Die zweifache Unmöglichkeit, die Sache und das ICH auszudrücken, führt Samuel Beckett in dieselbe Sackgasse wie jene Maler, darunter sein Freund Bram van Velde, die er in den fünfziger Jahren die »Maler der Verhinderung« genannt hat. Eben diese Situation des Scheiterns versucht *Der Namenlose* in ihrer ganzen Unsagbarkeit zu benennen, womit denn auch gleich eingestanden sei, daß jeder Versuch, die Handlung dieses Romans zusammenzufassen, zum Scheitern verurteilt ist. Von nun an geschieht nichts mehr in Samuel Becketts Schriften. Hören wir ihn selbst: »Am Ende meines Werkes ist nur noch Staub da. *Der Namenlose*... Im letzten Buch, *Der Namenlose*, kommt es zu einer vollkommenen Auflösung. Kein ICH, kein HABEN, kein SEIN. Kein Nominativ, kein Akkusativ, kein Verb. Es ist nichts mehr da, um weiterzumachen« (so zitiert Israel Shenker ihn in der *New York Times* vom 6. Mai 1956). An diese Grenze des Schreibens und der Lesbarkeit ist Beckett in der kurzen Zeit gelangt, die *Molloy* (1946) von *Der Namenlose* (1949) trennt. Er hätte es gerne gesehen, wenn die drei Bände seiner Romantrilogie zusammen veröffentlicht worden wären. Diese Trilogie beginnt mit einer Geschichte, die geradeso lesbar ist wie *Der Fremde*, und sie endet mit einem Text, der im Grade der Desintegration nicht hinter *Finnegans Wake* zurücksteht.

Das ICH, das zu Beginn des Romans spricht, weiß nicht, wer oder wo es ist, noch seit wann es sich dort befindet. Bewegungs- und orientierungslos im Dunkeln verharrend, hat es keinerlei Anhaltspunkte, die es ihm gestatten würden, herauszufinden, in welcher Stellung es sich befindet, ob aufrecht, den Kopf auf einem starren Hals gleich einem Ball im Fangbecher, oder auf dem Rücken liegend, die Beine in der Luft, die Augen geschlossen; denn wenn es etwas sieht, so weiß es nicht, ob es in sein eigenes Inneres blickt oder nach außen. Dazu verurteilt, sich selbst zu denken, sieht es sich als sprechende Kugel, als vollkommen glattes Ei, »mit zwei Löchern, ganz gleich wo, um das Platzen zu verhindern«. Jene Gestalten, die Malone Hampelmänner genannt hat, Molloy, Murphy, Mercier und Camier, Moran, Watt, Malone selbst und andere namenlose Schatten ziehen an ihm vorbei wie kreisende Sphären, die einander niemals begegnen. Was wollen sie von ihm, diese stummen und blinden Gestalten, die seine Aufmerksamkeit auf sich lenken zu wollen scheinen und von denen man nie recht weiß, ob sie nun in ihm sind, als bloße Phantasiegestalten, oder außerhalb seiner existieren, als Phantome. Die vollkommen glatte Kugel verweist gleichermaßen auf den Mikrokosmos des Schädelkastens und auf den Makrokosmos des Universums: zwei extreme Formen solipsistischer Selbstgenügsamkeit. Die Figur schickt die Hampelmänner ins Nichts zurück, zugunsten einer anderen möglichen Gestalt ihrer selbst, die sie nach ihrer Erinnerung oder in der Phantasie einmal gewesen ist: Mahood, der Rumpf-Mann. Den hat man, auf Sägemehl, in einen Krug gesetzt, aus dem sein

Kopf, von einem Halsring aus Zement gehalten, herausschaut. Über ihm hängt man die Speisekarte des Lokals aus, deren Inhaberin einmal in der Woche seine Exkremente herausnimmt, um den Gemüsegarten damit zu düngen. Um dieses lebende Aushängeschild herum zeichnet sich undeutlich und bruchstückhaft eine bereits bekannte Landschaft ab. Im Gesicht des nunmehr bewegungslosen Rumpf-Mannes bewegen sich nur noch die Augen, um zu weinen oder dem Blick des Altvaters der Pferdefleischverwertung zu begegnen, dessen Büste ihm gegenübersteht. Tatsächlich befindet sich das Lokal gleich beim Schlachthof von Vaugirard, der ihm auch die Mehrzahl seiner Gäste zuführt. Mahood erinnert sich, daß sein beinloser Rumpf nicht immer neben der Tür dieses miserablen Lokals gestanden hat. Es gab eine Zeit, da wanderte er durch die Welt, zunächst auf zwei Beinen, dann, nach dem Verlust eines Beines, auf Krücken. Die letzte Etappe seiner Reise verlief dramatisch und führte offenbar zu der Katastrophe, die seiner Geschichte ein Ende setzte. Auf dem Heimweg muß er über einen Hof, in dessen Mitte sich eine Rotunde befindet, aus deren Fenstern die Seinen – »Opa, Oma, Mama und die acht oder neun Rotznasen« – ihn beobachten und ermuntern. Als er endlich anlangt, findet er sie tot vor, qualvoll gestorben am Genuß verdorbener Konserven. Mahood macht sich den Vorwurf, daß er vor den verwesenden Leichen kehrtgemacht habe, nicht unglücklich, auf solch einfache Weise von einem Haufen Blutsverwandter befreit zu sein. Diese endlos wiederholte Episode – oder diese Version des Geschehens – scheint jedenfalls Mahoods Destruktion als Figur, als möglicher Ersatz, als plausible Identität des sprechenden ICH herbeigeführt zu haben. Mahood tritt ab, Worm tritt auf. Wird Mahood, da er es nicht verstanden hat, das Schicksal seiner Familie zu teilen und zu sterben, am Ende so »verrückt sein« und Worm hervorbringen. Denn der Neue heißt Worm, der Wurm, die Larve. Er ist die letzte Möglichkeit, die sich der Figur bietet, um jemand oder etwas zu sein. Aber mit Worm ist eine Grenze erreicht. Mit ihm und durch ihn wird die Figur zu der Larve, die sie ist. Doch das Larvendasein nimmt dem Denken und der Sprache jegliches Recht.

10. Texte um Nichts

Textes pour rien. Entstanden 1950, erstmals veröffentlicht 1955.

1946-1948: Beckett durchlebt seine intensive Schaffensperiode. Aber auch sie geht zu Ende. Nach *Der Namenlose* gerät Beckett, was den Roman betrifft, in eine Sackgasse, aus der er sich erst 1960 mit *Wie es ist* befreien wird. Er hat das Gefühl, daß *Der Namenlose* ihn an den Rand einer völligen Desintegration gebracht hat. Er sieht keinen Weg, weiterzumachen. »Ich fühle mich sehr müde und blöde... Ich habe mehr und mehr den Eindruck, daß ich vielleicht nie mehr etwas anderes werde schreiben können..., vielleicht das eine oder andere Stück eines Tages« (an Tom McGreevy). Jedenfalls ist er nicht in der Lage, mehr zu schreiben als eine kurze Passage dann und wann. Keiner dieser Texte gelangt zu einer wirklichen Entwicklung. Stets steht schon der Anfang im Banne seines eigenen Endes. Der Autor vermag ihn nicht zu setzen, ohne ihn zugleich zu negieren. »Benennen, nein, nichts ist benennbar; sagen, nein, nichts ist sagbar.« 1958 drängt Jérôme Lindon nachdrücklich auf ein neues Werk. Beckett entschließt sich, die dreizehn kurzen Texte aus dem Jahre 1950 unter dem Titel *Textes pour rien* zusammenzufassen, zumal er der Überzeugung ist, sie nicht anderweitig verwenden zu können. Der Titel verweist auf den musikalischen Ausdruck »mesure pour rien« ⟨der Leertakt, der vor Beginn des Spiels ausgezählt wird, d. Ü.⟩. Die Kritiker haben häufig Parallelen zwischen Becketts Werk und der Welt der Musik gezogen. Keinerlei Handlung gibt es in diesen kurzen Stücken, die aus flüchtigen und oft sehr schönen Bildern bestehen. Manche erscheinen wie ein Echo auf die traurige Musik der Trilogie. Andere zeugen von dem Wunsch nach einem Anderswo. Etwas wie ein Aufruf zur Freude oder zumindest zur Resignation.

11. Endspiel

Fin de partie. Theaterstück, entstanden 1954-1956, Uraufführung 1957.

In einem Raum ohne Möbel, der in ein trübes Licht getaucht ist und durch zwei kleine Fenster hoch oben in der Wand erhellt wird, sieht man zunächst einen Mann mit sehr rotem Gesicht und steifem, schwankendem Gang, den Diener Clov. In der Mitte erkennt man undeutlich, weil von einem alten Laken verhüllt, die Umrisse eines Mannes in einem Rollstuhl. Das ist Hamm. Links im vorderen Teil der Bühne stehen zwei Mülltonnen, die mit einem Tuch zugedeckt sind. Mit Hilfe einer Bockleiter öffnet Clov die Vorhänge, dann zieht er die Laken herunter, wobei er jedesmal ein kurzes Lachen hören läßt: als er die Landschaft betrachtet, den Deckel der Mülltonnen hochhebt und hineinschaut und als er Hamm in seinem Rollstuhl sieht. Hamm taucht unter dem Laken hervor, das Gesicht mit einem blutbefleckten Taschentuch bedeckt. Clovs erste Worte sind: »Ende, es ist zu Ende, es geht zu Ende, es ist vielleicht zu Ende...« Und Hamms erstes Wort: »Ich bin dran. Jetzt spiele ich.« Er ist blind und trägt eine dunkle Brille. Er hat eine Signalpfeife, mit der er Clov herbeirufen kann. Der Dialog zwischen dem Herrn und seinem Diener ist gespannt. Es wird deutlich, daß Clov Hamm haßt, nachdem er ihn vielleicht einmal geliebt hat, aber unfähig ist, ihn zu verlassen. Aus einer der Mülltonnen tauchen die Hände und dann der Kopf eines Mannes auf; es ist Nagg, Hamms Vater (»verfluchter Erzeuger!«), der seinen Brei verlangt. Clov gibt ihm einen Zwieback und klappt den Deckel der Mülltonne wieder zu. Nagg taucht wieder auf und lauscht dem resignierten Gespräch, das sich zwischen Hamm und Clov über diesen schwer zu ertragenden Abend entspinnt. »Irgend etwas geht seinen Gang.« Nagg klopft auf den Deckel der zweiten Mülltonne, aus der nun der Kopf seiner Frau Nell auftaucht. Die beiden erinnern sich an ihren Tandemunfall, bei dem sie die Beine verloren haben, in den Ardennen, am Ausgang von Sédan. Nell lehnt den halben Zwieback ab, den Nagg ihr anbietet, weigert sich auch, ihm den Rücken zu kratzen. Als Nell Hamm darüber klagen hört, daß er nicht schlafen könne,

sinniert sie: »Nichts ist komischer als das Unglück...« Nagg erzählt Nell wieder einmal die Geschichte von dem Engländer, der sich von einem Schneider eine gestreifte Hose machen läßt; Beckett hat diese Geschichte bereits in einem Essay über die Malerei Bram van Veldes zitiert. Das Geschwätz seiner beiden Erzeuger geht Hamm auf die Nerven und er ruft: »Mein Königreich für einen Müllkipper!« Nagg taucht wieder in seinen Mülleimer. Nell rührt sich nicht. Clov befühlt ihr Handgelenk, dann schließt er den Deckel über ihr. Er schiebt Hamm in seinem Rollstuhl durchs Zimmer, einmal im Kreis herum. Als Hamm ein weiteres Mal festgestellt hat, daß die Wand hohl ist, läßt er sich wieder in die Mitte des Zimmers fahren. Verärgert denkt Clov ernstlich daran, Hamm zu töten, aber er weiß, daß er dazu nicht imstande ist. Nun verlangt Hamm, daß Clov mit der Bockleiter nacheinander zu den beiden Fenstern hinaufsteigt und mit dem Fernglas hinausschaut, um festzustellen, wie das Wetter ist; dabei weiß er, daß immer dasselbe Wetter ist, ganz wie immer »dieselbe Stunde wie gestern« ist. Überall grau. Clov wiederholt: Irgend etwas geht seinen Gang.
Plötzlich bemerkt Hamm voller Widerwillen: »Wir sind doch nicht im Begriff, etwas zu... bedeuten?« Eine Vermutung, die Clov nur lächerlich finden kann, die aber als satirische Spitze gegen jene gelehrten Köpfe gedacht ist, die in *Warten auf Godot* nach tiefsinnigen Bedeutungen suchen. Clov meint einen Floh entdeckt zu haben und bestreut sich mit Insektenpulver. Hamm sagt Clov, dessen Sehkraft nachläßt und der nur noch mit Mühe gehen kann, voraus, er werde eines Tages blind sein wie er selbst: »ganz winzig, verloren im Leeren«. Hamm verlangt nach seinem Hund, einem Stofftier, dem noch ein Bein, das Geschlecht und das Halsband fehlen, da Clov ihn noch nicht fertig hat. Man spricht von einer Nachbarin, Mutter Pegg, die kein Lebenszeichen mehr von sich gibt. Clov bringt einen Bootshaken, mit dessen Hilfe Hamm sich allein in seinem Rollstuhl fortbewegen will, falls Clov, wie angekündigt, weggeht. Sie prüfen das Läutwerk des Weckers, der Hamm Clovs Weggang signalisieren soll. Hamm läßt Nagg aufwecken, damit der sich, für eine Praline, die Geschichte eines Mannes anhört, der am Heiligen Abend um ein wenig Brot für sein Kind bettelt. Der Erzähler erwidert ihm: »Aber überlegen Sie doch..., Sie sind

auf der Erde, dagegen gibt es kein Mittel!« Die Geschichte geht nach wenigen Minuten zu Ende, weil es an neuen Figuren fehlt. »Wo soll ich sie aber finden?... Lasset uns zu Gott beten.« Man nimmt Hamm beim Wort, und alle beten still. »Der Lump! Er existiert nicht!« Clov träumt von einer Ordnung, in der alles still und starr wäre. Clov tut so, als interessierte er sich für Hamms Roman, und Hamm erzählt ihm die Fortsetzung. Clov sieht nach, ob Nagg und Nell in ihren Mülltonnen noch leben: Nell scheint tot zu sein; Nagg weint. »Also lebt er.« Dann öffnet Clov das Fenster, das aufs Land hinausgeht, schließt es wieder, weigert sich, Hamm zu küssen, ihm die Hand zu geben, und geht in die Küche, um eine Ratte zu töten. Allein gelassen, wiederholt Hamm: »Ihr seid auf der Erde. Dagegen gibt es kein Mittel!«, und nach langem Nachdenken: »Das Ende ist im Anfang, und doch macht man weiter.« »Ein Augenblick kommt zum anderen... wie die Hirsekörner... jenes alten Griechen.« Wieder einmal verlangt er von Clov sein Beruhigungsmittel. Beim ersten Mal war es noch zu früh dafür. Jetzt ist keines mehr da. Ganz wie es keine Fahrräder, keinen Brei, keine Natur, keine Pralinen, keine Sümpfe, keine Plaids, keine Beruhigungsmittel und keine Särge mehr gibt. Clov steigt auf die Leiter, schaut durchs Fenster, meint, das Land sei unter dem Meer verschwunden, stellt dann aber fest, daß er sich im Fenster geirrt hat, und geht ans andere Fenster, das aufs Land hinausgeht. Mit dem Fernglas erkennt er voller Schrecken etwas Lebendiges, ein menschliches Wesen, ein Kind. Er will hinaus, um diesen »potentiellen Erzeuger« umzubringen. Hamm beweist ihm, daß es unnütz ist. Daraufhin macht Clov sich bereit, wegzugehen, Hamm zu verlassen. Hamm bittet ihn inständig, noch ein »paar Worte« zu sagen, bevor er geht. Clov spricht unbeholfen von seiner Unfähigkeit zu leben, dazusein, zu leiden. Hamm, der glaubt, allein zu sein, hebt zu seinem letzten Monolog an und greift die Worte vom Anfang wieder auf: »Also, ich bin dran. Jetzt spiele ich. Altes, von jeher verlorenes Endspiel...« Clov ist still wieder ins Zimmer gekommen, zum Ausgehen gekleidet, einen Koffer in der Hand; er betrachtet Hamm und bleibt reglos stehen, bis ans Ende. Hamm nimmt seine Kappe ab, setzt sie wieder auf, putzt seine Brille, setzt sie gleichfalls wieder auf und rezitiert einen Vers von Baudelaire.

»Du flehtest nach der Nacht, sie kommt... sie naht, sie ist schon da.« Er versucht, seinem Roman eine weitere Episode hinzuzufügen, wirft den Hund und die Pfeife weg, nähert das blutbefleckte Taschentuch seinem Gesicht und sagt: »Altes Linnen. Dich behalte ich.«

Zur Zeit von *Warten auf Godot* hatten Roger Blin und Jean Martin Beckett gebeten, für sie ein neues Stück zu schreiben. Er hatte versprochen, es »in freundschaftlichem Sinne« zu tun. In den beiden folgenden Jahren schrieb er zwei Fassungen mit jeweils zwei Akten. Anfang 1956 ist die erste Fassung fertig, aber der Autor ist nicht zufrieden damit. Das Stück ist in eine Sackgasse geraten. Im Manuskript, das in der Ohio State University liegt, heißen die vier Figuren A (oder Guillaume), B (oder James), P (Pépé oder Walther) und M (oder Mémé). Die Zahl der Szenen ist größer, das szenische Beiwerk sehr viel umfangreicher als in der endgültigen Fassung. Clov verkleidet sich als Frau, weil Hamm eine Frau haben möchte, und als Kind, als er draußen eines sieht. Der Dialog ist voll von Anspielungen auf die Bibel, die später dann fast alle verschwinden. In den ersten drei Juniwochen des Jahres 1956 reduziert der Autor *Endspiel* auf einen einzigen langen, stark gerafften Akt. Damals sieht er in dem Stück den Gipfel seines Schaffens. Die Truppe macht sich auf die Suche nach einer Spielstätte. Das Unterfangen erweist sich als schwierig. Trotz des Ruhmes, den *Warten auf Godot* genießt, lehnten zahlreiche Theaterleiter es ab, das neue Stück zu produzieren: Hébertot, das Studio des Champs-Elysées, das Petit-Marigny, das Œuvre. Samuel Beckett und Jérôme Lindon entschlossen sich schließlich, den Text zu veröffentlichen, bevor sie wußten, wann und wo das Stück inszeniert werden würde. So erschien es dann am 1. Februar 1957 bei den Editions de Minuit. John Devine wäre Paris gerne vorausgekommen, aber da Beckett die englische Übersetzung noch nicht fertig hatte und die Pariser Truppe immer noch kein Theater gefunden hatte, lud er die Franzosen ein, das Stück am Royal Court Theatre in London in Französisch uraufzuführen. Blin und Martin drängten Beckett einzuwilligen. So kam es, daß *Endspiel* am 1. April 1957 in französischer Sprache in London seine Uraufführung erlebte. Sogleich bot das Studio des Champs-Elysées an, die Inszenierung vom 27. April an zu übernehmen. Daß der Rahmen dort karger ausfiel als im Royal Court Theatre, war dem Autor nur recht. Hamm vertauschte seinen goldenen Thron und das Samtkleid mit einem Rollstuhl und einem zerlumpten Umhang. Beckett hatte sich ein »nacktes, bedrückendes, hoffnungsloses« Schauspiel gewünscht, das keine Möglichkeit zur Erheiterung bot.

Die englische Kritik war insgesamt reserviert ausgefallen; die französische Kritik reagierte zwar positiver, blieb aber geteilt, und auch in der Folgezeit fand das Stück nicht denselben Anklang wie *Warten auf Godot*. Obwohl *Endspiel* inzwischen tausende Male in der ganzen Welt gespielt worden ist und die Zahl der Aufführungen gewiß schon bald an die von *Warten auf Godot* heranreicht, hat es nicht dieselbe Beliebtheit erlangt. Beckett war mit der Fassung in zwei Akten nie zufrieden gewesen, aber er erkannte später, daß er einen Fehler begangen hatte, als er das Stück auf einen Akt reduzierte und ihm damit den zyklischen Charakter nahm, den man in *Warten auf Godot* und *Glückliche Tage* findet. Die Schwäche des Stücks rührt vielleicht daher, daß es als allzu bewußte und gewollte intellektuelle und dramatische Übung erscheint. Es hat viel von der wunderbaren Spontaneität verloren, die *Warten auf Godot* auszeichnet, ist darum allerdings nicht weniger eindrucksvoll. Es markiert bei Beckett den Beginn eines Strebens nach äußerster Genauigkeit auf der Bühne, den Wunsch, noch die geringste Nuance und die kleinste Geste herauszuarbeiten. Becketts Ansprüche bei den Proben führten zu einer gespannten Atmosphäre, die das Verhältnis zu Roger Blin eine Zeitlang beeinträchtigte.

Beckett wußte sehr wohl, daß die Atmosphäre des Stückes »noch schlechter« als die von *Warten auf Godot*, daß es »eher schwierig und rätselhaft«, daß alles darin bedrückend ist. In *Warten auf Godot* finden sich Auf- und Abtritte, man kommt und geht. In *Endspiel* nichts dergleichen, nur völlige Abschließung. In dieser Hinsicht bereitet *Endspiel* den Übergang von den Beckettschen Vagabunden der ersten Werke zu den *Eingeschlossenen* vor, die wir Mitte der sechziger Jahre bei ihm finden. Pierre Mélèse hat eine fruchtbare Parallele zwischen dem Warten auf Godot und Clovs drohendem Weggang gezogen; dabei darf man freilich nicht übersehen, daß dem Warten auf Godots Ankunft sehr viel größeres Gewicht zukommt als dem

Warten auf Clovs Weggang. Manche haben versucht, das Stück auf ein Wortspiel mit den Namen der Figuren, Hammer und Nagel, Henker und Opfer, zurückzuführen, wobei Hamm (als Deformation des englischen *hammer*) für den Hammer steht, während Clov (als Deformation des französischen *clou*), Nell (englisch: *nail*) und Nagg (deutsch: Nagel) den Nagel repräsentieren. Warum nicht? Einige Autoren, darunter Becketts Freunde, verweisen auf die Bedeutung des Schachspiels und auf Marcel Duchamps Einfluß, mit dem Beckett vor dem Krieg in Paris gut bekannt war, der »wenig schrieb und noch weniger sprach« und der bekanntlich ein leidenschaftlicher Schachspieler war. Ruby Cohn berichtet, daß Beckett, als er *Endspiel* in Berlin inszenierte, den Schauspielern erklärte: »Hamm ist der König in dieser Schachpartie, die von vornherein verloren ist... Er versucht, den unvermeidlichen Ausgang hinauszuschieben. Jede seiner Gesten ist eine dieser nutzlosen letzten Züge, die das Ende verzögern. Er spielt schlecht.« Hamm ist der König und Clov der Springer. Für die englische Fassung verwarf Beckett den Titel *End of Game* zugunsten von *Endgame*: »wie im Schach«.
Beckett zeichnet Hamm Zug um Zug als Monstrum, dem nichts Menschliches mehr eigen ist, und als Menschen wie du und ich. Man hat das Paar Hamm-Clov mit dem Paar Joyce-Beckett verglichen. Beckett selbst hat erklärt, diese beiden stünden für das, was aus Wladimir und Estragon »am Ende« würde, während Pierre-Aimé Touchard (*Le Monde* vom 3. Mai 1957) in ihnen Pozzo und Lucky wiedererkannte. Mir scheint, man könnte in den beiden ebensogut Vorläufer des Paares Knott-Watt erblicken. Einmal hat Beckett beiläufig bemerkt: »Es sind Suzanne und ich.« Und ein andermal sagte er: »Hamm sagt nein zum Nichts.« Auch ist er der Ansicht, daß den Kern des Stükkes der Krieg zwischen Hamm und Clov bilde. »Clov hat nur einen Wunsch: in die Küche zurückzukehren. Das muß stets deutlich sein, und ebenso Hamms ständiges Bemühen, ihn zurückzuhalten.«
Was die berühmten Mülleimer angeht, so hat Beckett ihnen, bevor man sie in einem metaphysischen Sinne interpretiert, vielleicht aber auch im Scherz, eine rein bühnentechnische Funktion zugewiesen: Sie sollen einen raschen und sehr diskreten

Auf- und Abtritt der Personen ermöglichen. Deirdre Bair hat darauf hingewiesen, daß die Regisseure sich bei der Inszenierung von *Endspiel* allen möglichen symbolträchtigen Phantasien überlassen haben. Man verlegte die Szene auf einen Kinderspielplatz, in einen Boxring, in einen Hühnerstall, in einen Atomschutzbunker und ins Innere eines menschlichen Schädels, wobei die hochgelegenen Fenster für die Augen standen, die ins Leere blicken. Die beste neuere Inszenierung des *Endspiels* in Frankreich ist die von Guy Rétoré im Théâtre National de l'Est Parisien, mit Pierre Dux in der Rolle des Hamm.

12. Akt ohne Worte 1

Acte sans paroles 1. Pantomime, entstanden 1956, Erstaufführung 1957.

Dieser *Akt ohne Worte 1* ist die erste von zwei Pantomimen, die Beckett geschrieben hat; erschienen sind beide in dem Band *Comédie et actes divers*. Seine Uraufführung erlebte das Stück zusammen mit *Endspiel* am 3. April 1957 im Royal Court Theatre, mit Deryk Mendel in der Rolle des Mannes; es wurde einen Monat später gleichfalls ins Studio des Champs-Elysées übernommen. Die einzige Person ist ein Clown (das Preßburger Marionettentheater hat sogar einen Pierrot daraus gemacht), Gefangener eines Bühnenraumes, der buchstäblich zu einer existentiellen Sackgasse wird, zur Wüste der *conditio humana*. Wann immer er den Bühnenraum verlassen will, stößt eine unsichtbare Kraft ihn mit Macht zurück, er stolpert rücklings, fällt mitten auf der Bühne zu Boden, steht wieder auf und überlegt, ähnlich dem Baptiste in den *Kindern des Olymp*, Marceaus Bip oder dem Gille von Watteau. Jedesmal versucht er, verdutzt und gleichgültig, zu begreifen, was da geschieht. Auf eine Reihe von Pfiffen hin (ähnlich wie im Zirkus bei Beginn einer Nummer) schweben vom Schnürboden, an Schnüren hängend, ein Baum, eine Schneiderschere, eine Wasserkaraffe, drei Würfel unterschiedlicher Größe und ein Tau mit Knoten herab. Die Pfiffe gelten ihm, wiederholen sich bei Bedarf, als sollten sie ihn zur Ordnung rufen, wenn er untätig bleibt. Der Pappmachébaum bietet ein wenig Schatten, in den er sich setzt. Die Karaffe mit frischem Wasser bleibt außerhalb seiner Reichweite in der Luft hängen. Er versucht, sie zu erreichen, indem er die Würfel aufeinanderstapelt, mühsam, denn er muß alles erst lernen wie ein Neugeborenes oder die Ratte im Labyrinth. Nach und nach wird ihm klar, daß jemand ihn manipuliert, und er zieht sich von dem Spiel zurück. Er bleibt reglos auf der Seite liegen, das Gesicht zum Publikum, mit starrem Blick. Er rührt sich auch nicht, als die Karaffe auf seine Höhe herabsinkt und um seinen Kopf schwebt. Die Würfel, die Schere und das Tau werden wieder zum Schnürboden hochgezogen; dann folgt die Karaffe und schließlich der Baum. Die Bühne ist leer, der Clown bleibt reglos und gleichgültig liegen und betrachtet seine Hände. Die Pantomime der Gegenstände spielt hier die zentrale Rolle, wie beim Tanz der Brötchen in *La ruée vers l'or* und im Unterschied zu dem, was bei Marceau geschieht. Der Mensch ist nur vorhanden, um sich mehr und mehr zu »beckettisieren«, um sich auf die endgültige Regungslosigkeit einzurichten, ein Vorspiel gewissermaßen zu einer anderen endgültigen Regungslosigkeit. Man ist an einen Satz aus *Der Namenlose* erinnert: »Wesentlich ist, bis ans Ende am Ende seiner Leine zu zappeln, solange es Gewässer, Gestade und im Himmel tobend einen sportlichen Gott gibt, der durch liederliche Mittelsmänner seine Kreatur angeln läßt.«

13. Alle, die da fallen

All that fall. Hörspiel, entstanden 1956, Erstsendung 1957.

Ländliches Vogelgezwitscher. Zu Fuß auf dem Wege zum Bahnhof von Boghill, begegnet Mrs. Rooney nacheinander dem Bauern Christy mit seinem Eselskarren, dem alten Tyler mit seinem Fahrrad und Mr. Slocum, dem Sekretär der Rennbahn, der im Auto daherkommt. Alle haben Schwierigkeiten mit ihrem Fortbewegungsmittel, nachdem sie angehalten haben, um ein paar Worte mit der dicken, fast bewegungsunfähigen Frau zu wechseln, die über das Leben jammert und schimpft. Vor allem fürchtet Mrs. Rooney, den Zwölf-Uhr-dreißig-Zug zu verpassen, mit dem Dan, ihr blinder Ehemann, ankommen soll. Mr. Slocum lädt sie schließlich, nicht ohne Schwierigkeiten, in sein Auto und fährt sie zum Bahnhof. Die bigotte Miss Fitt hilft ihr die Treppe zum Bahnsteig hinauf. Der Zug hat Verspätung, wegen eines »technischen Defekts«, wie es heißt. Endlich fährt er ein, die Reisenden steigen aus, und der Zug fährt wieder ab. Erst jetzt sieht man Mr. Rooney, der sich auf die Schultern des kleinen Jerry stützt, herankommen. Arm in Arm machen die beiden Gatten sich auf den Heimweg. Das Wetter wird schlechter. Vergeblich versucht Mrs. Rooney, den Grund für die ungewöhnliche Verspätung zu erfahren. Mr. Rooney hat einen Streit mit Kindern. Irgendwo spielt jemand auf dem Klavier »Der Tod und das Mädchen«. Mrs. Rooney erzählt von einem Vortrag, den sie vor langer Zeit einmal gehört hat und der vom Tod eines Mädchens handelte. Mr. Rooney weint. Dann brechen beide in heftiges Lachen aus bei dem Gedanken an die Textstelle, die den Gegenstand der Predigt am folgenden Tage bilden soll: »Der Herr erhält alle, die da fallen, und richtet auf alle, die niedergeschlagen sind.« Doch plötzlich kommt der kleine Jerry hinter ihnen hergerannt und bringt Mr. Rooney einen geheimnisvollen runden Gegenstand. »Es sieht aus wie ein kleiner Ball. Und doch ist es kein Ball.« Und nun erfahren wir, warum der Zug Verspätung hatte: wegen eines kleinen Kindes, das aus dem Zug gefallen war, »auf die Schienen, Ma'am. Unter die Räder, Ma'am«. Wer hier fragt, ob der Blinde das Kind aus dem Zug gestoßen hat, dem antwortet der Autor, daß er es nicht wisse und daß es ihn auch nicht interessiere. Wichtig ist, daß er einem solchen Verdacht bewußt Raum gegeben hat. Einmal durch den Hinweis, daß etwas geschehen ist in dem Abteil, in dem der alte Mann sich allein glaubte. Und dann durch diese Frage: »Hast du jemals ein Kind umbringen wollen?« Immer wieder dieselbe Obsession der Beckettschen Figuren: »Schluß machen mit einem blühenden Fiasko.« Zumindest einer, den der Herr nicht gehalten hat in seinem Fall.

Alle, die da fallen markiert Becketts zeitweilige Rückkehr zur englischen Sprache, die er 1945 aufgegeben hatte. Zugleich ist es sein erstes Hörspiel. Beides verdankt sich dem Umstand, daß die Arbeit von der BBC in Auftrag gegeben wurde, was freilich der Bedeutung dieser beiden Tatsachen keinen Abbruch tut.

Mit einem Male entdeckt Beckett die Möglichkeiten der Medien und begeistert sich dafür. Er bringt die Welt der Töne und Geräusche ins Spiel, versucht, jegliches visuelle Element auszuschalten, reduziert die Lebewesen und die Dinge auf ihre hörbare Präsenz: Tiergeräusche, Maschinenlärm, Wind, Regen, keuchender Atem, schlürfende Schritte ... Doch den englischen Zuhörern entging auch nicht der komische Realismus in den Details, die karikierende Darstellung Irlands, das Pittoreske der Sprache. Im kleinen Bahnhof von Boghill erkannte man den seines Geburtsortes Foxrock wieder, die getreulich beschriebene Landschaft der Umgebung und das pittoreske Treiben in den Straßen. All das entfernte sich auf merkwürdige Weise von der gewohnten Beckettschen Sicht. Und der Schock war um so stärker, als nach und nach ein Gefühl von Irrealität und drohendem Zerfall und die Gefahr der Auslöschung in dieses so lebendige Ambiente eindrangen. Die dicke Mrs. Rooney existiert gar nicht, sie hat das Gefühl, nichts als ein »großer blasser Fleck« zu sein, ihre geschwollene Sprache ist, ganz wie Winnies »alter Stil«, gespickt mit toten Redewendungen. Alles geht kaputt, sobald sie sich nähert: Christys Esel furzt, Tylers Fahrrad streikt, und Slocums Auto überfährt eine Henne. Maddy Rooney riecht den Tod in jeder kleinsten Begebenheit, liest ihn in jedem Zeichen, spricht ihn mit jedem Wort aus. Das Blöken des arkadischen Lämmchens, Christys Mistfuhre und der Esel, der den Mistkarren zieht, sie alle sprechen ihr vom Schlachthof, von der Verwesung und von der Ohnmacht eines Gottes, der wie ein Karnevalsprinz auf einem Maultier in Jerusalem einzog (O Ensor!). Mrs. Rooneys Erinnerung an einen Vortrag, den sie einmal gehört hat, geht unmittelbar der Auflösung der Geschichte voraus, der Ankunft des Boten, jenes Kindes, das die Nachricht vom Tod eines anderen Kindes überbringt, eines Kindes, das von seinem eigenen Tod spricht, denn letztlich ist ein anderes an seiner Stelle den Tod gestorben, den alles Lebendige in sich trägt.

In einer bereits 1957 entstandenen, bewundernswerten Übersetzung von Robert Pinget ist dieses für das Radio geschriebene Stück, das zu Becketts stärksten zählt, 1963 fürs Fernsehen produziert worden. Der Autor stand dem Vorhaben zunächst skeptisch gegenüber, doch unter der Regie von Marcel Mistrani und mit den beiden Schauspielern Alice Sapricht und Guy Tréjean entstand ein Werk, das großen Erfolg hatte und in dem das Fernsehen einen Augenblick lang über sich selbst hinauswuchs.

14. Das letzte Band

Krapp's Last Tape. Theaterstück, entstanden 1958, Erstaufführung 1958.

Beckett hat *Das letzte Band* in englischer Sprache geschrieben, und zwar für den irischen Schauspieler Patrick Magee, der *Alle, die da fallen* für die BBC produziert hatte. Er wollte zunächst gleichfalls ein Hörspiel daraus machen; dann entschloß er sich jedoch für ein Theaterstück, das die Uraufführung der englischen Fassung von *Endspiel* im Royal Court Theatre begleiten sollte – anstelle von *Akt ohne Worte 1*, dem diese Aufgabe bei der Uraufführung der französischen Fassung zugefallen war. Die beiden Stücke erlebten ihre Erstaufführung am 28. Oktober 1958. Kurz danach übersetzte Beckett selbst das Stück ins Französische. Es erschien im März 1959 in den *Lettres modernes* und wurde am 22. März 1960 erstmals und in der Inszenierung von Roger Blin am Théâtre Récamier gegeben. Roger Blin hatte es abgelehnt, die Rolle des Krapp zu übernehmen; sie wurde dann von R. J. Chauffard gespielt. Im selben Programm gab man damals Robert Pingets *La Manivelle*. Kaum hatte Beckett sein Stück abgeschlossen, da machte der Komponist Marcel Mihalovici eine Oper daraus; sie trägt den Titel »Krapp ou La dernière bande«. Es handelt sich um ein Monodram ohne Intrigen, in dem ein alter Mann, Krapp, verschiedene Episoden seines Lebens Revue passieren läßt, indem er Tonbänder abhört, die er dreißig Jahre zuvor selbst besprochen hat. Nach einem Wort von Jean-Jacques Mayoux handelt es sich um »einstmals lebendige Stimmen, die heute tot sind«. Selten ist die entmutigende Pluralität der Zeiten, aus denen ein menschliches Leben besteht, so eindringlich vorgeführt worden, und dies dank eines Geräts, das damals gerade erst begann, in die Haushalte einzudringen. Im selben Jahr setzt Sartre das Tonband auch in *Die Eingeschlossenen von Altona* ein. Krapp ist ein Clown. Während er zuhört, ißt er Bananen, zweimal tritt er ab, um etwas zu trinken (er ist zum Trinker geworden), er grinst, zeigt Anzeichen von Verärgerung... In dem Stück finden sich zahlreiche autobiographische Elemente, die literarischen Fehlschläge der Anfangszeit, die Prostituierte aus *Erste Liebe*. Manche Kritiker haben den Bericht wörtlich genommen, den Krapp von seinem Spaziergang im Sturm entlang der Küste gibt, in dessen Verlauf er, wie Beckett, entdeckt, was das Prinzip des Beckettschen Schreibens werden sollte. *Das letzte Band*, ein Einakter mit nur einer Figur, ist häufig aufgeführt worden. Auf dem Festival d'Automne des Jahres 1981 hat Beckett es selbst inszeniert; gespielt wurde es dort von Richard Cluchey, dem zum Tode verurteilten und begnadigten amerikanischen Gefangenen, der voller Erschütterung einer Aufführung von *Warten auf Godot* beigewohnt hatte, der auf Becketts Intervention hin freigelassen und dann zur treibenden Kraft des San Quentin Workshop wurde.

15. Akt ohne Worte 2

Acte sans paroles II. Pantomime, entstanden 1959, Erstaufführung 1964.

Eine weitere Pantomime, die 1959 entstand und am 2. Juli 1964 im Aldwych Theatre in London erstmals aufgeführt wurde. Auf der ansonsten leeren Bühne liegen nebeneinander zwei große Jutesäcke. Aus der Kulisse erscheint ein riesiger Stachel, der in einen der beiden Säcke hineinsticht. Der Sack öffnet sich, und ein kleiner, nervös und unruhig wirkender Mann kriecht heraus, kniet nieder, betet, zieht zerlumpte Kleider an, nimmt eine Tablette und ißt eine Mohrrübe. Er lädt die beiden Säcke auf seinen Rücken, macht ein paar Schritte damit, setzt sie wieder ab, kriecht in seinen Sack hinein und bleibt regungslos liegen. Dasselbe wiederholt sich nun mit dem zweiten Sack, aus dem ein jovialer Bursche kriecht, der sich als Luxus-Clochard ankleidet und ansonsten dasselbe tut wie der erste. Der Vorhang fällt genau in dem Augenblick, als dieses Spiel ein drittes Mal beginnt. Der Sack als Mutterschoß, der Kleine und der Große, der Arme und der Reiche, der Traurige und der Fröhliche: die Chaplinsche Version der *conditio humana*. Paul Joyce hat diesen kleinen Apolog zu einem wunderschönen Kurzfilm von siebzehn Minuten Länge verarbeitet; er spielt auf einer riesigen Müllkippe, auf der Züge, Lastwagen und Kräne unablässig und mit einem Höllenlärm Müll ab- und aufladen, während die beiden Burschen in ihren Säcken, einander abwechselnd auf dem Rücken tragend, Meter um Meter, Tag für Tag, den langen Weg des Menschen zurücklegen und dabei über die Müllhalden steigen, als wären es die Gebirge der Bibel.

16. Aschenglut

Embers. Hörspiel, entstanden 1959, Erstsendung 1959.

Für den englischen Titel hat Beckett *Embers* (Glut) statt *Ashes* (Asche) gewählt. Als er sich bei der (gemeinsam mit Robert Pinget unternommenen) französischen Übersetzung für *Cendres* (Asche) entschied, ging es ihm ohne Zweifel darum, die langsame Auslöschung des erinnerungsbeladenen Gefühlslebens seiner Figur hervorzuheben. Das Hörspiel wurde von der BBC gesendet, es erhielt einen Prix Italia. In Frankreich ist es nie ausgestrahlt worden.

Ein alter Mann namens Henry sitzt am Strand und läßt, umgeben von den Geräuschen, die das Meer und der Kies des Strandes erzeugen, noch einmal Erinnerungen aus seinem Leben an sich vorüberziehen. Das Meer erinnert ihn zunächst an seinen Vater und an die Wanderungen, die er als Kind mit ihm unternommen hat. Und seinen Vater, der seit langem tot ist, hat er aus der Stille gerufen, nachdem er versucht hatte, den Geräuschen des Meeres auf Reisen zu entfliehen, auf denen sie ihn verfolgten ... Doch nicht nur seinen Vater, sondern auch seine Frau Ada und seine Tochter Addie, die Klavier spielte und gerne ritt. Der Vater antwortet nicht mehr, doch es gelingt ihm, Ada und Addie zu einem Gespräch zu bewegen. Aber all das ist ihm immer weniger gegenwärtig. Und er vermag kaum noch auf eine dieser Geschichten zurückzukommen, die er sich gerne erzählt hat, um an etwas anderes zu denken, etwa die Geschichte vom alten Bolton und seinem Kumpel Holloway, weil sie immer weniger Wirkung zeigen.

17. Wie es ist

Comment c'est.[7] Roman, entstanden 1959/1960, erstmals veröffentlicht 1961.

Wie es ist ist 1959-1960 entstanden, unmittelbar vor der ersten englischen Fassung von *Glückliche Tage*. Die beiden Werke haben vieles gemeinsam, angefangen bei dem Gegensatz zwischen dem »Freudengesang« der Hauptfigur und dem Schrekken ihrer Lage. Die namenlose Figur in *Wie es ist*, die im Schlamm ihres unterirdischen Aufenthaltsortes umherkriecht, und Winnie, die bis zur Brust in der Erde steckt, stehen einander im Grade ihrer Verlassenheit kaum nach; niemals wird die Beckettsche Figur diese Grenze überschreiten, wird sie weiter gehen oder noch tiefer sinken. Mit mehreren Unterbrechungen hat dieses Werk seinen Autor achtzehn Monate Arbeit gekostet. Er beendete die Arbeit Ende August 1960, ohne selbst recht zu wissen, ob sie damit abgeschlossen war oder ob er sie lediglich abgebrochen hatte. Während des Schreibens hatte Beckett das Gefühl, daß sein Werk eine falsche Richtung nahm, ohne daß er etwas daran zu ändern vermochte. Weil er befürchtete, es könne in ähnlicher Weise zerfallen wie jener andere Text, den er »aus einem aufgegebenen Werk« bewahrt hat, veröffentlichte er Teile daraus auf englisch in Zeitschriften, eines davon unter dem Titel »Übersetzung eines in französischer Sprache in Entstehung begriffenen Werkes«. Dieser Bezug auf den ursprünglichen Titel des letzten Joyceschen Werkes ist nicht ohne Bedeutung.

Jérôme Lindon wollte das Buch so bald wie möglich herausbringen; Beckett überließ ihm das Manuskript nur widerwillig. »Ich hoffe, es gelingt Ihnen, fünfzig Exemplare zu verkaufen« (nach Deirdre Bair). Jérôme Lindon gesteht, denselben Schock empfunden zu haben wie bei der Lektüre von *Molloy*. Der Druck brachte einige Probleme mit sich. Da die Druckerei zunächst typographische Anomalien vorschob und dann den pseudo-pornographischen Charakter des Buches, verzögerte sich die Auslieferung bis Januar 1961. Zu dieser Zeit schrieb Beckett bereits in seiner neuen Wohnung am Boulevard Saint-Jacques an der englischen Fassung von *Glückliche Tage*. Die Lektüre des neuen Werks, das mangels anderer Möglichkeiten als Roman bezeichnet wird, verwirrte selbst professionelle Leser. Noch heute gilt es als einer seiner rätselhaftesten Romane, der sich an der Grenze der Lesbarkeit bewegt. In jedem Falle verlangt die Lektüre ein außergewöhnliches Maß an Aufmerksamkeit. Nur wenn man den Text laut liest, kommt einer seiner großen Vorzüge zur Geltung, der auf die gesprochene Sprache angewiesen ist. In mancherlei Hinsicht ist *Wie es ist* mehr als ein Roman, er ist ein Prosagedicht, das zum Außergewöhnlichsten in der französischen Poesie gehört.

Ursprünglich wollte Beckett den Text in einem Zuge, ohne jeglichen Absatz, ohne Punkte und große Anfangsbuchstaben setzen lassen. Später gliederte er den Text in drei große Teile, wobei jeder dieser Teile sich gleichfalls in Abschnitte unterschiedlicher, aber begrenzter Länge untergliedert, die weder Interpunktion noch Großschreibung aufweisen und voneinander durch Leerzeilen getrennt sind; diese Leerzeilen entsprechen den Pausen, die bei schwerem Atmen auftreten, zumal der Text ausdrücklich sagt, daß die Stimme erst dann sprechen könne, wenn die Person gerade nicht einatmet. Das Buch schleppt sich im Takt des keuchenden Atems jenes Wesens voran, das da mit Mühe auf dem Bauch durch den Dreck kriecht. »schiebe ziehe das Bein entspannt sich der Arm krümmt sich all diese Gelenke funktionieren der Kopf erreicht die Höhe der Hand auf den Bauch Rast« Die typographischen Anomalien, die abgebrochenen Sätze, das sinnlose Gerede und die Wiederholungen haben zu der – gewiß falschen – Annahme verleitet, Beckett habe hier das Buch vom Zerfall der Sprache geschrieben.

Ein rätselhaftes Buch ist es allerdings. Selbst berufsmäßigen Lesern passiert es, daß sie mit ihrem Latein am Ende sind, wie aus den Divergenzen zu ersehen ist, die schon bei der ereignisorientierten Lektüre, bei der Entschlüsselung der Abfolgen, Identitäten und Begebenheiten auftreten. In diesem Buch ist das Wesentliche stets anderswo, und es geschieht nichts ... außer Worten.

Schon in der ersten Zeile kündigt die Person an, daß dieses Buch aus drei Teilen besteht; sie stellt es als eine Strafarbeit hin, die sie möglichst rasch hinter sich bringen will, damit sie endlich ein Recht auf Stille, auf Frieden und Tod habe. Die monologisierende Erzählung ist im Präsens gehalten, mit einigen kurzen und vergeblichen Versuchen, in die Vergangenheitsform zu wechseln. Die drei Etappen dieser Reise des Larven-Menschen durch Schmutz und Nacht, die weder Anfang noch Ende hat, umreißen die drei Teile dieses Buches, das mit einem Roman nur den Namen gemein hat, der letzte lange »Roman« von Samuel Beckett: »vor Pim mit Pim nach Pim«. Vor Pim erkundet die Larve ihre eigene Einsamkeit. Unendlich langsam kommt er voran, achtunddreißig Meter im Jahr, und das auf einem Zickzackkurs. Er kriecht schweigend dahin, hat alles vergessen, weiß nicht, woher er kommt, noch wohin er geht. Doch selbst in diesem Zustand »denkt« er. Die Phantasie ist nicht tot. Bruchstückhafte Szenen in seinem Kopf, wie aus einer anderen Welt, Erinnerungen oder Erfindungen, in denen manche von Becketts Freunden und Verwandten Bruchstücke von Becketts eigenen Erinnerungen wiederzuerkennen glauben: seine Mutter auf einer Veranda, sein Vater und sein Großvater, seine Frau beim Nähen. Er schleppt einen Kohlensack aus Jute mit sich herum, aus dem er regelmäßig eine der Dosen mit Thunfisch oder Sardinen nimmt, von denen er sich ernährt. Das bringt ihn auf den Gedanken, daß er vielleicht nicht der einzige Kriecher in diesem Dunkel ist, daß da der Blick eines anderen auf ihm ruhen und daß es einen anderen geben könnte, der sein Tun und seine Gebärden aufschriebe. Eines Tages graben sich seine Nägel nicht wie üblich in den Schlamm, sondern in den aufgerichteten Hintern einer anderen Larve, die ihm hier in die Fänge geraten ist, und das ist Pim. Damit beginnt nun, was er selbst eine »auf ihre Weise glückliche Zeit« nennt. Er versucht, mit Pim in Kommunikation zu treten, der nicht einmal mehr die Thunfischkonserven in seinem Sack benötigt, weil ihm der Schlamm genügt. Dieser Kommunikationsversuch verwandelt sich in ein Unternehmen von sadistischer Grausamkeit, in das Verhältnis zwischen Schinder und Opfer. Er bohrt seinen Büchsenöffner in Pims Hinterbacken, daß Pim aufschreit; darauf gibt er ihm einen kräftigen Faustschlag auf den Kopf, bis sein Opfer nicht mehr schreit, sondern zu singen anfängt. So entsteht ein Pseudo-Paar, das man als Ausdruck eines homosexuellen Sadismus interpretiert hat, sogar als infantile Regression auf die anale Phase. Gegen Ende des zweiten Teils wird ein gewisser Bom erwähnt, der den Erzähler bei den Schultern packt, wie der sein Opfer Pim gepackt hatte, und uns wird klar, daß der Erzähler inzwischen allein weitergekrochen ist, nachdem er Pim seines Sackes mit Konserven und seiner Erinnerungen/Erfindungen beraubt hat. Zu Beginn der Erzählung war der Erzähler also ein Schinder auf der Suche nach einem Opfer gewesen, und am Ende ist er selbst zum Opfer geworden, zu Boms Opfer. Nach Pim erreicht die Verlassenheit ihren Gipfel. Statt nun minutiös das Verhältnis des neuen Paars zu beschreiben, verleiht der Erzähler dem Paar Schinder-Opfer eine kosmische Dimension. Er macht es zum Bild für die *conditio humana.* Er entdeckt Billionen von Paaren, die einander quälen, ohne jemals zu wirklicher Kommunikation zu gelangen. Er versucht gar in seinem Delirium, die Wahrscheinlichkeit eines Zusammentreffens und einer Wiederkehr derselben Konstellation in diesem endlosen Zug kriechender Larven zu berechnen. Der anonyme Erzähler in *Wie es ist* ist der Meister unter den Bekettschen Kriechern. Die Situation selbst, das zentrale Bild, ist ein Alptraum, ein Phantasma, ein Wahngebilde, das geradewegs dem »Lappen der Monstren« entsprungen ist, von dem Henri Michaux spricht. Es auf zweihundertdreißig Seiten auszubreiten mag als Unding erscheinen, als Voreingenommenheit, als eine jener willkürlichen Ausgangspunkte, die jegliche Kunst im Keim ersticken. Bei jedem anderen wäre solche Willkür tödlich. Doch Becketts konkretes, körperliches, poetisches Schreiben rettet alles, ganz wie bei Michaux und wie bei Artaud, zwei Schriftstellern, bei denen das Schreiben im Schrecken des Lebens keimt und wächst und jede Wurzel Gedanken assoziiert, die bis in die letzten Zweige aufsteigen.

18. Glückliche Tage

Happy Days. Theaterstück, entstanden 1960-1961, Erstaufführung 1963.

Die Bühne zeigt eine weite, steppenähnliche, in grelles Licht getauchte Ebene, in deren Mitte sich ein Hügel erhebt; darauf, bis zu den Hüften eingegraben, der Rumpf einer Frau, Winnie. Das Klingeln eines Weckers reißt sie brutal aus dem Schlaf, sie schaut zum Zenit empor und begrüßt den »himmlischen Tag«; dann holt sie aus einem Sack, der neben ihr liegt, die nötigen Utensilien und beginnt, sich sorgfältig die Zähne zu putzen. Während des ganzen ersten Aktes geht sie so ihren unwichtigen Beschäftigungen nach, spielt die Kokette und scheint sich in ihrem Erdhaufen geradeso wohl zu fühlen wie in einem Badezimmer. Sie frisiert sich, schminkt ihre Lippen, feilt sich die Fingernägel, untersucht den Inhalt ihres Sackes und trinkt den Rest ihres Stärkungsmittels. Sie schwatzt mit ihrem Mann Willie, der hinter dem Hügel verborgen bleibt und den man von Zeit zu Zeit sich bewegen, murmeln oder aufstoßen hört. Dann und wann, zwischen zwei Rülpsern, antwortet Willie ihr einsilbig, liest laut ein Stück aus der Zeitung vor, reicht ihr eine schlüpfrige Postkarte und läßt seinen Kopf mit dem Strohhut darauf über dem Hügel erscheinen. Mit ihrem Geplapper füllt Winnie die Zeit dieses endlosen Tages. Sie öffnet ihren Sonnenschirm, und der fängt Feuer, ohne daß sie darüber sonderlich erstaunt wäre. Sie holt einen Revolver aus ihrem Sack, eine Spieldose, lauter Kleinigkeiten und ebenso viele Vorwände zu nichtssagenden Reflexionen, die ihre Exaltation steigern; doch auch wenn Winnie sich in solchen Ekstasen gefällt, beschleicht sie dennoch gelegentlich Angst. So erinnert sie sich zweier Spaziergänger, eines Ehepaars namens Cooper, »die letzten menschlichen Wesen – die sich hierher verirrten«. Verblüfft vom Anblick der lebendig Begrabenen, fragt der Mann sich unablässig: Was hat das für einen Sinn, was soll das bedeuten, und ob sie wohl was drunter hat... Der erste Tag endet, wie er begonnen hat, mit einem Gebet: Heilig Licht... Eine Höllenglut.

Im zweiten Akt hat die Kulisse nicht gewechselt, aber Winnie ist nun bis zum Hals eingegraben. Sie kann ihre Arme nicht mehr gebrauchen. Nur die Augen bewegen sich noch in ihrem unbeweglich nach vorn gewandten Gesicht. Sie kann nicht mehr mit ihren Besitztümern spielen, um sich die Zeit zu vertreiben. Nur die Worte sind ihr noch geblieben, aber auch sie lassen sie am Ende im Stich. Gewiß, sie betet nicht mehr, aber sie kann noch reden, sich Geschichten erzählen, sich noch einmal an das Besucherpaar erinnern. Willie antwortet nicht mehr; er bleibt unsichtbar und schweigt, liegt anscheinend schon im Koma. Doch wenige Sekunden vor dem Ende geschieht, was sie schon nicht mehr zu hoffen wagte: In Frack und Zylinder, wie bei ihrer Hochzeit, erscheint Willie hinter dem Hügel, kriecht auf allen vieren zu Winnie, streckt eine Hand nach ihr aus, artikuliert die erste Silbe ihres Namens und erstarrt in dieser Position. Wollte er sie berühren, oder sich des Revolvers bemächtigen, und in welcher Absicht? Auf der Bühne wird es langsam dunkel, während Winnie nach der Melodie ihrer Spieldose den Walzer aus der *Lustigen Witwe* singt: »Lippen schweigen, 's flüstern Geigen...« Das Stück wurde zunächst, unter dem Titel *Happy Days*, in englischer Sprache geschrieben und aufgeführt, bevor es in der französischen Fassung auf die Bühne kam; deren Titel ist einem berühmten Gedicht von Verlaine, *Colloque sentimental* (*Wehmütiges Zwiegespräch*) entnommen: »Ah! les beaux jours de bonheur indicible« ⟨Oh, die glücklichen Tage unsagbaren Glücks⟩. Der Grund für Becketts Rückkehr zu seiner Muttersprache, der schon mit *Das letzte Band* und *Aschenglut* begonnen hatte, liegt möglicherweise (das jedenfalls vermutet Deirdre Bair) in den kritischen Anspielungen auf Irland und die Rolle Englands und der katholischen Kirche, deren es im ursprünglichen Manuskript sehr viele gibt, während in der endgültigen Fassung kaum etwas davon geblieben ist. Es scheint sogar sicher, daß Beckett zuerst an eine männliche Rolle gedacht hatte, bevor er seine erste große Frauenrolle schuf, die größte und einzig große in seinem ganzen Bühnenwerk.[9]

Beckett hat fast zur selben Zeit einen Roman in französischer Sprache, *Wie es ist*, und ein Theaterstück in englischer Sprache, *Glückliche Tage*, geschrieben. Das Stück wurde fast zur selben Zeit in New York, London und Berlin inszeniert. Nach schwierigen Anfängen wurde es in allen drei Metropolen ein schöner

Erfolg, der freilich weit hinter dem Triumph zurückblieb, den *Glückliche Tage* in Paris erlebte. Erst im Dezember 1962 schloß der Autor, der sechs Jahre nach *Endspiel* auf einen großen Coup bedacht war, seine französische Fassung ab. Sogleich übersandte er Roger Blin ein Exemplar mit der Bemerkung: »Hier ist es, wenn Du es willst, aber Du mußt es wirklich wollen.« Das Einvernehmen zwischen den beiden Männern war nicht mehr so vollkommen wie zu Zeiten von *Warten auf Godot*. In seinen Regieanweisungen sagt Beckett über Winnie: »Sie ist um die Fünfzig, gut erhalten, wenn möglich blond, fett...« Da Blin befürchtete, das Spiel könne, wenn er sich allzu eng an diese Anweisungen hielte, am Ende nur noch komisch ausfallen, statt diese Mischung aus Komik und Tragik zu bieten, die Beckett offensichtlich im Sinne hatte, dachte er für die Rolle der Winnie sogleich an Madeleine Renaud: »Wenn sie auch nicht dem physischen Typ entsprach, so war sie doch in der Lage, die gesamte Persönlichkeit der Winnie dank einer Stimme zum Ausdruck zu bringen, die das Beste aus dem Text herausholt, und das ist bei diesem Stück noch wichtiger als das eigentliche Spiel. Die beiden wesentlichen Elemente dieses Stücks sind Winnies Stimme und die Musik; sie erzeugen die dramatische Wirkung. Wenn sie stimmen, dann stimmt auch das Spiel, und alles andere ebenfalls.« Beckett schloß sich Blins Auffassung an, freilich nicht ohne Vorbehalte: »Wenn man über die beste Stimme des französischen Theaters verfügt, klammert man sich nicht so sehr an andere, weniger wichtige Qualitäten« (zitiert nach Deirdre Bair). Die ersten Vorstellungen fanden auf der Biennale in Venedig 1963 und dann im Oktober im Saal des Odéon-Théâtre de France statt, das man in ein Theater mit sechshundert Plätzen umgebaut hatte (nur das vordere Parkett und die unterste Loge, während die übrigen Etagen durch ein Zeltdach verdeckt waren). Jean-Louis Barrault spielte die Rolle des Ehemanns Willie. Der Maler Matias hatte ein Bühnenbild gemalt, dessen Prospekt einen Himmel in kräftigem Orange zeigte und damit den Akzent eher auf die Hitze als auf die Hochstimmung eines blauen Himmels legen sollte, wie in New York geschehen. Winnie war in Rosa gekleidet. Das Stück fand unerhörten Anklang. Madeleine Renaud war hinreißend, und sie ist es zwanzig Jahre danach immer noch. Das Zusammentreffen einer solchen Schau-

spielerin und eines solchen Textes bildet einen der Höhepunkte des modernen Theaters. Niemand in Frankreich und in der ganzen Welt käme auf die Idee, Figur und Interpretin voneinander zu trennen. Madeleine Renaud ist *dieser ausgestellte Körper* und diese *verlorene Stimme*, sie ist diese lebendig Begrabene, die langsam in der Zeit versinkt, ohne ans Ende ihrer Geschichte zu gelangen. Der Abstand zwischen Winnie und ihrem Tod wird unablässig kleiner, ohne jemals gleich Null zu werden. Die Agonie des Menschen dehnt sich bis ans Ende der Zeiten. »Ausgraben, sagt er, ausgraben, sie hat doch so keinen Sinn.« Ein Bewußtsein »an sich denkt sich und genügt sich selbst« in der schrecklichen Hitze des Südens. Alles beginnt mit einem Magnificat. Ecce ancilla Domini! Winnie begrüßt den Tag des Herrn, der sie aus allernächster Nähe bombardiert. »Wieder ein göttlicher Tag.« Beckett entfesselt die Gewalt in der Bewegungslosigkeit, den Tumult in der Stille, er füllt die Leere mit ihrem eigenen Leer-Sein.
Beckett wollte nicht, daß Winnie die Agonie des Menschen in einem endlosen Endspiel durchlebt, in einer einzigen, ununterbrochenen Bewegung hin zum Nichts, in einem einzigen Akt, der zum Tod führt. Er wünschte sich vielmehr zwischen den beiden Akten ein kurzes Zwischenspiel. Im zweiten Akt ist Winnie nur noch ein Kopf, zwei Augen, die sich bewegen, ein Mund, der spricht. Winnie erinnert sich einer Zeit, da ihre Beine noch nicht gefangen waren, da sie ihre Beine noch zu gebrauchen vermochte und sie, wie Willi jetzt, den Schatten aufsuchen oder in die Sonne gehen konnte – und sei es auch nur kriechend. Man muß auf diesen »Fluch, die Bewegung«, verzichten, die das Leben definiert. Danach gibt es nur noch Worte, und auch die werden eines Tages ausgehen. Und danach: Reglosigkeit und Stille. Die Stille des Verstandes. Der Tumult des Denkens. Den Kopf voll von Schreien. Die harte Arbeit des letzten Menschen. Reden und handeln, wenn es nichts mehr zu sagen und nichts mehr zu tun gibt. Wenn nichts mehr zu tun ist, gibt es immer noch etwas zu sagen. Wenn es nichts mehr zu sagen gibt, wird es immer noch etwas zu denken geben, aber was? Und wenn die Worte dazu da wären, uns vor dem Denken zu schützen, vor dem Denken des Todes, vor dem Tod des Denkens? Für Winnie, die bis zur Brust in der Erde

steckt, die jetzt gar nur noch mit dem Kopf herausschaut, die dazu verdammt ist, ihre Augen anzustrengen, um die eigene Nasenspitze zu sehen, den Schatten ihrer Lippen, die herausgestreckte Zunge, eine Spur von ihren Augenbrauen, ihren Bakken vielleicht, wenn sie sie aufbläst, »nein, nein, nichts«, ja, für Winnie ist es aus. Es ist aus, aber unerträglich. »Nein, irgend etwas muß sich bewegen, in der Welt, ich kann es nicht mehr.« Doch vor ihr liegt nur noch der Nullpunkt des Raumes, der ferne Flucht- und Schnittpunkt eines gänzlich leeren, selbst von Wolken freien Himmels und einer nackten Ebene, die das Publikum widerspiegelt. Nichts als der Schrecken, den Zusammenbruch der Vernunft zu überleben.

19. Worte und Musik

Words and Music. Hörspiel, entstanden 1962, Erstsendung 1962.

Beckett hat dieses Hörspiel Anfang 1962 für die BBC und seinen Vetter, den Komponisten John Beckett, geschrieben. Die Musik ist hier stärker in den Text integriert als in *Cascando*, aber das Stück ist auch abstrakter. Krak ist der Herr (»Mein Herr.«). Als »Öffner« dirigiert er die beiden anderen Personen, Worte (auch Joe genannt) und Musik (Bob genannt). Jeden Abend zwingt Krak Worte und Musik, Themen zu behandeln, von denen er sich eine Beruhigung erhofft. An diesem Abend sind dies »Liebe«, »Alter« und »Gesicht«. Worte verspricht sich und verwechselt »Liebe« mit »Trägheit«. Am Ende geht Krak enttäuscht und mit einem tiefen Seufzer davon, nachdem Worte und Musik, Joe und Bob, gemeinsam ein miserables Lied über das Alter zustande gebracht und stammelnd das Gesicht einer gewissen Lily beschrieben haben. Das Hörspiel wurde im Herbst 1962 von der BBC gesendet.

20. Cascando

Cascando. Hörspiel, französisch, entstanden 1963, Erstsendung 1963.

Dieses Hörspiel für Musik und Stimmen schrieb Beckett für Marcel Mihalovici, der bereits *Das letzte Band* vertont hatte. Die englische Übersetzung erschien erstmals in der *Evergreen Review* (Nov.-Dez. 1962), die französische Originalfassung in *Comédie et actes divers*. Das Stück wurde im Oktober 1963 von France-Culture gesendet. Die Personen sind »Stimme«, »Musik« und »Öffner«, wobei dem »Öffner« die Aufgabe zufällt, die Klangquellen zu öffnen und zu schließen, aus denen »Stimme« und »Musik« hervorkommen. Die »Stimme« erzählt (oder versucht es zumindest) die Geschichte von Mißler, einem Beckettschen Wanderer, der zu seiner Hütte am Meer und von dort zu einer Insel zu gelangen versucht und der, während er schleppend vorankommt, immer wieder hinfällt. Die »Stimme« sucht, tastet, kehrt um, wird müde, hält erschöpft inne, noch bevor der »Öffner« zufrieden wäre, nur das würde es ihr gestatten, für immer zu verstummen. Statt dessen beginnt er immer wieder von vorn. Wenn die »Stimme« nachläßt oder der »Öffner« müde wird, setzt die »Musik« ein. Der »Öffner« gibt zu verstehen, daß all dies vielleicht nur in seinem Kopf abläuft. Das jedenfalls behaupten seine Feinde. »Man sagt, Er öffnet nichts, er hat nichts zu öffnen, es ist in seinem Kopf... Ich protestiere nicht mehr, ich sage nicht mehr, Es ist nichts in meinem Kopf.« Roger Blin inszenierte das Hörspiel und sprach den Part des »Öffners«, während Jean Martin den der »Stimme« übernahm. Das italienische Wort *Cascando* verweist auf Mißlers Stürze.

21. Spiel

Play. Theaterstück, entstanden 1963, Erstaufführung 1963.

Ein Mann (M) und zwei Frauen (F1 und F2), die keinen Namen haben, stecken bis zum Hals in großen Urnen, aus denen nur ihre Köpfe hervorschauen; die Gesichter sind so geschminkt,

daß sie sich kaum von der Oberfläche der Urnen unterscheiden. Keine der drei Figuren weiß etwas von den übrigen beiden, und keine weiß, wo sie ist. Jede spricht nur, wenn der Scheinwerfer auf sie gerichtet wird, und verstummt, sobald das Licht verlöscht oder der Lichtkegel zu einem anderen wandert. Dieses Licht muß von einer einzigen Lichtquelle ausgehen, von einem rasch schwenkbaren Scheinwerfer, der vorn an der Rampe steht und die drei Gesichter aus kürzester Entfernung von unten anstrahlt. Er streift über dieses Stimmennest wie ein hastiger Strahl, der jedesmal für ein paar Sekunden einen Redefluß auslöst. Die Figuren sprechen mit monotoner Stimme. Das Stück erzählt die Geschichte eines Ehebruchs, deren Protagonisten der Mann und die beiden Frauen sind. Aber man erkennt sie kaum, diese Geschichte, denn Beckett hat sehr viel Zeit und Einfallsreichtum auf das Schreiben dieses Stückes verwandt. Er hat jede der Rollen getrennt geschrieben und sie dann untereinander gemischt, wobei er auf eine möglichst sinnvolle Verteilung der Repliken achtete. Die Geschichte wird zweimal durchgespielt. Es ist Minimal-Theater, einer der radikalsten Versuche, das Theater auf ein bloßes Spiel von Stimmen zu reduzieren und die Gegenwart des Schauspielers nahezu vollkommen vergessen zu machen. Das Thema, der Inhalt der Dialoge, ist, wie in *He, Joe*, *Kommen und Gehen* und *Nicht ich*, von niederschmetternder Banalität. Der Mann verteidigt sich, so gut er kann; die Ehefrau zetert, und die Geliebte gibt sich affektiert. Ohne Zweifel sind die Figuren bereits tot, ihre Stimmen steigen aus der Vergangenheit empor, aber sie sind immer noch dabei, diese Vergangenheit wiederzukäuen. Für Jean-Jacques Mayoux handelt es sich um reines expressionistisches Theater; für ihn ist *Spiel* eine »Gespenstersonate«.
Die Welturaufführung fand am 14. Juni 1963 am Ulmer Theater statt; die Regie führte Deryk Mendel. Die englische Fassung brachte die National Theatre Company am 7. April 1964 in einer Inszenierung von John Devine mit Billie Whitelaw heraus. In Frankreich hatte das Stück im Juni 1964 im Pavillon de Marsan Premiere, mit Delphine Seyrig, Michael Lonsdale und Eleonore Hirt; die Regie führte Jean-Marie Serreau unter Aufsicht des Autors. 1966 drehte Marin Karmitz nach dieser Inszenierung einen bemerkenswerten Film.

22. Film

Film. Entstanden 1963/1964, Erstaufführung 1965.

Es handelt sich um das Drehbuch zu einem Film von 22 Minuten Länge, das Beckett 1963 geschrieben hat; gedreht wurde der Film im Sommer 1964 in New York, die Regie führte der amerikanische Regisseur Alan Schneider, der bereits *Warten auf Godot* inszeniert hatte. Im August 1965 wurde er auf den Filmfestspielen in Venedig gezeigt, wo er den Preis der Jungen Kritik erhielt. Publiziert wurde die englische Fassung des Drehbuchs erstmals in *Eh! Joe and Other Writings* (London: Faber & Faber, 1967), dann 1969 in einer erweiterten und illustrierten Fassung in New York (Grove Press). Die französische Fassung erschien in *Comédie et actes divers* (Editions de Minuit, 1972). Samuel Beckett hat sich für die Realisierung dieses Films so sehr engagiert, daß er sich sogar entschloß, bei dieser Gelegenheit zum ersten Mal nach New York zu fliegen. Er hatte bei der einzigen Rolle des O (Auge-Objekt) an Charlie Chaplin gedacht. Buster Keaton (der es abgelehnt hatte, den Lucky zu spielen, weil er das Stück nicht verstand), übernahm die Rolle dann. In der Einleitung zu seinem Drehbuch zitiert Beckett den berühmten Satz *Esse est percipi*, der die Grundlage des absoluten Idealismus und Solipsismus George Berkeleys darstellt. Dazu gibt er folgenden Kommentar, dessen Grundakkord in all seinen Werken mitschwingt: »Wenn alle Wahrnehmung anderer – tierische, menschliche und göttliche – aufgehoben ist, behält einen die Selbstwahrnehmung im Sein. Die Suche nach dem Nicht-Sein durch Flucht vor der Wahrnehmung anderer scheitert an der Unausbleiblichkeit der Selbstwahrnehmung.« Beckett möchte einen alten Mann, Buster Keaton, zeigen, der vor jeglichem Blick, vor jeglicher Wahrnehmung durch andere flieht, um zum Nicht-Sein zu gelangen. Das Objekt, O (Buster Keaton), flieht, und A (das Auge, die Kamera) verfolgt es. Der Film spielt an drei Orten: auf einer Straße mit einer düsteren Ziegelmauer, an der entlang O flieht; auf der Treppe eines Wohnhauses, auf der O eine alte Blumenverkäuferin umstößt; und in dem Zimmer, in das O sich flüchtet und wo ihn A einholt und schließlich einfängt. A ist die Kamera, der hier dieselbe Funktion zufällt wie der Kamera in *He, Joe* und dem Scheinwerfer in *Spiel.* Dieses Kameraauge ist kein beliebiges Auge, sondern das eigene, das auf mir selbst ruht. Man sieht O immer nur von hinten und aus einem Winkel, der 45 Grad nicht übersteigt. Jenseits dessen fühlt O sich erkannt, wie es zweimal geschieht: auf der Straße und auf der Treppe. An dem dritten Ort, im Zimmer, hat O das Gefühl, daß sich um ihn her alles in Augen verwandelt, die ihn mit ihren Blicken bedrohen: der Hund, die Katze, der Papagei, der Goldfisch in seinem Glas, ein an die Wand geheftetes Bild von Gottvater, der Spiegel, das Fenster und selbst noch die Kopfstütze des Schaukelstuhls, die mit zwei Okuli durchbrochen ist. O befördert die einen hinaus, deckt die anderen mit einem Mantel zu, verhängt den Spiegel, zieht die Vorhänge zu und zerreißt das Bild. Schließlich schläft er ein, schreckt aber bald wieder auf. Jetzt sehen wir ihn zum ersten Mal von vorn (eine Augenklappe verdeckt sein linkes Auge), von seinem Doppelgänger aus gesehen, in seinem eigenen Blick, aber mit einem anderen Ausdruck. Nach Beckett bestand die Hauptschwierigkeit des Films darin, die Zweiteilung des Protagonisten deutlich zu machen, die Zweiteilung in den »flüchtenden O und das verfolgende A«, der zwei verschiedene Sichtweisen entsprechen mußten. »Wir sehen O im Zimmer dank A's Wahrnehmung, und das Zimmer selbst dank O's Wahrnehmung.« Diese beiden Bildfolgen sollten sich durch ihre Schärfe voneinander unterscheiden. A's Sicht ist von gnadenloser Schärfe, während O's Sicht etwas Unscharfes und Verwirrtes an sich hat. Mit *Film* rückt Beckett das Thema des Blickes und der Wahrnehmung tatsächlich ins Zentrum seines schöpferischen Tuns und stellt damit das Grundprinzip einer Gesellschaft des Spektakels in Frage, in der jeder nur in dem Maße existiert, wie er vom Auge der Medien, die immer mehr das Auge des anderen verdrängt haben, wahrgenommen wird.

23. Kommen und Gehen

Come and Go. Kurzes Spiel, entstanden 1965, Erstaufführung 1965.

Das Stück wurde 1965 in englischer Sprache geschrieben und im selben Jahr in Berlin uraufgeführt. Die französische Fassung kam im Februar 1966 am Théâtre du Petit-Odéon heraus, in der Inszenierung von Jean-Marie Serreau und im Rahmen einer gemeinsamen Beckett-Pinget-Ionesco-Aufführung.
Drei Frauen, die einander »abgesehen von den Farbunterschieden« so ähnlich wie möglich sein sollen, Lo, Mei und Su, sitzen nebeneinander auf einer unsichtbaren Bank. In regelmäßigen Abständen verschwindet eine von ihnen im Dunkel, und die beiden anderen reden über sie, »so leise, wie es mit der Hörbarkeit zu vereinbaren ist«. Dreimal im Verlaufe des Stückes flüstert auf diese Weise eine der Frauen ihrer Nachbarin etwas über die dritte ins Ohr. Man hört Ausrufe wie: Gott bewahre! Gott behüte! Gott möge es ihr ersparen! Sobald die drei Frauen wieder beisammen sind, sprechen sie über gemeinsame Erinnerungen aus der Schulzeit und über ihre Jungmädchenträume. Zum Schluß bleiben sie schweigend sitzen und halten einander, die Arme über Kreuz, bei den Händen. Das Gespräch ist durch Pausen und Wiederholungen gekennzeichnet. *Kommen und Gehen* gilt als Becketts kürzestes Stück; es dauert nur wenige Minuten. In ihrer Reglosigkeit, ihrem Schweigen und den kaum zu erkennenden Gesichtern erinnern die drei Damen an die Parzen und den Tod, in ihrer gemeinsamen Geste am Schluß an die drei Grazien und Amor, doch wenn sie in ihr Plappern vertieft sind, lassen ihre Hütchen und ihr Getue eher an die »Damen mit den grünen Hüten« denken. So entfaltet sich dieses Spiel über Liebe und Tod vor dem Hintergrund von Bedeutungslosigkeit und gelindem Spott. Es sind ewige Gestalten der Zeit, verflossene Baudelairesche Jahre, ausgestellt auf Manets Balkon und nachgearbeitet von Magritte. Ektoplasmen, durch die hindurch man den Sarg ahnt, den sie bewohnen. In der außergewöhnlichen, von Lee Breuer inszenierten Aufführung der Mabou Mines (auf dem Festival d'Automne 1981) tauchten vor den Augen des erstarrten Publikums drei unwirkliche

Zwerge aus dem Dunkel auf. Die wirkliche Bühne, die wirklichen Schauspieler und das wirkliche Spiel waren hinter dem Publikum; zu sehen war nur das Spiegelbild in einem großen Zerrspiegel. Ein schwarzer Schlund, vor dem das Publikum sich, als das Licht im Saal anging, selbst wiederfand, als sollte es davon verschlungen werden.

24. He, Joe

Eh Joe. Fernsehspiel, englisch, entstanden 1966, Erstsendung 1966.

Das Stück wurde für das Fernsehen geschrieben und 1966 von der BBC erstmals gesendet. Der Autor selbst übersetzte es unter dem Titel *Dis, Joe* ins Französische. Die deutsche Fassung wurde gleichfalls 1966 von der ARD ausgestrahlt. Auf dem Festival d'Automne wurde es im Oktober 1981 mit dem Schauspieler David Warrilow aufgeführt. Ursprünglich hatte Beckett das Stück für den irischen Schauspieler Jack McGowran geschrieben. Er sagt, er habe das Gesicht dieses Schauspielers beim Schreiben vor Augen gehabt. Die Kamera dringt in Joes Zimmer ein und faßt ihn, einen abgehalfterten Don Juan, zunächst von hinten, während er hinter den Vorhängen und unter dem Bett nachschaut, ob sich dort auch niemand versteckt hat, dann von vorn, während er mit geschlossenen Augen auf dem Bett sitzt. Als die Stimme zu sprechen beginnt, öffnet Joe die Augen und schaut. Es ist die Stimme seines Gewissens, doch vermischt mit der Stimme seiner derzeitigen Geliebten. In neun Schritten, denen jeweils ein längerer Stand folgt, fährt die Kamera auf Joes Gesicht zu, das sie in Großaufnahme einfängt, während die Stimme von einer anderen Frau spricht, von einem Mädchen, das Joe verlassen hat und das den Tod der Liebe nicht überlebt, sondern Selbstmord begangen hat. Der pathetischen Realität dieser wahren und kindlichen Liebe stellt die Stimme die Mittelmäßigkeit ihrer eigenen, rein sexuellen Liebe gegenüber. Als die Stimme zu sprechen beginnt, erscheint Joes Gesicht in Großaufnahme auf dem Bildschirm. Bei jeder Kamerafahrt kommt es näher und wird größer. Für die deutsche Produktion schlug der Kameramann Jim Lewis Beckett vor, Joes Kopf links ins Bild zu setzen und ihn nach links blicken zu lassen, als hätte er eine Wand vor sich; dadurch sollte der Eindruck verstärkt werden, daß die Stimme aus Joe selbst spricht und daß Joe in dieser »Drei-Groschenhölle« gefangen ist, als die er seinen Kopf bezeichnet.

25. Residua

Têtes mortes. Sammlung von vier kurzen Prosawerken: *From an Abandoned Work (Aus einem aufgegebenen Werk)*, entstanden 1957, erstmals veröffentlicht 1958, *Assez (Schluß jetzt)*, entstanden 1966, erstmals veröffentlicht 1967, *Imagination morte imaginez (Ausgeträumt träumen)*, entstanden 1965, erstmals veröffentlicht 1967, und *Bing (Bing)*, französisch, entstanden 1966, erstmals veröffentlicht 1967.

Die kleine, nur siebenundsiebzig Seiten umfassende Sammlung enthält vier Texte, denen Beckett für die Ausgabe von 1972 noch *Sans (Losigkeit)* hinzufügte. Der erste, *Aus einem aufgegebenen Werk*, wurde 1957 in englischer Sprache geschrieben. Ludovic und Agnès Janvier haben ihn mit Unterstützung des Autors ins Französische übersetzt. Eine in der ersten Person gehaltene, recht unverständliche und chaotische Rede handelt wie die *Texte um Nichts* von dem gebrechlichen Gehen und Reden eines alten Mannes, der sich an drei ferne Tage aus seiner Kindheit erinnert.
Der zweite Text, *Schluß jetzt*, ist 1966 entstanden und in französischer Sprache geschrieben. Er beschreibt die lange Irrfahrt, die ein Paar, Hand in Hand, um den Erdball führt. Die Frau spricht von ihrem inzwischen verschwundenen, ungestalten, tief zu Boden gebeugten Gefährten, von dem sie alles gelernt hat. Anläßlich dieses bewundernswerten Textes, in dem eine seltsame Zärtlichkeit herrscht, hat Claude Mauriac einen Bericht von Scarron dem Vergessen entrissen, in dem dieser sich als »das menschliche Elend in Kurzform« beschreibt.
Ausgeträumt träumen, in französischer Sprache geschrieben, stammt aus dem Jahre 1965. Es ist ein wichtiger Text, denn er

darf als der erste gelten, in dem der Tag nach der Apokalypse beschrieben wird. Mitten in einer endlosen Weiße ein gleichfalls weißer, umfriedeter Bereich, ein Kreis, der in zwei Hälften geteilt ist. In jeder liegt ein Körper, regungslos, aber lebendig. Der Text beschreibt minutiös, wie man aus dem weißen Licht und seiner Hitze in das eisige Dunkel gelangt. *Bing*, gleichfalls in Französisch geschrieben, erscheint wie eine Fortsetzung dieses Textes. Er beschreibt minutiös einen ausgestreckten Körper, die Beine »aneinander wie genäht«, der an einem gänzlich weißen Ort liegt. Der Text besteht aus 70 Wortfolgen, in denen 80mal die Farbe Weiß vorkommt.

26. Losigkeit

Sans. Entstanden 1969, erstmals veröffentlicht 1969.

Diesen zehnseitigen Text, den Beckett 1969 in französischer Sprache schrieb, fügte er 1972 der Sammlung *Residua* hinzu. Er war zuvor in der *La Quinzaine littéraire* (Nr. 82, 1.-15. November 1969) erschienen. Der Schreiber, der aus der Ferne zusieht, beschreibt eine weite, kahle Landschaft, in deren Mitte ein einziger Mensch aufrecht bei einigen Trümmern steht. Immer wieder treten wie Leitmotive drei unlösbar miteinander verbundene Themen auf: 1. *die Trümmer*, »wahre Zuflucht, endlich ausweglos verstreut vier Wände lautlos auseinander«; 2. *der Horizont*, »Weiten endlos Erde Himmel ineinander alles lautlos regungslos«; 3. *der kleine Körper*, »graues Gesicht, Züge, Ritze und kleine Löcher zwei blaßblau ... Einsam aufrecht kleiner Körper grau glatt nichts Erhabenes ein paar Löcher«. Der Beobachter-Schreiber versucht, seine Wahrnehmung zu ordnen, indem er diese Ensembles wiederholt: den endlosen Horizont, den kleinen Körper, die Trümmer.

Losigkeit zeigt einige Übereinstimmungen mit *Bing* und *Der Verwaiser*, die in derselben Zeit entstanden sind. In diesen Texten finden sich dieselben kleinen glatten Körper – mit ein paar Ritzen und Löchern, vor allem den blauen Augen –, die zu wenigen in einem runden Raum (*Bing*) oder zu vielen in einem Zylinder (*Der Verwaiser*) eingeschlossen sind. Peter Erhard

sieht in dem kleinen Körper aus *Losigkeit* den letzten Überlebenden aus *Der Verwaiser*, nach der Zerstörung des Zylinders, dessen Wände nun als Trümmer auf dem Boden verstreut sind. Der kleine Körper ist das einzige Objekt (er weiß selbst nicht, ob er lebt), das noch in dieser aschgrauen Wüste dasteht, in dieser Wüste, die dem Beobachter als die »letzte wahre Zuflucht« erscheint, weil sie keinerlei illusorische Hoffnung mehr auf irgendeinen Ausweg läßt. Die Spuren einer kürzlich erfolgten Katastrophe erheben sich mitten in einer unbewegten Landschaft, deren Leere ewig währt.
Man hat das Gefühl, in ein posthumes Universum einzutreten, das an den Tag nach der atomaren Katastrophe gemahnt und zugleich oder eher noch an das katastrophale Ende (Ekpyrosis) einer kosmischen Periode (so sagt es Cioran, der an den Mythos der ewigen Wiederkehr denkt). Apokalypse und Apotheose sind zwei Seiten derselben Medaille.
Für den Titel der englischen Fassung hat Beckett den Neologismus *Lessness* geprägt. Cioran erzählt, er habe zusammen mit Beckett vergeblich nach einem brauchbaren französischen Äquivalent für diese »Mischung aus Verlust und Unendlichkeit« gesucht. Sie beide hatten an *Sinéité* (vom lateinischen sine = sans = ohne) gedacht. Schließlich gelangten sie gemeinsam zu der Auffassung, »daß es kein französisches Substantiv gebe, das die Abwesenheit als solche, die Abwesenheit im Reinzustand« zum Ausdruck brächte. Sagen wir besser, eine *Abwesenheit*, deren Unendlichkeit einer negativen Anwesenheit gleichkäme, einer toten und lebendigen, veränderlichen und statischen Ewigkeit. In diesem Text ist keine andere *Gegenwart* als die der Regungslosigkeit (»Nichts bewegt sich«), keine andere *Vergangenheit* als die negierte (»Seit jeher nur dies Beständige Traum die schwindende Stunde«). Aber die Hoffnung auf eine Zukunft bestätigt sich in mehreren Futura, die mit dem Sommerregen konjugiert werden: »Regnen wird wieder auf ihn wie in der gesegneten Zeit des Blau die schwindende Wolke.« Im übrigen ein nahezu vollständiges Fehlen von Verben. Martin Esslin, der dieses kurze, aber wichtige Werk für den englischen Rundfunk bearbeitet hat, sieht darin »ein Werk, in dem, wie nur selten in der Weltliteratur, *Form* und *Inhalt* vollständig ineinander übergehen«.

27. Bruchstück I

Fragment de théâtre. Entstanden in den sechziger Jahren.

In einem der beiden Bruchstücke aus den sechziger Jahren begegnen zwei in Auflösung begriffene Menschen einander an einer Straßenecke, ein Blinder, der die Geige traktiert, und ein Lahmer, der seinen Rollstuhl mit einer Stange vorwärts bewegt. Die beiden haben nicht immer so gelebt. Irgend etwas muß ihnen passiert sein, ihnen geradeso wie Estragon, aber was? Auch das Gedächtnis hat teil an diesem Drama des Niedergangs. Auch die Erinnerungen zerfallen. Nur Bruchstücke, Trümmer bleiben übrig. Der Blinde erinnert sich lediglich, daß er immer so gewesen ist, »zusammengekauert im Dunkel, eine alte Schnulze fiedelnd, in alle Winde«. Doch bald erinnert sich der Blinde mit der Geige, daß er einmal der Mann mit der Harfe gewesen ist und eine Frau namens Dora hatte, und er wähnt, daß er morgen vielleicht der Mann mit der Harmonika sein wird... Es geschieht also etwas in dieser nahezu statischen Welt. Die Begegnung nimmt ein schlechtes Ende. Der Lahme schlägt den Blinden, der ihm helfen wollte, mit seiner Stange. In eine pascalsche Leere verschlagen, sucht der Blinde tastend nach seiner Geige und seinem Klappstuhl und landet schließlich bei dem Lahmen, dessen Knie er umfängt. Dabei entdeckt er, daß der Lahme nur ein Bein hat. Das andere »begann zu faulen, man hat es abgenommen«. Als der Lahme ihn fragt, warum er unter solchen Umständen nicht aufhört zu leben, antwortet der, ganz in Clovs Manier: »Ich bin nicht unglücklich genug. Das war immer mein Unglück, unglücklich, aber nicht genug.« Der Lahme ist untröstlich, daß er dem letzten Menschen begegnet ist und ihn geschlagen hat: »Wir werden nie mehr die menschliche Stimme hören.« Und die Antwort: »Haben Sie sie nicht genug gehört? Immer wieder das gleiche Stöhnen, von der Wiege bis zur Bahre.« Denn die lebendig Toten vermögen nichts füreinander zu tun; allenfalls sind sie fähig, sich wieder einmal zu dem ewigen Paar des Schinders und des Opfers zusammenzutun. Der Lahme schlägt den Blinden. Der Blinde entreißt dem Lahmen die Stange und macht ihn dadurch hilflos. Zumindest endet das Fragment mit dieser Szene.

28. Bruchstück II

Fragment de théâtre II. Entstanden in den sechziger Jahren.

Erschien 1978 in *Pas* suivi de *Quatres esquisses*. Die Bühne zeigt einen Raum, rechts und links im Vordergrund je ein Tisch mit einer Leselampe und einer Aktentasche voller Papiere. Im Hintergrund ein hohes, weit geöffnetes Fenster, durch das der klare Nachthimmel zu sehen ist; davor steht C, regungslos und stumm, den Rücken zum Publikum gewandt. Zwei Sekretäre, A und B, erscheinen, setzen sich jeder an einen Tisch und fragen sich, weshalb der alte C sie für diese Nachforschungen über sein Leben angestellt hat. »Ein Mann wie er... Männer wie wir.« Sie streiten sich, haben Schwierigkeiten mit ihren Lampen, schwatzen über C's Leben, der anscheinend einmal bedeutend oder reich oder berühmt gewesen ist, ein Citizen Kane oder ein Nobelpreisträger! A geht zum Fenster, entzündet ein Streichholz und betrachtet C's Gesicht. Das Fragment bricht ab, als A ausruft: »Nicht zu glauben!« Beeindruckt von dem, was er entdeckt hat, zieht er ein Taschentuch hervor und nähert es C's Gesicht, als wollte er es abwischen (das Schweißtuch der Veronika, der Schweiß der Agonie) oder zudecken (das Schweißtuch). Vielleicht ist C tot; doch nicht das beeindruckt den jungen Playboy; zweifellos hat er entdeckt, daß der Blick noch lebt, und der Mund ebenfalls, daß der Mensch nicht aufhört zu sterben und der Tod nichts löst... Fast vermögen wir heute erst richtig zu ermessen, welches Genie Beckett in diesen kurzen Stücken entfaltet...

29. Hörspiel-Skizze II

Pochade radiophonique. Entstanden in den sechziger Jahren.

Erschien 1978 in *Pas* suivi de *Quatres esquisses*, dort seinerseits gefolgt von einer noch kürzeren Skizze (*Esquisse radiophonique, Hörspiel-Skizze I*). Der Animator (A) verhört in Begleitung seiner Stenotypistin (S) und mit Unterstützung eines Helfers, der mit einem Ochsenziemer ausgestattet ist, das Opfer

Fox (F). Man nimmt Fox die Binde, den Knebel und die Ohrpfropfen ab, die ihn in der Zeit zwischen zwei Verhören blind, stumm und taub machen. Nach und nach berichtet, rekonstruiert oder erfindet Fox seine Geschichte, die von der Stenotypistin aufgeschrieben wird. Eine Technik der Manipulation und Destruktion des Subjekts. Beckett hat ein ähnliches Thema in *Katastrophe* behandelt, einem kurzen Stück, das im Juli 1982 während der Václav-Havel-Nacht in Avignon gespielt worden ist.

30. Der Verwaiser

Le Dépeupleur. Entstanden 1966, erstmals veröffentlicht 1970.

Der Text, der 1966 entstand und kurz vor seiner Veröffentlichung 1970 noch um eine kurze Schlußsequenz erweitert wurde, beschreibt auf gut fünfzig Seiten das Innere eines Zylinders, dessen Wände von Nischen und Tunneln durchzogen sind, Aufenthaltsort für rundgerechnet zweihundert »Körper«, jeder auf der Suche nach seinem »Verwaiser«, groß genug für vergebliche Suche, eng genug, um jegliche Flucht unmöglich zu machen. Die Körper der Männer und Frauen, die diesen Raum bevölkern, sind in vier Klassen unterteilt: in jene, die unablässig umherwandern; jene, die gelegentlich haltmachen, jene, die ihren Platz nur dann verlassen, wenn sie vertrieben werden, und sich danach wieder niederlassen, sobald sie einen freien Platz finden; und die Nichtsucher, die Besiegten, die zumeist an der Wand kauern. Ein gelbliches, fast schwefelgelbes Licht erhellt den Raum mit seinen niemals endenden Geräuschen, dem Summen, Rauschen, Sirren und Vibrieren, unterbrochen von Temperaturstürzen und Lichtabfällen. Die Körper vollführen ein Ritual präzise abgestimmter Bewegungen, bis der letzte seinen Platz gefunden und seine Position eingenommen hat. Dann verlöscht das Licht, und das Rauschen hält inne. Die Hauptbeschäftigung der Sucher besteht darin, sich in eine der Schlangen einzureihen, die am Fuße von Leitern warten, mit deren Hilfe sie vor allem vom Boden wegkommen und eventuell eine der Nischen in den Wänden erkunden können. Das Gerücht geht um, es gebe einen Ausgang, einen Geheimgang, »der in einem der Tunnel beginnt und hinausführt zu den, wie der Dichter sagt, Zufluchtstätten der Natur«. Auch spricht man von einem Kamin, »an dessen Ende angeblich immer noch die Sonne und die anderen Sterne glänzten«. In der Schlußsequenz, die Beckett unmittelbar vor der Veröffentlichung hinzufügte, tritt ein Mann zu einer der Besiegten, die am Fuße der Wände zusammengesunken sind, kniet vor ihr nieder, schiebt ihr Haar beiseite und richtet ihren Kopf auf. Die Frau öffnet die Augen, und der Mann läßt seinen Blick in ihrem schweifen. Dann schließen die Augen sich wieder, der Kopf fällt zurück, und der Mann kehrt wieder an seinen Platz zurück. Wie in den übrigen Texten aus dieser Zeit finden wir hier statt des Selbstgesprächs eines gequälten Wesens die objektive, fast neutrale, mathematisch-physikalische Beschreibung einer Welt. Dieser Text gehört zu Becketts abstraktesten. Ein Gefühl der Angst geht davon aus, wie von einem sterbenden Volk, einem Stamm vor der Auslöschung. Man denkt an Science-fiction oder auch an Political-fiction. Man könnte auch von Metaphysical-fiction sprechen. Man könnte sich auch vorstellen, daß in diesen aseptischen Sterbekammern der Zug der Larven aus *Wie es ist* endet. Die Nichtsucher sitzen größtenteils an der Wand, in der Haltung, »die Dante ein seltenes mattes Lächeln entriß« – eine Erinnerung an Belacqua und die frühesten Texte.

Unter dem Titel *The lost ones* (Die Verlorenen) haben Lee Breuer und David Warrilow Auszüge aus dem *Verwaiser* auf die Bühne gebracht, als einen »Mikrokosmos in einem Makrokosmos«, im Spiel mit winzig kleinen Plastikfigürchen in einem Halbzylinder, vor Zuschauern, die ihrerseits, etwas höher, in einem größeren Halbzylinder saßen und dem Spiel mit Operngläsern zusahen.

Als Beckett erfuhr, daß Warrilow, der die Puppen bewegte, und die Schauspielerin, die einen der verlorenen Körper darstellte, einen Teil der Vorstellung vollkommen nackt gespielt hatten, begnügte er sich mit der ironischen Bemerkung: »Diese einfache Lesart findet im einfachsten Apparat statt.« Es war tatsächlich ein bewundernswertes Schauspiel, und in der Folge schrieb Beckett mehrere dramatische Texte für David Warrilow.

31. Atem

Breath. Entstanden 1970. Erstaufführung 1970.

Der namhafte englische Kritiker Kenneth Tynan hatte Beckett gebeten, einen kurzen Sketch für eine Porno-Show zu schreiben, die er in New York unter dem Titel *Oh! Calcutta* aufführen wollte. Als einziger von den sechs mutmaßlichen Autoren wurde Beckett wegen seines Ruhms namentlich im Programmheft erwähnt, wobei man noch den Text veränderte und Nacktphotos dazustellte. Der Sketch trägt den Titel *Breath* (Atem) und enthält kein einziges zu sprechendes Wort, sondern lediglich 130 Worte Regieanweisungen zur Beleuchtung und zu den Geräuschen des Einatmens, Ausatmens, des Keuchens und der Schreie, die die 35 Sekunden dauernde Szene füllen sollen. Samuel Beckett dachte zunächst daran, Tynan zu verklagen, aber er nahm davon Abstand.

32. Nicht ich

Not I. Entstanden 1972, Erstaufführung 1975.

Beckett schrieb dieses Stück in englischer Sprache, und zwar in Paris, nach seiner Rückkehr aus Marokko, in der kurzen Zeit vom 20. März bis zum 1. April 1972. Seit langem schon hatte Beckett von einem Stück geträumt, das sich auf ein »Paar stammelnder Lippen«, auf einen »Schrei in der Wüste« beschränkte, wie in Caravaggios »Enthauptung des Johannes«. Eine Straßenszene in Marokko brachte den entscheidenden Anstoß: Von der Terrasse eines Cafés aus sah er einer arabischen Frau zu, die, in ihre Djellabah gekleidet, regungslos und »in intensiver Wartehaltung« dastand. Sie wartete lediglich auf den Schulbus, mit dem ihr Sohn kommen sollte. Das einzige Objekt auf der völlig schwarzen Bühne ist ein »Mund«, ein roter Riß. Der Mund erzählt, was die Geschichte einer anderen Frau sein soll, aber es ist klar, daß die Frau, zu der dieser Mund gehört, ihre eigene Geschichte erzählt. Ihr gegenüber, in einer Ecke der Vorderbühne, erkennt man die Silhouette einer vermummten Gestalt,

»eine große, schweigende Druidengestalt«, wie manche Kritiker meinen, während andere die »Silhouette eines Affen« darin erkennen; sie hört mit größter Aufmerksamkeit zu, wie ein alter, gebrechlicher Beichtvater. Die Geschichte, die von der Frau erzählt wird, ist schwerer zu verfolgen als alles, was man bei Beckett bis dahin gehört hat. Nur beim Lesen vermag man die Abfolge der Ereignisse nachzuvollziehen. Nach einer zu frühen Geburt wurde sie ausgesetzt und erhielt eine religiöse Erziehung in einem Waisenhaus. Sie spricht von ihren Einkäufen im Supermarkt, davon, daß sie einmal vor Gericht erscheinen mußte, von ihren Weinkrämpfen. Und mehrfach kommt sie auf den ekstatischen, von einem unstillbaren Redefluß begleiteten Augenblick zurück, den sie mit siebzig an einem Aprilmorgen auf einem Feld erlebt hat.

Ein Strudel von Sätzen ohne Syntax, unterbrochen von Fragen ohne Antwort. »Ich habe diese Frau in Irland kennengelernt«, erklärt Beckett gegenüber Deirdre Bair, »vor allem durch *sie* selbst; sie ist eine einzigartige Frau, aber es gab so viele dieser alten Frauen, die über die Pfade, durch die Straßengräben und an den Hecken entlangstolperten. Irland ist voll davon. Und *diese Frau* habe ich erzählen hören, was ich in *Nicht ich* geschrieben habe. Ich habe es wirklich gehört.« Die einzigartige Wirkung des Stückes rührt daher, daß die wenigen Zeichen von Mißbilligung und Mitleid, die der Zuhörende erkennen läßt, und das Sprechen des Mundes das einzige Geschehen sind. Zwei Personen, die eine damit beschäftigt, zu sprechen, die andere, zuzuhören. Die ganze Aufmerksamkeit des Publikums konzentriert sich auf das Gesicht, ja, nur auf den Mund, dessen Inneres es zu erforschen sucht, sofern die begrenzte Größe des Theaters, wie es wünschenswert erscheint, eine unmittelbare Nähe von Schauspieler und Zuschauern zuläßt. Die faszinierende Gegenwart des Mundes hat eine größere dramatische Wirkung als der Inhalt dieser verbrämten Beichte, verbrämt, weil die Frau die erste Person zurückweist: *Nicht ich*, und sich verzweifelt an die dritte Person klammert: *Sie!* Sie hat etwas von einem Geist, der aus einer anderen Welt oder zumindest aus einer anderen Raum-Zeit kommt als der Zuhörende. Sie macht den Versuch, ihr irdisches Leben an sich vorüberziehen zu lassen, dort vor dem Zuhörer, der ihr zuhört, wie der *waki* dem *shite* im Nô zuhört. Das Stück hat etwas zutiefst Religiöses an sich, aber diese Religiosität ist eher dem Osten zuzuordnen als dem jüdisch-christlichen Bereich. Dennoch glaubte Ruby Cohn in der Hirtenszene auf dem Feld eine mystische Ekstase zu erkennen, die an Kreuzigung und Auferstehung zugleich gemahnt. *Nicht ich* erlebte am 12. November 1972 in New York seine Uraufführung. Die Premiere der französischen Fassung (*Pas moi*), mit Madeleine Renaud, fand 1975 im Théâtre d'Orsay statt.

33. Damals

That Time. Entstanden 1974, Erstaufführung 1976.

Beckett schrieb dieses Stück im Sommer 1974 in der Abgeschiedenheit von Ussy. Den Titel *That Time* lieferten die ersten beiden Worte des ersten Satzes. Beckett ordnet es »der Kategorie *Nicht ich*« zu. Manche haben auch Ähnlichkeiten mit *Das letzte Band* gesehen. Das Gesicht eines Mannes, weiß, von langen weißen Haaren eingerahmt, leicht nach hinten geneigt, erscheint in einem Lichtkreis gut drei Meter über dem Boden einer völlig dunklen Bühne: der Hörer. Bruchstücke ein und derselben Stimme, seiner eigenen, hier in A, B und C aufgeteilt, wird ihm als Tonbandaufzeichnung von beiden Seiten und von oben zugespielt. Stimme A spricht von einer Ruine, in der er sich als Kind versteckte, um zu lesen, während die Erwachsenen ihn überall suchten. Stimmen B und C sprechen von den Jahren, da er, in den alten Regenmantel seines Vaters gehüllt, Zuflucht vor Regen und Kälte in den leeren Sälen eines verlassenen Museums suchte. Aus diesen Bruchstücken hört man nach und nach die Geschichte einer längst verflossenen Liebe heraus. Das Stück kam zum siebzigsten Geburtstag des Autors im Frühjahr 1976 am Royal Court Theatre heraus. *That Time* bildete zusammen mit *Spiel* und *Tritte* das Programm des zweiten Tages des Miniatur-Festivals. *Damals*, gespielt von Patrick Magee, und *Tritte*, gespielt von Billie Whitelaw, wurden von der englischen Kritik sehr reserviert aufgenommen. Einige Monate später, als Alan Schneider die beiden Stücke in New York inszenierte, fiel die Reaktion schon besser aus. Die (eigene) französische Übersetzung von *That Time* stellte Beckett 1982 an den Anfang seiner im Oktober 1982 erschienenen Sammlung *Catastrophe et autres dramaticules*.

34. Um abermals zu enden und anderes Durchgefallenes

Pour finir encore et autres foirades. Entstanden in den sechziger Jahren und 1975, als Sammlung erstmals veröffentlicht 1976.

Diese kleine, 1976 erschienene Sammlung umfaßt sechs kurze Texte aus den sechziger Jahren, einige davon bloß Fragmente, eingerahmt von zwei Texten aus dem Jahre 1975: *Um abermals zu enden* und *Still*. Einige dieser Texte waren bereits zuvor in der Zeitschrift *Minuit*, andere, darunter *Still*, in John Calders *Signature Anthology* veröffentlicht worden. In einem Brief vom 15. Dezember 1975 an Patrick Magee, der den Krapp gesprochen hatte, erklärt Beckett, der Titel, *Foirades* im Französischen, *Fizzles* im Englischen, bedeute, daß die Texte »hingefurzt« seien, gemäß der Worterklärung, die der *Oxford English Dictionary* dafür angebe: »1. Einen lautlosen Wind lassen; zischend und mit feuchter Aussprache sprechen. 2. Fehlschlag oder Fiasko. Präzise Bedeutung von *Foirades*.« Einige angelsächsische Kritiker fanden die Sammlung »so dünn, daß sie gar nicht da ist« (Paul Grey in der *Times*). In jedem Falle bescheinigt er diesem siebzigjährigen Schriftsteller, er schreibe immer knapper. Gelegentlich unterstellt man ihm den Wunsch, bis zum letzten Atemzug zu schreiben, so wie Jules Renard die letzte Seite seines Tagebuches am letzten Tage seines Lebens schrieb. Die beiden Texte aus dem Jahre 1975 verweisen bereits auf *Gesellschaft* und *Schlecht gesehen schlecht gesagt*, zwei längere, abgeschlossene Werke und Höhepunkte seines Schaffens, die ein paar Jahre später erschienen. *Um abermals zu enden* (1975) und »Er ist barhäuptig, barfüßig« (sechziger Jahre) sind im vierten und fünften Kapitel dieses Bandes ausführlich analysiert worden.

35. Tritte

Footfalls. Entstanden 1975, Erstaufführung 1976.

Ausgangsidee sind die Geräusche, die von Füßen und einem schleifenden Rock auf dem Boden erzeugt werden. Deirdre Bair sieht darin eine Erinnerung Becketts an die letzte Krankheit seiner Mutter. Beckett schrieb das Stück für Billie Whitelaw, die auch die englische Fassung inszenierte. Die französische Fassung wurde im Frühjahr 1978 von Delphine Seyrig inszeniert. Das Stück ist in vier kurze Sequenzen unterteilt, in deren Mittelpunkt stets ein Gespräch zwischen Mutter und Tochter steht. Man sieht nur die Tochter, May, vierzig Jahre alt, in einem abgetragenen Umhang und ausgelatschten Schlappen; sie geht unablässig auf einem schwach beleuchteten Gehstreifen vor einer ansonsten dunklen Bühne auf und ab, die nur von einem schmalen Lichtstreifen erhellt wird, wie er durch einen Türspalt in ein abgedunkeltes Krankenzimmer fallen mag. Die Mutter bleibt unsichtbar, ist auf ihre verstärkte (aber nicht vom Tonband abgespielte) Stimme reduziert.
In der ersten Sequenz sieht man die Tochter auf und ab gehen. Sie fragt ihre alte, kranke, unsichtbare Mutter, ob sie ihr die Spritze geben, das Kissen glattstreichen, das Becken oder den Schwamm reichen soll, damit sie sich die Lippen befeuchten kann. Auf alles antwortet die Mutter sanft: Ja, aber es ist noch zu früh. Sie sorgt sich um ihre Tochter, fragt: »Wirst du nie aufhören, es alles hin- und herzuwälzen?«
In der zweiten Sequenz spricht die Geisterstimme der Mutter über die Tochter in der dritten Person. Sie spricht von einer lange zurückliegenden Begebenheit aus Mays Kindheit; statt mit den anderen Kindern »Himmel und Hölle« zu spielen, begann sie, auf einem Teppich auf und ab zu gehen, und sie bat, daß man ihn wegnehme, damit sie die Füße hören könne, »wie leise sie auch immer auftreffen« mögen.
In der dritten Sequenz erzählt May, die immer noch auf und ab geht, die Geschichte der kleinen Amy so, als hätte sie sie einem Buch entnommen: »so wurde die Tochter genannt, wie der Leser sich erinnern wird« (und Amy ist ein Anagramm für May, also ist es ihre eigene Geschichte); sie schlich sich eines

Abends in die verschlossene Kirche (wie Watt in Mr. Knotts Haus eindrang) und ging vor dem Gekreuzigten »hin und her, seinen armen Arm entlang«, und sie behauptete, nicht mit der Mutter an der Abendandacht teilgenommen zu haben, während die gehört hat, wie sie Amen sagte. In der letzten Sequenz ist die Stimme verstummt, May ist verschwunden, nur das Licht ist noch da, das schwächer und stärker wird im Rhythmus des Hin und Her, und die letzten Schläge einer Glocke.
Beckett hat die Details dieses »agnostischen Mysteriums«, wie Ruby Cohn *Tritte* genannt hat, minutiös beschrieben. Das schwache, kalte Licht erleuchtet nur den Gehstreifen und die Figur, »am stärksten am Bühnenboden, weniger stark am Körper, am schwächsten am Kopf«. Jede Sequenz wird durch einen leisen Glockenschlag eingeleitet, dessen Echo langsam verhallt. Wie das Licht, so wird auch der Klang der Glocke von Sequenz zu Sequenz schwächer. Im letzten Bild sterben Licht und Glokkenklang im Rhythmus des Hin und Her der Schritte, die nun nicht mehr zu hören sind; aber sie verfolgen uns jetzt noch, in der Abwesenheit der Frau, die diesen Kreuzweg durchschritten hat. Aus einer fernen Vergangenheit aufgestiegen, sich selbst und uns fremd, bringen diese beiden Frauen, diese beiden Geister, die unendliche Zärtlichkeit miteinander verbindet, einen neuen Ton selbst in die letzten Texte des Autors von *Molloy*. Eine Aura von Heiligkeit umgibt sie, eine fromme Musik durchdringt sie, altmodisch und lächerlich wie eine Religiosität, die sich nur schlecht von sulpizianischer Frömmelei gelöst hat, doch ebenso bewegend, ja erschütternd wie die menschliche Verzweiflung, in der May ihren endlosen Gang tut.

36. Gedichte und Flötentöne

Poèmes suivi de *Mirlitonnades*.

Dieses schmale Bändchen enthält zwei Sammlungen von Gedichten.
1. Eine Folge von fünfzehn Gedichten, die Beckett zwischen 1937 und 1939 in französischer Sprache geschrieben hat; elf davon erschienen in den ersten Nummern der Zeitschrift *Les*

Temps modernes, die vier übrigen, die nach dem Krieg entstanden sind, wurden erst in neuerer Zeit veröffentlicht, die meisten in der Zeitschrift *Minuit* (Nr. 21 und 33).
2. Die *Mirlitonnades* sind sehr kurze Gedichte, die jeweils nur aus wenigen kurzen Zeilen bestehen. Der Titel signalisiert eine gewisse Nachlässigkeit und (durchaus nicht gerechtfertigte) Bedeutungslosigkeit.
Diese Sammlung umfaßt mithin das gesamte poetische Werk Samuel Becketts mit Ausnahme der englischen Gedichte, *Whoroscope* (1930) und *Echo's bones* (1935 – *Echos Gebein*), deren Übersetzung der Autor vorbereitet.

37. Gesellschaft

Company. Entstanden um 1979, erstmals veröffentlicht 1980.

Eine Stimme kommt zu einem, der im Dunkeln auf dem Rükken liegt. Sie spricht von der Vergangenheit, beschwört Bilder aus Kindheit, Jugend und der Zeit des Erwachsenseins herauf, dreizehn Bilder insgesamt, die aus der Tiefe eines gleichsam Proustschen Gedächtnisses emporsteigen. Das Ganze in einem Gefühl des Scheiterns, der Unabgeschlossenheit und des vorzeitigen Todes. Woher kommt diese Stimme, an wen richtet sie sich, und wen erreicht sie? Von wem spricht sie? Es sind zumindest zwei, einer, der spricht, und einer, der zuhört. »Den Kopf voller Schreie.« Beckett hat es uns in seinen früheren Werken schon oft genug gesagt: Es bedarf noch eines Dritten, der die Stimme sprechen hört und den Hörenden zuhören sieht, der notiert und transkribiert, eines Schreibers also, der sieht, erzählt und beschreibt. Durch ihn erst wissen wir, haben wir Zugang zu den beiden anderen. In Wirklichkeit ist alles nur Phantasie, er stellt sie sich vor, um Gesellschaft zu haben. Eine erste Unsicherheit besteht also hinsichtlich der Zahl und Identität derer, die sprechen, zuhören und schreibend berichten. Eine zweite Unsicherheit betrifft den Ort, wo dies geschieht. Einen Augenblick lang ist man versucht, sich das Subjekt »in der Mitte einer geräumigen Rotunde auf dem Rücken« liegend vorzustellen, wie in *Der Verwaiser*, *Bing* und anderen Texten aus den sechziger Jahren. Und dann sieht man den alten Zuhörer »in unermeßlichem Dunkel«, wie es bereits in *Endspiel* heißt: »Die Unendlichkeit der Leere wird dich umgeben«, die ewige Nacht unergründlicher Tiefen, in der Wladimirs Verstand umherirrt. Es läuft in beiden Fällen aufs selbe hinaus: pascalsche Verirrung und sartresche Einschließung, verirrt in der kreisförmigen Einfriedung, eingeschlossen in der unendlichen Leere. *Gesellschaft* geht über das Problem des Ortes hinaus, auf das die Texte der siebziger Jahre sich konzentrierten. Alles das wird erfunden, um Gesellschaft zu haben. Doch der Phantasierende ist selbst eine Phantasie. »Erfinder der Stimme und des Hörers und seiner selbst.« Der Schöpfer ist sein eigenes Geschöpf. Er spricht zum anderen vom anderen. Er spricht niemals über sich selbst. Er sagt niemals *ich*. Was fehlt, ist eine »Stimme in der ersten Person des Singulars, dann und wann flüsternd«. Er spricht von ihm nur, indem er zum anderen spricht, ihn mit *du* anredend, fast stets in der Vergangenheitsform, in der vollendeten Gegenwart, ganz selten in der Zukunftsform, und das auch nur um zu sagen, daß das am Ende enden wird und wie es enden wird. Er spricht von sich nur, indem er vom anderen spricht. »Er spricht über sich wie über einen anderen.« Er hat keine andere Möglichkeit, *ich* zu sagen. Wir haben die dritte Person der frühen englischen und die erste Person der großen französischen Texte hinter uns gelassen, befinden uns in einem Jenseits des ersten und des zweiten, das sich nicht auf das dem Liegenden geltende Du reduziert, weil es auch der Stimme oder ihm selbst oder einem ganz anderen gilt. Wir wissen nicht, wir wissen niemals. Wir kreisen um ein anderes *Ich*, das einzige, das wahre, das des Autors, der nicht sein Leben erzählte, sondern dem jene Transsubstantiation des Lebens in Worte gelänge, die das Leben vor dem Nichts bewahrte. Und tatsächlich streift Beckett in diesem Bericht, der nichts berichtet, in dieser Beschreibung, die nichts beschreibt, in diesem Text, der zu den allerletzten und geheimnisvollsten des Autors zählt, das rauschhafte *Ich*, von dem Rimbaud gesagt hat, daß es ein anderes sei. Es gibt nur wenige Texte, in die er so viel von sich selbst hineingelegt hat. Diese Kindheitserinnerungen stießen seit langem schon an die Barriere der Sprache, die des Schweigens auch, und noch mehr an die der Musik der Worte. Diese Bilder sind vor allem von der

Gestalt der Mutter beherrscht, die, von einer Frage des Kindes irritiert, eine Antwort gab, »die dich so verletzte, daß du es nie vergessen hast«. Und sie gelten dem Vater, dem angebeteten Vater, auf den Wanderungen, die er in seiner *Gesellschaft* (der einzig wirklichen, die er gekannt hat) im Foxrock der irischen Kindheit unternahm: »mit dem Schatten deines Vaters in seinen alten Wanderklamotten neben dir«, der berühmte grüne, schmutzstarrende Mantel, die verbeulte Melone und die immer noch darauf abgestimmten Schnürstiefel, ein Aufzug, der an den der Beckettschen »Tramps«, der Vagabunden, erinnert und in dem man ohne Schwierigkeiten den alten Beckett der dreißiger Jahre wiedererkennt. Und geradeso vermochte Beckett der Identifikation mit dem Vater – einem gescheiterten Leben – nur zu entgehen, indem er das Scheitern des Schreibens zum Gegenstand seines Schreibens machte.

In *Gesellschaft* nimmt Beckett für einen Augenblick das beliebte Spiel der Beckett-Kritik mit den aufrechten und den umgekehrten M's auf (siehe Laurence F. Harvey, A. G. Leventhal und Ludovic Janvier), indem er den Hörenden mit M und den Schöpfer mit W kennzeichnet. So erscheinen denn der Schöpfer und sein Geschöpf als Spiegelbilder. »Erträumter Erträumer, das alles erträumend, um sich Gesellschaft zu leisten.« Diesem *Ich*, das über sich wie über einen anderen spricht, gelingt es beinahe, Schöpfer und Geschöpf in einen einzigen homogenen Raum zu stellen. Der Schöpfer macht sich auf den Weg, um zu seinem Geschöpf zu gelangen. Er kriecht durch das Dunkel zu ihm. Diese »Fortbewegungsart des Kriechens« erklärt im Rückblick so manches an den Beckettschen Figuren der letzten dreißig Jahre. Da ist der Kriechende, der Liegende, und ihnen gegenüber, stets im selben Dunkel, der Kauernde, der sie beobachtet. Eine Körperhaltung, die weit in die Vergangenheit zurückreicht. Schon recht lange hatte Beckett die Belacqua-Stellung, die fötale Haltung, nicht mehr erwähnt, »die Beine angezogen in den Halbkreis der Arme und den Kopf auf den Knien«. Hier taucht sie nun wieder auf, für ein letztes Lebewohl, wie es scheint. »So wartete, daß er geläutert werde, der alte Lautenspieler, der Dante einst ein erstes Viertel-Lächeln abgewann und nun vielleicht endlich mit irgendeiner Schar Glückseliger Loblieder singt.« Denn Dantes Belacqua wartete im *ante-purgatorio*. Der Beckettsche Humor hält ihm hier ein Plätzchen im Paradies frei. Doch der kriechende Schöpfer vermag seinen Weg zur vereinigenden Begegnung nicht fortzusetzen. Man begreift, was Willies Erstarren am Schluß in *Glückliche Tage* bedeutet, als er zu Winnie kriecht. Der Schöpfer sucht sich mit seinem Geschöpf innerhalb seiner eigenen Schöpfung zu vereinigen, ohne daß ihm dies gelänge. Er kann es nicht, weil er dazu in dasselbe Dunkel eintreten müßte wie sein Geschöpf; er müßte seine Schöpfung aufgeben und gleichfalls in völlige geistige Trägheit verfallen, so daß schließlich beide im selben Nichts endeten und es für das Geschöpf keine Stimme mehr zu hören gäbe. Und dennoch hörst du, »wie die Wörter zu Ende gehen«, und wie im letzten Teil von *Wie es ist* kommt es zu einer kosmischen Erweiterung. Millionen anderer verfolgen ihren Weg, gehen in dieselbe Richtung, »bis sie nicht mehr können und gemeinsam stehenbleiben«. Ende der Belacqua-Stellung, des Kriechens, und Sieg des Liegens: Der ausgestreckte Schöpfer schließt die Augen im Dunkeln, starrt in sich selbst hinein und beginnt langsam, sich selbst wahrzunehmen in einem ergreifenden Bild: »Aber erstmal, nackt oder bedeckt? Sei es auch nur mit einem Laken. Nackt. Gespenstisch im Schimmer der Stimme dies beinbleiche Fleisch als Gesellschaft. Kopf hauptsächlich auf dem obenerwähnten okzipitalen Höcker ruhend. Beine stramm aneinander. Füße rechtwinklig gespreizt. Hände in unsichtbaren Handschellen über den Pubes gekreuzt.« Die Wörter gehen zu Ende und mit ihnen geht auch das literarische Werk zu Ende. Der Schriftsteller vermag mit seinen Wörtern nicht an die letzte Realität des Menschen, also an seinen Tod, zu rühren, wie er dort liegt, in Habtachtstellung und mit Handschellen an den Händen. Der Tod findet keinen Eingang in die Wörter, noch dringen die Wörter in den Tod ein. Weder ins Leben noch in den Tod. In ebendieser Unfähigkeit, seinen Tod auszudrücken, trifft sich der Schriftsteller mit dem gewöhnlichen Menschen und dessen Unfähigkeit, den Tod zu leben. Er vermag weder als Schriftsteller seinen Tod auszudrükken noch als Mensch, ihn zu leben. Darin besteht das unendliche Unvermögen, das tiefe Scheitern, das diesem Text eine merkwürdige Trostlosigkeit verleiht. Ein stiller Schrei, der an einen anderen Schrei gemahnt: »Du sahst das Licht der Welt und schriest am Abend des Tages, an dem Christus in der Dunkelheit um die neunte Stunde schrie und starb.« Das Ecce homo des alten Clowns macht lachen und weinen, wenn er das Haupt unter seiner Krone neigt: »In der alten Melone der gesenkte alte Kopf, sprachlos vor Angst.« Am Ende ist er allein. Allein und regungslos. Das letzte Wort ist *allein*. Er ist immer allein gewesen, eingeschlossen in die *Gesellschaft* mit sich selbst. Das ist »die Fabel von einem, der von einem anderen mit dir im Dunkeln fabuliert«.

38. Schlecht gesehen schlecht gesagt

Mal vu mal dit. Erstmals veröffentlicht 1981.

Becketts letzter Prosatext, in französischer Sprache geschrieben und 1981 veröffentlicht. Siebzig Seiten Prosa in der Gegenwartsform. Selten hat Becketts Prosa einen solchen Grad der Dürftigkeit und zugleich heiterer Gelöstheit erreicht. Und wieder begegnen wir jener Gestalt, die Beckett den Schauenden nennt. Man sieht ihn beim Schauen. Von Ferne schaut er, betrachtet die kleinsten Details in einer schwarzweißen Wüste, einem Zen-Garten gleich, in deren Mitte eine kleine Hütte steht. Er betrachtet die Dinge mit dem Blick eines Voyeurs, wie das Auge einer Kamera: »Volles Augenlicht auf das ... Gesicht« (*Werke* Bd. 5, S. 237), »In Großaufnahme dann« (ebenda, S. 218). Er blickt über eine Distanz, die zugleich die der Zeit und des Raumes, des Innen und des Außen, des Erlebens und der Erinnerung, des Realen und des Imaginären ist. Die berühmte Belacqua-Vision, der Mann in *Molloy*, der, gegen einen Felsen gelehnt, beobachtet, wie unten auf der Straße A und B einander begegnen... Aus der Höhe seiner Distanz sieht der Schauende eine alte Frau, die, von ihrer Liege aus nach Osten blickend, Venus aufgehen sieht, und von einem Stuhl aus nach Westen blickend, den Mond. Unablässig wechselt sie vom einen zum anderen, oder der Schauende blickt vom einen zum anderen. Jedenfalls und wieder einmal ein Hin und Her. Und dann die nächtliche Vision, in einer Winternacht mit Mondschein. Um die Hütte erstreckt sich ein etwa kreisförmiges Areal, in das nach und nach die Steine zurückkehren, während das Unkraut spärlicher wird. Eine Herde von Schafen, von Wächtern, von weißen Felsen (schlecht gesehen) schart sich um sie, um die Hütte, um sie in der Hütte, sie, die gelegentlich draußen ist, inmitten der Herde, arkadische Hirtin wie Winnie, Leserin des Textes, der vom Tod spricht, inmitten der um sie gescharten Schafe, die fürs Schlachthaus bestimmt sind ... Zuweilen ist der Boden mit Krokussen übersät – den Akeleien, den vergänglichen Herbstzeitlosen Apollinaires ... Zuweilen ist er mit Schnee bedeckt, weiß. Das ist die Zeit des Schlecht-gesehen-schlecht-gesagt, des Irgendwie-gesehen und Irgendwie-gesagt. Manchmal schließt das Auge sich absichtlich, um schlecht wahrzunehmen, schlecht zu sehen. Wenn es gelänge, den richtigen Blick zu finden, hätte man auch das richtige Wort, und danach wäre Stille, hätte man das Recht zu schweigen. Solange man das ganz Schlecht-gesehen-schlecht-gesagt nicht hinter sich gelassen hat, ist das Schlimmste zu befürchten: daß die Alte verschwände und nur noch Leere, Weiße, Dunkelheit und Nichts zurückblieben, bevor alles gesagt wäre. Solange sie da ist, bleibt es bei dem Schlecht-gesehen-schlecht-gesagt, bei dem Versuch, zu sehen und zu sagen, zu schweigen und zu sprechen, bei der Unmöglichkeit, dies zu bewerkstelligen mit den Mitteln des Schriftstellers, von denen seine ganze Existenz abhängt und jegliche Existenz. In diesem Zwischenbereich erklingt die Verlainesche Musik (»Dann den ganzen Rand entlang das dumpfe Geräusch von Stein gegen Stein«), leuchtet J. F. Millets Licht (»Von den allerletzten Strahlen schräg beschienen, werfen sie nach Ostnordosten ihre langen parallelen Schatten«), rühren sich Vermeers Gebärden, singt seine Stille (»Schließlich führt sie in einer anmutigen Doppelbewegung langsam den Napf an ihre Lippen, indes sie ihren Kopf ebenso langsam diesem entgegenneigt«), dauert und altert van Goghs Alter (»Während einzig seine Hände zu sehen. Auf seinem einzigen Unterleib. Regungslos selbstverständlich. Auf dem Stuhl. Nach dem Schauspiel«), sie alle so kennzeichnend für Becketts letzte Schriften, die das Scheitern des Versuchs, alles zu sagen, und zugleich das Scheitern des Versuchs, nichts zu sagen, verkünden: Man sagt immer irgend etwas.

39. Rockaby

Rockaby. Englisch, Erstaufführung 1981.

Wieder eine Frau in Schwarz, mit Pailletten und altmodischem Hütchen. Sehr gepflegt diesmal. Sie sitzt in einem Schaukelstuhl, wie Murphy; eine Wiege-Bahre schreibt Ruby Cohn. Auf der einen Seite diese Frau im Schaukelstuhl, auf der anderen, im Rücken des Publikums, ihre vom Tonband abgespielte Stimme. Das neue Element besteht darin, daß die Stimme sich des Personalpronomens der dritten Person bedient. Die Stimme spricht von einer Frau, die, nachdem sie lange umhergeirrt ist, nach Hause zurückkehrt, sich von den geöffneten Fenstern abwendet und im Schaukelstuhl niederläßt, wie ihre Mutter es getan hatte. An bestimmten Punkten schließt die Frau sich der Stimme an, und beide sprechen unisono. Kishi Tetsuo erinnert in diesem Zusammenhang an das Nô-Theater, in dem der *shite* (der Protagonist, ein Geist, der anderswoher gekommen ist) sich dem Chor anschließt und in der dritten Person eine Geschichte rezitiert, die von ihm selbst erzählt. Ruby Cohn sagt, es handele sich um eine Frau, die in ihrem eigenen Grabe geboren wurde. Seit langem schon ist bei Beckett das Grab der wahre Ort für die Geburt des Menschen. Das Wort »Rockaby« stammt aus einem Lied, das die Mutter singt, während sie ihr Kind in den Schlaf wiegt. Helen Gary Bishop, die zehn Jahre lang das Studio Theatre of Paris mit Leben erfüllt hat, inszenierte dieses kurze Stück 1981 zunächst in Buffalo, dann am Mama-Theater in New York.

40. Ohio Impromptu

Ohio Impromptu. Englisch, Erstaufführung 1981.

Zwei Personen sind auf der Bühne, der Hörer und der Leser. Beckett schreibt in seinen Regieanweisungen, die beiden sollten »im Aussehen einander so ähnlich wie möglich« sein, womit er wohl sagen will, daß Hörer und Leser, obwohl zwei Personen, dennoch nur die beiden Hälften eines Ich darstellen. Der Leser liest laut aus einem Buch vor, das die Lebensgeschichte des Hörers erzählt, die Geschichte eines Fiaskos wie bei allen Beckettschen Lebensgeschichten. In der außergewöhnlichen Inszenierung von Alan Schneider ist alles in Schwarz und Weiß gehalten. Ein weißer Tisch, auf den senkrecht von oben ein grelles Licht fällt. Daran sitzen zwei schwarz gekleidete Männer, die ihre Stirn in Denkermanier mit der linken Hand stützen; das weiße Haar fällt ihnen ins Gesicht, so daß man sie kaum erkennen kann. Der eine liest vor, während der andere ihn schweigend durch Klopfen mit den Fingern in der Lektüre unterbricht, ihn etwas wiederholen, korrigieren oder fortfahren läßt. Das Buch ist zu Ende, die beiden heben den Kopf und sehen einander an. Sie sind einander erschreckend ähnlich. Zwei Gespenster, eines das Spiegelbild des anderen; zwei Doppelgänger, die einander faszinieren, zwei Abwesenheiten. Keine andere Schminke als das Gipsweiß des Todes und der Versteinerung. Anläßlich eines Kolloquiums über Beckett, das die Gesellschaft für Beckettstudien in den USA an der Ohio State University veranstalten wollte, hatte der Kritiker Stanley Gontarsky den Autor gefragt, ob er einen dramatischen Text habe, der während dieses Kolloquiums aufgeführt werden könne. In Nachahmung von Molière, Giraudoux und Ionesco schrieb Beckett eigens zu diesem Anlaß *Ohio Impromptu*.

41. Ein Stück Monolog

A Piece of Monologue.

Ein Mann steht im Nachthemd in einem Zimmer, das von einer Petroleumlampe schwach erleuchtet wird; die Glaskugel der Lampe ist, wie Beckett angibt, etwa kopfgroß. Weiter hinten entdeckt man undeutlich die Umrisse eines Bettes, in dem ohne Zweifel sterbend der Mann liegt, dessen Doppelgänger dort auf der Bühne sichtbar ist. Ein Requiem, ihm ins Ohr geflüstert, eine Stimme, seine eigene innere Stimme, von einem empfindlichen Mikrophon aufgenommen und verstärkt, einem Stethoskop, das jedes Phänomen wie einen kaum hörbaren Herzschlag registriert. Es spricht von »Geburt«, von »Tod«, von

»Einsamkeit«. Zweimal bewegt sich die schweigende Gestalt ganz leicht. Fünfzig Minuten Schweigen, Regungslosigkeit, Dunkelheit. »Birth was the death of him« (Geburt war ihm Tod) – so lauten die ersten Worte dieses Monologs, den Beckett eigens für David Warrilow geschrieben hat. »Was ich mir wünschte, war ein Text, den ich nur zu spielen hätte, ohne viel einzugreifen. In den ich hineinschlüpfen könnte. Ich schrieb Beckett und er antwortete: ›Ich fürchte, ich kann das nicht machen, aber sagen Sie mir mehr darüber.‹ Ich beschreibe ihm das Bild, das ich vor Augen habe: ein Mann, allein, sein Gesicht ist bei der Beleuchtung nicht zu erkennen, und er spricht vom Tod. Wie ich später erfahren habe, hat Beckett dazu gesagt: ›Wie soll man da widerstehen können.‹ (...) Ein Jahr später, an seinem Geburtstag, schickt er mir seinen Text: *A Piece of Monologue*. Dreieinhalb engbeschriebene Seiten. (...) Beckett schrieb mir: ›Ich erwarte nicht, daß Sie den Text verwenden.‹ Er ist so schwierig, daß ich zunächst daran dachte, ihn mit Playback zu spielen. (...) Aber ich konnte mir nicht vorstellen, jeden Abend mit demselben Band zu spielen; deshalb lernte ich den Monolog auswendig. Ich trage ein hochempfindliches Mikrophon; jeder Zuschauer muß das Gefühl haben, die Stimme in seinem eigenen Kopf zu hören.« (Nach Aussagen, die Colette Codard in *Le Monde* vom 6. Oktober 1981 zusammengestellt hat.)

42. Katastrophe

Catastrophe. Französisch, entstanden 1982, Erstaufführung 1982.

Beckett schrieb das Stück 1982 in französischer Sprache; aufgeführt wurde es während der Václav-Havel-Nacht, die die AIDA (Association International de Défense des Artistes) 1982 auf dem Festival von Avignon unter freiem Himmel im Verger d'Urbain veranstaltete. Der tschechische Schriftsteller Václav Havel befand sich damals bereits seit 1979 im Gefängnis. Ein Regisseur und seine Assistentin manipulieren ein schweigendes Subjekt. Es kann sich um Vorbereitungen zu einem Kino- oder

Fernsehfilm handeln; aber auch um einen Polizisten oder Apparatschik, der Vorbereitungen für eine offizielle Visite trifft. Das Subjekt ist entweder ein wirklicher Gefangener, der seine eigene Rolle spielt, oder ein Schauspieler, der einen Gefangenen spielt. Die Handlung bleibt in der Schwebe. Das kurze Stück erschien 1982 in der Sammlung *Catastrophe et autres dramaticules*, zusammen mit *Damals*, *Ein Stück Monolog*, *Rockaby* und *Ohio Impromptu*.

Anhang

ANMERKUNGEN

Erster Teil

Erstes Kapitel

1 Deirdre Bair, *Samuel Beckett. A Biographie*, London: Jonathan Cape, 1978, S. 334.
2 Laurence Wylie, *Dorf in der Vaucluse*, Frankfurt am Main: S. Fischer Verlag, 1978.
3 Bair, a.a.O., S. 350.
4 Louis Aragon, zitiert nach *Encyclopaedia Universalis*, Artikel *Aragon*, dort ohne Nachweis.
5 »Peintres de l'empêchement«, *Cahiers de l'Herne*, »Beckett«, 31, 1976 (im folgenden *L'Herne*-Beckett), S. 67 und 69.
6 Brief an den Regisseur Alan Schneider vom 11. Januar 1956.
7 A. J. Leventhal, »Les années trente«, *L'Herne*-Beckett, S. 109.
8 Erika Ostrovsky, »Le silence de Babel«, *L'Herne*-Beckett, S. 206.
9 »Dream of Fair to Middling Women«, unveröffentlicht.
10 Bair, a.a.O., S. 149.
11 »Der Namenlose«, in: Samuel Beckett, *Werke*, 5 Bde., Frankfurt am Main: Suhrkamp, 1976-1986, Bd. 3, S. 527.
12 »Das letzte Band«, *Werke*, Bd. 1, S. 162f. Dabei ist zu bedenken, daß Krapp ungeduldig die Abspielung unterbricht und das Band weiterspult, um die Passage zu überspringen. Die »Erleuchtung« ist nur Geschwätz.
13 Gespräch mit Gabriel Aubarède, *Les Nouvelles littéraires*, 12. Februar 1961.
14 Tom Driver, Columbia University Forum, Sommer 1961; zitiert nach P. Mélèse, *Samuel Beckett*, Paris: Seghers, 1966, S. 140.
15 1961-1962. Gespräch mit José Ferrer und Bob Thompson; zitiert nach Bair, a.a.O., S. 556f.
16 Ebenda, S. 516. Herbert Blau, »Meanwhile follow the bright Angels«, *Tulane Drama Review*, September 1960, S. 90f.
17 Brief an G. Reavy vom 14. Mai 1947; zitiert nach Bair, a.a.O., S. 364.
18 »Henri Hayden, homme peintre«, *L'Herne*-Beckett, S. 70.
19 Gérard Durosoi, *Beckett*, Paris: Bordas, 1970.

1 Antonin Artaud, *Le théâtre et son double*, Paris: Gallimard, 1964; dt.: *Das Theater und sein Double*, Frankfurt am Main: S. Fischer Verlag, 1969.
2 John Fletcher und John Spurling, *Beckett, a Study of His Plays*, New York 1972.
3 Alfred Simon, *Le théâtre à bout de souffle*, Paris: Seuil, 1979.
4 Siehe dazu Colin Duckwood, »The Making of Godot«, in: Ruby Cohn (Hg.), *Case Book on Waiting for Godot*, New York 1967.
5 Zitiert nach Bair.
6 Bernard Dort, »Beckett populaire«, *Le Monde*, 17. Mai 1981.
7 Georg Lukács, *Wider den mißverstandenen Realismus* (ursprünglich: *Die Gegenwartsbedeutung des kritischen Realismus*; darin »Die weltanschaulichen Grundlagen des Avantgardeismus«), Hamburg: Claassen Verlag, 1958, S. 32.
8 »Théâtre populaire et théâtre bourgeois«, Gespräch mit Bernard Dort, erschienen in der Zeitschrift *Théâtre populaire*, Nr. 15; wiederabgedruckt in *Un théâtre de situation* (Paris: Gallimard, Collection Idées).
9 Bair, a.a.O., S. 119.
10 Brief vom 15. Oktober 1955; zitiert nach P. Mélèse, a.a.O., S. 142.
11 »Dialogue Roger Blin – Tom Bishop«, *L'Herne*-Beckett, S. 141.
12 Zitiert nach P. Mélèse, a.a.O., S. 152.
13 Zitiert nach P. Mélèse, a.a.O., S. 130.
14 *Acteurs*, Nr. 2, S. 58.
15 »Warten auf Godot«, *Werke*, Bd. 1, S. 65.
16 John Fletcher und John Spurling, a.a.O., S. 12.
17 Bair, a.a.O., S. 127f.
18 P. Mélèse, a.a.O., S. 35; dort zitiert nach Raymond Williams.
19 »Warten auf Godot«, *Werke*, Bd. 1, S. 97.
20 P. Mélèse, a.a.O., S. 36.
21 Es handelt sich um *Bound East for Cardiff* (1916) von John O'Neill, *Waiting for Lefty* (1935) von Clifford Odets und *The Connection* (1959) von Jack Gelber.
22 P. Mélèse, a.a.O., S. 40.
23 Charles Baudelaire, *Les fleurs du mal*, CXXV, »Le rêve d'un curieux«; deutsch zitiert nach: *Die Blumen des Bösen*, übersetzt von Carlo Schmid, Frankfurt/M: Insel Verlag, 1976, S. 199: »Der Traum eines Vorwitzigen«.
24 »Texte um Nichts«, *Werke*, Bd. 4, S. 139.
25 Alain Robbe-Grillet, *Pour un nouveau roman*, »Samuel Beckett ou la présence sur scène«, Paris: Editions de Minuit, 1963; dt.:

Argumente für einen neuen Roman, München: Hanser Verlag, 1965.
26 »Warten auf Godot«, *Werke*, Bd. 1, S. 77.
27 Jean Genet, *Les nègres*, dt.: *Die Neger*, Berlin: Merlin, 1965, S. 37.
28 »Warten auf Godot«, *Werke*, Bd. 1, S. 45.
29 Ebenda, S. 71.
30 Julio Cortázar, *Die geheimen Waffen*, darin: »Teufelsgeifer«, Frankfurt am Main: Suhrkamp Verlag, 1981, S. 69.
31 Leonard C. Pronko, *Avant-garde: The Experimental Theater in France*, Berkeley: California University Press, 1962.
32 Ders., *Theater East and West. Perspectives Toward a Total Theater*, Berkeley: California University Press, 1967.
33 Takahashi Yasunari, »Qu'est-ce qui arrive? Beckett et le Nô«, *Cahiers Renaud-Barrault*, Nr. 102, 1981.
34 Marcel Proust, *A la recherche du temps perdu* (Pléiade-Ausgabe, Bd. 1, S. 719); dt.: *Auf der Suche nach der verlorenen Zeit*, Frankfurt am Main: Suhrkamp Verlag, Bd. 3, S. 946.
35 Bernard Dort, »Beckett populaire«, a.a.O.
36 *Cahiers Renaud-Barrault*, Nr. 102, 1981.
37 *L'Herne*-Beckett, S. 69.
38 John Fletcher und John Spurling, a.a.O., S. 142.

Drittes Kapitel

1 »Molloy«, *Werke*, Bd. 3, S. 12f.
2 »Der Verwaiser«, *Werke*, Bd. 4, S. 216.
3 »Gesellschaft«, *Werke*, Bd. 5, S. 208.
4 Walter Strauss, »Le Belacqua de Dante et les clochards de Bekkett«, *L'Herne*-Beckett, S. 269 (zuvor erschienen in: *Comparative Literature*, XI, 1959, 3).
5 »Gesellschaft«, *Werke*, Bd. 5, S. 208.
6 *Words and Music, Play, Eh! Joe*, zweisprachige Ausgabe, Paris: Aubier-Flammarion, S. 21.
7 Moran nennt Molloy so in: »Molloy«, *Werke*, Bd. 3, S. 189.
8 Die Belacqua-Vision in »Murphy« (*Werke*, Bd. 2, S. 85f.) hat ihren Ort in der zweiten Zone von Murphys Geist, einer Zone des Halbdunkels, der Formen ohne Parallelen, eines Ortes ästhetischen Genusses.
»In der zweiten ⟨Zone⟩ waren die Formen ohne Parallelen ... Diesem System gegenüber gab es keine andere Art, in der es aus den Fugen sein konnte, es brauchte darum auch nicht korrigiert zu werden.«

9 »Wie es ist«, *Werke*, Bd. 3. S. 586f.
10 »Gesellschaft«, *Werke*, Bd. 5, S. 206.
11 Ebenda, S. 209.
12 »Mercier und Camier«, *Werke*, Bd. 2, 543f.
13 »Gesellschaft«, *Werke*, Bd. 5, S. 188.
14 »Der Namenlose«, *Werke*, Bd. 3, S. 445.
15 »Watt«, *Werke*, Bd. 2, S. 434.
16 »Murphy«, *Werke*, Bd. 2, S. 201.
17 »Texte um Nichts«, *Werke*, Bd. 4, S. 128.
18 »Das Beruhigungsmittel«, *Werke*, Bd. 4, S. 77.
19 »Watt«, *Werke*, Bd. 2, S. 465.
20 Julio Cortázar, a.a.O., S. 69.
21 Georges Bataille, »Le silence de Molloy«, *Critique*, 58, Mai 1951; dt.: »Das Schweigen Molloys«, in: *Materialien zu Samuel Becketts Romanen »Molloy«, »Malone stirbt«, »Der Namenlose«*, hg. von Hartmut Engelhardt und Dieter Mettler, Frankfurt am Main: Suhrkamp Verlag, 1976.
22 »Gesellschaft«, *Werke*, Bd. 5, S. 206.
23 »Texte um Nichts«, *Werke*, Bd. 4, S. 164.
24 »Der Namenlose«, *Werke*, Bd. 3, S. 455.
25 »Watt«, *Werke*, Bd. 2, S. 383.
26 »Wie es ist«, *Werke*, Bd. 3, S. 655.
27 »Texte um Nichts«, *Werke*, Bd. 4, S. 123.
28 »Aus einem aufgegebenen Werk«, *Werke*, Bd. 4, S. 185: »mein Körper tat sein Bestes ohne mich«.
29 »Das Beruhigungsmittel«, *Werke*, Bd. 4, S. 75.
30 »Gesellschaft«, *Werke*, Bd. 5, S. 195.
31 »Der Namenlose«, *Werke*, Bd. 3, S. 477.
32 »Mercier und Camier«, *Werke*, Bd. 2, S. 496.
33 Ebenda, S. 590.
34 Maurice Nadeau, »Occupés à mourir«, in: Dominique Nores (Hg.), *Les critiques de notre temps et Beckett*, Paris: Garnier, 1971, S. 41.
35 Gilles Deleuze, *Logique de la sensation, la vue, le texte*, Paris: Editions de la Différence, 1969, S. 11 und S. 20f.
36 »Watt«, *Werke*, Bd. 2, S. 306.
37 In *Der eingebildete Kranke*, *Troilus und Cressida* und *Goldkopf*.
38 »Watt«, *Werke*, Bd. 2, S. 310.
39 »Schluß jetzt«, *Werke*, Bd. 4, S. 192 und 195.
40 Zitiert bei Claude Mauriac, *De la littérature à l'alittérature*, Paris: Grasset, 1969, S. 29.
41 William Styron, *Sophie's Choice*, 1976; dt.: *Sophies Wahl*, München und Zürich: Droemer, 1980, S. 133.

42 Peter Brook, »Dire oui à la boue«, *L'Herne*-Beckett, S. 232ff.

43 »Man kann sagen, daß ich eine glückliche Kindheit verlebt habe, obwohl ich nicht sonderlich begabt zum Glück war. Meine Eltern taten alles, was ein Kind glücklich machen kann.« Zitiert bei Peter Erhard nach Lawrence Harvey, »Samuel Beckett, initiation du poète«, *Revue des Lettres modernes*, Nr. 100, 1964, S. 154.

44 Jules Renard, *Journal*, Paris: Gallimard, 1935, S. 861.

45 Zitiert nach Bair, a.a.O., S. 118f.

46 »Wie es ist«, *Werke*, Bd. 3, S. 644, 645.

47 »Der Namenlose«, *Werke*, Bd. 3, S. 424.

48 »Mercier und Camier«, *Werke*, Bd. 2, S. 603.

49 »Das Ende«, *Werke*, Bd. 4, S. 112.

50 »Gesellschaft«, *Werke*, Bd. 5, S. 192.

51 »Der Namenlose«, *Werke*, Bd. 3, S. 522f.

52 James Lord, *Un portrait par Giacometti*, Paris: Mazarine, 1982.

53 »Der Namenlose«, *Werke*, Bd. 3, S. 448.

54 Ebenda, S. 482.

55 Ebenda, S. 477.

56 »Wie es ist«, *Werke*, Bd. 3, S. 649.

Viertes Kapitel

1 »Watt«, *Werke*, Bd. 2, S. 424.

2 »Der Namenlose«, *Werke*, Bd. 3, S. 400.

3 »Watt«, *Werke*, Bd. 2, S. 231.

4 Ebenda, S. 252f.

5 »Alle, die da fallen«, *Werke*, Bd. 1, S. 285.

6 Siehe zum Beispiel »Mercier und Camier«, *Werke*, Bd. 2, S. 603ff.

7 Ausgabe vom 10. Juni 1954.

8 *The Sunday Times* vom 15. Juli 1973.

9 Ludovic Janvier, *Pour Samuel Beckett*, Paris: Editions de Minuit, 1966, S. 335.

10 »Das Beruhigungsmittel«, *Werke*, Bd. 4, S. 75.

11 »Wie es ist«, *Werke*, Bd. 3, S. 609.

12 »Der Namenlose«, *Werke*, Bd. 3, S. 460.

13 »Wie es ist«, *Werke*, Bd. 3, S. 591.

14 Siehe Madeleine Barthélemy-Madaule, *Lamarck ou le mythe du précurseur*, Paris: Seuil, 1979.

15 In Simone Weils *La pesanteur et la grâce*, Paris: Plon, 1948; dt.: *Schwerkraft und Gnade*, München: Kösel Verlag, 1952, S. 283f., lesen wir: »Der atheistische Gedanke *par excellence* ist der Gedanke des Fortschritts, der auf einer Leugnung des ontologischen

Experimentalbeweises beruht, denn er setzt voraus, das Mittelmäßige könne aus sich selbst das Vortreffliche erzeugen. Nun läuft aber die gesamte moderne Wissenschaft darauf hinaus, den Fortschrittsgedanken zu zerstören. Darwin hat die trügerische Vorstellung von einer inneren Entwicklung beseitigt, die sich bei Lamarck fand... Die Energetik geht von der Voraussetzung aus, daß die Energie beständig absinkt und niemals ansteigt, und dies findet sogar auf Pflanzen- und Tierleben Anwendung.«

16 »Wie es ist«, *Werke*, Bd. 3, S. 602.

17 Ludovic Janvier, *Pour Samuel Beckett*, a.a.O., S. 201.

18 »Wie es ist«, *Werke*, Bd. 3, S. 590.

19 »Molloy«, *Werke*, Bd. 3, S. 110.

20 »Wie es ist«, *Werke*, Bd. 3, S. 628.

21 Antonin Artaud, *Pour en finir avec le jugement de Dieu*, dt.: »Schluß mit dem Gottesgericht«, München: Matthes & Seitz, 1980, S. 15.

22 »Molloy«, *Werke*, Bd. 3, S. 56.

23 »Wie es ist«, *Werke*, Bd. 3, S. 700.

24 Charles Juliet, *Journal*, II, Paris: Hachette, 1979, S. 64.

25 Mircea Eliade, *Le mythe de l'éternel retour*, Paris: Gallimard, 1949; dt.: *Kosmos und Geschichte*, Frankfurt/M: Insel Verlag, 1984. In ihrem Aufsatz »Krapp un anti-Proust«, *L'Herne*-Beckett, S. 295, kommentiert Rosette C. Lamont ausführlich Krapps amouröse Bootsfahrt (»Das letzte Band«, *Werke*, Bd. 1, S. 162). Dabei stellt sie diese Passage in die Nähe von Lamartines *Le Lac* (Der See), Baudelaires *Einladung zur Reise* und des fünften Spaziergangs aus Rousseaus *Träumereien eines einsamen Spaziergängers*. Sie gelangt zu dem Schluß, daß dieser Augenblick vollkommenen Glücks, der einzig in Becketts Werk dasteht, auf einem Gefühl von Zeitlosigkeit beruht, das eher an buddhistische denn an westliche Traditionen gemahnt. Rosette C. Lamonts Argumentation ist stichhaltig. Die Diskussion bleibt offen.

26 *Wie es euch gefällt*, 2. Akt, 7. Szene; dt. nach der Schlegelschen Übersetzung.

27 André Gide, *Paludes*, dt.: *Paludes. Von der Zufälligkeit*, Stuttgart 1930, S. 45f.; siehe auch S. 57.

28 »Murphy«, *Werke*, Bd. 2, S. 7.

29 André Gide, *Paludes*, a.a.O., S. 135.

30 Ebenda, S. 122.

31 Henri Michaux, *Epreuves et exorcisme, 1940-1944*, »Le lobe à monstres«, Paris: Gallimard, 1946.

32 Ebenda, »La perche sans fin«.

33 *Arts*, 27. Januar 1953.

34 Brief an Roger Blin vom 9. Januar 1953, zitiert nach Bair, a.a.O., S. 428.
35 »Warten auf Godot«, *Werke*, Bd. 1, S. 38.
36 Vivian Mercier, *Beckett/Beckett*, New York 1977.
37 »Watt«, *Werke*, Bd. 2, S. 230.
38 Ebenda, S. 234f.
39 »Wie es ist«, *Werke*, Bd. 3, S. 608.
40 »Der Ausgestoßene«, *Werke*, Bd. 4, S. 57.
41 »Das Ende«, *Werke*, Bd. 4, S. 109.
42 »Murphy«, *Werke*, Bd. 2, S. 44.
43 »Molloy«, *Werke*, Bd. 3, S. 199
44 Ebenda, S. 34.
45 »Mercier und Camier«, *Werke*, Bd. 2, S. 594.
46 Ebenda, S. 602.
47 »Molloy«, *Werke*, Bd. 3, S. 66.
48 Ebenda, S. 48.
49 David Riesman, *The Lonely Crowd*, 1950, dt.: *Die einsame Masse*, Darmstadt und Neuwied: Luchterhand Verlag, 1956.
50 Jan Pallas, zitiert nach J.-M. Domenach, *Ce que je crois*, Paris: Grasset et Fasquelle, 1978.
51 Siehe das zweite Kapitel des vorliegenden Bandes.
52 »Der Namenlose«, *Werke*, Bd. 3, S. 477.
53 Ebenda, S. 452.
54 Henri Michaux, *Epreuves et exorcisme*, »La lettre dit encore …«, a.a.O.
55 »Der Namenlose«, *Werke*, Bd. 3, S. 478.
56 Alexander Solshenizyn, *Der Archipel Gulag*, Folgeband, Bern 1974, S. 198.
57 Der Ausdruck stammt von Olga Bernal.
58 »Molloy«, *Werke*, Bd. 3, S. 70.
59 Zitiert nach Bair, a.a.O.
60 Das berühmte »Apeiron« des Anaximander.
61 »Murphy«, »Endspiel«, »Warten auf Godot«, »Malone stirbt«.
62 Bram van Velde scheint Beckett zu paraphrasieren; siehe Anmerkung 38 des folgenden Kapitels.
63 »Texte um Nichts«, *Werke*, Bd. 4, S. 161.
64 *L'Herne*-Beckett, S. 104.
65 Richard Coe, »Les anarchistes de droite«, *Cahiers Renaud-Barrault*, Nr. 67, September 1968.
66 Robert Musil, *Der Mann ohne Eigenschaften*, Reinbek bei Hamburg: Rowohlt Verlag, 1978, S. 66.
67 »Molloy«, *Werke*, Bd. 3, S. 48f.
68 Ebenda, S. 141.

69 Columbia University Forum, Sommer 1961; zitiert nach P. Mélèse, a.a.O., S. 140.
70 »Endspiel«, *Werke*, Bd. 1, S. 134.
71 »Der Namenlose«, *Werke*, Bd. 3, S. 473.
72 Mircea Eliade, *Le profane et le sacré*, dt.: *Das Heilige und das Profane* (Auswahl), Frankfurt/M: Insel Verlag, 1984, S. 63ff.
73 »Der Namenlose«, *Werke*, Bd. 3, S. 477.
74 »Alle, die da fallen«, *Werke*, Bd. 1, S. 284.
75 »Der Namenlose«, *Werke*, Bd. 3, S. 477.
76 »Gesellschaft«, *Werke*, Bd. 5, S. 205.
77 Zitiert nach Bair, a.a.O., S. 116.
78 »Endspiel«, *Werke*, Bd. 1, S. 151.
79 Julio Cortázar, *Die geheimen Waffen*, a.a.O., »Der Verfolger«, S. 165.
80 »Molloy«, *Werke*, Bd. 3, S. 49.
81 Ebenda, S. 140.
82 »Watt«, *Werke*, Bd. 2, S. 371.
83 Ebenda, S. 375.
84 »Molloy«, *Werke*, Bd. 3, S. 74.
85 Ebenda.
86 Hugh Kenner, *Samuel Beckett. A Critical Study*, London: Calder, 1962; dt.: *Samuel Beckett. Eine kritische Studie*, München: Hanser Verlag, 1965, S. 12.
87 »Texte um Nichts«, *Werke*, Bd. 4, S. 143.
88 »Der Namenlose«, *Werke*, Bd. 3, S. 446f.
89 »Glückliche Tage«, *Werke*, Bd. 1, S. 196.
90 »Alle, die da fallen«, *Werke*, Bd. 1, S. 281.
91 »Schlecht gesehen schlecht gesagt«, *Werke*, Bd. 5, S. 227.
92 Deleuze, a.a.O., »Bacon«.
93 »Der Namenlose«, *Werke*, Bd. 3, S. 441.
94 Antonin Artaud, *Le théâtre et la science*, zitiert nach A. Virmaux, *Antonin Artaud et le théâtre*, Paris 1970.
95 »Warten auf Godot«, *Werke*, Bd. 1, S. 96.
96 »Der Ausgestoßene«, *Werke*, Bd. 4, S. 54.
97 »Das Beruhigungsmittel«, *Werke*, Bd. 4, S. 90.
98 »Wie es ist«, *Werke*, Bd. 3, S. 606.
99 »Watt«, *Werke*, Bd. 2, S. 340.
100 »Erste Liebe«, *Werke*, Bd. 4, S. 43.
101 Charles Baudelaire, *Die Blumen des Bösen*, a.a.O., »Der Tod der Liebenden«, S. 195.
102 Siehe auch das dritte Kapitel und »Malone stirbt«, *Werke*, Bd. 3, S. 303.
103 »Das Ende«, *Werke*, Bd. 4, S. 99.

104 »Warten auf Godot«, *Werke*, Bd. 1, S. 64.
105 »Endspiel«, *Werke*, Bd. 1, S. 142.
106 »Murphy«, *Werke*, Bd. 2, erstes Kapitel.
107 »Watt«, *Werke*, Bd. 2, S. 253.
108 »Wie es ist«, *Werke*, Bd. 3, S. 619.
109 »Watt«, *Werke*, Bd. 2, S. 250.
110 Walter Strauss, »Le Belacqua de Dante et les clochards de Bekkett«, a.a.O., S. 277.
111 Maurice Merleau-Ponty, *Signes*, S. 21.
112 »Texte um Nichts«, *Werke*, Bd. 4, S. 160.
113 Siehe »Murphy«, *Werke*, Bd. 2, S. 133.
114 »Wie es ist«, *Werke*, Bd. 3, S. 601.
115 »Watt«, *Werke*, Bd. 2, S. 248. Was man für einen sprachlichen Exzeß (aber mit welcher Ausdruckskraft!) halten könnte, der auf die Lektüre von *Reise ans Ende der Nacht* zurückgehen mag, wird durch Becketts gesamte große Schaffensperiode anhalten, bis hin zu *Der Namenlose* und *Wie es ist*. In der Folgezeit verknappt sich Becketts Schreiben und purifiziert sich, bis es die nahezu unerträgliche Kargheit von *Gesellschaft* und *Schlecht gesehen schlecht gesagt* erlangt.
116 »Der Verwaiser«, *Werke*, Bd. 4, S. 218.
117 Ebenda.
118 »Watt«, *Werke*, Bd. 2, S. 238.
119 Ebenda, S. 454.
120 »Texte um Nichts«, *Werke*, Bd. 4, S. 150.
121 »Der Verwaiser«, *Werke*, Bd. 4, S. 219.
122 »Alle, die da fallen«, *Werke*, Bd. 1, S. 277.
123 »Glückliche Tage«, *Werke*, Bd. 1, S. 204.
124 »Wie es ist«, *Werke*, Bd. 3, S. 607.
125 »Der Namenlose«, *Werke*, Bd. 3, S. 473.
126 Ebenda.
127 »Molloy«, *Werke*, Bd. 3, S. 180.
128 »Malone stirbt«, *Werke*, Bd. 3, S. 348.
129 »Aus einem aufgegebenen Werk«, *Werke*, Bd. 4, S. 181.
130 »Mercier und Camier«, *Werke*, Bd. 2, S. 605.
131 Paul Verlaine, *Sagesse* I, S. 8.
132 »Aus einem aufgegebenen Werk«, *Werke*, Bd. 4, S. 178.
133 Charles Juliet, *Journal*, II, a.a.O., S. 219.
134 »Flötentöne«, *Werke*, Bd. 5, S. 249.
135 Peter Brook, »Dire oui à la boue«, a.a.O., S. 234.
136 Raymond Federman, »Le bonheur chez Samuel Beckett«, *Esprit*, 7. August 1967.
137 Bernard-Henri Lévy in: *Le Matin*, 19. Januar 1982.

138 E. M. Cioran, in: *L'Herne*-Beckett, S. 101.
139 »Texte um Nichts«, *Werke*, Bd. 4, S. 138f.
140 Ruby Cohn, »Watt à la lumière du ›Château‹«, *L'Herne*-Beckett, S. 306ff.
141 »Warten auf Godot«, *Werke*, Bd. 1, S. 20.
142 »Hörspiel-Skizze II«, *Werke*, Bd. 5, S. 27-40.
143 »Um abermals zu enden«, *Werke*, Bd. 5, S. 157.
144 Alexander Solshenizyn, *Der Archipel Gulag*, Folgeband, a.a.O., S. 200.
145 Charles Juliet, *Journal* II, a.a.O., S. 159.
146 In den ersten Monaten des Jahres 1947 besuchte Antonin Artaud einige Tage vor oder nach Beckett die van-Gogh-Ausstellung in der Orangerie. Er schreibt darauf gleich seinen Essay *Van Gogh, le suicidé de la société*, Paris: Editions K, 1947; dt.: *Van Gogh, der Selbstmörder durch die Gesellschaft*, München: Matthes & Seitz, 1977. Einige Monate später, am 17. Januar 1948, hält er in Vieux-Colombier seinen Vortrag »Tête à tête«. Er stirbt am 4. März 1948.

Fünftes Kapitel

1 »Mercier und Camier«, *Werke*, Bd. 2, S. 558. Die ganze Seite ist zu lesen; es ist Becketts großes Poem über die Zeit.
2 »Das Beruhigungsmittel«, *Werke*, Bd. 4, S. 73: »Ich weiß nicht mehr, wann ich gestorben bin. Es schien mir immer, ich sei alt gestorben... Oder bin ich vielleicht in dieser Geschichte wieder zur Erde hinaufgestiegen, nach meinem Tode.«
3 In *Combat* vom 4. März 1976; zitiert nach Gérard Durozoi.
4 Milan Kundera, *Das Buch vom Lachen und Vergessen*, Frankfurt am Main: Suhrkamp Verlag, 1980.
5 William Styron, *Sophies Wahl*, a.a.O., S. 278f.
6 Ebenda, S. 257.
7 Aufgeführt auf dem Festival von Avignon im Juli 1982.
8 »Der Namenlose«, *Werke*, Bd. 3, S. 398.
9 »Texte um Nichts«, *Werke*, Bd. 4, S. 152.
10 »Schlecht gesehen schlecht gesagt«, *Werke*, Bd. 5, S. 235.
11 »Glückliche Tage«, *Werke*, Bd. 1, S. 199f.
12 André Malraux während einer Fernsehsendung.
13 Charles Juliet, *Journal*, II, a.a.O., S. 62.
14 »Watt«, *Werke*, Bd. 2, S. 263.
15 »Alle, die da fallen«, *Werke*, Bd. 1, S. 282f.
16 *Analytic Psychology, its Theory and Practice*, New York: Parthenon Books, 1968.

17 Bair, a.a.O., S. 177f. und S. 208-210.

18 Anspielung auf Jungs Schema: die verschiedenen Sphären des Bewußtseins, die immer dunkler werden, bis sie einen winzigen schwarzen Kreis im Zentrum erreichen, das individuelle und kollektive Unbewußte.

19 *Esprit*, Nr. 9, 1981, »Librairie du mois«, S. 148.

20 »Der Namenlose«, *Werke*, Bd. 3, S. 478.

21 »Watt«, *Werke*, Bd. 2, S. 450.

22 »Wie es ist«, *Werke*, Bd. 3, S. 646.

23 »Aus einem aufgegebenen Werk«, *Werke*, Bd. 4, S. 184.

24 Siehe dazu »Der Namenlose«, *Werke*, Bd. 3, S. 565f.

25 »Watt«, *Werke*, Bd. 2, S. 336.

26 »Gesellschaft«, *Werke*, Bd. 5, S. 203f.

27 Margherita S. Frankel, »Beckett et Proust, le triomphe de la parole«, *L'Herne*-Beckett, S. 281.

28 Hier noch ein weiteres Beispiel aus »Texte um Nichts«, *Werke*, Bd. 4, S. 153: »Wen habe ich nur so schwer beleidigen können, daß ich auf diese unbegreifliche Weise bestraft werde...?«

29 »Der Namenlose«, *Werke*, Bd. 3, S. 454.

30 Ebenda, S. 462.

31 »Wie es ist«, *Werke*, Bd. 3, S. 609.

32 *Incipit*, a.a.O., S. 144.

33 *Fictions*, S. 127.

34 Ebenda, S. 59 und 75.

35 »Der Namenlose«, *Werke*, Bd. 3, S. 484.

36 Georges Bataille, »Le silence de Molloy«, a.a.O. Seit der Arbeit an *Proust* gab Beckett zu verstehen, daß die einzig fruchtbare Suche das Bohren, das Eintauchen, die Kontraktion des Geistes, der Abstieg sei. Der Künstler ist aktiv, aber in einem negativen Sinne; er weicht vor der Nichtigkeit der äußeren Erscheinungen zurück, weil ihn der Strudel anzieht.

37 Maurice Merleau-Ponty, *Signes*, S. 21.

38 Vergleiche das vierte Kapitel.

39 E. Levinas, *De Dieu qui vient à l'idée*, Paris: Vrin; insbesondere »Dieu et la philosophie«, S. 108-115.

40 Eines Tages sagte Bram van Velde zu Charles Juliet: »Descartes hat sich geirrt. Er hätte sagen sollen: ›Ich denke, also breche ich zusammen‹.« *Journal*, II, a.a.O., S. 173.

41 »Gesellschaft«, *Werke*, Bd. 5, S. 183.

42 »Der Namenlose«, *Werke*, Bd. 3, S. 428.

43 Bernard Dort, »Théâtre public, a.a.O., S. 266.

44 T. F. Driver, Columbia University Forum, Sommer 1961; zitiert nach P. Mélèse, a.a.O.

45 *Esprit*, April 1978, Aufsatz von Albert Jakulowicz.
46 *L'Herne*-Beckett, S. 163.
47 »Um abermals zu enden«, *Werke*, Bd. 5.
48 »Nicht ich«, *Werke*, Bd. 1.
49 »Texte um Nichts«, *Werke*, Bd. 4, S. 159.
50 »Das Ende«, *Werke*, Bd. 4, S. 119.

Zweiter Teil

Das Leben

1 Deirdre Bair.
2 Deirdre Bair gibt eine weitaus romanhaftere, aber falsche Darstellung dieser Begebenheit.
3 Beckett und seine Frau haben den Weg von Lyon nach Roussillon nicht zu Fuß zurückgelegt, wie Deirdre Bair behauptet, wobei sie nachts marschiert seien und tagsüber in Mühlen geschlafen hätten.

Das Werk Samuel Becketts

1 Man vervollständige diese Analyse von Watt durch die Darstellung im fünften Kapitel, Abschnitt IV.
2 Derselbe Hinweis wie unter Anmerkung 1.
3 Desgleichen.
4 Eine umfassendere Analyse findet sich im zweiten Kapitel.
5 *Der Namenlose* wurde bereits in Abschnitt IV des fünften Kapitels analysiert.
6 Zu *Endspiel* siehe Abschnitt III des zweiten Kapitels.
7 Siehe Abschnitt IV des fünften Kapitels, letzter Unterabschnitt.
8 Zu *Glückliche Tage* siehe auch das zweite Kapitel.
9 Diese Information von Deirdre Bair hat Samuel Beckett dementiert.

BIBLIOGRAPHIE

Diese Bibliographie erhebt keinen Anspruch auf Vollständigkeit. Weitergehende Informationen findet der Leser in dem Buch von Raymond Federman und John Fletcher: *Samuel Beckett, His Works and His Critics*, Berkeley: California University Press, 1970.

Essays

In englischer Sprache

»Dante... Bruno. Vico. Joyce«, in: *Our Examination Round His Factification For Incamination of Work in Progress*, Paris: Shakespeare and Co., 1929; New York: Faber & Faber, 1936 und 1961.

Proust, London: Chatto & Windus, 1931, New York: Grove Press, 1957; London: Calder, 1958; dt.: *Proust*, Zürich 1960.

»Three Dialogues«, drei Gespräche zwischen Beckett und George Duthuit über das Werk von Tal Coat (I), Masson (II) und Bram van Velde (III), *transition fourty nine*, Nr. 5 (Dezember 1949).

»Fourteen Letters«, vierzehn Briefe von Beckett an Alan Schneider anläßlich der Inszenierung von *Endspiel* in New York, *The Village Voice*, New York, 15. März 1958.

In französischer Sprache

»La peinture des Van Velde ou le Monde et le Pantalon«, *Cahiers d'art*, Paris, 1945-1946, S. 349-356.

»Peintres de l'empêchement«, über Bram und Geer van Velde, *Derrière le miroir*, 1948/11-12, S. 3, 4 und 7.

»Hommage à Jack B. Yeats«, *Les Lettres nouvelles*, 1954/14 (April), S. 619-620.

»Henri Hayden, homme peintre«, *Documents* 1955/22.

Gedichte

In englischer Sprache

Whoroscope, Gedicht von 98 Zeilen Länge mit Anmerkungen, Paris: The Hours Press, 1930; wiederabgedruckt in *Poems in English*, London: John Calder, 1961; New York: Grove Press, 1963.

Echo's Bones and Other Precipitates, Paris: Europa Press, 1935; dt.: »Echos Gebein«, aus dem Englischen von Eva Hesse, in: Samuel Beckett, *Gedichte*, Wiesbaden: Limes Verlag, 1958.

»Seven Poems by Paul Eluard«, Übersetzung in: Thorn of Thunder Reavy, 1936.

In französischer Sprache

»Poèmes, 1937-1939«, *Les Temps modernes*, Nr. 14, 1946; dt.: »Gedichte 1937-1939«, aus dem Französischen von Elmar Tophoven, in: Samuel Beckett, *Gedichte*, Wiesbaden: Limes Verlag, 1958.

Poèmes, Paris: Editions de Minuit, 1968; enthält: »Poèmes 1937-1939« und »Poèmes 1947-1949« (dt.: »Gedichte 1947-1949«, aus dem Französischen von Elmar Tophoven, in: Samuel Beckett, *Gedichte*, Wiesbaden: Limes Verlag, 1958); wiederaufgenommen in *Poèmes et Mirlitonnades*, Paris: Editions de Minuit, 1978.

Romane und Erzählungen

In englischer Sprache

»Assumption«, Erzählung, *transition* 16-17, Juni 1929; wiederabgedruckt in: *transition Workshop*, New York 1949.

Dream of Fair to Middling Women, unveröffentlichtes Manuskript.

»Sedendo et Quiesciendo« (sic), Erzählung, *transition* 21, März 1932.

»Text«, Prosafragment, *New Review* II/5, April 1932.

»Dante and the Lobster«, Erzählung, *This Quarter*, Paris, Dezember 1932; in überarbeiteter Form wiederabgedruckt in *More Pricks Than Kicks*; dt.: »Dante und der Hummer«, aus dem Englischen von Elmar Tophoven, in: Samuel Beckett, *Werke*, Bd. 1-5, Frankfurt/M: Suhrkamp Verlag, 1976-1986, Bd. 4, S. 5-20.

More Pricks Than Kicks, zehn Erzählungen, London: Chatto & Windus, 1934; nicht im Handel erhältliche hektographierte Sonderausgabe 1966 bei Calder & Boyars, London.

»Case in a Thousand«, Erzählung, *The Bookman*, London, 86/515, August 1934.

Murphy, Roman, London: Routledge, 1938; New York: Grove Press, 1957; London: Calder, 1963; vom Autor in Zusammenarbeit mit Alfred Péron ins Französische übersetzt, Paris: Bordas, 1947; Paris: Editions de Minuit, 1953; dt.: »Murphy«, aus dem Englischen von Elmar Tophoven, *Werke*, Bd. 2, S. 5-207.

Watt, Roman, Paris: Olympia Press, 1953 und 1958; New York: Grove Press, 1959; London: Calder, 1963; in Zusammenarbeit mit dem Autor ins Französische übersetzt von Ludovic und Agnès Janvier, Paris: Editions de Minuit, 1968; dt.: »Watt«, aus dem Englischen von Elmar Tophoven, *Werke*, Bd. 2, S. 209-475.

In französischer Sprache

»Suite«, Erzählung, *Les Temps modernes*, 10, Juli 1946.

»L'expulsé«, Erzählung, *Fontaine*, X/57, 1946-1947; dt.: »Der Ausgestoßene«, aus dem Französischen von Elmar Tophoven, *Werke*, Bd. 4, S. 51-69.

Molloy, Roman, Paris: Editions de Minuit, 1951; Paris: Union Générale d'Editions, 1963 (Taschenbuchreihe 10/80); ins Englische übersetzt von Patrick Bowles und dem Autor, Paris: Collection Merlin, 1955; New York: Grove Press, 1955; dt.: »Molloy«, aus dem Französischen von Erich Franzen, *Werke*, Bd. 3, S. 5-243.

Malone meurt, Roman, Paris: Editions de Minuit, 1951; vom Autor ins Englische übersetzt, *Malone Dies*, New York: Grove Press, 1956; London: Calder, 1958; dt.: aus dem Französischen von Elmar Tophoven, *Werke*, Bd. 3, S. 245-394.

L'Innommable, Roman, Paris: Editions de Minuit, 1953; vom Autor ins Englische übersetzt, *The Unnamable*, New York: Grove Press, 1956; London: Calder, 1959 (zusammen mit *Molloy* und *Malone Dies*; dt.: »Der Namenlose«, aus dem Französischen von Elmar Tophoven, *Werke*, Bd. 3, S. 395-566.

Nouvelles et textes pour rien, Paris: Editions de Minuit, 1955 und 1958 (mit Illustrationen von Avigdor Arikha); enthält die drei Erzählungen »L'expulsé«, »Le calmant« und »La fin« sowie dreizehn »Textes pour rien«, die zuvor in *Le Monde nouveau*, in *Paru* (zwei Texte) und in *Les Lettres nouvelles*, Mai 1953, (drei Texte) erschienen waren; vom Autor ins Englische übersetzt (»L'expulsé« und »La fin« in Zusammenarbeit mit Richard Seaver), New York: Grove Press, 1957; dt.: aus dem Französischen von Elmar Tophoven, »Der Ausgestoßene«, *Werke*, Bd. 4, S. 53-69; »Das Beruhigungsmittel«, *Werke*, Bd. 4, S. 71-92; »Das Ende«, *Werke*, Bd. 4, S. 93-119; »Texte um Nichts«, *Werke*, Bd. 4, S. 121-172.

Comment c'est, Roman, Paris: Editions de Minuit, 1961; in Auszügen vorab veröffentlicht in *L VII*, Brüssel, 1, Sommer 1960; vom Autor ins Englische übersetzt, *How It Is*, New York: Grove Press, 1964; London: Calder, 1964; London: Faber & Faber, 1964; dt.: »Wie es ist«, aus dem Französischen von Elmar Tophoven, *Werke*, Bd. 3, S. 567-707.

»Imagination morte imaginez«, Text, *Les Lettres nouvelles*, Oktober-November 1965; Paris: Editions de Minuit, 1965; wiederabgedruckt in *Têtes mortes*, Paris: Editions de Minuit, 1967; vom Autor ins Englische übersetzt, »Imagination Dead Imagine«, *Evergreen Review*, 39, Februar 1966; wiederabgedruckt in *No's Knife*, London: Calder, 1967; dt.: »Ausgeträumt träumen«, aus dem Französischen von Elmar Tophoven, *Werke*, Bd. 4, S. 199-204.

Assez, Text, in limitierter Auflage, Paris: Editions de Minuit, 1966; auch *La Quinzaine littéraire*, 1, 1.-15. April 1966; wiederabgedruckt in *Têtes mortes*, Paris: Editions de Minuit, 1967; vom Autor ins Englische übersetzt, »Enough«, *No's Knife*, London: Calder, 1967; dt.: »Schluß jetzt«, aus dem Französischen von Elmar Tophoven, *Werke*, Bd. 4, S. 189-198.

Bing, Text, in limitierter Auflage, Paris: Editions de Minuit, 1966; wiederabgedruckt in *Têtes mortes*, Paris: Editions de Minuit, 1967; vom Autor ins Englische übersetzt, »Ping«, *Encounter*, London, 28/2, Februar 1967; wiederabgedruckt in *No's Knife*; London: Calder, 1967; dt.: »Bing«, aus dem Französischen von Elmar Tophoven, *Werke*, Bd. 4, S. 205-209.

Sans, Text, in limitierter Auflage, Paris: Editions de Minuit, 1969; zuvor erschienen in: *La Quinzaine littéraire*, 82, 1.-15. November 1969; vom Autor ins Englische übersetzt, *Lessness*, London: Calder, 1969; dt.: »Losigkeit«, aus dem Französischen von Elmar Tophoven, *Werke*, Bd. 4, S. 239-245.

Le dépeupleur (Entwurf 1966), Paris: Editions de Minuit, 1970 (offiziell 1971); vom Autor ins Englische übersetzt, *The Lost Ones*, London: Calder, 1972; New York: Grove Press, 1972; dt.: »Der Verwaiser«, aus dem Französischen von Elmar Tophoven, *Werke*, Bd. 4, S. 211-238.

Premier amour, Erzählung, entstanden 1945-1946, Paris: Editions de Minuit, 1970; vom Autor ins Englische übersetzt, *First Love*, London: Calder, 1973; dt.: »Erste Liebe«, aus dem Französischen von Elmar Tophoven, *Werke*, Bd. 4, S. 23-49.

Mercier et Camier, Roman, entstanden 1946-1947, Paris: Editions de Minuit, 1970; vom Autor ins Englische übersetzt, *Mercier and Camier*, London: Calder, 1974; New York: Grove Press, 1974; dt.: »Mercier und Camier«, aus dem Französischen von Elmar Tophoven, *Werke*, Bd. 2, S. 477-612.

Texte oder Textsammlungen in englischer oder französischer Sprache, deren Entstehungsdaten unsicher sind

Têtes mortes, Paris, Editions de Minuit, 1967; enthält die französische Übersetzung von »From an Abandoned Work«, »Assez«, »Imagination morte imaginez« und »Bing«; dt.: »Residua«, (»Schluß jetzt«, »Ausgeträumt träumen« und »Bing«), aus dem Französischen von Elmar Tophoven, *Werke*, Bd. 4, S. 187-209, sowie »Aus einem aufgegebenen Werk«, aus dem Englischen von Elmar Tophoven, *Werke*, Bd. 4, S. 173-185.

»Foirade I« (entstanden in den fünfziger Jahren), *Minuit*, Nr. 1, November 1972; dt. siehe *Pour finir encore et autres foirades*.

»Foirade II« und »Foirade III« (entstanden in den fünfziger Jahren), *Minuit*, Nr. 2, und *Minuit*, Nr. 4, Mai 1974; dt.: siehe *Pour finir encore et autres foirades*.

»Foirade IV« (fünfziger Jahre) und »Foirade V« (sechziger Jahre), *Minuit*, Nr. 4, Mai 1974; dt.: siehe *Pour finir encore et autres foirades*.

Pour finir encore (siebziger Jahre) und *Immobile* (siebziger Jahre), Paris: Editions de Minuit, 1976 (Luxusausgabe); dt.: siehe *Pour finir encore et autres foirades*.

Pour finir encore et autres foirades, Paris: Editions de Minuit, 1976; umgruppiert: »Pour finir encore«, »Immobile«, »Foirades I, II, III, IV«, »Au loin d'un oiseau«, »se voir«; dt.: »Um abermals zu enden«, aus dem Französischen und Englischen (»Still«) von Elmar Tophoven, *Werke*, Bd. 5, S. 155-175 (»Er ist barhäuptig«, »Horn kam immer nachts«, »In der Ferne ein Vogel«, »Ich gab auf, ehe ich geboren wurde«, »Auswegloser Ort«, »Alte Erde, genug gelogen«, »Still«, »Um abermals zu enden«).

Company, London: Calder, 1980; vom Autor ins Französische übersetzt, *Compagnie*, Paris: Editions de Minuit, 1980; dt.: »Gesellschaft«, aus dem Englischen von Elmar Tophoven, *Werke*, Bd. 5, S. 177-209.

Mal vu mal dit, in Französisch geschrieben, Paris: Editions de Minuit, 1981; dt.: »Schlecht gesehen schlecht gesagt«, aus dem Französischen von Elmar Tophoven, *Werke*, Bd. 5, S. 211-239.

Theater

In französischer Sprache

»Eleutheria«, Stück in drei Akten, unveröffentlicht.

Warten auf Godot, Stück in zwei Akten, Paris: Editions de Minuit, 1952; vom Autor ins Englische übersetzt, *Waiting for Godot*, New York: Grove Press, 1954; London: Faber & Faber, 1956 und 1965; dt.: »Warten auf Godot«, aus dem Französischen von Elmar Tophoven, *Werke*, Bd. 1, S. 9-99.

Fin de partie suivie de *Acte sans paroles I*, Stück in einem Akt und Pantomime, Paris: Editions de Minuit, 1957; vom Autor ins Englische übersetzt, *Endgame*, London: Faber & Faber, 1958; New York: Grove Press, 1958; dt.: »Endspiel«, aus dem Französischen von Elmar Tophoven, *Werke*, Bd. 1, S. 101-151; »Akt ohne Worte 1«, aus dem Französischen von Elmar Tophoven, *Werke*, Bd. 1, S. 333-339.

»Acte sans paroles II«, erschienen in: *Comédie et actes divers*, Paris: Editions de Minuit, 1963; dt.: »Akt ohne Worte 2«, aus dem Französischen von Elmar Tophoven, *Werke*, 1, S. 341-345.

»Catastrophe«, Stück in einem Akt; aufgeführt auf dem Festival von Avignon 1982; veröffentlicht in *Catastrophe et autres dramaticules*, Paris: Editions de Minuit, 1982; dt.: »Katastrophe«, aus dem Französischen von Elmar Tophoven, *Werke*, Bd. 5, S. 123-130.

In englischer Sprache

»Krapp's Last Tape«, Stück in einem Akt, *Evergreen Review*, New York, 2/5, Sommer 1958; *Krapp's Last Tape and Embers*, London: Faber & Faber, 1959; dt.: »Das letzte Band«, aus dem Englischen von Erika und Elmar Tophoven, *Werke*, Bd. 1, S. 153-165.

Happy Days, Stück in zwei Akten, New York: Grove Press, 1961; London: Faber & Faber, 1963; vom Autor ins Französische übersetzt, *Oh! les beaux jours*, Paris: Editions de Minuit, 1963; dt.: »Glückliche Tage«, aus dem Englischen von Erika und Elmar Tophoven, *Werke*, Bd. 1, S. 167-207.

Play, Stück in einem Akt, London: Faber & Faber, 1964; New York: Grove Press, 1968; vom Autor ins Französische übersetzt, »Comédie«, in: *Comédie et actes divers*, Paris: Editions de Minuit, 1966; dt.: »Spiel«, aus dem Englischen von Erika und Elmar Tophoven, *Werke*, Bd.1, S. 209-225.

Not I, Stück in einem Akt, London: Faber & Faber, 1971; vom Autor ins Französische übersetzt, »Pas moi«, in: *Oh! les beaux jours* suivi de *Pas moi*, Paris: Editions de Minuit, 1978; dt.: »Nicht ich«, aus dem Englischen von Erika und Elmar Tophoven, *Werke*, Bd. 1, S. 237-247.

»Footfalls«, Stück in einem Akt, vom Autor ins Französische übersetzt, »Pas«, in: *Pas* suivi de *Quatre esquisses*, Paris: Editions de Minuit, 1978; dt.: »Tritte«, aus dem Englischen von Erika und Elmar Tophoven, *Werke*, Bd. 5, S. 53-60.

»That Time«, Stück in einem Akt, vom Autor ins Französische übersetzt, »Cette fois«, in: *Catastrophe et autres dramaticules*, Paris: Editions de Minuit, 1982; dt.: »Damals«, aus dem Englischen von Elmar Tophoven, *Werke*, Bd. 5, S. 41-51.

»A Piece of Monologue«, Stück in einem Akt, vom Autor ins Französische übersetzt, »Solo«, in: *Catastrophe et autres dramaticules*, Paris: Editions de Minuit, 1978; dt.: »Ein Stück Monolog«, aus dem Englischen von Erika und Elmar Tophoven, *Werke*, Bd. 5, S. 115-122.

»Rockaby«, Stück in einem Akt, vom Autor ins Französische übersetzt, »Berceuse«, in: *Catastrophe et autres dramaticules*, Paris: Editions de Minuit, 1978; dt.: »Rockaby«, aus dem Englischen von Erika und Elmar Tophoven, *Werke*, Bd. 5, S. 97-108.

Kino – Radio – Fernsehen

All That Fall, Hörspiel, London: Faber & Faber, 1957; dt.: »Alle, die da fallen«, aus dem Englischen von Erika und Elmar Tophoven, *Werke*, Bd. 1, S. 251-287.

Embers, Hörspiel, London: Faber & Faber, 1959; ins Französische übersetzt von Pierre Leyris und dem Autor, »Cendres«, *Les Lettres nouvelles*, 36, 1959; in: *La dernière bande* suivi de *Cendres*, Paris: Editions de Minuit, 1959; dt.: »Aschenglut«, aus dem Englischen von Erika und Elmar Tophoven, *Werke*, Bd. 1, S. 289-305.

»Words and Music«, Hörspiel, Musik von John Beckett, *Evergreen Review*, VI/27, 1962; vom Autor ins Französische übersetzt, »Paroles et Musique«, in: *Comédie et actes divers*, Paris: Editions de Minuit, 1966; dt.: »Worte und Musik«, aus dem Englischen von Erika und Elmar Tophoven, *Werke*, Bd. 1, S. 307-317.

»Cascando«, Hörspiel in französischer Sprache, Musik von Marcel Mihalovici, in: *Comédie et actes divers*, Paris: Editions de Minuit, 1966; vom Autor ins Englische übersetzt, »Cascando«, in: *Evergreen Review*, VI/30, 1963; dt.: »Cascando«, aus dem Französischen von Elmar Tophoven, *Werke*, Bd. 1, S. 319-330.

Film, Filmdrehbuch in englischer Sprache von Samuel Beckett, Regie Alan Schneider, mit Buster Keaton, London: Faber & Faber, 1967; dt.: »Film«, aus dem Englischen von Erika und Elmar Tophoven, *Werke*, Bd. 1, S. 347-365.

»Eh Joe«, Fernsehspiel, *Evergreen Review*, 63, 1969; vom Autor ins Französische übersetzt, »Dis, Joe«, *Arts*, Nr. 15, Paris, Januar 1966; danach in: *Comédie et actes divers*, Paris: Editions de Minuit, 1966; dt.: »He, Joe«, aus dem Englischen von Erika und Elmar Tophoven, *Werke*, Bd. 1, S. 367-380.

»Ghost trio. A play for television, London: Faber & Faber, 1977; dt.: »Geister-Trio«, aus dem Englischen von Erika und Elmar Tophoven, *Werke*, Bd. 5, S. 79-88.

... but the clouds ... (Fernsehspiel), London: Faber & Faber, 1977; dt.: »... nur noch Gewölk ...«, aus dem Englischen von Erika und Elmar Tophoven, *Werke*, Bd. 5, S. 89-95.

Square (Fernsehspiel, entstanden 1981), dt.: »Quadrat« (Erstsendung 1981), aus dem Englischen von Elmar Tophoven, *Werke*, Bd. 5, S. 131-135.

Nacht und Träume (englisch, Fernsehspiel, entstanden 1983), dt.: »Nacht und Träume« (Erstsendung 1983), aus dem Englischen von Elmar Tophoven, *Werke*, Bd. 5, S. 137-140.

Quoi où, Paris: Editions de Minuit, 1984; dt.: »Was wo«, aus dem Französischen von Elmar und Jonas Tophoven, *Werke*, Bd. 5, S. 141-151.

Kritische Anmerkung zur Beckett-Kritik

Das Buch von Ludovic Janvier (*Pour Samuel Beckett*, 1966) wurde seinerzeit von den Kritikern als eine Summe der Beckett-Forschung begrüßt. Dennoch wurde es von Jean-Marie Domenach heftig angegriffen, der in *Le retour du tragique* (1967) eine der tiefschürfendsten Analysen der Beckettschen Welt geboten hat. Er warf Ludovic Janvier vor, Beckett in Stücke zu zerlegen, wenn er ihn auf ein Spiel von Themen und Strukturen reduziere. Für J.-M. Domenach steht Beckett, aus der Sicht der sechziger Jahre, im Zentrum der zeitgenössischen Tragödie. Auf einem Dutzend Seiten (in *Théâtre et combat*, 1970) hat der verstorbene Gilles Sandier, der seine Arbeit sehr viel unmittelbarer und umfassender am Theater ausrichtete, die brillante Skizze eines geplanten Buches geliefert, eines Buches über einen Autor, der ihn faszinierte und irritierte. Man braucht nur einmal die Bibliographie der Literatur über Samuel Beckett zu überfliegen, um festzustellen, daß dem Theater darin der Löwenanteil zufällt. Dennoch mag es sehr wohl sein, daß die Bücher, die sich vom Romanwerk inspirieren lassen, die reicheren und tieferen sind. Die neueren Bücher von Olga Bernal und Vivian Mercier setzen hier neue Maßstäbe. Jeder eifrige Leser des Beckettschen Werkes wird die gewaltigen und fortwährenden Anstrengungen der angelsächsischen Beckett-Kritik zu würdigen wissen. Dennoch ist keines dieser Bücher ins Französische übersetzt worden, mit Ausnahme der immerhin doch recht angreifbaren Biographie von Deirdre Bair. Doch kein Sammelband in Frankreich, der nicht den einen oder anderen dieser hochkarätigen Beckett-Spezialisten heranzöge: Ruby Cohn, John Fletcher, Hugh Kenner, Rosette C. Lamont, Margherita S. Frankel, Ross Chambers oder Richard Coe. Dominique Nores hat eine Anthologie mit Beiträgen von Beckett-Kritikern zusammengestellt (*Les critiques de notre temps et Beckett*, Paris: Garnier, 1971), die für Frankreich dasselbe leistet wie die bemerkenswerte Zusammenstellung von Martin Esslin in der Sammlung »Twentieth Century Views« der Yale University (1965).

Monographien zu Beckett

Bair, Deirdre, *Samuel Beckett. A Biography*, London: Jonathan Cape, 1978.

Bernal, Olga, *Langage et fiction dans le roman de Beckett*, Paris: Gallimard, 1969.

Birkenhauer, Klaus, *Samuel Beckett in Selbstzeugnissen und Bilddokumenten*, Reinbek bei Hamburg: Rowohlt Verlag, 1971.

Breuer, Horst, *Beckett. Lernpsychologie und leibliche Determination*, München 1972.

Calder, John, *Beckett at Sixty*, London 1967.

Cohn, Ruby, *Samuel Beckett, the Comic Gamut*, New Brunswick 1962.

Ders., *Back to Samuel Beckett*, New York 1973.

Ders., *Just Play, Beckett's Theater*, Princeton 1980.

Configuration critique, *Samuel Beckett*, Paris: Minard-Lettre Modernes, 1964.

Copeland, Hannah, *Artaud the Artist in the Works of Samuel Beckett*, Den Haag: Mouton, 1975.

Croussy, Guy, *Samuel Beckett*, Paris: Hachette, 1971.

Delye, Huguette, *Samuel Beckett ou la philosophie de l'absurde*, Aix-en-Provence: La Pensée universitaire, 1960.

Duckworth, Colin, *Angels of Darkness. Dramatic Effects in Samuel Beckett*, London 1972.

Durozoi, Gérard, *Beckett*, Paris: Bordas, 1972.

Erhard, Peter, *Anatomie de Samuel Beckett*, Zürich: Poly 6, 1976.

Federman, Raymond, *Journey to Chaos: Samuel Beckett's Early Fiction*, Berkeley: California University Press, 1965.

Fletcher, John, *The Novels of Samuel Beckett*, London 1964.

Ders. und John Spurling, *Samuel Beckett, a Study of His Plays*, New York 1972.

Foucre, Michèle, *Le geste et la parole dans le théâtre de Beckett*, Paris 1970.

Friedman, Melvin, *Samuel Beckett, Now*, Chicago 1970.

Gessner, Nikolaus, *Die Unzulänglichkeit der Sprache*, Zürich: Juris Verlag, 1957 (erstes vollständig Beckett gewidmetes Buch).

Harvey, Laurence E., *Samuel Beckett, Poet and Critic*, Princeton 1970.

L'Herne-Beckett. Sondernummer der *Cahiers de l'Herne*, die gänzlich Beckett gewidmet ist; herausgegeben von Tom Bishop und Raymond Federman; von erstrangiger Bedeutung; insbesondere die Aufsätze von E. M. Cioran, Erika Ostrovsky, Olga Bernal, Peter Brook, Renée Riese Hubert, Jean-Marie Magnan, Walter Strauss, Margherita S. Frankel, Rosette C. Lamont und Ruby Cohn; Paris 1976.

Janvier, Ludovic, *Pour Samuel Beckett*, Paris: Editions de Minuit, 1966.

Ders., *Beckett par lui-même*, Paris: Seuil, 1969.

Kenner, Hugh, *Samuel Beckett, a Critical Study*, London: Calder, 1962; dt.: *Samuel Beckett. Eine kritische Studie*, aus dem Englischen von Urs Jenny, München: Hanser Verlag, 1965.

Maciel, Luis Carlos, *Samuel Beckett e a solidao humàna*, 1959.

Marissel, André, *Samuel Beckett*, Paris: PUF, 1968.
Mélèse, Pierre, *Samuel Beckett*, »Théâtre de tous les temps«, Paris: Seghers, 1966.
Mercier, Vivian, *Beckett/Beckett*, New York 1977.
Oliva, Renato, *Samuel Beckett, primo del silenzio*, Mailand 1967.
Onimus, Jean, *Samuel Beckett*, darin: Desclées de Brouwer, »Les écrivains devant Dieu«, Paris 1968.
Pronko, L., *Avant-garde: The Experimental Theater in France*, Berkeley: California University Press, 1962.
Robinson, Michael, *The Long Sonata of the Death*, London 1969.
Schoell, Konrad, *Das Theater Samuel Becketts*, München: W. Fink, 1967.
Taglia, Ferri Aldo, *Beckett e l'iper-determinazione letteraria*, Mailand 1967.

Bücher mit Abschnitten über Beckett

Aragon, L., *Je n'ai jamais appris à écrire ou les Incipit*, Genf: Skira, 1969.
Blanchot, M., *Le livre à venir*, Paris: Gallimard, 1959; dt.: *Der Gesang der Sirenen. Essays zur modernen Literatur*, Frankfurt am Main und Berlin: Ullstein Verlag, 1982.
Corvin, M., *Le nouveau théâtre en France*, Paris: PUF, 1963.
Domenach, J.-M., *Le retour du tragique*, Paris: Seuil, 1967 und 1972.
Dort, B., *Théâtre public*, Paris: Seuil, 1967.
Esslin, M., *The Theater of the Absurd*, 1961; dt.: *Das Theater des Absurden*, Frankfurt am Main: Athenäum, 1964.
Mauriac, C., *L'alittérature contemporaine*, Paris: Albin Michel, 1970.
Nadeau, M., *Le roman français depuis la guerre*, Paris: Gallimard, 1970.
Poirot-Delpech, B., *Au soir le soir*, Paris: Mercure de France, 1969.
Roy, C., *Théâtre d'aujourd'hui*, Paris: Julliard, 1972.
Sandier, G., *Théâtre et combat*, Paris: Stock, 1970.
Simon, A., *Les signes et les songes*, Paris: Seuil, 1976.
Théâtre Moderne II. Depuis la deuxième guerre mondiale, Paris: CNRS, 1967.

ZEITSCHRIFTENAUFSÄTZE

Bataille, G., »Le silence de Molloy«, *Critique*, 58, Mai 1951; dt.: »Das Schweigen Molloys«, in: *Materialien zu Samuel Becketts Romanen »Molloy«, »Malone stirbt«, »Der Namenlose«*, hg. von Hartmut Engelhardt und Dieter Mettler, Frankfurt am Main: Suhrkamp Verlag, 1976.

Bernal, O., »Le glissement hors du langage«, *Cahiers de l'Herne*, 31, 1976.

Blanchot, M., »Où maintenant? Qui maintenant?«, *Nouvelle Revue Française*, 1953, 10.

Brook, P. »Dire oui à la boue«, *Cahiers de l'Herne*, 31, 1976.

Chambers, R., »Beckett, homme des situations limites«, *Cahiers Renaud-Barrault*, 44, Oktober 1963.

Cioran, E. M., »L'horreur d'être né«, *Le Monde*, 15. Juni 1970.

Cixous, H., »Une Passion, l'un peu moins que rien«, *Cahiers de l'Herne*, 31, 1976.

Coe, R., »Le dieu de Beckett«, *Cahiers Renaud-Barrault*, 44, Oktober 1963.

Ders., »Les anarchistes de droite«, *Cahiers Renaud-Barrault*, 44, Oktober 1963.

Cohn, R., »Watt à la lumière du ›Chateau‹«, *Cahiers de l'Herne*, 31, 1976.

D'Aubarède, G., »En attendant Beckett«, *Les Nouvelles littéraires*, 16. Februar 1961.

Dort, B., »Beckett populaire«, *Le Monde*, 17. Mai 1981.

Federman, R., »Le bonheur chez Samuel Beckett«, *Esprit*, 7. August 1967.

Fletcher, J., »Ecrivain bilingue«, *Cahiers de l'Herne*, 31, 1976.

Frankel, M. S., »Beckett et Proust, le triomphe de la parole«, *Cahiers de l'Herne*, 31, 1976.

Gresset, M., »Le parce que chez Faulkner et le donc chez Beckett«, *Les Lettres nouvelles*, 1961, 11.

Ders., »Création et cruauté chez Beckett«, *Tel Quel*, 15; dt.: »Schöpfung und Grausamkeit bei Beckett«, in: *Materialien zu Samuel Becketts Romanen »Molloy«, »Malone stirbt«, »Der Namenlose«*, hg. von Hartmut Engelhardt und Dieter Mettler, Frankfurt am Main: Suhrkamp Verlag, 1976.

Janvier, L., »Le lieu du retrait de la blancheur de l'écho«, *Critique*, 237.

Jouffroy, A., »Silence, s'il vous plaît«, *Les Lettres françaises*, 22. Januar 1969.

Lamont, R. C., »Krapp, un anti-Proust«, *Cahiers de l'Herne*, 31, 1976.

Magnan, J. M., »Les chaînes et relais du néant«, *Cahiers de l'Herne*, 31, 1976.
Mayoux, J. J., »Samuel Beckett, homme de théâtre«, *Livres de France*, Januar 1967.
Nadeau, M., »La dernière tentative de Beckett«, *Les Lettres nouvelles*, Juli 1953.
Nores, D., »Une nouvelle voix dans le théâtre de Beckett«, *Les Lettres nouvelles*, 2. März 1964.
Ostrovsky, E., »Le silence de Babel«, *Cahiers de l'Herne*, 31, 1976.
Piatier, J., »Une inhumaine comédie, le Dépeupleur«, *Le Monde*, 12. Januar 1971.
Pingaud, B., »Molloy«, *Esprit*, September 1951.
Ders., »Molloy, douze ans après«, *Les Temps modernes*, 200, 1963.
Poirot-Delpech, B., »Plainte contre inconnu«, *Les Nouvelles littéraires*, 24. Februar 1966.
Robbe-Grillet, A., »Samuel Beckett, auteur dramatique«, *Critique*, 69, 1953.
Ders., »Fin de partie«, *Critique*, 1957.
Roy, C., »Samuel Beckett«, *Nouvelle revue française*, 143, 1964.
Saurel, R., »En attendant un nouveau théâtre«, *Les Temps modernes*, 1961.
Strauss, W., »Le Belacqua de Dante et les clochards de Beckett«, *Cahiers de l'Herne*, 31, 1976.
Touchard, P. A., »Le théâtre de Samuel Beckett«, *Revue de Paris*, 2, 1961.
Tetsuo, K., »Des voix de nulle part«, *Cahiers Renaud-Barrault*, 102, 1981.
Yasunari, T., »Qu'est-ce qui arrive? Beckett et le Nô«, *Cahiers Renaud-Barrault*, 102, 1981.

Filmographie

Film, Film von 22 Minuten Länge, schwarzweiß, ohne Dialog. Aufgenommen 1964 in New York, mit Buster Keaton. Uraufführung auf dem Filmfestival in Venedig 1965 (Diploma de Merito). Regie Alan Schneider. Kamera Boris Kaufmann.
Comédie, 1965. Realisation Marin Karmitz, Jean Ravel und Jean-Marie Serreau, mit Michael Lonsdale, Delphine Seyrig und Eleonore Hirt.
Acte sans paroles I, Marionettenfilm, 1965. Realisation Bettiol.
Acte sans paroles II, 17 Minuten, Realisation Paul Joyce.
Tous ceux qui tombent, 1963. Realisation Marcel Mitrani, mit Alice Sapritch und Guy Tréjean.

Dis, Joe/He Joe, französische Fassung von Marcel Mitrani, mit J.-L. Barrault und Madeleine Renaud; deutsche Fassung: Regie Samuel Beckett, mit Deryk Mendel und Nancy Illig; englische Fassung von Alan Gibson, mit Jack McGowran; amerikanische Fassung von David Clark und Alan Schneider.

Happy Days/Oh! les beaux jours, 1971. Es existieren Videos mit Billie Whitelaw und mit Madeleine Renaud.

Warten auf Godot/Waiting for Godot; deutsche Fassung; englische Fassung.

Endspiel, deutsche Fassung.

Krapp's Last Tape, englische Fassung.

AUSWAHLBIBLIOGRAPHIE DEUTSCHSPRACHIGER BECKETT-LITERATUR

von Michael Bischoff

Abbott, H. Porter, »Text«, in: *Materialien zu Samuel Becketts Romanen...* (siehe *Materialien...*), S. 223-234.

Adorno, Theodor W., »Versuch, das Endspiel zu verstehen«, in: ders., *Noten zur Literatur II*, Frankfurt am Main 1961, S. 188-236.

Ahrens, Rüdiger, »Kompositionsprinzipien in Samuel Becketts *Waiting for Godot* und *Endgame*«, *Archiv für das Studium der neueren Sprachen und Literaturen* 209/1972, S. 363-368.

Alvarez, Alfred, *Samuel Beckett*, München 1975.

Anders, Günther, »Sein ohne Zeit. Zu Becketts Stück *En attendant Godot*«, *Neue Schweizer Rundschau*, Januar 1954; wiederabgedruckt in: ders., *Die Antiqiertheit des Menschen: Über die Seele im Zeitalter der zweiten industriellen Revolution*, München 1956, S. 213-231, und in: *Materialien zu Samuel Becketts »Warten auf Godot«*, a.a.O., S. 31-48.

Ashmore, Jerome, »Philosophische Aspekte in *Godot*«, in: *Materialien zu Samuel Becketts »Warten auf Godot«*, Bd. 2, a.a.O., S. 9-21.

Asmus, Walter D., »Im Theater-Alltag tut man sich schwerer: Beckett inszeniert *Warten auf Godot*«, *Theater heute* 16/1975, Nr. 4, S. 20-23; wiederabgedruckt in: *Materialien zu Samuel Becketts »Warten auf Godot«*, Bd. 2, a.a.O., S. 312-324.

Ders., »Beckett inszeniert sein *Spiel*: Probentagebuch«, *Theater heute* 19/1978, Nr. 12, S. 6-10.

Bachmann, Claus-Henning, »Die Hoffnung am Strick: Notizen zu Beckett und Béjart«, *Antares* 6/1958, S. 207-210.

Bataille, Georges, »Das Schweigen Molloys«, in: *Materialien zu Samuel Becketts Romanen...*, a.a.O., S. 66-77.

Baumgart, Reinhard, »Kein Nutzen aus Beckett«, in: ders., *Literatur für Zeitgenossen*, Frankfurt am Main 1966, S. 163-168.

Samuel Beckett, hg. von Hartmut Engelhardt, Frankfurt am Main 1984.

Samuel Beckett, »Das letzte Band«: Regiebuch der Berliner Inszenierung, hg. von Volker Canaris, Frankfurt am Main 1970.

Beckmann, Heinz, *Godot oder Hiob. Glaubensfragen in der modernen Literatur*, Hamburg 1965.

Bernal, Olga, »Das Dilemma der Repräsentation«, in: *Materialien zu Samuel Becketts Romanen...*, a.a.O., S. 178-202.

Birkenhauer, Klaus, *Samuel Beckett in Selbstzeugnissen und Bilddokumenten*, Reinbek bei Hamburg 1971.

Blaha, Franz G., »Jack Gelbers *The Connection* und Samuel Becketts *Waiting for Godot*. Eine vergleichende Studie zum Theater des Absurden in Europa und den U. S. A.«, *Moderne Sprachen* 13/1969, S. 2-14.

Blanchot, Maurice, *Der Gesang der Sirenen*, München 1962, S. 285-290; wiederabgedruckt in *Materialien zu Samuel Becketts Romanen*, a.a.O., S. 248-252.

Blüher, Karl Alfred, »Drei Modelle eines Mythentheaters: Arthur Adamov – Samuel Beckett – Eugène Ionesco«, in: *Modernes französisches Theater*, a.a.O., S. 1-14.

Ders. (Hg.), siehe *Modernes französisches Theater*.

Bollnow, Otto Friedrich, »Samuel Beckett«, *Antares* 4/1956, Nr. 2, S. 31-36, Nr. 3, S. 36-38, Nr. 4, S. 42f.; wiederabgedruckt in: *Modernes französisches Theater*..., a.a.O., S. 125-131.

Ders., *Französischer Existentialismus*, Stuttgart 1965, S. 183-205.

Bönisch, Monika, *Archaische Formen in Samuel Becketts Romanen*, Frankfurt am Main 1984.

Breuer, Horst, »Ordnung und Chaos in Luckys ›Think‹«, *Germanisch-Romanische Monatsschrift* 21/1971, S. 344-349; wiederabgedruckt in: *Materialien zu Samuel Becketts »Warten auf Godot«*, a.a.O., S. 117-126.

Ders., *Samuel Beckett. Lernpsychologie und leibliche Determination*, München 1972.

Ders., »Endspiel der Subjektivität: Versuch über Samuel Becketts *Das letzte Band*«, *Gulliver* 4/1978, S. 187-195.

Breuer, Rolf, *Die Kunst der Paradoxie. Sinnsuche und Scheitern bei Samuel Beckett*, München 1976.

Ders., »Rückbezüglichkeit in der Literatur: Am Beispiel der Romantrilogie von Samuel Beckett«, in: *Die erfundene Wirklichkeit: Beiträge zum Konstruktivismus*, hg. von Paul Watzlawick, München 1981, S. 138-158.

Brook, Peter, »Mit Beckett leben«, *Theater heute* 6/1965, Nr. 2, S. 8f.; wiederabgedruckt in: *Materialien zu Becketts »Endspiel«*, a.a.O., S. 27-35.

Brown, John Russel, »Becketts Shakespeare«, in: *Materialien zu Samuel Becketts »Warten auf Godot«*, Bd. 2, a.a.O., S. 179-202.

Bruns, Gerald L., »Samuel Becketts *Wie es ist*«, in: *Samuel Beckett*, a.a.O., S. 147-162.

Büchler, Franz, *Wasserscheide zweier Zeitalter*, Heidelberg 1970, S. 11-16 und S. 102-121.

Ders., »Die Poesie im Drama bei Samuel Beckett«, *Areopag* 8/1973, S. 51-64.

Büttner, Gottfried, *Absurdes Theater und Bewußtseinswandel. Über den seelischen Realismus bei Beckett und Ionesco*, Berlin 1968.

Ders., *Becketts Roman »Watt«. Eine Untersuchung des gnoseologischen Grundzugs*, Heidelberg 1981.

Canaris, Volker, »Auf die Stille haben wir gesetzt«, in: *Samuel Beckett, Das letzte Band...*, a.a.O., S. 119-129.

Ders. (Hg.), siehe: *Samuel Beckett, Das letzte Band...*

Caspari, Carlheinz, »Zu Samuel Becketts Theater«, *Atoll* 1/1954, S. 24-28.

Champigny, Robert, »Die Abenteuer der ersten Person«, in: *Materialien zu Samuel Becketts Romanen...*, a.a.O., S. 235-247.

Ders., »Interpretation von *En attendant Godot*«, in: *Materialien zu Samuel Becketts »Warten auf Godot«*, Bd. 2, a.a.O., S. 22-28.

Coetzee, J. M., »Samuel Becketts *Lessness*: Eine Aufgabe in Dekomposition«, in: *Samuel Beckett*, a.a.O., S. 235-242.

Cohn-Blum, Alix, »Samuel Beckett: *Fin de partie*«, in: *Das moderne französische Drama. Interpretationen*, hg. von Walter Pabst, Berlin 1971, S. 260-282.

Cormier, Ramona, und Janis L. Pallister, »*En attendant Godot*: Tragödie oder Komödie?«, in: *Materialien zu Samuel Becketts »Warten auf Godot«*, Bd. 2, a.a.O., S. 231-242.

Coulmas, Danae, »Samuel Beckett«, in: *Französische Literatur der Gegenwart*, hg. von Wolf-Dieter Lange, Stuttgart 1971, S. 623-649.

Delbrück, Max, »*Homo Scientificus* nach Beckett«, *Neue Sammlung* 12/1972, S. 528-542.

Dort, Bernard, »*En attendant Godot*, Stück von Samuel Beckett«, in: *Materialien zu Samuel Becketts »Warten auf Godot«*, Bd. 2, a.a.O., S. 243-247.

Drews, Wolfgang, »Die großen Unsichtbaren VII: Godot«, *Theater und Zeit* 6/1958-1959, S. 107-109.

Dreysse, Ursula, *Realität als Aufgabe. Eine Untersuchung über Aufbaugesetze und Gehalte des Romanwerks von Samuel Beckett*, Bad Homburg 1970.

Dies. (Hg.), siehe: *Materialien zu Samuel Becketts »Warten auf Godot«.*

Duckworth, Colin, »Godot – Entstehung und Aufbau«, in: *Materialien zu Samuel Becketts »Warten auf Godot«*, a.a.O., S. 89-115.

Ders., »Godot: Konstante oder Variable?«, in: *Materialien zu Samuel Becketts »Warten auf Godot«*, Bd. 2, a.a.O., S. 219-230.

Ders., »Symbolismus und Charakterisierung«, in: *Materialien zu Samuel Becketts »Warten auf Godot«*, Bd. 2, a.a.O., S. 203-18.

Dukore, Bernard F., »Gogo, Didi und der abwesende Godot«, in: *Materialien zu Samuel Becketts »Warten auf Godot«*, Bd. 2, a.a.O., S. 97-104.

Durozoi, Gérard, »*Der Verwaiser*: Ein Blick aus der Distanz«, in: *Materialien zu Samuel Becketts »Der Verwaiser«*, a.a.O., S. 157-159.

Ebert, Harald, »Becketts Drama ohne Handlung: Dramaturgie des Nichts«, *Maske und Kothurn* 16/1970, S. 1-19.

Ders., *Samuel Becketts Dramaturgie der Ungewißheit*, Wien und Stuttgart 1974.

Emrich, Wilhelm, »Dichterischer und politischer Mythos: Ihre wechselseitigen Verblendungen«, *Akzente* 10/1963, S. 191-210.

Endres, Ria, *Am Anfang war die Stimme: Zu Samuel Becketts Werk*, Reinbek bei Hamburg 1986.

Engelhardt, Hartmut, »Einige Bemerkungen über Samuel Beckett, *Der Namenlose*«, in: *Materialien zu Samuel Becketts Romanen...*, a.a.O., S. 290-323.

Ders., »Leute ohne Bedeutung: Notizen zu *Warten auf Godot*«, in: *Materialien zu Samuel Becketts »Warten auf Godot«*, Bd. 2, a.a.O., S. 349-356.

Ders., »Zur Interpretation von Becketts *Der Verwaiser*«, in: *Materialien zu Samuel Becketts »Der Verwaiser«*, a.a.O., S. 69-87.

Ders., »Über einige Spielstücke«, in: *Samuel Beckett*, a.a.O., S. 315-340.

Ders. (Hg.), siehe *Materialien zu Samuel Becketts Romanen...*

Ders. (Hg.), siehe *Materialien zu Samuel Becketts »Warten auf Godot«*, Bd. 2.

Ders. (Hg.), siehe *Samuel Beckett*.

Enzensberger, Hans Magnus, »Die Dramaturgie der Entfremdung«, *Merkur* XI/1959, Nr. 3, S. 231-237.

Esslin, Martin, »Der Blick in den Abgrund: Das Groteske im zeitgenössischen Drama in Frankreich«, in: *Sinn oder Unsinn? Das Groteske im modernen Drama. Fünf Essays*, hg. von Reinhold Grimm u.a., Basel 1962, S. 95-122.

Ders., *Das Theater des Absurden*, Bonn 1964, S. 23-84.

Ders., »Samuel Beckett und die Kunst des Rundfunks«, in: *Samuel Beckett*, a.a.O., S. 163-196.

Etto, Erhard, und Lothar Ehrlich, »Keine Versöhnung mit dem Nichts. Auseinandersetzung mit Samuel Beckett«, *Theater der Zeit* 13/1958, Nr. 13, S. 31-34.

Fabre-Luce, Anne, »Samuel Beckett, *Der Verwaiser*«, in: *Materialien zu Samuel Becketts »Der Verwaiser«*, a.a.O., S. 151-154.

Federman, Raymond, »Das Beckettsche Paradox: Wer sagt die Wahrheit?«, in: *Materialien zu Samuel Becketts Romanen...*, a.a.O., S. 113-125.

Ders., »Die Unmöglichkeit, die gleiche alte Sache auf die gleiche alte Weise zu sagen – Samuel Becketts Prosa seit *Wie es ist*«, in: *Materialien zu Samuel Becketts »Der Verwaiser«*, a.a.O., S. 155f.

Fingal, Stefan, »Samuel Beckett und der Godot-Mensch«, *Theater und Zeit*, Februar 1954, S. 105-107.

Finney, Brian, »Aufstieg zur Losigkeit: Becketts Kurzprosa«, in: *Materialien zu Samuel Becketts »Der Verwaiser«*, a.a.O., S. 189-199.

Fischer, Ernst, »Samuel Beckett: *Spiel* und *Film*«, *Neues Forum* 15/1968, S. 227-243; wiederabgedruckt in: ders., *Überlegungen zur Situation der Kunst und andere Essays*, Zürich 1971, S. 35-75.

Fischer, Peter, »Versuch über das scheinbar absurde Theater«, *Merkur* 19/1965, S. 151-163.

Fischer-Seidel, Therese, *Mythenparodie im modernen englischen und amerikanischen Drama: Tradition und Kommunikation bei Tennessee Williams, Edward Albee, Samuel Beckett und Harold Pinter*, Heidelberg 1986.

Fitsch, Brian T., »Erzähler und Erzählung in der Romantrilogie Samuel Becketts: *Molloy*, *Malone meurt*, *L'Innommable*«, in: *Materialien zu Samuel Becketts Romanen...*, a.a.O., S. 85-93.

Fletcher, John, *Die Kunst des Samuel Beckett*, Frankfurt am Main 1969.

Ders., »Variationen über ein Thema von Beckett: Erste Liebe«, in: *Das Werk von Samuel Beckett...*, a.a.O., S. 72-86.

Ders., »Das Schweigen ausschöpfen. *Waiting for Godot* (1948-1949)«, in: *Materialien zu Samuel Becketts »Warten auf Godot«*, Bd. 2, a.a.O., S. 157-170.

Franzen, Erich, »Samuel Beckett: *Molloy*, *Merkur* 8/1954, S. 239-241.

Ders., *Formen des modernen Dramas: Von der Illusionsbühne zum Antitheater*, München 1961, S. 120-143.

Ders., »Der Mythos der *Glücklichen Tage*, *Spectaculum* 5/1962, S. 269f.

Friedman, Melvin J., »Samuel Beckett und seine Kritiker zu Anfang der siebziger Jahre«, in: *Das Werk von Samuel Beckett...*, a.a.O., S. 135-156.

Ders., »Krritik(er)!«, in: *Materialien zu Samuel Becketts »Warten auf Godot«*, Bd. 2, a.a.O., S. 357-368.

Fuegi, John, »Brecht und Beckett«, in: *Das Werk von Samuel Beckett...*, a.a.O., S. 185-205.

Gassenmeier, Michael, »Samuel Beckett: *Krapp's Last Tape* (1958)«, in: *Das zeitgenössische englische Drama*, hg. von Klaus-Dieter Fehse und Norbert Platz, Frankfurt am Main 1975, S. 101-123.

Gessner, Nikolaus, *Die Unzulänglichkeit der Sprache. Eine Untersuchung über Formzerfall und Beziehungslosigkeit bei Samuel Beckett*, Zürich 1957.

Gresset, Michel, »Schöpfung und Grausamkeit bei Beckett«, in: *Materialien zu Samuel Becketts Romanen* . . ., a.a.O., S. 164-177.

Habicht, Werner, »Der Dialog und das Schweigen im ›Theater des Absurden‹«, *Die Neueren Sprachen* 16/1967, S. 53-66.

Ders., »Becketts Baum und Shakespeares Wälder«, *Jahrbuch der Deutschen Shakespeare-Gesellschaft West* 1970, S. 77-98.

Haerdter, Michael, »Samuel Beckett inszeniert das *Endspiel*. Bericht von den Proben der Berliner Inszenierung 1967«, in: *Materialien zu Becketts »Endspiel«*, a.a.O., S. 36-111.

Ders., »›Szeniker‹ Beckett«, in: *Das Werk von Samuel Beckett* . . ., a.a.O., S. 217-225.

Hansen-Löve, Friedrich, »Samuel Beckett oder die Einübung ins Nichts«, *Hochland* 50/1957, Nr. 1, S. 36-46.

Hartung, Rudolf, »Die Nacht der Welt«, *Eckart* 34/1954, S. 243-246.

Harvey, Lawrence E., »Kunst und das Existentielle in *En attendant Godot*«, in: *Materialien zu Samuel Becketts »Warten auf Godot«*, Bd. 2, a.a.O., S. 29-50.

Hassan, Ihab, »Joyce, Beckett und die postmoderne Imagination«, in: *Das Werk von Samuel Beckett* . . ., a.a.O., S. 1-24.

Hecht, Werner, »Brecht ›und‹ Beckett – Ein absurder Vergleich«, *Theater der Zeit* 21/1966, Nr. 14, S. 28-30.

Heitmann, Klaus, »Die Welt als Wüste: Becketts *Endspiel*«, *Die Neueren Sprachen* 19/1970, Nr. 1, S. 14-41; wiederabgedruckt in: *Modernes französisches Theater* . . ., a.a.O., S. 228-263.

Henning, Sylvie Deberec, »*Film*: ein Dialog zwischen Beckett und Berkeley«, in: *Samuel Beckett*, a.a.O., S. 197-210.

Hensel, Georg, »Die Weltbühne des Samuel Beckett«, *Theater heute*, Jahrbuch 1964, S. 85-89.

Ders., »Wie Beckett mit Beckett umging«, *Theater heute*, Jahrbuch 1968, S. 108f.; wiederabgedruckt in: *Samuel Beckett*, a. a. O., S. 124f.

Ders., *Samuel Beckett*, Velber bei Hannover 1968.

Ders., »Glut unter der Asche«, *Theater heute* 10/1969, Nr. 11, S. 16f.; wiederabgedruckt in: *Samuel Beckett, Das letzte Band* . . ., a. a. O., S. 130-134.

Ders., »Suchen nach Godot«, in: *Materialien zu Samuel Becketts »Der Verwaiser«*, a.a.O., S. 173f.

Ders., »Sir Krapp war da – Minetti spielt *Das letzte Band* von Beckett in Bremen«, *Theater heute* 14/1973, Nr. 7, S. 24f.; wiederabgedruckt in: ders., *Das Theater der siebziger Jahre*, Stuttgart 1980, S. 119-121.

Ders., »Erfahrungen mit Beckett-Aufführungen«, in: *Das Werk von Samuel Beckett* ..., a.a.O., S. 206-216.

Ders., »Noch warten auf Godot?«, in: ders., *Das Theater der siebziger Jahre*, Stuttgart 1980, S. 140-143.

Ders., »Die Quadratur des Greises«, in: *Samuel Beckett*, a.a.O., S. 294-297.

Hesla, H. David, »Zeit, Grund und das Ende: das Drama«, in: *Materialien zu Samuel Becketts »Warten auf Godot«*, Bd. 2, a. a. O., S. 51-72.

Hesse, Eva, »Die Welt des Samuel Beckett: Versuch einer Koordination«, Akzente 8/1961, S. 244-266; wiederabgedruckt in: dies., *Bekkett. Eliot. Pound. Drei Textanalysen*, Frankfurt am Main 1971.

Hildebrandt, Hans-Hagen, *Becketts Proust-Bilder. Erinnerung und Identität*, Stuttgart 1980.

Hildesheimer, Wolfgang, *Wer war Mozart – Becketts »Spiel« – Über das absurde Theater*, Frankfurt am Main 1966, S. 69-76.

Hillebrand, Bruno, »Beckett und die Konsequenzen«, *Literaturwissenschaftliches Jahrbuch* 11/1970, S. 387-397.

Höck, Wilhelm, »Leben nach der Geburt. Samuel Beckett und Henry Miller: Einzelgänger der literarischen Moderne«, *Hochland* 63/1971, S. 365-377.

Horst, Karl August, »Molloy oder die Psychologie des Clowns«, *Merkur* 8/1954; wiederabgedruckt in: *Materialien zu Samuel Becketts Romanen* ..., a.a.O., S. 78-84.

Hübner, Alfred, *Samuel Beckett, »Glückliche Tage«: Probenprotokoll der Inszenierung von Samuel Beckett in der »Werkstatt« des Berliner Schiller-Theaters*, Frankfurt am Main 1976.

Iser, Wolfgang, »Samuel Beckett: Ist das Ende hintergehbar? Bemerkungen zum Fiktionsproblem«, in: *Englische Dichter der Moderne: Ihr Leben und Werk*, hg. von Rudolf Sühnel und Dieter Riesner, Berlin 1971., S. 560-577.

Ders., »Subjektivität als Selbstaufhebung ihrer Manifestationen. Bekkett: *Molloy*, *Malone Dies*, *The Unnamable*«, in: ders., *Der implizite Leser*, München 1972, S. 252-273; wiederabgedruckt in: *Materialien zu Samuel Becketts Romanen* ..., a.a.O., S. 348-351.

Ders., »Die Figur der Negativität in Becketts Prosa«, in: *Das Werk von Samuel Beckett* ..., a.a.O., S. 54-71.

Ders., *Die Artistik des Mißlingens. Ersticktes Lachen im Theater Bekketts*, Heidelberg 1979.

Janvier, Ludovic, »Malone meurt«, in: *Materialien zu Samuel Becketts Romanen* . . ., a.a.O., S. 126-135.
Ders., »Warten auf Godot«, in: *Materialien zu Samuel Becketts »Warten auf Godot«*, Bd. 2, a.a.O., S. 171-178.
Johnston, Denis, »Warten mit Beckett«, in: *Materialien zu Samuel Becketts »Warten auf Godot«*, Bd. 2, a.a.O., S. 341-348.

Kaiser, Joachim, »Am Rande dessen, was sagbar ist: Zum 60. Geburtstag von Samuel Beckett«, *Universitas* 21/1966, S. 605-610.
Ders., »Samuel Beckett – Nobelpreisträger für Literatur 1969«, *Universitas* 24/1969, S. 1249-1252.
Ders., »Höllenlokal für Becketts letzte Menschen«, in: *Materialien zu Samuel Becketts »Der Verwaiser«*, a.a.O., S. 160-164.
Karasek, Hellmuth, »Beckett inszeniert Beckett«, in: *Samuel Beckett, Das letzte Band* . . ., a.a.O., S. 140-143.
Ders., »Beckett oder die Ehrung Godots«, *Spectaculum* 13/1970, S. 269-272.
Kenner, Hugh, *Samuel Beckett. Eine kritische Studie*, München 1965.
Ders., »Warten auf Godot«, in: *Materialien zu Samuel Becketts »Warten auf Godot«*, Bd. 2, a.a.O., S. 325-340.
Ders., »Die Trilogie«, in: *Samuel Beckett*, a.a.O., S. 84-109.
Kern, Edith, »Drama ohne Handlung: Becketts *Godot*«, in: *Materialien zu Samuel Becketts »Warten auf Godot«*, Bd. 2, a.a.O., S. 73-81.
Dies., »Becketts Dramenstruktur«, in: *Modernes französisches Theater*, a.a.O., S. 193-203.
Kesting, Marianne, *Das epische Theater: Zur Struktur des modernen Dramas*, Stuttgart 1959, S. 131-135.
Dies., »Das Romanwerk Samuel Becketts«, *Neue Deutsche Hefte* 86/1962, S. 97-109; wiederabgedruckt in: dies., *Vermessung des Labyrinths: Studien zur modernen Ästhetik*, Frankfurt am Main 1965, S. 67-79.
Dies., »Ein Quadratmeter für jeden. Die Vision vom überbevölkerten Erdgefängnis«, in: *Materialien zu Samuel Becketts »Der Verwaiser«*, a.a.O., S. 175-178.
Dies., »Die Realität der Fiktion: Samuel Becketts Recherche des Bewußtseins und seiner Hervorbringung«, in: *Das Werk von Samuel Beckett* . . ., a.a.O., S. 26-39.
Dies., »Negation und Konstruktion: Aspekte der Phantasiearchitektur in der modernen Dichtung«, in: *Positionen der Negativität*, hg. von Harald Weinrich, München 1975, S. 366-392.
Dies., »Die Welt im Schädel: Beckett und Malewitsch«, *Sprache im technischen Zeitalter* 66/1978, S. 114-126.
Dies., »Zylinder und Schädelraum oder Beckett und die Verhaltensfor-

schung. Zur Interpretation des *Dépeupleur*«, *Sprache im technischen Zeitalter* 73/1980, S. 3-14.

Dies., »Samuel Beckett: *Endgame*. Endzeit und Schädelprojektion«, in: *Englisches Drama von Beckett bis Bond*, hg. von H. F. Plett, München 1982, S. 50-75.

Klüber, Hedwig, *Das Bild der Frau in der Dichtung der Epochen. Von Dantes göttlicher Komödie zu Becketts Endspiel*, Münster 1964.

Knauth, K. Alfons, »Luckys und Bonaventuras unglückliche Weltansichten. Ein Vergleich von Becketts *En attendant Godot* mit den *Nachtwachen des Bonaventura*«, *Romanistisches Jahrbuch* 26/1975, S. 147-169.

Ders., *Invarianz und Variabilität literarischer Texte: Baudelaires »Spleen IV« und Becketts »En attendant Godot«*, Amsterdam 1981.

Kofler, Leo, »Zur soziologischen Kritik von Becketts *Warten auf Godot*«, in: *Materialien zu Samuel Becketts »Warten auf Godot«*, a.a.O., S. 153-169.

Kott, Jan, »*König Lear* oder *Das Endspiel*, in: ders., *Shakespeare heute*, München 1964, S. 133-170; wiederabgedruckt in: *Modernes französisches Theater*... a.a.O., S. 161-183.

Krämer-Badoni, Rudolf, »Die Anihilierung des Nihilismus: Ein Versuch über Samuel Beckett«, in: ders., *Vorsicht, gute Menschen von links: Aufsätze und Essays*, Gütersloh 1962, S. 175-186.

Krolow, Karl, »Zu Samuel Becketts ›Mirlitonnades‹«, in: Samuel Bekkett, *Flötentöne*, Frankfurt am Main 1982, S. 95-101.

Laass, Henner, *Samuel Beckett. Dramatische Form als Medium der Reflexion*, Bonn 1978.

Ders. und Wolfgang Schröder, *Samuel Beckett*, München 1984.

Lamont, Rosette, »Becketts Metaphysik der Bewußtheit ohne Wahl«, in: *Materialien zu Samuel Becketts »Warten auf Godot«*, Bd. 2, a.a.O., S. 138-156.

Lazarowicz, Klaus, »Endspiele: Zu Barlachs *Sündflut* und Becketts *Fin de partie*«, in: *Theatrum mundi: Götter, Gott und Spielleiter im Drama*, hg. von Franz Link und Günter Niggl, Berlin 1981, S. 387-406.

Lee, Sang-kyong, »Beckett und das Nô-Theater: Mit besonderer Berücksichtigung von *Endgame* und *Krapp's Last Tape*«, *Poetica* 10/1978, S. 88-105.

Lichtwitz, Manuel, »Samuel Beckett, *Der Verwaiser*«, in: *Materialien zu Samuel Becketts »Der Verwaiser«*, a.a.O., S. 179-182.

Ders. (Hg.), siehe *Materialien zu Samuel Becketts »Der Verwaiser«*.

Lindon, Jérôme, »Erste Begegnung mit Samuel Beckett«, in: *Materialien zu Samuel Becketts Romanen*..., a.a.O., S. 31-33.

Lüdke, Werner Martin, »Der Kronzeuge: Einige Anmerkungen zum

Verhältnis Th. W. Adornos zu Samuel Beckett«, *Text und Kritik. Sonderband Theodor W. Adorno*, hg. von Heinz Ludwig Arnold, München 1977, S. 136-149.

Ders., *Anmerkung zu einer ›Logik des Zerfalls‹: Adorno – Beckett*, Frankfurt am Main 1981.

Maierhöfer, Fränzi, »Die beiden ungleichen Godots«, *Stimmen der Zeit* 178/1966, S. 307-311.

Dies., »Becketts forcierte Negation«, *Stimmen der Zeit* 180/1967, S. 105-119.

Dies., *Samuel Beckett, »Warten auf Godot«: Interpretation*, München 1973.

Dies., *Samuel Beckett: »Endspiel«. Interpretation*, München 1977.

Märtens, Jürgen, »Schopenhauer und Samuel Becketts Essay *Proust*«, *Schopenhauer-Jahrbuch* 52/1971, S. 157-162.

Martini, Joachim, *Das Problem der Entfremdung in den Dramen Samuel Becketts*, Köln 1979.

Materialien zu Becketts »Endspiel«, Frankfurt am Main 1968.

Materialien zu Samuel Becketts »Warten auf Godot«, hg. von Ursula Dreysse, Frankfurt am Main 1973.

Materialien zu Samuel Becketts Romanen »Molloy«, »Malone stirbt«, »Der Namenlose«, hg. von Hartmut Engelhardt und Dieter Mettler, Frankfurt am Main 1976.

Materialien zu Samuel Becketts »Warten auf Godot«, Bd. 2, hg. von Hartmut Engelhardt und Dieter Mettler, Frankfurt am Main 1979.

Materialien zu Samuel Becketts »Der Verwaiser«, hg. von Manuel Lichtwitz, Frankfurt am Main 1980.

Mayer, Hans, »Brecht, Beckett und ein Hund«, *Theater heute* 13/1972, Nr. 6, S. 25-27; wiederabgedruckt in: ders., *Vereinzelt Niederschläge: Kritik, Polemik*, Pfullingen 1973, S. 253-261.

Ders. (Hg.), siehe *Das Werk von Samuel Beckett*...

Mayoux, Jean Jacques, *Über Beckett*, Frankfurt am Main 1966.

Ders., »Von der Imitation des Realen zur Konstruktion des Formalen. Ein Blick auf die Reiseroute Becketts«, in: *Das Werk von Samuel Beckett*..., a.a.O., S. 40-51.

McMillan III, Dougald, »*Echo's Bones*: Ausgangspunkte für Beckett«, in: *Samuel Beckett*, a.a.O., S. 29-56.

Meier, Ulrich, *Becketts Endspiel Avantgarde*, Basel, Frankfurt am Main 1983.

Ders., »Zum Protestanteil Beckettscher Dichtung«, in: *Samuel Beckett*, a.a.O., S. 130-146.

Melchinger, Siegfried, »Regie Samuel Beckett: Der Autor im Umgang mit der Technik«, *Theater heute* 7/1966, Nr. 5, S. 12-15.

Ders., »Nichts weniger als ein Spiel«, *Theater heute*, Jahrbuch 1968, S. 106-108; wiederabgedruckt in: *Samuel Beckett*, a.a.O., S. 113-123.

Mercier, Vivian, »Der mathematische Limes«, in: *Materialien zu Samuel Becketts Romanen* ..., a.a.O., S. 253-257.

Dies., »Eine pyrrhonische Ekloge. *Waiting for Godot*, von Samuel Beckett«, in: *Materialien zu Samuel Becketts »Warten auf Godot«*, Bd. 2, a.a.O., S. 82-88.

Metken, Günter, »Revolutionsarchitektur, Piranesi, Blake: Bilder des Eingeschlossenseins bei Beckett«, in: *Materialien zu Samuel Becketts »Der Verwaiser«*, a.a.O., S. 88-106.

Metscher, Thomas, »Geschichte und Mythos bei Beckett«, in: *Materialien zu Samuel Becketts »Warten auf Godot«*, a.a.O., S. 49-62.

Ders., »Samuel Beckett: Zur ästhetischen Physiognomie spätbürgerlichen Kulturzerfalls«, in: *Vom Ästhetizismus zum Nouveau Roman: Versuche kritischer Literaturwissenschaft*, hg. von Peter Bürger, Frankfurt am Main 1975, S. 121-162.

Mettler, Dieter, »Realismus und Schreibweisen: Geschichten in *Malone stirbt*«, in: *Materialien zu Samuel Becketts Romanen* ..., a.a.O., S. 143-163.

Ders., »Formkategorien des klassischen Dramas und *Warten auf Godot*«, in: *Materialien zu Samuel Becketts »Warten auf Godot«*, Bd. 2, a.a.O., S. 260-285.

Ders.(Hg.), siehe *Materialien zu Samuel Becketts Romanen* ...

Ders. (Hg.), siehe *Materialien zu Samuel Becketts »Warten auf Godot«*, Bd. 2.

Ders., »Über *Nicht ich*«, in: *Samuel Beckett*, a.a.O., S. 243-263.

Michaelis, Rolf, »Triumph in Trauer«, in: *Samuel Beckett, Das letzte Band* ..., a.a.O., S. 135-139.

Ders., »Gewartet wird immer. Becketts *Warten auf Godot*, vom Autor in Berlin inszeniert«, *Theater heute* 16/1975, Nr. 4, S. 16-18; wiederabgedruckt in: *Samuel Beckett*, a.a.O., S. 110-112.

Middleton, Christopher, »Randnotizen zu den Romanen von Samuel Beckett«, Akzente 4/1957, S. 407-412.

Mihályi, Gabor, »Becketts *Godot* und der Mythos der Entfremdung«, in: *Materialien zu Samuel Becketts »Warten auf Godot«*, Bd. 2, a.a.O., S. 108-115.

Mittenzwei, Werner, »Endspiele der Absurden. Zum Problem des Figurenaufbaus«, *Sinn und Form* 16/1964, S. 733-751.

Modernes französisches Theater, hg. von Karl Alfred Blüher, Darmstadt 1982.

Möller, Hans-Martin, *Adorno – Proust – Beckett: Zur Aktualisierung einer alternden Theorie*, Frankfurt am Main 1981.

Mood, John J., »Schweigen im Innern: Eine Studie über die *Residua* von Samuel Beckett«, in: *Materialien zu Samuel Becketts »Der Verwaiser«*, a.a.O., S. 143f.

Ders., »›Das persönliche System‹ – Samuel Becketts *Watt*«, in: *Samuel Beckett*, a.a.O., S. 60-83.

Müller, Wolfgang G., »Das Ich im Dialog mit sich selbst: Bemerkungen zur Struktur des dramatischen Monologs von Shakespeare bis Beckett«, *Deutsche Vierteljahrsschrift für Literaturwissenschaft und Geistesgeschichte* 56/1982, S. 314-333.

Nadeau, Maurice, »Samuel Beckett oder das Recht auf Schweigen«, *Texte und Zeichen* 2/1965, Nr. 6, S. 163-173.

Neis, Edgar, *Erläuterungen zu Samuel Beckett »Warten auf Godot«, »Endspiel«, Eugène Ionesco »Die Nashörner«*, Hollfeld 1974.

Neumeister, Sebastian, »Das allegorische Erbe: Zur Wiederkehr Dantes bei Beckett«, in: *Materialien zu Samuel Becketts »Der Verwaiser«*, a.a.O., S. 107-128.

Parkin, Ernest, und Gerhard Wilke, »Schluß mit dem Warten! Eine Untersuchung der Hauptstücke Samuel Becketts«, in: *Das Werk von Samuel Beckett...*, a.a.O., S. 87-134.

Pfaff, Peter, »Philoktet oder Belacqua: Becketts Roman-Trilogie als Rechtfertigung der Poesie«, in: *Invaliden des Apoll: Motive und Mythen des Dichterlieds*, hg. von Herbert Anton, München 1982, S. 132-148.

Piatier, Jacqueline, »Eine unmenschliche Komödie: *Der Verwaiser*«, in: *Materialien zu Samuel Becketts »Der Verwaiser«*, a. a. O., S. 145-150.

Pilling, John, »Eine Kritik der Armut: *Schlecht gesehen schlecht gesagt*, in: *Samuel Beckett*, a.a.O., S. 302-314.

Pingaud, Bernard, »Beckett, der Wegbereiter«, in: *Materialien zu Samuel Becketts Romanen...*, a.a.O., S. 94-112.

Pothast, Ulrich, *Die eigentliche metaphysische Tätigkeit. Über Schopenhauers Ästhetik und ihre Anwendung durch Beckett*, Frankfurt am Main 1982.

Prießnitz, Horst, »Samuel Beckett: *Come and Go*«, in: *Das englische Drama der Gegenwart*, hg. von Horst Oppel, Berlin 1976, S. 134-146.

Ders., »Beckett: *Words and Music*«, in: *Das englische Hörspiel*, hg. von Horst Prießnitz, Düsseldorf 1977, S. 179-190.

Reber, Trudis, *Samuel Beckett*, Berlin 1971.

Reps, Albert, »Kleinmeister des Zerfalls: Zu Samuel Becketts Roman *Malone stirbt*«, *Die Drei* 5/1960, S. 300-319.

Robbe-Grillet, Alain, »Samuel Beckett oder Das Da-Sein auf der

Bühne«, in: *Materialien zu Samuel Becketts »Warten auf Godot«*, a.a.O., S. 63-72.

Robinson, Michael, »Das Theater«, in: *Materialien zu Samuel Becketts »Warten auf Godot«*, Bd. 2, a.a.O., S. 286-306.

Röckel, Susanne, »Becketts Fernsehspiele«, *Filmkritik* 27/1983, S. 495-515.

Scheffel, Helmut, »Samuel Becketts Höllengleichnis«, in: *Materialien zu Samuel Becketts »Der Verwaiser«*, a.a.O., S. 165-169.

Ders., »Handwerk, Kunst und Theorie«, in: *Das Werk von Samuel Beckett...*, a.a.O., S. 174-183.

Schmalstieg, Dieter-Olaf, »›Pas encore‹ – Becketts *Fin de partie* als Spiel«, *Internationale Dialogzeitschrift*, 2/1969, Nr. 4, S. 348-362.

Schmied, Wieland, *Andere Stimmen: Pound – Beckett. Aufzeichnungen*, Berlin 1984.

Schoell, Konrad, *Das Theater Samuel Becketts*, München 1967.

Ders., »Beckett – *En attendant Godot*«, in: *Das französische Theater vom Barock bis zur Gegenwart*, hg. von Jürgen von Stackelberg, Düsseldorf 1968, Bd. 2, S. 322-340; wiederabgedruckt in: *Materialien zu Samuel Becketts »Warten auf Godot«*, a.a.O., S. 7-30.

Ders., »Samuel Beckett: *Molloy*«, in: *Der moderne französische Roman. Interpretationen*, hg. von Walter Pabst, Berlin 1968, S. 213-230.

Ders., »Kette und Ring – Die beiden Grundstrukturen in Becketts dramatischen Werken«, in: *Modernes französisches Theater*, a.a.O., S. 184-192.

Schramm, Ulf, *Fiktion und Reflexion. Überlegungen zu Musil und Beckett*, Frankfurt am Main 1967.

Schröder, Ernst, »Ein Hammer und drei Nägel. Erfahrungen eines Schauspielers mit dem Dramatiker Beckett als Regisseur«, in: *Materialien zu Becketts »Endspiel«*, a.a.O., S. 112-117.

Schröder, Wolfgang, *Reflektierter Roman. Untersuchungen zu Becketts Romanwerk mit Berücksichtigung seiner impliziten Poetik, seiner Reflexionsstrukturen und seiner Beziehung zur romantischen Ironie*, Frankfurt am Main und Bern 1981.

Schulze, Dieter, *Fluchtpunkte der Negativität: Spiegelungen der Dramatik Becketts in der marxistischen Literaturkritik*, Frankfurt am Main 1982.

Schwab, Gabriele, *Samuel Becketts Endspiel mit der Subjektivität. Entwurf einer Psychoästhetik des modernen Theaters*, Stuttgart 1981.

Schwarz, Karl, »Die Zeitproblematik in Samuel Becketts *En attendant Godot*«, *Die Neueren Sprachen* 66/1967, S. 201-209; wiederabgedruckt in: *Materialien zu Samuel Becketts »Warten auf Godot«*, a.a.O., S. 73-88.

Seipel, Hildegard, *Untersuchungen zum experimentellen Theater von Beckett und Ionesco*, Diss. Bonn, 1963.

Sigal, Clancy, »Beckett auf der Probe«, *Theater heute*, Jahrbuch 1964, S. 90-92; wiederabgedruckt in: *Materialien zu Becketts »Endspiel«*, a.a.O., S. 9-26 (»Die Londoner Inszenierung 1964: ein Probenbericht«).

Smuda, Manfred, *Becketts Prosa als Metasprache*, München 1970.

Ders., »Kunst im Kopf – Becketts spätere Prosa und das Imaginäre«, in: *Samuel Beckett*, a.a.O., S. 211-234.

Strauß, Botho, »Beckett – unser Zeitgenosse?«, *Theater heute*, Jahrbuch 1968, S. 109; wiederabgedruckt in: *Samuel Beckett*, a.a.O., S. 126-129.

Sturm, Oliver, »*Tritte* – Episierung des Dramas«, in: *Samuel Beckett*, a.a.O., S. 264-279.

Suvin, Darko, »Becketts Purgatorium des Individuums oder Die drei Gesetze der Thermodynamik«, in: *Materialien zu Samuel Becketts »Warten auf Godot«*, Bd. 2, a.a.O., S. 116-137.

Tabori, George, »Besprechung am ersten Probentag«, in: *Materialien zu Samuel Becketts »Der Verwaiser«*, a.a.O., S. 129-139.

Ders., »Warten auf Beckett«, in: *Samuel Beckett*, a.a.O., S. 57-59.

Thomas, Dylan, »Murphy«, in: *Samuel Beckett*, a.a.O., S. 57-59.

Tophoven, Elmar, »Von *Fin de partie* zum *Endspiel*. Arbeitsbericht des Übersetzers«, in: *Materialien zu Becketts »Endspiel«*, a.a.O., S. 118-127.

Ders., »En traduisant Beckett«, in: *Das Werk von Samuel Beckett...*, a.a.O., S. 159-173.

Ders., »Vom ›Gegen-den-Strich‹-Übersetzen«, in: Samuel Beckett, *Flötentöne*, Frankfurt am Main 1982, S. 85-93.

Ders., »Becketts *Company* im Computer«, in: *Samuel Beckett*, a.a.O., S. 280-293.

Trousdale, Marion, »Dramatische Form: das Beispiel *Godot*«, in: *Materialien zu Samuel Becketts »Warten auf Godot«*, Bd. 2, a.a.O., S. 248-259.

Truchlar, Leo, »Beckett: *All That Fall*«, in: *Das englische Hörspiel*, hg. von Horst Prießnitz, Düsseldorf 1977, S. 79-89.

Tynan, Kenneth, »*Waiting for Godot* von Samuel Beckett«, in: *Materialien zu Samuel Becketts »Warten auf Godot«*, Bd. 2, a.a.O., S. 105-107.

Veloudis, Georg, »Der ›Mensch‹ und die Zeit: Kritische Bemerkungen zum absurden Theater am Beispiel von Samuel Becketts *Das letzte Band*«, *Kürbiskern* 1971, S. 93-106.

Vestner, Heinz, *Erzählstruktur und Erzählstrategie in Samuel Becketts »Molloy«, »Malone Dies« und »The Unnamable«*, Diss. München, 1981.

Wanderscheck, Hermann, »Die Pariser Theater-Avantgardisten«, *Maske und Kothurn* 4/1958, S. 1-14.

Wellershoff, Dieter, *Die Gleichgültigen: Versuche über Hemingway, Camus, Benn und Beckett*, Köln und Berlin 1963, S. 97-127.

Wendt, Ernst, »Das letzte Band und das Brot der Revolution: Über die Dramatiker Samuel Beckett und Heiner Müller«, in: ders., *Moderne Dramaturgie*, Frankfurt am Main 1974, S. 39-64.

Das Werk von Samuel Beckett. Berliner Colloquium, hg. von Hans Mayer und Uwe Johnson, Frankfurt am Main 1975.

Westphal, Gundel, *Das Verhältnis von Sprechtext und Regieanweisung bei Frisch, Dürrenmatt, Ionesco und Beckett*, Diss. Würzburg, 1965.

Wiegenstein, Roland, »Beckett – nicht fürs Theater«, in: *Materialien zu Samuel Becketts »Der Verwaiser«*, a.a.O., S. 202-204.

Wingkens, Meinhard, *Das Zeitproblem in Becketts Dramen*, Frankfurt am Main und Bern 1975.

Wirsing, Sibylle, »Eine Hölle für Beckett«, in: *Materialien zu Samuel Becketts »Der Verwaiser«*, a.a.O., S. 200f.

Dies., »›Es bleibt nichts mehr zu sagen‹: Samuel Becketts *Ohio Impromptu* in der Berliner Schaubühne«, in: *Samuel Beckett*, a.a.O., S. 298-301.

Zeltner-Neukomm, Gerda, *Das Wagnis des französischen Gegenwartsromans*, Reinbek bei Hamburg 1960, S. 139-152.

Dies., *Im Augenblick der Gegenwart: Moderne Formen des französischen Romans*, Frankfurt am Main 1974, S. 150-171.

Dies., »Samuel Beckett und der Schatten«, *Akzente* 23/1976, Nr. 1, S. 71-75.

REGISTER

INHALT

Zweiter Teil

Anhang

SV